基于林改的森林资源可持续经营技术研

总主编 宋维明

面向林改的林业信息服务体系及平台构建

赵天忠 李 昀 主编

中国林业出版社

图书在版编目（CIP）数据

面向林改的林业信息服务体系及平台构建/ 赵天忠，李昀主编 . —北京：中国林业出版社，2015.1

（基于林改的森林资源可持续经营技术研究系列丛书/宋维明总主编）

ISBN 978-7-5038-7847-3

Ⅰ.①面…　Ⅱ.①赵…②李…　Ⅲ.①林业 – 信息服务业 – 研究 – 中国　Ⅳ.①F326.2

中国版本图书馆 CIP 数据核字（2015）第 021264 号

策划编辑　　徐小英

责任编辑　　徐小英　　梁翔云

美术编辑　　赵　　芳

出版　中国林业出版社（100009　北京西城区刘海胡同 7 号）

网址　lycb. forestry. gov. cn

E-mail　forestbook@ 163. com　电话　010-83143515

发行　中国林业出版社

印刷　北京中科印刷有限公司

版次　2015 年 1 月第 1 版

印次　2015 年 1 月第 1 次

开本　787mm×960mm　1/16

印张　17. 5

字数　330 千字

印数　1～1000 册

定价　73. 00 元

基于林改的森林资源可持续经营技术研究系列丛书
编撰委员会

总主编　宋维明

主　编　孙玉军　赵天忠　张　颖　徐基良

　　　　胡明形　程宝栋

编　撰　王新杰　刁　钢　栾晓峰　李媛辉　金　笙

　　　　杨桂红　陈文汇　刘俊昌　蓝海洋　陈飞翔

　　　　曾　怡　王海燕　李　维　高险俊

《面向林改的林业信息服务体系及平台构建》
作者名单

主　编　赵天忠　李　昀

副主编　蓝海洋　陈飞翔　曾　怡　王海燕

　　　　李　维　陈玥璐　张丽云

编　写　高显俊　莫　可　汪少华　王　鑫　刘凤媛

　　　　张鸿雁　赵梓晴　杨　薇　陈名腾　聂　盈

　　　　谢仕琴　郝　欣　刘　群　王　婧　马浩然

　　　　刘　羽

总　序

被誉为中国农村"第三次土地革命"的最新一轮集体林权制度改革是一场举世瞩目的深刻变革。我国于 2003 年启动了该项工作的试点，在 2008 年开始全面推进，至今已有十余年。如今，我国集体林权制度改革工作已经取得显著进展，对推动农村社会经济发展和提高居民生产生活水平具有重要价值，在建设生态文明和美丽中国中也具有重要作用。

十余年栉风沐雨。我国这一轮集体林权制度改革的十余年，也是一个不断探索、不断发展、不断完善的过程。集体林区一直是我国重要的木材资源供应基地之一，也是我国珍稀濒危及特有野生动植物的重要分布范围。林改后，森林资源经营管理方式发生了显著改变，许多新问题也由此而来，特别是如何在坚守生态红线的前提下提高集体林区资源培育、经营与保护效率，在当前也十分具有挑战性。因此，集体林权制度改革的发展给相关的技术革新和政策体系建设提出了新的需求。

为此，我们实施了林业公益性行业科研专项项目"基于林改的森林资源可持续经营技术研究"，从森林资源培育—生产经营—保护—服务及相关平台建设角度为集体林权制度改革提供全方位理论及技术支撑，开展了六个方面研究，即基于林改的森林多功能经营技术研究与示范、基于林改的资源供给与规模化经营模式研究、基于林改的野生动植物生境保护技术研究与示范、林权改革后森林资源经营的改变对环境的影响及其优化技术研究、集体林区政策性森林灾害保险制度设计与保费精算技术研究、基于林改的信息服务体系及综合信息服务平台建设。

依据这六个研究方面，项目组成员对项目成果进行了精心凝练，并整理形成了本系列丛书，共包括 6 册专著，即《林权制度改革对环境的影响及其经营优化研究》《林权制度改革后南方集体林经营管理模式与机制研究》《基于林改的资源供给与规模化经营模式研究》《基于林改的野生动物保护技术与对策研究》《林改区域典型树种森林碳储量监测技术研究》《面向林改的林业信息服务体系及平台构建》。其中，《林权制度改革对环境的影响及其经营优化研究》探讨了林权制度改革后对森林生态环境的影响以及环境影响评价、优化技术与制度保障体系；《林权制度改革后南方集体林经营管理模式与机制研究》选择南方集体林权制度改革的典型区域，从林农角度对森林资源经营管理的方案编制、经营合作组织、经营管理人力资源和融资等四个方面进行了深入调查分析，对南方集体林区林权制度改革后经营管理的现状和未来发展进行了深入探讨；《基于林改的资源供给与规模化经营模式研究》探讨了我国木材供需预测分析、林权制度改革对我国集体林区木材供给的影响、南方集体林区速生丰产用材林经营模式以及集体林权制度改革后林农合作组织；《基于林改的野生动物保护技术与对策研究》涉及我国野生动物及栖息地保护相关政策评估，林权改革对野生动物种群、行为和栖息地的影响，林改后野生动物栖息地保护与补偿调查，以及林改后我国野生动物栖息地保护技术与政策保障等；《林改区域典型树种森林碳储量监测技术研究》以杉木、马尾松、毛竹和落叶松为研究对象，提出森林碳汇计量的示范性方法体系，利用建立生物量模型以及测定评估参数，全面估算森林生物量，从而掌握典型树种森林生物量和碳储量的空间分布格局，以及随林龄等林分因子变化的动态规律，最终构建一个以地面样地调查为主体、以生物量和遥感模型估算为补充的碳汇功能计量和评价体系；《面向林改的林业信息服务体系及平台构建》从应用的角度对林改后基层林业单位对信息服务的需求进行深入细致的分析和研究，建立了相应的实用型系统并构建了信息服务平台。

　　虽然每册专著各有侧重，保持了各自的内涵、外延与风格，但它们也相互联系，具有理论性、知识性、经验型和政策性的共同特点，旨在全面介绍我国集体林权制度改革工作的发展背景、历程与现状，从森林资源培育、生产经营、生物多样性保护、环境保护、信息服务体系与相关平台建设等方面提出完善我国集体林权制度改革工作的技术与政策体系，为各级政府部门、林业生产经营与保护单位提供决策参考与工作指南，以推动我国集体林权制度改革工作的健康有序发展，并促使其在建设生态文明中发挥更大的作用。

本系列丛书的出版，得到林业公益性行业科研专项项目"基于林改的森林资源可持续经营技术研究"（NO. 200904003）的资助。感谢国家林业局有关领导对本项目和本系列丛书的关心、支持与指导！感谢项目组的所有成员！感谢所有关心与支持本项目、本系列丛书的专家、学生和朋友！

由于时间与编撰水平限制，这套丛书在理论观点、知识体系、论据资料、引证案例或其他方面可能还有错误、疏漏和不当之处，恳请广大读者批评指正。

2014 年 11 月

前　言

　　随着可持续发展、生态文明建设、五位一体、新四化等战略部署的推动，林业地位的增强，林业目标、任务的调整，以林权改革为主要内容的林业全面改革实施和林业科技进步等，我国林业信息化及其信息服务，面临前所未有的机遇，同时赋予了更重的任务，提出了更多的需求、更高的要求，受到更大的挑战，也进入了发展的新时期。

　　林业信息化是用信息技术武装林业的过程。林业信息服务是实现共享林业信息化成果，满足林业各界、各层信息需求、提高生产、管理水平，推动生产力和林业发展的过程。信息技术脱离了实际应用，就失去了其生命力，林业信息化没有信息服务，也就降低了效果、效益。林业信息服务是林业信息化的出发点与归宿。

　　自20世纪50年代初，我国林业系统开始应用信息技术。当时，根据森林资源调查需要，开展了林区航空摄影，应用于航空相片制图、森林资源调查。经10多年努力，在应用中提高、实践中发展，总结了一套方法与技术，全面支持林业专业制图与林分、宜林地等调查规划设计。它与林业地面调查、抽象技术、数学模型等方法结合，产生了许多新方法与技术；以后始终坚持研究、总结、推广、应用。"文化大革命"一度受损，到20世纪70年代末，又恢复发展，不失时机地提升为遥感，引进应用航天技术，扩展了新的领域。航天遥感广泛应用于林业宏观空间信息的获取、数字图像处理、宏观资源分类，以后又与地理信息系统、全球定位系统等应用技术结合，成为林业调查规划和监管中不可缺少的手段和技术。计算机等科学技术的发展、应用，标志着新技术革命的开始，20世纪60年代，林业系统利用我国第一台计算机，进行了林业数值计算试验；80年代初，首先在森林资源教学、科研、调查规划等部门，引进信息技术，产学研结合，推广应用计算机技术、网络等技术，从单机到局域网、广域网，从数值计算、到数据处理，信息与知识处理，从单项到综合、系统、集成，从管理到生产、从资源到全面应用，信息技术与林业结合产生了许多新方法、新技术；80年代中期，林业系统纷纷成立信息中心、信息办公室或者计算中心等，逐步发展，开始纳入国家信息化轨道；90年代初产生了林业行业中第一个信息化规划：种苗信息化规划；以后国家和各地多次进行规划。进入21世纪，在国家信息化强势推动下，林业系统加大信息化力度，完善组织、体制、机制，协调系统开发、应用等各个方面，有了进一步提升。通过多年实践，造就了一支研建和服务的专业队伍，通过知识培训、应用实践，更提高了所有林业工作者的信息素养。世界信息技术不断发展，第三代通信技术、物联网、云计算、大数据等新技术的广泛应用，标志着信息技术又一发展浪潮的到来，预示着新的技术革命已经显现。林业信息化及其信息服务，也将在新形势下进步与发展。

虽然林业信息化在进步，取得了许多成果，但也存在不足。林业信息化起步不晚，但是发展缓慢，与形势发展、国家信息化总目标与部署、林业生产、管理和公众对信息需求有不少差距。曾一度对形势发展、国家信息化发展趋势、林业信息化目标、任务、功能与结构、实施途径等认识不足，宏观上缺少系统、全面规划安排，微观上服务、协调、控制不够，致使信息技术应用，多在上层管理的一些领域，而林业主战场如林区的信息化远落后于上层；信息技术应用多集中在资源管理与政务领域的数据管理，林业基础实施、装备、生产工艺过程自动化、智能化、网络化管理、提高信息素养的服务等发展缓慢，有的刚刚起步，甚至还没有引起重视。有些信息化项目，信息技术与林业业务结合不够，重技术、轻业务，有的项目覆盖面小，不能适应实际需要。所有这些影响着林业信息化水平的提升与发展。

当前，林业系统正在积极稳步地推进林业信息化建设，信息服务正在完善和提高。林学界在总结过去，审视现在，思考未来。本书作者，参与"面向林改的信息服务体系及综合信息服务平台建设"研究，结合过去的研究与教学成果，学习、剖析、总结、归纳，对下列方面进行论述。分析了国家对可持续发展、生态文明建设、五位一体、新四化战略部署，研究了以集体林改革为主要内容的林业全面改革下的加大林业发展的力度，以及第三代通信技术、物联网、云计算、大数据等信息技术的兴起与应用的新形势，明晰了林业的新任务、新要求，机会与挑战并存，任重而道远；对现代林业、林业生产与管理活动简要再认识，论述了林业活动中的信息需求，从中进一步分析了林业信息化及其信息服务的基本理论与技术基础，发展过程与现状，以及今后发展趋势与途径；对区域信息化服务平台架构进行探讨，为整合相关系统分析讨论了相关技术，与国有林场的信息服务平台的设计、实施一起，验证了相关论点与技术；为适应广大林区野外工作需要，对移动平台技术及其应用进行探讨，并以多项实际应用求证；为提高森林资源监管中的空间信息服务水平，对总结过去、发展新技术，进行研究，以选用已经成熟的技术，开拓新方法、技术应用研究的理念，探索了提升空间信息服务的途径，并实例证明。

本书在国家林业局林业公益性行业科研专项"基于林改的森林资源可持续经营技术研究"（NO.200904003）的第六子项——"面向林改的信息服务体系及综合信息服务平台建设"的研究基础上凝练而成，并对林业信息服务结合林改后基层林业单位对信息服务的需求进行了分析和研究，构建了林业综合信息服务集成基础平台。全书共分6章，第1~3章侧重在概念与基础，其中，第1章新形势下的林业信息服务由李维、李昀编写，第2章林业信息服务技术基础由李维、赵天忠编写，第3章林业信息化与信息服务探讨由王海燕、李昀编写；第4~6章侧重应用技术，其中，第4章林业综合信息集成基础平台及其技术架构由蓝海洋、李昀编写，第5章面向资源管理的移动信息服务及其关键技术由陈飞翔、陈玥璐编写，第6章面向监测的空间信息服务技术及其实证由曾怡、张丽云编写。特聘陈谋询教授、苏晓慧老师进行了审阅修订。赵天忠、李昀对全书进行了统稿。高显俊、莫可、汪少华、王鑫、刘凤媛、张鸿雁、赵梓晴、杨薇、陈名腾、聂盈、谢仕琴、郝欣、刘群、王婧、马浩然、刘羽等参与了本项目的研究，为本书提供了丰富的素材。在项目的研究过程中，福建省三明市林业局、将乐县国有林场、将乐县林业局、辽宁省林业厅、抚顺市林业局、清原县林业局、江西省林业厅、遂川县林业局、甘肃省小陇山林业局、甘肃省林业勘察设计院等单位提供了极大的便利条件，在此一并致谢！

作　者

2014 年 11 月

目　录

总　序

前　言

第1章　新形势下的林业信息服务 ……………………………………… （1）

  1.1　认清林业发展新形势 ………………………………………………… （1）

    1.1.1　林业发展方向——可持续发展与生态文明建设 ………… （1）

    1.1.2　林业发展道路——改革与创新、五位一体、新四化 …… （2）

    1.1.3　林业发展的良好基础 ……………………………………… （4）

    1.1.4　林业发展坚实支柱——科学技术进步 …………………… （6）

  1.2　林业现存的问题剖析 ………………………………………………… （8）

    1.2.1　森林资源长期落后状态的警示 …………………………… （8）

    1.2.2　对"林业是一个复杂系统"认识欠缺 …………………… （9）

    1.2.3　计划经济的管理与经营模式尚未彻底改变 …………… （10）

    1.2.4　方向性的有效举措不能坚持与发展 …………………… （11）

    1.2.5　实用自主科技创新不足 ………………………………… （12）

    1.2.6　人才问题成为制约瓶颈 ………………………………… （13）

    1.2.7　林业信息化刚起步 ……………………………………… （14）

  1.3　全面改革以推进林业发展 ………………………………………… （14）

    1.3.1　适应形势，实现真正意义上的可持续发展 …………… （14）

    1.3.2　认识与把握林业发展规律——概念创新 …………… （15）

1.3.3　全面推进林业改革——管理创新 ……………………（16）

1.3.4　探索林业新理念与模式——知识创新 ……………（18）

1.3.5　科技及其应用水平提升的关键——实用自主创新 ……（19）

1.3.6　凝聚智慧以充分发挥林人的才能 …………………（20）

1.4　强化信息化及其信息服务建设 …………………………（21）

1.4.1　确立林业信息化的地位和作用 ……………………（21）

1.4.2　明确信息服务目标与任务 …………………………（21）

第2章　林业信息服务技术基础 ………………………………（23）

2.1　林业信息需求与林业信息服务 …………………………（23）

2.1.1　林业信息服务需求分析 ……………………………（23）

2.1.2　林业信息服务内涵认识 ……………………………（28）

2.1.3　林业信息服务的现状 ………………………………（31）

2.1.4　林业信息服务技术体系 ……………………………（32）

2.2　改革前后信息需求差异 …………………………………（33）

2.2.1　新的主体有更高的信息需求 ………………………（33）

2.2.2　市场配置资源对外部信息需求更强 ………………（33）

2.2.3　森林资源的"外部性"导致信息交流更频繁 ………（34）

2.2.4　林权约束性需要依法营林 …………………………（34）

2.2.5　林改的复杂性需要更精确的信息 …………………（34）

2.2.6　不确定性需要适时的信息 …………………………（34）

2.3　林业信息需求与信息服务关联关系 ……………………（34）

2.3.1　信息需求决定着知识架构 …………………………（35）

2.3.2　信息处理关键在于知识的有机综合 ………………（35）

2.3.3　支撑信息服务需要多学科成员组成坚强团队 ……（36）

2.4　集成与融合——信息服务的基本趋势 …………………（37）

2.4.1　系统集成思想指导下的集成系统 …………………（37）

2.4.2　组织上强强融合创新——最佳组织结构 …………（40）

2.5　同步——信息服务技术系统基本出发点 ………………（42）

2.5.1　信息服务与新形势同步 ……………………………（42）

2.5.2　信息服务与科学技术发展同步 ……………………（43）

2.5.3 信息服务与林业战略部署同步 ……………………… (43)

2.6 新形势下的信息服务应用技术 …………………………… (44)

　　2.6.1 信息技术与业务融合 …………………………………… (44)

　　2.6.2 提升已应用的技术服务水平 …………………………… (44)

　　2.6.3 开拓新兴起的信息技术应用 …………………………… (45)

第3章　林业信息化与信息服务探讨 ……………………………… (47)

3.1 林业活动与林业信息化关系的再认识 …………………… (47)

　　3.1.1 林业的生产及其生产力 ………………………………… (47)

　　3.1.2 精神生产——林业建设中的关键性活动 …………… (48)

　　3.1.3 林业信息化——林业生产与管理活动的坚实支柱 …… (49)

　　3.1.4 信息服务——林业信息化的出发点与归宿 ………… (49)

3.2 林业信息化与信息服务的再讨论 ………………………… (49)

　　3.2.1 林业信息化是林业发展的一个新阶段 ……………… (50)

　　3.2.2 林业信息化需要全面推进并均衡发展 ……………… (50)

　　3.2.3 林业信息化建设从信息服务中起步 ………………… (52)

　　3.2.4 林业信息化中客观存在的差异 ……………………… (53)

3.3 我国林业信息化发展进程剖析 …………………………… (54)

　　3.3.1 林业信息化的提升和发展 …………………………… (54)

　　3.3.2 影响林业信息化提升和发展的因素 ………………… (57)

3.4 利用有利形势推进林业信息化 …………………………… (60)

　　3.4.1 国家及行业大力推进信息化 ………………………… (61)

　　3.4.2 新任务与高要求成为信息化的新动力 ……………… (61)

　　3.4.3 新理念推动林业信息化的发展 ……………………… (62)

　　3.4.4 新的技术支撑林业信息化的发展 …………………… (63)

3.5 促进林业信息化提升的关键问题 ………………………… (64)

　　3.5.1 确立林业信息化在林业中的地位 …………………… (64)

　　3.5.2 不断调整规划全面推进信息化 ……………………… (64)

　　3.5.3 处理好林业信息化中多种关系 ……………………… (65)

3.6 林业信息化保障体系建设 ………………………………… (67)

　　3.6.1 完善林业信息化建设体制 …………………………… (67)

3.6.2　健全信息化管理机制体系 ················· (68)

3.6.3　提高信息化技术保证水平 ················· (69)

3.7　在研究——实践——再研究——再实践中求发展 ····· (70)

3.7.1　我国林业航空遥感应用沿革 ··············· (70)

3.7.2　航空遥感应用发展中的启示 ··············· (71)

3.7.3　不断研究与实践以提高信息服务水平 ········· (71)

第4章　林业综合信息集成基础平台及其技术架构 ······· (73)

4.1　林业综合信息集成平台分析 ················· (73)

4.1.1　林业综合信息集成平台内涵 ··············· (73)

4.1.2　林业综合信息集成基础平台功能 ··········· (74)

4.1.3　独立数据归化与交换 ····················· (77)

4.2　区域林业综合信息平台基础系统架构 ········· (77)

4.2.1　平台架构分析 ··························· (77)

4.2.2　平台框架 ······························· (78)

4.2.3　平台构件组成 ··························· (80)

4.3　区域林业信息基础平台技术架构 ············· (85)

4.3.1　总体技术架构 ··························· (85)

4.3.2　数据交换技术方案 ······················· (87)

4.3.3　数据存储技术方案 ······················· (94)

4.3.4　数据展示技术方案 ······················ (100)

4.3.5　硬件网络支撑平台 ······················ (104)

4.3.6　安全保障体系方案 ······················ (110)

4.4　标准规范管理方案 ······················· (116)

4.4.1　标准规范建设原则 ······················ (116)

4.4.2　标准规范体系管理 ······················ (116)

4.5　林业信息平台部署模式 ··················· (117)

4.5.1　平台应用架构 ·························· (117)

4.5.2　纵向分级部署模式 ······················ (117)

4.5.3　横向扩展部署模式 ······················ (119)

4.6　实证——福建将乐国有林场综合信息服务平台建设 ····· (119)

4.6.1 将乐国有林场综合信息服务平台概要 ·············· （119）

4.6.2 基于综合信息服务平台的信息系统 ·············· （121）

4.6.3 系统运行环境 ························· （126）

4.6.4 系统运行实例 ························· （127）

4.7 小 结 ···························· （130）

第5章 面向资源管理的移动信息服务及其关键技术 ·········· （131）

5.1 探索适应需求的林区信息服务模式 ·············· （131）

5.1.1 我国林区及其森林资源特点 ··············· （131）

5.1.2 目前存在的森林资源问题 ··············· （132）

5.1.3 面向资源管理的信息服务需求 ············· （132）

5.1.4 支持信息服务的新技术 ··············· （132）

5.2 移动信息服务的模式 ···················· （133）

5.2.1 离线模式 ······················ （133）

5.2.2 有线网络模式 ···················· （133）

5.2.3 无线网络模式 ···················· （134）

5.2.4 混合模式 ······················ （134）

5.3 移动信息服务的组成与特点 ················· （134）

5.3.1 移动信息服务的组成 ················· （134）

5.3.2 移动信息服务的特点 ················· （136）

5.4 移动信息服务相关技术 ··················· （137）

5.4.1 地理信息系统技术 ·················· （137）

5.4.2 移动终端无线定位技术 ··············· （140）

5.4.3 信息的无线传输技术 ················· （144）

5.4.4 信息的移动表现技术 ················· （149）

5.5 移动信息服务类型与体系结构 ················ （155）

5.5.1 移动信息服务的类型 ················· （155）

5.5.2 移动信息服务的体系结构 ·············· （156）

5.6 移动信息存储方法 ····················· （158）

5.6.1 空间数据存储方法 ·················· （158）

5.6.2 属性数据存储方法 ·················· （162）

5.7　移动信息展现方法 ·· （164）

　　5.7.1　移动空间数据坐标变换 ······························· （164）

　　5.7.2　移动地物取舍算法 ··································· （165）

5.8　典型案例 ··· （168）

　　5.8.1　案例1：基于PDA的立木资产评估工具 ·········· （168）

　　5.8.2　案例2：综合林木资产价值评估应用软件 ·········· （175）

　　5.8.3　案例3：基于Android的木材检尺码单管理系统 ··· （182）

　　5.8.4　案例4：基于GeoGIS平台的林场资源数据管理系统 ··· （188）

第6章　面向监测的空间信息服务技术及其实证 ·················· （196）

6.1　森林资源监测概述 ·· （196）

　　6.1.1　应用与发展简要 ····································· （196）

　　6.1.2　国内森林资源监测存在问题 ························· （201）

6.2　现行森林资源监测技术梳理 ···································· （202）

　　6.2.1　基本技术 ··· （202）

　　6.2.2　林业遥感信息提取技术 ······························· （203）

6.3　新方法与新技术的开拓 ·· （210）

　　6.3.1　遥感反演技术 ··· （210）

　　6.3.2　变化检测技术 ··· （211）

　　6.3.3　基于粗糙集规则提取信息的森林分类技术 ·········· （212）

　　6.3.4　基于多层次分割规则提取信息的森林分类 ·········· （217）

　　6.3.5　可视化技术 ··· （223）

6.4　实证——基于遥感技术的森林资源信息处理与应用研究 ··· （224）

　　6.4.1　研究区基本状况 ······································· （225）

　　6.4.2　研究成果 ··· （227）

6.5　本章小结 ··· （255）

参考文献 ··· （257）

第 **1** 章
新形势下的林业信息服务

我国林业事业从无到有、从小到大，经历了漫长的发展过程。不同社会、经济、科技发展形势，对林业提出了不同要求、任务，给以不同的支持。林业系统根据任务、要求、条件，采用相应的管理体制与运行机制，方式、方法与技术，进行林业建设，有成效有挫折、有顺境有逆境。当前，我国提出了一系列社会、经济发展战略，赋予林业的科学定位："森林是陆地生态系统的主体，林业是一项重要的公益事业和基础产业，承担着生态建设和林产品供给的重要任务""在贯彻可持续发展战略中，要赋予林业以首要地位；在生态建设中，要赋予林业以重要地位；在西部大开发中，要赋予林业以基础地位"，采取有效举措，加大投入，支持林业。业内也调整目标、方向，深化改革，加大力度促进林业发展。科技进步，全方位保障林业各个领域的提升。所有这一切，形成了林业发展的新形势。整体推进，多方融合发展，成为当前社会、经济发展的一个特点。林业面临新的形势和任务，使命光荣，任务艰巨。作为林业建设重要支撑：林业信息化和信息服务，同样面临许多新要求、新任务。认清形势，确定发展目标、方向，进行知识、技术创新，确保新的提升，是需要首先解决的课题。本章将重点讨论国家战略部署、业内重大举措、科技发展新形势，以及这个形势下的信息服务目标与任务，为以后各章进一步深入讨论奠定基础。

1.1 认清林业发展新形势

1.1.1 林业发展方向——可持续发展与生态文明建设

自 20 世纪末起，国家对世界的社会经济发展，保护环境、应对气候变化、可持续发展等问题，参与其中，做出承诺，采取各种举措，保证实施，促进发展。现在，国家明确了复兴中华强国梦、全面进入小康社会的长期、短期目标，又依据社会、经济发展的状态与规律，提出了生态文明社会形态的新概念。国家长期、短期目标与生态文明社会形态一脉相承，都是为了促进社会进步，创建和谐美满民生。

狭义地说，生态文明是与物质文明、政治文明和精神文明相并列的现实文明形式之一，着重强调人类在处理与自然关系时所达到的文明程度。本书重点讨论的是广义概念，它是人类社会继原始文明、农业文明、工业文明之后的新型社会文明形态。这种文明形态表现在物质、精神、政治等各个领域，体现人类取得的物质、精神、制度成果的总和。无论是广义还是狭义的理解，都要求采取各种措施，以人与自然协调发展作为行为准则，建立健康有序的生态机制，实现人与人、人与自然的健康有序、和谐、可持续发展。健康有序是一个进程、和谐是一个状态，而可持续发展既是指导思想、又是目标、原则和过程。

可持续发展、生态文明，通过生态文明建设实现，面对资源约束趋紧、环境污染严重、生态系统退化的严峻形势，生态文明建设是关系人民福祉、关乎民族未来的长远大计。进行生态文明建设，首先，必须建立人与自然和谐相处的思想观念；其次，必须把生态文明建设放在突出地位；第三，生态文明建设融入经济建设、政治建设、文化建设、社会建设各方面和全过程。

确定发展方向是保证林业发展的关键。林业系统在不同时期，提出过不同的发展方向，决定着当时林业发展的走向。现代林业、生态林业、可持续林业等，都曾经被讨论，有的被确定为方向，例如可持续发展。由于认识和实施中的问题，虽然林业在发展，执行着可持续发展战略，实施着生态建设，但是，由于主要认识上还是就林业而林业，多出于林业本身的考虑，实施中又缺少内外协调，造了许多林，种了许多树，资源在恢复，生态环境在治理，但是，并没有得到预期效果，资源数量增加了，结构与质量没有改进；时间、空间上局部环境在改善，空气污染越来越严重；作为国家重要生态资源的湿地，在 10 年间减少了 339.63 万 hm^2，接近我国海南省的总面积。需要认识的是，生态文明建设，不同于生态建设，造了林可以保护环境，不一定能达到人与自然的和谐发展；进行生态建设，也不一定融入了经济建设、政治建设、文化建设、社会建设各个方面建设之中。现在，国家明确的生态文明建设，指明了今后林业发展的方向：把林业融入社会发展之中，承担生态文明建设重任，在国家或者地区总目标指导下，通过自我发展，为国家或者地区的生态文明做出贡献。

1.1.2　林业发展道路——改革与创新、五位一体、新四化

确定了林业发展方向之后，如何实现，成为必须解决的课题。国家新的战略思想与安排，已经为林业指明了发展道路。这就是改革与创新，五位一体的总布局和新四化的战略。

改革与创新，这是国家、行业、地区各部门和领域已经十分熟悉和正在执行

中的重大战略部署，两大推进社会、经济、科技发展的动力。改革不是改进，而是一次根本性的变更。它有一个逐渐深入发展的过程，现在特点是向全面、深化方向发展，林业系统集体林林权改革需要纵向深入，同时，其他领域的林业改革，应该积极进行，以求横向推进。适应形势发展需要，生产领域的方式、方法、模式的变更，管理领域的体制、机制改革不容忽视。林业系统在执行创新，特别是技术创新，各部门、各领域都有创新活动。当前，国家强调不仅要创新，而且更需要自主创新，即不仅需要新的思想、理念、模式、方法、技术的产生，而且需要拥有知识产权。同时，创新向着一体化方向发展，生产、管理有多个环节，一个环节的改革或者创新，形成不了整体效益，走向各个环节的一体化创新，是发展趋势。改革实质上也是一个创新过程，它与创新同步实施，可以有效地提升林业发展水平。

五位一体，一是将生态文明建设与经济建设、政治建设、文化建设、社会建设并列，成为建设中国特色社会主义的总布局；二是强调把生态文明建设放在突出地位，融入经济建设、政治建设、文化建设、社会建设各方面和全过程。新四化，需要坚持走中国特色新型工业化、信息化、城镇化、农业现代化道路，推动信息化和工业化深度融合、工业化和城镇化良性互动、城镇化和农业现代化相互协调，促进工业化、信息化、城镇化、农业现代化同步发展。既是目标，又是道路。

五位一体发展模式和新四化的道路，对于林业的意义在于：一是认识林业的重任。五位一体的生态建设、新四化中的每一化，都与林业息息相关，是必须承担的责任。从这点出发，应该改变过去把森林面积和蓄积，作为追求和评价林业发展的首要指标，它们在发展林业中固然重要，但是，按新的要求，保证国家和地区的可持续，实现生态建设、实施新四化，才是第一层次的目标。对国家或者区域的贡献率、对外协调度、对内的协同度等指标的探讨和实施，才能符合形势发展需要，森林面积和蓄积应该是下层目标。二是一体化、同步、融合发展的思想和模式的认识与实践，是林业系统必须遵循的思路与行动准则。习惯于线性思维、脱离环境、时间和空间上的分割运行，不能适应新形势的发展和要求。可持续发展、生态文明建设、五位一体、新四化，特点之一是弃线性发展模式，走在统一目标下，多元融合发展的道路。它们相互影响、制约、促进，不能、也不应该独立运行，只有融合、协调，才能整体推进。如果说过去林业事业，主要根据自身的状态和规律决策与实施，那么新形势下，对外必须融入社会、经济整体发展之中，与环境的各种关系协调发展。对内各个领域、环节必须协同一致，实现整体大于局部之和。

对于林业行业管理，实现内外融合发展，需要：第一，在人与自然和谐状态指导下，把实现人与森林资源及其环境和谐作为管理总目标与总指导思想；第二，人与自然和谐主要取决于人，通过内部协同、外部协调、多方融合，走向协调、和谐，是管理基本原则；第三，把管理融入社会、环境之中，接受更新、更高的要求与管束，承担起更大的社会责任；第四，发挥森林资源维护环境、国土安全等作用，提供多种功能，与社会各行各业共同参与可持续发展、生态文明建设、新四化建设；第五，林学与现代科学理论、现代科学技术发明、市场推广应用多方融合，自主实用创新，推行低能、低耗、低碳、环保，和高科技、智能、精细、内部协同、外部协调的绿色发展模式；第六，与可持续发展、生态文明建设、新四化同步规划与行动，实现新的进步与发展。总之，为尽本职，需要以新的理念，全面改革和提升。必须在精确的时、空条件与状态下，实行精细的管理与经营，实现人与森林资源及其环境的和谐，推进人与自然和谐进程。

1.1.3　林业发展的良好基础

当前形势，对林业发展十分有利，主要有以下几个因素。

1.1.3.1　国家与行业创建了良好环境

发展林业是建设实现可持续发展战略、生态文明与新四化的重要基础、途径和任务。国家与行业对林业发展进行了一系列部署，国家重视，投入增大，正在深入进行的林业改革，调动了林业职工，特别是广大林农的积极性，促进着林业改革与发展。

2007年全国林业厅局长会议上，国家林业局决心把现代林业确定为林业工作方向和主题，树立全面的经营观，把科学管理的理念，渗透到林业生产的全过程。在2008年全国林业厅局长会议上，又提出要坚持把加强森林经营作为现代林业建设的永恒主题，要把森林经营作为林业工作重中之重，贯彻到林业建设全过程。

2009年9月，在联合国气候变化峰会上，我国国家领导人承诺国家将大力增加森林资源，增加森林碳汇，争取到2020年我国森林面积比2005年增加4000万 hm^2，森林蓄积量增加13亿 m^3。2011年9月8日，又在首届亚太经合组织林业部长级会议开幕式的致辞中，强调推进科技创新，加大资源培育力度，创新管理模式，提升森林资源数量和质量，发挥森林多种功能。

近几年来，国家为了发展林业，多次强调林业在社会、经济发展、保护环境、文明建设中的地位与作用。对林业的核心——森林经营，具体采取了一系列重要措施：对森林抚育、木本粮油、生物质能源林、珍贵树种及大径材培育给予扶持；专门探索建立森林经营稳定的投资渠道和长期补贴制度；明确指出：建立造林、抚育、保护、管理投入的补贴制度；开展造林苗木、森林抚育补贴试点，启动森林经营工程，提高林地综合产出能力，大力增加森林碳汇。国家各级财政，为治沙、治水、保护、治理环境，仅森林抚育补贴，从 2009～2012 年，补贴资金由最初的 5 亿元增加到 56.76 亿元，抚育任务由最初的 500 万亩增加到 5100 多万亩。中央财政投入累计达到 132.76 亿元。

纵观我国林业发展走向，高层决策起着最关键的作用，我国林业整体发展有起有落、有顺有逆，都与国家形势发展、林业的高层决策有关，如今国家对林业赋予了重要地位、提出明确目标与要求，行业高层进行着各种部署，采取多种举措，为林业发展构建了有利、有效的平台和环境，林业事业进入了一个新的发展阶段。

1.1.3.2 林业改革奠定了坚实基础

长期以来，在计划经济指导下，形成的管理体制与机制，妨碍了事业的发展。自改革开放、实施社会主义的市场经济以来，原有管理体制与机制虽有改变，但是仍然落后于形势的发展，影响着人们经营森林资源的积极性，为了林业事业健康发展，以林权改革为核心的林业改革，正遵循国家部署深入进行。

集体林权制度改革，在范畴上是农村改革的重要组成部分，具有高度的整体性；在本质上是农村改革的延伸，具有很强的同质性；在进程上是农村改革的又一次重大突破，其方向和目的具有高度的一致性。集体林权制度改革实质上就是农村联产承包责任制的继续和完善，是一次对以林地权益为核心的森林资产权益关系进行重大调整的改革，是体制上、机制上进行的一次系统的全面地落实林业产权的综合性改革，从明晰产权入手，确立林农的经营主体地位，真正实现了"明晰所有权，放活经营权，落实处置权，确保受益权"，给予林农真正意义上的物权。

新一轮集体林权制度改革，是进一步解放和发展林业生产力的必然要求，是促进农民持续增收的重要措施，是缓解我国木材供给紧张的现实需要，是加快我国生态建设的迫切要求。第一，它符合农民的根本利益。通过林改，农民直接拥有生产资料，激发了广大农民群众从事林业、投入林业的积极性，满足农民耕山致富的需求。第二，它符合林业发展的根本目标。通过林改，充分挖掘林地和森林资源以及林产品市场的潜力，吸引社会各种生产要素向林业汇集，增加森林资源，全面提升生态产品的数量和质量，满足了国土绿化和生态安全的需求。第三，它符合社会主义新农村建设的根本任务。实践证明，通过林改，农民开发山地的积极性空前高涨，对农村生产发展、解决就业、增加农民收入、促进农村文明建设都产生了重大而深远的影响。第四，它符合构建社会主义和谐社会的根本要求。通过林改，建立农民与山林的长久的和谐关系，公开公平公正地调处村民之间、村民与村集体之间的利益关系，稳定了农村社会，巩固了基层政权，满足了人与人、人与社会、人与自然和谐的需求。

进行中的集体林权制度改革，是在 20 世纪 90 年代改革的基础上一次规模更大、要求更高、更具实质意义的改革举措。到目前为止，时间虽然很短，但抓住了产权这个关键，使林业生产关系更加适应了林业生产力发展的要求，极大地调动了林农的积极性，极大地解放了林业生产力，集体林区焕发出了新的生机与活力，并带动整个农村经济社会发生了十分可喜的变化。一是有效解决了林业"五难"问题，加快了林业发展；二是增加了农民收入，改善了农民生活；三是推动了乡风文明，促进了农村和谐；四是美化了家园，改善了村容村貌；五是推进了民主管理，加强了民主建设。

国有林区，以林权改革为核心的林业改革开展得比较晚，进展没有集体林改革快。但是，也开展了不同形式的林权改革，20 世纪末在各大林区，进行了各种形式的经营承包制度试点，一批比较成熟、可行的改革，正在稳步推广执行，连同层层的权力下放，基层单位的自主权正在加强，发展国有林的积极性普遍提高，促进国有林的数量、质量同步发展。

1.1.3.3   全面深入的林业改革正在启动

在国家一系列部署和集体林改革的两方面推动下，激发了林业系统的全面、深入改革，前者引起了各地各层的管理、生产、学术部门和单位的思考，就新形势下，林业发展的目标、道路进行研讨，献计献策。后者，广大的经营者在明晰了林权以后，要求尽快建立与之适应的管理体制和运行机制。原有的规章制度正在重新审定、修改、补充，有的停止执行，新的规章制度已经或者即将产生。改革不是改进，它是一个变革，全面深入改革也不是局部的，它涉及各部门的各个领域。敢于自我超越，否定自己做过的方式、方法，探索和实施适应形势发展的方式方法、规章制度，实行全方位变革，才能完成全面改革。

1.1.4   林业发展坚实支柱——科学技术进步

1.1.4.1   科技进步推动着林业发展

科学技术是第一生产力。传统林业主要依靠劳力发展生产力，近代林业主要依靠资本发展生产力，而现代林业发展生产力的动力是知识。科学技术进步对林业发展给以强大的支持。林业现代化实质是以科学技术武装林业，不断利用现代科学技术，将知识转化为技术，技术转化为生产力的过程。林业现代化需要不断应用新思想、新方法、新技术，以新的发展模式改造传统林业；需要全面变革，综合集成，把知识转化为技术，技术转化为生产力；需要进一步认识林业，界定概念，明确内容、构成和关系，推进现代林业进程。

世界进入了知识经济时代，新思想、新理念、新技术，不断为林业生产与管理进一步创造条件。系统科学的思维方式和系统方法、可持续发展理念、冲突协调管理、差异化管理、适应性管理、精细化管理等理念和方法、信息技术武装林业的信息化技术与手段等的引进、消化应用，促进林业不断产生新的知识与技术，使林业不断提升和发展。一系列理念、方法、技术的产生，是世界各国长期实践，证明能适应相关环境、条件，有效、科学、可行，并已上升到理论的总结。我国林业系统在 20 世纪 80 年代接受了系统科学的理论、方法，把林业及其管理视为复杂的巨系统进行管理；之后又接受和实施着可持续发展理念，开展了一系列方式、方法、技术的研究与实践：冲突协调管理、差异化管理、适应性管理、精细化管理等理念和方法多有研究，在实践中也有体现。但是总体上，都不够深入，影响应用与发展。复杂巨系统、可持续发展是一个需要进一步深入研究、实践的问题，其中融入新的理念、方式、方法，创造一个适应具有我国特色的林业发展模式，是一个时期内的方向。因为林业有多元利益集体、个人组成和参与，必然有各种冲突，所以需要冲突协调管理；林业自身和环境，存在各类时间、空间差异，需要差异化管理；林业建设中，环境和条件不断变化，需要调整目标和举措，必须实行适应性管理；林业需要根据时间和空间状态及条件，实行可行、可靠、科学的方式方法，需要精细化管理。每种理念，可以有相应的方法和技术，接受这些理念，融合应用、创新，探索新的发展模式，是科学技术对发展林业的支持，是林业科技界的重要使命。

1.1.4.2　信息化提供技术支持

自 20 世纪 80 年代开始，林业系统与世界科技发展、新技术应用，国家统一部署同步，积极开发信息资源，为发展林业服务。从开始的计算机技术的应用，到信息管理，产生了一批应用系统，20 世纪末开始，更进入了林业信息化阶段。林业信息化已成为各级各层，积极追求、稳步发展的重要任务。信息反映了林业状态，信息流反映着林业建设过程，经过处理产生的管理信息，控制着林业发展进程。20 多年的实践，林业系统的信息素养不断提高，手段不断改进，信息服务步步提升。在国家信息化统一规划下，林业系统信息化进入了一个新阶段，建立了各级信息化管理机构，普遍进行了统一规划，正在组织实施，开发着为生产、管理服务的技术系统。国家林业局调查规划设计院、中国林业科学研究院在应用遥感数据采集、图像处理、地理信息系统建设、电子政务、各类监管系统的开发等方面，北京林业大学在管理信息系统开发、林业野外技术装备、地理信息系统等方面，浙江农林大学在森林资源监管系统开发应用，河南、福建、辽宁等在森林资源监测方面等已有一定基础和成效。林业系统正在有计划的选择和综合，引进物联网、云计算、大数据等新出现的技术，消化、综合、创新，向网络化、集成化、智能化、精细化等现代生产、管理方向迈进。它们的应用与发展，将对林业发展有更大的支持。

1.1.4.3 林业信息服务为林业生产与管理提供了可靠的依据

林业信息化是林业重要组成部分，林业信息服务是林业信息化的核心，林业信息化所有功能，都通过信息服务实现。促进林业生产与管理两大社会活动，它们的运行说到底，是一些人协调另一些人的活动，完成管理，经营者又直接作用于经营对象，完成生产活动。管理活动在信息全面支持下，完成数据采集、分析、评价、决策、计划、组织、协调、反馈控制；生产活动，一方面人需要了解、分析状态，控制、协调等也需要信息支持，另一方面，许多工具设备需要包括信息技术在内的高科技武装。研建与实践的各种信息技术系统、自动化控制设备，在实施、应用中都通过信息服务，解决相关问题，提供相关技术支持。实施中的林业信息化，把信息服务作为出发点和归宿，突出应用，提供包括信息素养的培养、系统的研建、硬、软件装备建设、人力资源开发、事前事中事后的管理等服务，将全面支持林业生产与管理活动。

1.2 林业现存的问题剖析

20世纪50年代以来，我国林业发展经历了1949～1978年的林业的初期，即传统林业发展阶段、1978～1992年林业发展的探索阶段、1992年起至今迈向现代林业的发展阶段。新的形势、新的要求、新的任务是发展林业的极好机会。如何抓住这个机会，进行研究、探索与实践、改革，提升林业生产、管理水平，发展林业是林业各界、广大林业工作者的责任。林业需要在发展中发现与解决存在问题，实现提高和进步。

1.2.1 森林资源长期落后状态的警示

面对社会、经济、科技发展的新形势，近年来，业内各方人士从不同角度，对林业发展，进行系统分析与思考，有的从对新形势认识、理解入手，有的从林业发展中的问题分析，有的在深入调查基础上，从林业事业主要经营对象现状出发，进行思考，提出建议。森林资源是林业事业的核心要素，它的状态和运动方式，决定着林业事业发展的状态。从剖析森林资源质量和数量、生态环境与木材供需求状态，可以认识林业整体发展有待克服和解决的问题。

刘于鹤等根据全国森林资源清查数据进行分析，认为：在森林资源数量质量上，我国从20世纪90年代中期开始，林地面积和森林蓄积呈现稳步增加，但森林质量仍然低下、提升缓慢。主要表现是：林地利用率低，森林面积占林地面积比率只有59.71%，且林地流失现象还很严重；林地生产力低，全国乔木林每公顷蓄积量仅为 85.88m³，是世界平均水平（110m³/hm²）的 78%，人工林每公顷蓄积量更低，仅 49.01m³/hm²，人均占有森林面积 0.132hm²，只相当于世界平均水平的 1/4。生态公益林建设方面：面积大幅增加，但公益林的经营问题突出。公益林面积十年净增 3.6 倍。公益林面积的增加 76% 来自人为林种调整，只有 24% 是新造林。木材供需方面：木材进口量逐年上升，国家木材安全问题形势严峻。过去国内整个木材消费的一半左右靠进口，2012 年国内商品材产量仅 8147.87 万 m³，当年原木、锯材、木浆进口三项折算，原木当量超过 1 亿 m³，再加废纸进口折合 1 亿多 m³，总共约 2 亿 m³。在环境保护方面：我国现有防护林占有林地面积 45.82%（2012 年数据），但重造轻管、重数量轻质量，森林经营不善，森林分布和林分结构不合理，总体质量不高且提升缓慢，森林生态系统服务功能难以发挥。大江大河水土流失依然严重，石质化、沙漠化没有根治，广大地区空气污染越治越重。

这是一个长期存在的状态，自 20 世纪 70 年代开展全国森林资源调查统计开始，几乎每 5 年一次的调查统计报告，都提出面积蓄积双增长，但是结构不合理、质量差、整体落后于世界平均水平。多有数据统计，和状态报告，从没有深入分析这个状态的原因和改进办法。

对此，不断引起林业各界的思考，去探讨、去分析、去总结，森林资源的状况，反映了林业的状况，一系列的问题是什么？应该怎么解决，已经成为最高决策层和林业各界关注的问题，系统诊断与思考，在提高认识基础上的改革与创新，是解决问题的根本。

1.2.2   对"林业是一个复杂系统"认识欠缺

20 世纪五六十年代，林业系统把经营对象，仅仅看成一个木材资源，一切按以木材生产为出发点，从不顾及外部环境、内部结构、功能问题，多按需要采伐利用。80 年代以后，逐渐认识到林业及其管理、主要管理对象森林资源及其管理，都是一个复杂系统。但是多停留在初步认识，并不深入，更影响行动。复杂系统的管理，必须改线性思维方式为系统思维方式，但是过去林业系统，许多时候仍然用线性思维方式，面对问题，多按一个问题的产生，找一个原因，采取一个办法解决，形成了线性方式，解决问题求发展的模式。我国森林资源不足，为了扩大资源，强调大规模造林，求数量轻质量、求造林忽视经营，结果造了许多，但是整体布局、林分结构仍然不合理、质量不高，生长率低，发展极慢。复杂系统要求和环境协调发展，但是许多地方仍然是就林业而林业，并没有"跳出林业看林业"，许多地区和城市森林覆盖率，越来越高，但是污染形势依然严重。长期以来，森林覆盖率是各地衡量森林资源状态和林业发展水平的最重要的指标之一，但是，当地最合理森林覆盖率是多少？至今是个未知数。复杂系统的特点之一是多元，不仅组成要素多元，而且要求结构合理，协同发挥整体效益。但是许多地方，不注重整体的多功能发挥，各部门、领域、环节独立进行，曾经有过单纯为了木材利用，又有过强调生态效益，忽视经济、社会效益的过程。复杂系统有非线性特点，要求把问题放在环境之中，问题产生是由多种原因造成，可以有多种方法解决，并且在实施过程中，随着环境变化而不断调整。过去，许多规划例如森林经营方案，只按规程提出一个方案，进行论证、认定，而且只是在5年或者10年以后进行调整。复杂系统又一特点是随机性，森林资源及其环境在不断变化之中，是一个非理想系统，预测、预估十分困难，由于信息服务没有到位，不能适时掌握变化，以调整目标或者举措，直接影响森林资源发展，间接影响林业的各种状态。

1.2.3 计划经济的管理与经营模式尚未彻底改变

我国林业自20世纪50年代以来，在计划经济年代，形成的体制、机制，统由政府分配资源，经营主体不明，经营单位或者经营人没有自主权，他们唯一的职能是服从上级指令，而各级政府，又由于信息不畅通，指挥不灵，失误频频。受多种政治、经济影响，在20世纪50年代后期大炼钢铁时、"文化大革命"时期发生的森林破坏，70年代末，由于管理问题，发生了大面积的乱砍滥伐。70年代，我国进入改革开放时期，随之全国进入社会主义市场经济发展时期。林业也在改革，建立了新的体制，改革着原有运行机制。但是，改革力度落后于形势的发展和经营者的要求，一些应该放的权放得不彻底，一些规程、制度、方法仍然不符合市场经济的需要，适应市场经济的森林资源管理、经营体系不完善。经营单位的规划，还没有主要由经营者自主规划、适时调整，执行的仍然是统一的规划模式、框架。规划的重要依据：市场因素没有充分体现。先行的集体林改革虽然取得重大进展，部分解决了过去存在的：林地所有权主体模糊，关系不清晰；林权边界界定模糊；权属多变，缺乏安全感和稳定感；林地收益分配制度不规范；林权纠纷多，历史纠葛深等问题。但是，如果仅仅停在产权的确立、发证，不进一步解决其流转、经营的方式、方法等运行机制问题，将影响改革的效果。事实上，已经发现的问题，影响着改革。例如：林改过程中的公平性问题：在林改中出现的部分强势集团或者个人，凭借自己在权力和获得信息上的优势，利用林改将林地资产盘活的机会，聚敛山林资源，部分地区普通农民和弱势农民，在林改中的公平权益没有得到很好的保障；采伐限额分配过程中的寻租现象：采伐指标，通常情况下，不能按照民主程序分配给经营者，采伐权集中于有办法拿到采伐限额强势者，普通经营者拿不到指标，只能选择将活立木低价转让，公平有序的木材市场难以形成；配套改革不到位：完成林权的初次分配，仅仅是实现林业市场化的第一步。现行的林业管理体制已经跟不上林权改革后的新形势。除采伐限额制度的改革问题外，林业市场化的发展，迫切需要政府卸掉以往的包袱，转而承担起信息供给等公共服务职能。在放开林权交易市场、沟通林权、林木交易的信息渠道、林业金融服务体系的建立、生态资源监管体制的完善等诸多方面，有许多机制需要不断建立；森林资源质量下降和烧材供需矛盾凸现：林改后个体经营者急于收回投资，想方设法采伐林木，又违反自然规律造林，森林资源质量严重下降，另一方面，林改后，农村群众生产生活烧材失去基本来源，盗伐生态公益林已成为农村薪材的主要来源。

1.2.4 方向性的有效举措不能坚持与发展

20 世纪 50～70 年代，重点在木材生产：天然林采伐木材，人工林造用材林，80 年代曾以多功能利用为方向，90 年代又提倡生态优先，具体执行时，往往重点成为唯一，忽视了其他效益的发挥。经过多次反复，现在才逐渐稳定下来，那就是发展林业，服务社会，保护环境，改善民生，发挥社会、经济、生态效益等多功能。但其间实施的一些举措，往往是在没有完全明确概念情况下，忙于启动而出现问题，例如提出分类经营，没有明确是林业分类还是森林分类、是管理还是经营，分类以后如何经营和管理。初期出现了商品林和公益林两类，当一些林无法归类时，又补充有兼顾林。在现实中，为了获取更多公益林生态补偿资金，一些地方人为调整公益林，有的将自然条件较好的原用材林地，更新造林后形成的幼龄林林地划为公益林；而有的自然条件差的原本是公益林的山帽子，因有林可采而划为商品林。天保工程许多林业局区划的重点公益林、一般公益林和商品林的面积比例，大体上都各占三分之一。显然，带有极强的主观意识，并不科学的。建立在整体分解认识与实践的分类管理、分类经营，是林业生产、管理中常用的方法，问题是分类以后如何经营，特别是各类型如何协调，保证整体发展，现实林业界并未进一步研究与实践。

林业主要管理对象是森林资源，对它的经营、管理是林业的首要任务，20世纪 80 年代以前，曾提出了以营林为基础的举措，遵循"普遍护林，重点造林，合理采伐，合理利用""以营林为基础，采育结合，造管并举，综合利用，多种经营"的方针。1979 年、1984 年全国人大常委会几次肯定和完善这些方针。认知森林经营的基点是森林资源培育和管护。围绕培育与管护这一基本点，应采取一系列科学经营森林的措施。但是在现实中并没有完全落实与执行。有的没有科学经营规划；有的局限于只对营造林中进行幼林抚育、间伐，忽视成林后的疏伐、林分结构调整性采伐等一系列森林技术管理措施。占全国林地面积 60.6%

的集体林，森林经营水平极低，森林蓄积量只占全国森林蓄积量的 34.23%。乔木林每公顷蓄积量，集体经营的 60.25m³、个体经营的 49.01m³，远远低于国有乔木林每公顷蓄积量 125.21m³ 的水平。在认识到森林经营是林业的永恒主题以后，森林经营工作仍没有提到一定高度。在国家大幅度增加投入以后，2001 ~ 2012 年 12 年间，全国林业系统总投入高达 1.38 万亿元，其中林业生态建设工程的造林和保护约占总投入的 68%，而森林抚育补贴共仅 133 亿元，营林投入所占的比例极低。

1.2.5　实用自主科技创新不足

科技兴林曾被定为战略措施。我国现有林业科技人员 20 多万人，从事推广工作的科技人员 2 万多人，平均每年向社会奉献约 3000 项科技成果，这些成果是强大的技术储备，可以通过转化给社会带来巨大的财富。据统计，进入 21 世纪后，近十年来，共培育出 30 个树种近 2000 个优良家系、优良无性系，平均材积增长 10% ~ 15%，木材综合利用率提高了 20%。"八五"期间，仅纳入国家重点推广计划的科技成果就达 203 项，直接经济效益 14 亿多元。然而，不容忽视的是，存在为科技而科技，长期以线性思维和方法，引进科学技术，解决一个问题，以此欲求林业整体发展，结果可能改变了局部，但是没有整体效果，也就降低了局部效益。特别是实用自主科技创新不足，科技转化率低等问题长期没有解决。林业系统一些野外装备（包括调查、日常管理从采种、育苗、造林到抚育、采伐等作业）现代科技含量很低，虽十分重视造林，给以大量投入，但是，长期存在的成活率低、保存率低、生长率低、产量低、质量差、效益低等问题没有很好解决，多把原因归结为经济投入和管理问题，实质是没有真正实行科技兴林。实用自主创新项目不多，适应当地、当时的项目很难立项，大量投入，重在资金投入大的高精尖项目，且偏重于取得数据的管理技术性项目，一般项目各自进行着同水平的重复。森林经营虽然定为林业发展的基础或者永恒的主题，但是在国家重大科技项目、技术推广项目、林业行业标准等方面，森林经营总体上是立题少，科技投入少，系统研究少，忽视森林经营理论和技术的研究，科技支撑严重不足。必要的森林经营数表，如生长过程表、立地指数表、材积表以及现有森林经营技术规程、指南、技术手册等不完善、不配套。对不同类型的森林经营进行过研究实验，有成功的案例，但缺乏总结推广，没有形成成熟的技术体系。科技支持力不充分，科学研究与生产实践，对新的理念、方法、技术，引进和创新，研究和实践存在着不协调或者不科学的问题。科技成果转化率低。长期以来，我国林业走的是粗放经营道路，林业产值的提高在很大程度上是靠森林资源的消耗取得的。发达国家经济增长中约 3/4 是靠科技进步来实现的，而我国科技进步的作用只占30%~40%，林业则更低，只有21.2%；重科研、轻推广的思想还普遍存在，科技推广队伍不稳定，推广经费不足。我国林业每年虽有几千项科技成果通过鉴定，但成果转化率只有30%，远低于发达国家60%~70%的比例，也低于我国农业推广应用水平。林业成果适宜覆盖利率是20%、农业是40%，贡献率林业科技是10%、农业是30%~40%，林业科技真正大面积应用的还不到10%。其原因一是林业推广组织与人员不稳定、松散，推广应用主渠道、体系市场机制没有形成。二是林业科研机构自身适应能力差，项目适应范围不广，用户对科技成果的吸收力弱。三是对推广重视不够，投入少，科学研究与应用推广不协调、不平衡。

1.2.6 人才问题成为制约瓶颈

我国林业曾经产生过森林资源危机和经济危困两大问题，经过多年努力，虽然没有完全解决，但是有进展、有希望。现在，适应形势发展的人才问题，已经成为继资源和经济危机以后的又一大危机，成为制约林业发展的最重要的瓶颈。林业需要集多元知识和技能，特别是坚实的林学知识和专业技能的人，而且少数人难以完成，需要一个知识、能力、年龄等结构合理的团队。上层由于有较多吸引人才的条件和渠道，人才不缺，问题是随着环境变化、事业发展、科技进步，需要不断取得新的理念、方法和技术，工作经历、经验十分宝贵，但是要适应形势必须不断积累、充实，才能把握和促进整体发展。一个明显的情况是，缺少能够组织、控制全面发展，整体推动的总设计部门和人，现实中往往提出了重要举措，但是并不十分明晰。例如可持续林业、可持续森林经营、生态林业与民生林业、智慧林业等概念，实质、内涵、途径等问题并不十分清楚。不断进行知识更新是这些部门的重要任务。而县以下的广大基础单位，不仅有继续教育的问题，而且，更有大力补充人才的问题。我国基础林业管理部门和生产单位，专业技术人才严重缺乏。主要表现在：各级林业行政管理部门非专业技术人才比例逐渐加大，专业人才相对薄弱；基层生产单位林业人才专业结构、年龄结构不适应工作需要，特别是森林经营一线人才严重短缺、年龄老化；乡镇林业工作站体制未完全理顺，人员结构极不合理，同样也不适应工作要求；各基层机构实用人才进不来，少数进来了留不住，培养的骨干流失越趋严重。

林业教育不适应需求，表面看各大专院校规模发展很快，形势很好，但从深层次看，可以发现问题很多：本科、专科、中专比例失调；学校在校生规模虽大，但学林学专业比例下降；在规模化指导下，专业和招生越来越多，教师与学生比例失调，教育资源奇缺，有的学校，少数人决策，四五个人开办一个新专业，质量没有保证；在去林化影响下，带林的专业越来越少，结构、课程设置不尽合理，学生动手能力差。同时，既缺乏鼓励青年到林业院校学习林业的优惠政策，又缺少鼓励毕业生献身林业，特别是去基层林业单位工作的渠道和优惠政策。

1.2.7   林业信息化刚起步

林业系统 20 世纪 50 年代应用了航空遥感成果，长期坚持，80 年代与许多行业计算机应用同时起步，以后又进行信息资源开发。总体起步不晚，但是发展缓慢。在国家部署信息化，启动"金"字工程时，农业、水利启动了金农、金水工程，林业按兵不动，没有纳入国家整体信息化工程轨道。曾开启数字林业，又没有完全融入国家信息化，影响自身的发展。进入 21 世纪以后，在国家信息化的强势推动下，林业系统调整策略，进行林业信息化的部署并实施，已初见成效。现在存在的问题，一是发展不平衡：空间上表现在地区间、领域间、部门间、环节间的不均衡，时间上不能与日俱进；二是实施重点，还没有向林业主战场的基层转移；多质项目或者系统，重点还在数据管理阶段，没有向信息、知识处理转移；主要重点层面是管理，没有向生产方向转移；独立、分散的实施没有向整体、系统、集成方向转移；信息化的重要问题在于：信息服务在规划和实施中没有得到应有的地位和重视。

1.3   全面改革以推进林业发展

在适应形势发展，推进林业发展之时，对林业的目标、方向、任务，需要重新审议、调整，有更多的具体问题需要解决，首先是在宏观上，认识、实践下列问题。

1.3.1   适应形势，实现真正意义上的可持续发展

我国社会、经济发展迅速，确立了小康社会的短期目标，复兴强国梦的长期目标，正在调整、部署一系列举措。我国林业发展进行过多种规划、计划，确定了方向、目标，而今，形势的发展，对林业有了更新、更高、更具体的要求，各级林业系统需要根据形势发展，审视过去和现在，安排未来。为此，第一，需要认清形势。国家社会、政治、经济发展进入了一个新时期，新的技术革命已经到来，建立在当时情况的林业发展规划与部署，需要重新审议。新的规划部署，首先是保证国家、区域的可持续发展，保证整体需要的生态文明建设。这就需要把它们作为发展林业的第一目标，然后才有林业状态与运动方式的下层目标。第二，时间、空间整体考虑下的层层安排、实施中的协同协调发展。林业发展应该

分类指导、实施，但是，分类以后的内部各部门、领域、类型、环节的协同，与林业外的部门、领域、环节协调必须有切实可行的措施。第三，贵在行动。对新形势下的林业发展，已有许多思考，也在行动中，林业包括许多领域，各自考虑与安排，不能保证整体的需要，各个领域全方位思考与行动，才能保证整体发展。国家层次和各地多有规划，也有战略研究成果。规划和战略设想应该随环境变化而变化，从新形势要求出发，首先需要审视这些结果，提出问题，调整目标和措施。

可持续发展与生态文明建设、新四化等一脉相承，已经确立的林业可持续、发展林业的指导思想、目标与总原则，它要求不仅自身发展，也要保证区域的可持续发展，不仅内部需要协同，而且与外部需要协调，不仅现在要发展而且不能影响以后和后代的发展，由此，传统的管理和经营，无论是管理层，还是经营层，模式还是方式，方法还是技术，规程还是标准，都需要审查与改进，这样才能实现真正意义上的可持续。

1.3.2 认识与把握林业发展规律——概念创新

面对新的形势，林业系统需要理论创新，对未知领域新的探索，对原有理论体系或框架新的突破，对原有理论和方法新的修正和新发展。作为第一步，首先需要概念创新。

林业是什么？林业为什么？林业怎么做？是普遍关心的问题，但是，由于所处位置不同，又有不同认识和要求。高层决策人，多从哲学的高度把握与指导林业行动，即着重在认识论、价值观和方法论的高度，认识林业及其战略管理，希望从具体事务中摆脱，实施宏观的指导；中层管理、经营者，在以上观点、理论指导下，着重提供比较具体控制林业发展的知识、方法、技术、政策、法律等服务；而基层的经营、生产者，立足于自身经营对象，了解与控制其状态、运行，进行有效、科学的活动。

林业系统由于分类、分工，各个部门、专业，大多在自身的范围内，进行研究与实践，森林培育、森林资源管理、水土保持、林业经济等都有自身的理论、方法与技术，对林业整体认识不足。业内比较一致的认识到，林业及其管理是一个复杂巨系统，但进一步对它的组成要素、结构、功能、内外关系，发生发展规律没深入研究，也缺少系统总结。不同时期，提出过多功能林业、生态林业、数字林业、碳汇林业、城市林业、乡村林业等，2013 年，主管部门提出了生态林业、民生林业、智慧林业等三个林业，但是并没有在理论上说明它们的内涵与外延，更没有说明它们的关系。但许多人认为，林业就是林业，或者为了反映时代特点，就是现代林业。现代林业由于是一个有时序性的动态的概念，比较深入人心，常被应用。无论用什么林业的名字，最主要的是整体出发，有整体方向、目标，然后根据需要和状态，进行差别化管理，分类、分工，最重要的是分工后的协同、协调，保证整体目标的实现。当前，林业系统高层，特别是学术界应该对林业及其管理进行研究、总结，重视概念创新，说明它们的含义、组成、结构、功能、关系，对它们带有普遍性、基础性、可以指导一切林业活动的基本规律，即基本原理，例如复杂系统原理、时空差异原理、综合作用原理、整体效应原理、能级决策原理、动态调控原理等进行探索；对它们在经营和管理活动中，所依据的法则或标准，即原则，例如人地协调、协同发展原则、整体效益原则、整体优化和满意原则、适应性原则、整分合原则等进行探讨；对它们所特有的特点，例如多样化、复杂性、模糊性、区域性、关联性、继承性等进行研究。只有有了比较完整的概念，才能引导与开展知识、技术创新，指导实践活动。

不仅对林业的整体概念需要创新，林业各专业、领域，都需要重视概念，有的需要深入认识，完善与发展，有的特别是提出新的部署、举措，不仅需要一个新名字，更需要研究、解译其内涵与外延，指导实践活动。可持续发展是各领域普遍使用、实施的概念，学术界对它的概念、各种指标都有一段探讨，但是，实际工作中，并未真正执行，规划、计划、控制与监督，很少与环境挂钩，也没有内外协调、协同状况的分析。所以，在新形势、新任务、新要求下，不仅需要概念研究，更需要切实执行，解决林业发展问题。

1.3.3　全面推进林业改革——管理创新

管理创新是指由于环境、任务的变化，而引起的职能、方式、法规、体制、机制等各方面的一系列新变化的活动。在计划经济指导下，林业系统建设了一套管理体制与机制，重点是各级各层的结构和规章制度，对它们改革，建立适应市场经济需要的新体制与机制，是管理创新的主要内容。

我国以集体林权改革为重点的林业改革，已取得一定成效，今后这些地区的重点是：林改以后的经营、管理方式、方法的改革。同时，重点国有林区管理体制改革，应该提到议事日程。东北内蒙古国有重点林区是我国北方重要生态屏障，也是我国木材及其他林产品的重要战略基地，目前"两危"困境没有彻底解决。虽然在推进林区森工体制改革方面也做了积极探索，取得了成效。但其改革力度远不如集体林区，与其地位不相适应。必须下大力抓好国有重点林区改革，实行政企分开，剥离企业办社会职能，减轻企业负担，完善社会保障体系，建立现代企业制度。目前，森工企业体制是，所有权（代表国家管理森林资源）与经营权合一，缺乏有效监督。据报道，联合国粮农组织2005年对全球森林资源评估显示，全球森林面积中，有79%由各国中央政府直接控制和管理。因此从生态和木材安全考虑，有必要设立国有林管理机构，由中央政府垂直管理重点国有林。国有林管理机构，不参与经营，一切生产经营活动(森林资源培育与采伐加工利用)，向社会招标由具有相关资质的企业自主经营。

林业改革涉及各个领域、部门，根据自身特点与需要，进行体制与机制的改革，势在必行。管理体制主要是机构的设置，科学管理需要咨询机构、决策机构、执行机构、监控机构，按目前条件和基础，林业系统不可能按这一模式建立机构，但是需要有一些人完成这些职能。这些机构，大多在林业部门，有的可以逐步走向市场，例如咨询服务。森林经营、政企分开、企业自主、政府服务、第三方经营等体制需要探索并逐渐完善。机制改革，着重在各项制度的改造、完善、新的体系的建立。过去建立了适应当时当地情况，建立的林地管理、森林培育、森林资源监管、保护、利用等方面都有相应的制度，需要审视、修改。现明确的生态资源方面，需要完善或者建立产权、监管、保护、修复、评价、经营、市场配置、补偿、金融扶持等制度。在这些工作中，第一，需要从整体性出发，建立完善的机制体系。整合名目繁多的制度，系统化、整体化，林业的主要管理、经营对象，性质、功能、状态不同，可以有不同的管理方式、方法，但是有共同的基础，需要共同遵循，又有差异，需要差异化管理。应该建立在林地管理、森林培育、森林资源监管、保护、利用、流转等制度体系之上，再完善下级的分类管理与经营系统以及子系统，这样才能保证平衡发展。第二，现实制度多是面向具体工作的，现在需要补充、完善的是面向决策与管理的制度。所有林业项目的启动都在决策中开始，在实施中控制与调整，决策控制与调整的主客体、依据、程序、考核、监督、方式、方法等，以制度形式予以肯定。森林经营是发展林业永恒主题，森林经营、管理领域，在审视、完善各种制度的基础上，通过创新，在内容上应该构建具有中国特色的森林经营、管理的理论和技术体系，在层次上可以是森林资源监管和森林资源经营两大应用体系建设，它们两者结合成为森林资源管理体系。局部的领域，例如关注的林木采伐管理制度，需要从行政管理逐步过渡到依法管理，进行改革、完善，所以管理创新也是全方位的。

管理机制创新中的一个重要方面，需要围绕管理的决策、计划、组织、执行、监督、控制等职能，建立完整的管理机制，明确相应的组织机构体制，制定相应的制度机制。规定由什么机构(可以是多方面的)、什么人、采取什么方式、方法、依据什么、完成哪些工作，确定由谁、以什么手段、方式、方法，完成组织执行、督管和控制。

在建立管理机制中，首要的问题是有一套基本分析评价、决策、计划、执行、督管和控制的指标体系。现行的分析评价、决策、监管指标，即：面积、蓄积、生长量等主要指标已经不适应需要。一度学术界对森林资源的可持续性指标等多方面研究，但是，实际的生产、管理中并没有采纳。现实应该有较面积、蓄积更高一层次的指标，例如林业承载力(环境对林业和林业对环境的现实、理想承载力)、林业的支持力(社会、经济、科技等环境对林业、林业对环境现实支持力)、林业差异性(环境、资源、生产与资源管理水平)、林业协调度(林业与社会、经济、科技发展协调程度)、林业的贡献率(对于社会、经济、科技发展的贡献)、林业状态(产品总量、森林资源时空状态、预警、应急)，以及建立在以上基础上的综合指标(时间与空间的可持续、生态文明等状态与运行状态)。以上指标需要层层细化，许多细化指标有研究与实践，需要选择应用，而有的需要补充，有的需要改革提升，例如对森林资源状态，需要补充的是均匀度，需要提升的如覆盖率，应该分有现实覆盖率、理想覆盖率和潜力。以上指标的建立有组成、结构、方法等问题，通过研究逐步完善，应该不十分困难，难在取得共识和协同执行问题。信息技术迅速应用与发展，只要有这些需求和方法，支持适时处理、提供服务，不十分复杂，研建相应系统，为广大用户提供全面、快速、准确、易行的所有指标数据，是信息服务部门的责任。

1.3.4 探索林业新理念与模式——知识创新

林业有许多知识，形成了一个体系，它们从各个角度，对有关林业的事实或者思想有一套系统的阐述，为合理的判断或取得经验性的结果奠定基础，以便在业界有交流、传播和使用。现在需要深入，特别与形势发展同步，不断认识与提高，主要回答是什么？为什么？怎么做？是谁为了谁做？它有自然和社会两大属性，一方面可以应用于林业生产、管理，另一方面是否适用又由社会、经济等环境决定。所以不同时空条件产生了不同知识，适用于相应环境。形势、环境在变化，需要不间断的探讨新思想、新理念、新模式，实践与应用，即知识创新。

林业系统关注世界动态，也在引进新的思想与理念，比较成功的是对于系统科学思想、方法的应用，曾经开展了对林业、森林资源复杂系统、森林生态系统的研究与实践，比较全面地探讨了林业与森林资源可持续问题。对已经研究和实践的理念，关键在于全领域、全过程的应用，系统总结、提升。有的新思想、理念，例如差异性与差异性管理、适应性与适应性管理、冲突性与冲突协调管理等，也有引进、讨论，但是不够深入，存在两种观点，影响着进一步研究与实践。一是认为概念来概念去，没有必要；二是认为只有理念，没有一整套的方法、技术，不能执行。事实上，每个人所处的地位、环境、职业不同，一些人进行知识创新，肯定关注着概念问题，承认并支持这些活动，才能深入。一个概念提出到全面应用，需要一个过程，不能有了理念就有了方式、方法，何况许多理念可以融入现在的方式、方法之中，改进现有系统。所以新的思想、理念并不缺，缺的是提供应用与支持的条件、环境。

林业系统在生产、管理中有许多方式、方法，即模式。它是解决同一类型问题，并证明有效的方式、方法。用材林的经营模式，有比较完整的理论、方法、技术体系，但是，曾经被用于所有林种，产生偏差。对于用材林来说，其基本理论、方法仍然适用，只是需要融入可持续思想、精细化经营方法与技术，是发展的问题。长期生产经营活动中，许多地方积累了非常宝贵的经验，例如传统的杉木林和竹林的经营与利用，又如 20 世纪 80 年代产生的生态系统经营的方式、方法。业界曾总结了营林为基础的方针，又有林、田、山、水、路的综合治理方式、方法，这些有效的模式，是需要总结、提炼、推广和应用。现在行业提出了森林经营是林业的永恒主题，国家领导人提出山水林田湖综合治理，是对它们的肯定与发展。

我国地域辽阔、类型多样、变化快、不确定因素多，一个或者几个模式去管理和经营难免出现问题，就目前我国国情、林情，实行在可持续主流思想指导下，多种经营模式的实施，实施中的协调管理，是提高林业发展的途径之一。

1.3.5 科技及其应用水平提升的关键——实用自主创新

知识只有转化为技术，才能通过技术成为生产力。林业所有技术，是扩展人类能力的一切工具和技能，包括有形的装备和无形的工作方法。林业技术需要不断发展，实施技术创新。技术创新是一种新思想和非连续的技术活动，经过一段时间后，发展到实际和成功应用过程。简单地说，技术创新就是技术变为商品，并且在社会市场中实现其价值，获得各种效益的过程和行为。可见，技术创新，不仅需要产生新的思想、装备或者方法，还需要经过实践证明有效，不仅有产品，还应该是投入市场的商品。

我国林业无论是装备还是工作方法，在提高，但是缓慢。许多装备机械化程度提高了，可自动化、智能化程度低，还有许多是手工劳动。生产、管理的工艺过程，多是传统方式、方法。许多地方或者项目，还是依靠劳力与资本发展生产力。

当今世界，评价林业发展水平，不在于造了多少林、种了多少树，关键是以什么方式、方法造的林、种的树。如果依据劳力与资本的投入求发展，那么仍然停留在农业和工业时代，而利用科技发展林业生产力，才是现代林业。过去林业也引进、应用新技术，但是许多技术没有形成商品，没有转变成生产力。除在思想、认识上的差距以外，一个关键问题是，新技术没有与业务结合，林业的主战场在广大林区，但是研究新技术的往往是在城市，又多是自身业务的技术人员，对林业生产、管理不熟悉，不十分清楚林业中的问题，也不清楚生产、管理过程，所以有结果，但是实用性差，不被接受。同时，往往是引进了技术，停留在应用层面，没有实质上的自主创新。

为了促进林业科技进步，把科技成为林业发展的动力，在组织上，应该建立科技创新、应用、推广体系，有分工、有合作的协同知识创新、技术创新、推广与应用组织、制度。在各类项目中，强势推行新技术与林业融合，过去和现在的融合，多元相关学科的融合，根据林业需要立项、与林业业务结合去实施，按林业生产、管理提高，进行评价。

一个可以运用的途径是：继承与发展，融合与创新，以提高科技水平。历史的经验是前人留下的宝贵财富，新的方式、方法，都在原有基础上发展，应有选择地继承。但是，它们多适应一定的时空条件和环境，必须与时俱进地发展。这就需要科学、技术、应用推广（市场）融合，新理念、方法和技术，以实用自主创新的理念，进行创新，产生具有中国林业特色的新理念、方法和技术，整体推动林业科技进步，发展林业。

技术创新，需要创建一个技术转化为生产力的环境，建立相应的科技创新和应用机制。例如建立以高校、研究单位主要承担知识创新，林业业务单位主要承担技术创新，基层单位着重推广应用，且有分有合，共同推进。技术创新最终体现在生产力的提高，把成果转为产品、产品转为商品，需要发展林业新产品市场，创建一个林业技术转化为生产力的环境，支持新技术的应用发展。

1.3.6　凝聚智慧以充分发挥林人的才能

林业一切活动靠所有人完成，因此，建立一支高素质、高技能、不断进取的林业队伍，有效开发利用人力资源，是林业工作的重中之重。

为了建立一支高素质、高技能、不断进取的林业队伍，实施全面的继续教育，为提高在职人员的知识、技术的获取与更新服务。林业系统各级、各层成员承担不同的任务与职能，需要相关的知识与技术，上层重在决策与控制，中层偏重在服务、协调，基层在于实施与技术，一个共同点是需要不断学习与更新。对于上、中层，通过定期的培训、临时的交流研讨，基层以远程网络教育为主，辅以脱产培训，接受服务。后备人力资源，是林业发展的潜力。急需加强国家林业局合办的六所林业高等院校共建工作，审视、调整专业与课程结构，优化教育资源配置，重点培养一批优秀教师，组成林业教育坚强团队，更好地服务林业建设。实行林区，农村学生定向培养和林业机构委培的形式，实行比照国家对师范生助学的政策，提供全额奖学金，免收学费，为林业基层场站培养森林经营专门人才。

为了发挥各类人员的积极性，需要进一步完善人才培育机制，加快制定与实施专业技术人才知识更新制度；强化人才扶持机制和创新人才激励机制；实行林业注册工程师资质和准入制度。优化基层专业人才配置机制，鼓励专业技术人才向国营林场和乡镇林业工作站流动，实行国家有关人才向农村和艰苦边远地区流动政策。

发挥全体成员的聪明才智，合力发展林业。长期的林业实践活动，培育了所有成员，在本职岗位上，各有优势。领导的管理技巧之一，是如何尊重、关爱人才，合理使用人才，发挥众人的智慧，有效、高效开展生产与管理活动。建立必需的培养与激励机制，适时培养与提高，解决民生问题，既鼓励成员做好本职务工作，又为整体推进献计献策。

1.4 强化信息化及其信息服务建设

1.4.1 确立林业信息化的地位和作用

如果说，20 世纪七八十年代，林业系统仅仅是开始应用信息技术，经过 90 年代全面应用，到 20 世纪末，根据国家部署，开始林业信息化建设，执行着以信息化带领现代化，现代化促进信息化战略，那么现在信息化提到了和工业化、城镇化、农业现代化同等重要的地位，是必须执行的方针和任务。我国林业正处在近代林业向现代林业过渡的关键期，也只有全面使用信息技术，改造旧的生产、管理模式、方法和技术，才能实现现代化。现代化是一个过程，林业信息化利用信息技术支持林业发展的一个过程。值得注意的是：①各地已成立的信息机构，需要进一步明确职责，许多称信息中心，有的是政府职能机关，有的是技术业务单位，需要政企分开，各尽其责。②处理、协调好业务与信息技术的关系，业务是基础，技术是支撑，关键是两者有机综合。③规划与计划，需要随环境变化而变化，实行适应性管理，林业及其管理的差异性是基本特性，组织实施中必须考虑当地当时的环境和条件。④包括信息意识和信息使用能力在内信息素养的全面提高，是当前进行信息化建设的首要任务。研究与实施信息化应该是林业的常态工作，不是一个措施，而是重要的工作内容与任务。

1.4.2 明确信息服务目标与任务

林业信息化是武装林业的过程，基本目标是为了全面提高林业生产、管理现代化水平，促进林业的发展。在这些活动中，起核心、关键作用的是信息服务，无论是信息化规划，还是设计、实施、应用，人的组织、培养，都需要信息服务完成。信息服务在林业信息化中是核心要素，它的作用是全面支持、高效、高质量地满足用户对林业信息化成果的需求。它的任务与目标是林业中使用信息技术，提高生产、管理水平，推动林业进步与发展。信息服务不强实，意味着信息化成效差，没有信息服务，就没有信息化。

创建信息服务是一个系统工程，是林业信息化中的创新过程。认识与组织实施信息服务，遵循的技术路线是：从林业中认识生产、管理活动过程，从过程中认识职能，从职能中认识信息需求，从需求中决定功能，从功能中选择信息技术。业务与信息技术的结合，产生结果：新的方法与技术，在结果中实践、应用、推广。本书各章也主要按这个路线认识林业，认识需求，认识林业信息化和信息服务，选择信息技术与应用深入与展开。

第 **2** 章

林业信息服务技术基础

林业在生产、管理活动中，离不开信息，信息反映林业的状态和运动方式，是计划、决策、组织实施的基础，又用它监督和控制。不同的管理体制和运行机制，需要不同的信息。如何在合适的地方、合适的时候，提供合适的信息给合适的人，是信息服务的目标与归宿。新形势下，信息需求更广泛、多样，数量和质量要求更高，如何根据需求，提供服务，既遵循其特殊性，又能与其他系统协同一致，是必须考虑的问题。

2.1 林业信息需求与林业信息服务

林业信息需求是人们为完成自身的职能或者工作，对信息的数量、质量要求。而信息服务是信息职能部门，用不同的方式、方法向用户提供所需信息及其有关技术服务的一项活动，有的是无形服务，例如咨询，技术和培训服务等；有的是有形服务，例如计算机软件，文档，网络服务等。

2.1.1 林业信息服务需求分析

林业事业存在着两个主要活动，一是生产活动，一是伴随生产活动的管理活动，它们都产生、处理和使用信息，反映林业状态和运动方式，控制林业运行。林业服务需求重要的有两个方面，一是直接了解、控制管理与经营对象状态和运行方式所需要的信息。二是为了获得这些信息所需要的知识、技术服务。

2.1.1.1 林业生产与管理活动中信息流程

林业是一个复杂系统，是以经营和管理森林资源，有效保护、发展、利用森林资源为主的事业，它在一定的社会、经济、自然环境下，通过人的劳动，作用于劳动对象，取得社会、经济、生态效益。所有状态、运行方式，都可以从现实出发，构造一个数据模型，从中了解其本质。北京林业大学信息管理专业（系），曾经进行过比较深入的研究，从林业概念出发，层层分解，抽象成一般信息流动模型。

　　林业可以分解为劳动对象、环境、劳动，劳动有积极的、消极的劳动，积极劳动通过管理完成，成为林业管理系统，有宏观、中观、微观等三个层次。系统由管理对象、管理机构、管理信息系统等三个要素组成。

　　管理活动由一系列数据组织、分析、计划、决策、组织、实施、监督、控制等环节组成，所有环节组成一个管理链，每个环节成为子链，它们不断循环，完成管理，取得效益，达到目标。任何子链发生问题，直接影响有关子链，间接影响整个林业状态和运行方式。它们是有机整体，各个环节实质是不断输入—处理—输出的过程，把它们抽象成为管理活动的抽象模型。

　　管理活动用信息源发生的信息，通过输入、加工、处理等环节，由管理、经营者根据目标，进行决策、组织实施，并反馈控制。信息服务人员以此方式、方法，组织和提供信息支持。图 2-1 以森林资源管理为例，示意了管理阶段各主要活动过程，说明管理各个环节的信息流动过程，以及相互关系。

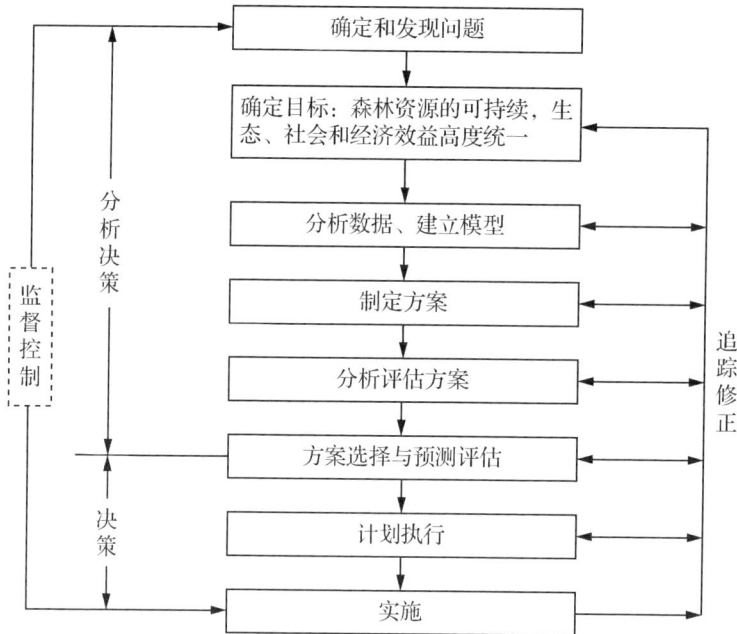

图 2-1　管理阶段各主要活动过程

　　把它们归纳与抽象起来，每个环节都是一个输入—处理—输出的过程，管理活动就是这一系列过程的集合。图 2-2 示意了抽象模型。

　　各个环节有各自的名称、内容，采取相应的方法和技术，完成管理活动，它们不是独立存在，而是相互制约、影响、支持，关系紧密。图 2-3 以森林资源管理流程为例，说明各环节的组成和它们的关系。

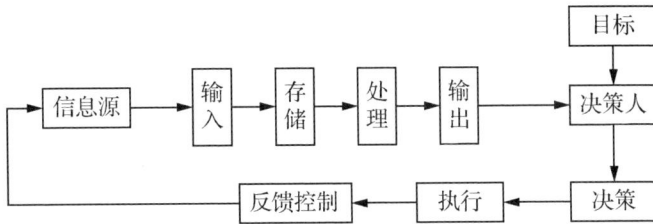

图 2-2 管理活动过程

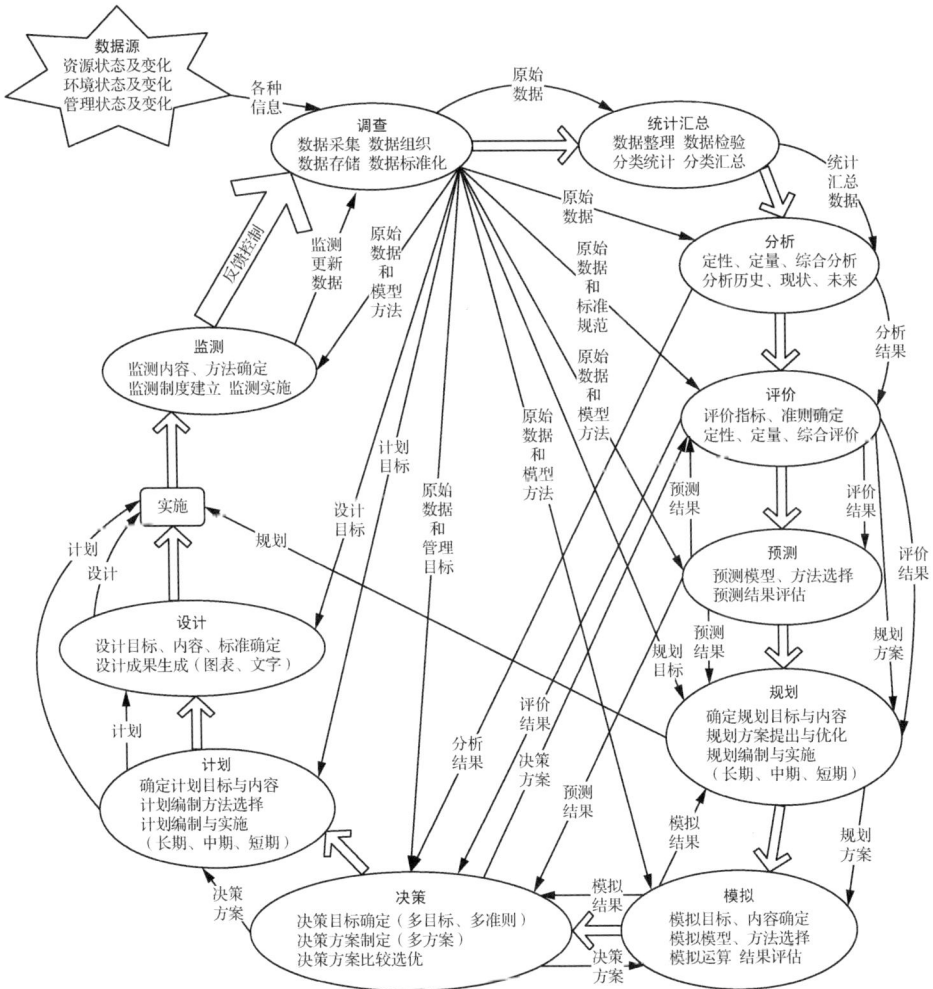

图 2-3 森林资源及其环境管理流程示意图

管理活动的职能需要，决定了信息需求，为了满足信息需求，决定了相关信息技术的选择与应用，产生了直接和间接两方面的信息（服务）需求。

2.1.1.2　林业活动中的直接信息需求

反映管理活动的是信息，信息流是各个环节的神经系统。林业系统的生产、管理、经营者，每时每刻需要了解自身工作对象和环境的状态与运动方式，也就是空间、时间状况的信息，这就是直接信息需求。

系统内的状态，和系统外有关的社会、经济、自然环境的林业信息，种类繁多，各级各层有各种信息需求。按管理层次分，有上、中、下层；按信息时态分，有过去、现状、未来；按信息范围分，有点、线（带）、面、域；按信息载体分，有文本、数值、图形、图像、声音；按信息质量分，有综合、动态、最小新度；按表现方式分，有个体与总体、量、结构、单位占有量的相对值和绝对值等，如图 2-4。

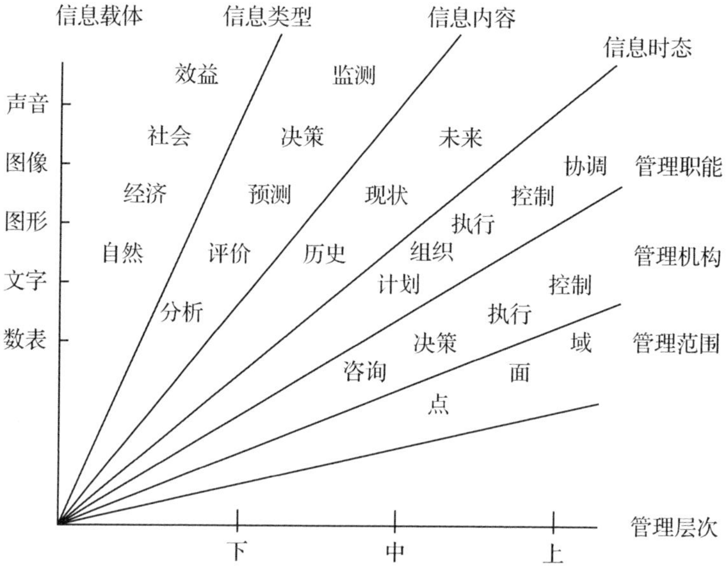

图 2-4　现代森林资源及其环境管理信息需求示意图

不同的组织和人，对于信息有不同的需求，决定了信息需求的多样性，包括载体、内容、时态、范围等多种需求。同时，林业状态和环境在不断变化，所以信息的时效性，是信息需求的又一特点。任何生产与管理活动是有顺序的活动，所以信息需求又有连续和关联性的特点。管理、经营者不仅需要反映林业状态和运行的原始数据，而且需要获得再加工的信息，例如分析、评价、计划、决策和控制方面的信息，以完成各个功能，这就需要信息服务部门，利用林业知识、方法和信息技术，加工处理信息，以将及时、准确、科学、综合的信息，提供给用户，这就构成了信息直接服务的复杂、艰难性。

2.1.1.3　林业活动中的间接信息需求

间接信息需求，是为了满足信息需要，产生的各种要求。主要有：信息能力、信息装备、系统运行维护与发展等方面的需求。

信息能力的获取，是间接信息需求的第一需要，只有具备足够能力的人，才能取得所需要的信息，保障整个系统的有效运行。它是一个逐渐完善的过程，需要通过学习取得，而且信息技术发展迅速，所以有一个不断提高的问题。信息能力提高，首先是信息意识培养：习惯了听从上级安排，和经验决策，或者以劳动、投资发展生产力的方式、方法，要改变成用信息、知识控制生产，管理运行，必须改变自我，有强烈的信息需求的欲望，关注信息获取、加工，这就需要培养与提高信息获取、加工和使用能力。其次是开始阶段，这些是依靠信息服务部门得到知识与技能，而后在使用中，在信息服务部门支持下，用户操作与维护、再加工等实践，自我提高。第三，任何系统，都是为用户服务的，在建设、使用、发展中，用户最熟悉本身的业务和信息需求，用户应该具有参与方面的能力。用户和信息服务部门紧密融合、相互配合、互补，才能有效地开发、维护、发展实用系统。行业或者领域的信息活动，往往需要一批人完成，他们是一个团队，一定范围内相互学习、交流，对于个体和群体的提高非常重要，共同的意愿、团队学习，是保持信息能力的有效举措。

信息装备是间接信息需求的技术保障。信息处理需要先进、实用的硬、软件等设备，林业信息服务的设备，信息装备不仅仅是计算机、网络和有关林业软件，而是以信息技术武装的林业生产、管理、生活等方面一切的硬、软件、工具、手段。可分为通用与专用两大类。通用信息装备是适用于许多行业的手段与工具，对于林业行业，一方面需要服从于国家和区域统一配置和提升，是有选择的引进、应用，和有关部门协调，获得支持的问题。另一方面，当前林业系统应该提高对引进、研究、推广、应用林业专用技术装备，从改进与使用信息装备中，提高林业生产与管理效率、效益。审视林业生产与管理先进技术装备的状况，无论是造、管、护、用领域，还是数据采集、储存、传输、处理、实施等各个环节，现有设备满足不了科技兴林的需要，调查多用的是 20 世纪五六十年代的仪器设备，生产作业以手工为主、局部的机械设备，生产工艺的自动控制硬软件十分罕见。林业信息化装备的服务项目，在各级信息化规划中没有提到一定地位，影响整体的信息服务。

系统运行维护与发展等方面的需求。社会、经济、科技在不断发展与进步，决定了林业及其管理、林业信息化是一个动态发展过程。随着对林业及其管理认识深入，价值观、方法论的改变和提升，广大用户获取信息的渠道越来越多、手段越来越科学，对信息服务的要求也越来越高，许多工作由信息服务单位完成。但是，系统运行、维护与发展，离不开用户参与。任何系统都需要在使用中，不断发现问题、提出改进意见，既是信息服务部门，也是用户的责任、义务，他们的紧密合作，改进提高，是系统优化必需的工作，只有这样，系统效率——特别是效益才会越来越高。

总之，林业状态和运动方式客观存在，能否获取全面、准确的信息，主要决定于认识水平、能力、技术和手段。

2.1.2　林业信息服务内涵认识

2.1.2.1　林业信息服务目标

林业信息服务的目标是让用户适时、准确获得满意的信息。可以根据信息的内容分为几种层次，各有子目标：第一种为各层次广大基础用户，提供直接或间接的林业信息服务，重点以快速、准确的生产、管理、经营的基本信息，指导生产与管理，属于基础性目标；第二种是满足各级政府，企事业单位制定政策、确定林业发展经营规划、执行、监督信息，为实现林业可持续发展提供依据；第三种是为制定国家宏观调控政策，确定林业发展大方向，而提供林业资源宏观信息、分析和辅助决策。

2.1.2.2　林业信息服务主体

信息服务主体指提供信息服务的部门。现阶段数据处理与服务，主要由从事林业资源数据服务的机构和人员组成。曾称数据中心、计算机中心，现多为信息中心，主要设在由国家林业局，和省、地市、县等各级林业政府、规划设计单位，主要任务是负责数据的搜集、管理、服务和建立基础信息服务平台。有的在科研、教学单位，除承担信息管理以外，还承担信息教育和研究工作。

林业信息服务是由多方单位、人员协同完成。它们应该是一个协同的团队，不仅有一个完善的数据中心，完成数据的组织、加工，产生信息，而且重在需求分析、辅助决策、管理，本质应该是一个智囊团。它应该承担两大任务，一是整合林业信息，优化资源配置，实现各个环节的价值增值；二是为服务对象，提供高效优质的林业信息服务，和使用的关键技术。

2.1.2.3　林业信息服务的客体

林业信息服务的客体指信息服务的接受者，是信息服务需求的主体。例如各级林业政府机构、企事业单位、科研单位、学校、国外机构和广大公众人士。每类用户的需求不同，服务内容不尽相同。从总体角度讲，服务内容分为两大类，第一类是生产、管理、经营活动所需要的信息，另一类是知识和技能。

林业信息服务客体的具体化，分为林业信息服务的中间受益者，和林业信息服务最终受益者。中间受益者主要包括政府、林业企业、林业科研人员、林业教育人员、林业管理人员、林业技术推广人员等林业信息服务者，他们不仅在林业信息服务中提供相关的服务内容，也在不断获得与共享林业信息服务，这一类中间受益者是林业信息服务中的高素质群体，对信息的服务质量要求很高，信息使用也很灵活，获取信息的途径也多种多样，数据库、网络是主要手段和工具。

在生产、生活中，对林业信息有需求的公众，是林业信息服务的最终受益者，是林业信息服务的"终端"。广义上的公众是指除自己之外的所有人，具有排己性；从狭义上说，是除自己及与自己有相当关系或一定交往的人（或团体）外的人群，具有排他性，相近的概念包括人民大众等。公众在日常生产、生活中需要依靠有效的林业信息服务，以便更快更精确地掌握林业方面的政策、市场、资源、技术、生活等方面的信息，以达到规避市场风险，减少自然风险带来的损失，从中获得直接经济效益和改善生活质量。对林业信息有需求的公众中，很大一部分人是林农，除了少数发达地区的领先林农外，大多数林农一般具有以下特征：①文化素质低，对抽象性信息的理解接受能力比较弱；②主动去搜索信息的意识和能力不强；③对信息的辨识能力比较差，运用信息进行正确决策的能力有限，比较容易受伪劣信息的侵害；④对信息风险较为敏感。由于林农是林业信息服务中最基层、数量最多的林业信息用户，也是林业信息服务中的最重要用户。只有公众自己能够获得真正对他们有意义的，能够带来经济效益的林业服务信息，通过自己获得的信息富裕起来，林业和农村经济才能得到切实的发展，林业信息服务也才能够真正落到实处。

2.1.2.4 林业信息服务内容

林业信息服务又可以分为组织服务和技术服务。组织服务，重要的信息能力的培养与装备的配制。技术服务主要是相关技术支持。

在《国民经济行业分类》中，我国首次将信息技术服务划分为国民经济行业中一个大类，该大类由信息系统集成服务、信息技术咨询服务、数据处理和存储服务、集成电路设计，以及数字内容服务和呼叫中心服务等其他信息技术服务等种类构成。

信息技术服务主体（供方）从业务角度出发，产生了八项信息技术服务业务，包括信息技术咨询服务、设计与开发服务、信息系统集成实施服务、运行维护服务、数据处理和存储服务、运营服务、呼叫中心服务、数字内容服务。

（1）信息技术咨询服务：在信息资源开发利用、工程建设、人员培训、管理体系建设、技术支撑等方面向客体（需方）提供的管理或技术咨询评估服务。具体包括：信息化规划、信息系统设计、信息技术管理咨询、信息系统工程监理、测试评估认证、信息技术培训等服务，覆盖了信息系统全部生命周期过程，以及管理体系、人员、技术支撑等要素。

（2）设计与开发服务：受客体委托以承接外包的方式提供的硬件设计、软件设计和软件开发等服务，含信息技术硬件产品设计、软件设计和软件开发等。此类服务主要针对系统生命周期的开发和生产过程。

（3）信息系统集成实施服务：通过结构化的综合布缆系统、计算机网络技术和软件技术，将各个分离的设备、功能和信息等集成到相互关联的、统一和协调的系统之中的服务，包括基础环境集成实施服务、硬件集成实施服务、软件集成实施服务、安全集成实施服务、系统集成实施管理等服务。此类服务主要针对系统生命周期的开发、生产、使用等阶段，也针对于信息资源要素。

（4）运行维护服务：采用信息技术手段及方法，依据客体提出的服务级别要求，对其信息系统的基础环境、硬件、软件及安全等提供的各种技术支持和管理服务。主要包括：信息系统基础环境运维、软件运维、硬件运维、安全运维、运维管理等。不包括硬件和软件产品保修期内的支持服务。此类服务主要针对系统生命周期的使用阶段和信息资源要素。

（5）运营服务：根据客体的需求提供租用软件应用系统、业务支撑平台、信息系统基础设施等的部分或全部功能的服务。主要包括：软件运营服务、平台运营服务、基础设施运营服务、呼叫中心服务等。此类服务主要针对系统生命周期的使用阶段和信息资源要素。

（6）数据处理和存储服务：向客体提供的信息和数据的分析、整理、计算、存储等服务。包括：数据加工处理、存储服务、数字内容加工处理等服务。此类服务主要针对系统生命周期的使用阶段和信息资源要素。

（7）呼叫中心服务：受客体委托，利用公用电话网或因特网连接的呼叫中心系统和数据库技术，经过信息采集、加工、存储等建立信息库，通过固定网、移动网或因特网等公众通信网络，向用户提供有关该企事业单位的业务咨询、信息咨询和数据查询等服务。此类服务覆盖了信息系统生命周期过程的使用、支持等阶段，以及管理体系、人员、技术支撑等要素。

（8）数字内容服务：数字内容的加工处理，即将图片、文字、视频、音频等信息内容运用数字化技术进行加工处理，并整合应用的服务。包括：数字动漫、游戏设计制作、地理信息加工处理等。此类服务涵盖了信息系统生命周期过程的全阶段。

2.1.2.5　林业信息服务构建原则

（1）服务为核心的原则。我国目前林业发展的重点是生态文明建设和可持续发展，这是由我国国情、林情、森林资源现状决定的，生态文明建设的基本属性是公益性质，转换到信息领域的林业资源，必将以提供林业资源信息服务为核心来建设体系，这符合我国林业发展规划，也符合系统体系建设的最大化利用原则。

（2）资源优化配置原则。按照一定的规则和机制进行社会资源分配的过程，通常称为资源配置。对资源配置效率的含义做出比较严谨解释的是帕累托（Pareto），帕累托最优是指资源分配的一种理想状态，假定固有的一群人和可分配的资源，从一种分配状态到另一种状态的变化中，在没有使任何人境况变坏的前提下，使得至少一个人变得更好，这就是帕累托改进或帕累托最优化。

由于我国森林资源的调查种类繁多，空间跨度大，数据格式类型不一，有结构化，半结构化和非结构化数据，各种数据之间存在着较强的交叉和重复建设，在构建林业资源数据服务时，要从优化数据资源，最大化利用的角度进行体系内部的组织协调，加强数据资源、管理、构件和接口等之间的共享和协作。

（3）服务动态性原则。森林资源与生态状况信息的时效性不佳，主要体现在三个方面：一是如何将地方的各类数据及时反映到国家，使国家林业有关部门及时了解地方的林业资源现状。二是同一监测体系因时间跨度不一致，出现不同区域的信息获取时间不一致。三是信息提供时间与信息需求时间不吻合。因此体系运行要符合林业生产，经营规律，体现出动态性。

（4）针对性原则。林业信息服务体系要把握目前林业发展的一些特点和热点，针对性地提出一些专题服务，这是基于对林业资源数据库充分挖掘的结果，结合专家的模型，来为专题问题提供数据和技术的支撑。

（5）效益性原则。构建林业信息服务体系除了满足生态建设和可持续发展需要之外，还要考虑自身的效益问题，尤其是随着国家对林业产业的重视加强，企业和公众希望能从体系中获益，为自己的生产经营服务。

2.1.3 林业信息服务的现状

目前，我国林业信息服务呈现三个主要特点。

2.1.3.1 林业信息化有利环境已经形成

国家战略部署指明了方向，这就是相互协调的新四化："坚持走中国特色新型工业化、信息化、城镇化、农业现代化道路，推动信息化和工业化深度融合、工业化和城镇化良性互动、城镇化和农业现代化相互协调，促进工业化、信息化、城镇化、农业现代化同步发展"。它不仅提出了新四化，而且提出了深度融合、良性互动、相互协调，同步发展的指导思想，整体发展的模式。新四化和林业息息相关，需要在这些方面提供服务。

2.1.3.2 林业信息化正在逐步深入

林业信息化是在世界和国家信息化大环境下，根据林业需要，孕育、发生和发展。其核心思想是"化"，是与现代化同步、引领林业现代化的过程；是林业发展中的一次历史性变革，林业现代化的一个重要标志；是一个技术支撑、一个复杂的系统工程。

林业信息化是根据林业特点和需要，用信息技术装备林业的过程。在当前科技发展趋势下，林业信息化应该是：在国家、区域信息化指导和约束下，进行统一规划与协调，在林业生产、管理、服务等领域的各个环节，信息技术与林业科学技术融合，采取一体化、集成化、网络化、智能化、虚拟化、精细化等主要方式，生产、分配、使用知识，以获取更大、更合理的社会、经济和生态效益。

我国林业信息化正在稳步推进，国家林业局组织编制并颁发了《全国林业信息化建设纲要》及《全国林业信息化建设技术指南》，作为全国林业信息化建设的纲领性文件，对信息化战略目标、任务、构成、重点进行了具体部署，提出以全面实现林业信息化为目标，以信息资源开发利用为中心，以林业电子政务建设为重点，以资源整合和信息共享为突破口，以完善体制机制为保障，统一规划、统一内容、统一标准、分步实施，尽快形成布局科学、高效便捷、先进实用、稳定安全的全国林业信息化格局。通过 5～10 年的努力，建立覆盖全国林业行业的林业信息化体系，建成林业信息化平台，全面提高林业信息化应用水平，实现信息资源共享，提供全面、快捷、准确的信息服务，增强决策支持和应急处理能力。为林改信息服务指出了具体方向和依据。

2.1.3.3 林业信息化得到多方参与

根据国家林业局规划，有关林改信息服务的内容，已经列入相关重点项目，为了适应需要，各地开发应用了诸如林地空间数据库及其管理、林权划分和办证、林地使用、森林或者林木流转等软件或者系统。林业信息化是一个过程，必须实行适应性管理，随环境变化而变化。形势在不断发展，林改在不断完善和发展中，林权改革以后，有如何经营管理的问题；集体林改革后，有国有林区的改革问题林业有全面改革的问题。因此，也是一个动态的过程，需要在林业信息化整体推进中，参与和发展。

2.1.4 林业信息服务技术体系

2.1.4.1 林业信息服务技术体系结构内涵

林业信息服务体系结构从词义上讲，体系是泛指一定范围内或同类的事物按照一定的秩序和内部联系组合而成的整体。林业信息服务体系结构：以林业信息化为目标，以林业资源信息服务为核心，并对林业数据进行高效组织和管理，按照一定规范和制度来组织和运行的有机体系。它与其他体系结构的区别，是本体系结构，关心整合数据资源时，如何组织和管理，如何从技术上保障高质量的服务，即侧重于研究与实施行为。

2.1.4.2　林业信息服务体系结构总体概念模型

　　林业信息服务体系结构的内涵决定了概念结构的复杂性，在概念结构中，由三大部分组成：林业基础资源数据模型、基于数据模型之上的各种业务和管理模型，以及实体应用系统。构建林业信息服务体系结构是围绕着林业资源数据展开。

　　（1）林业资源数据概念模型。这是整个体系的核心部分，从体系外部的角度来讲，是一个整体的概念，屏蔽了林业资源数据的存储方式、物理位置、格式等具体的信息。

　　（2）围绕着林业资源数据，在其外层将建立一些模型，主要包括：业务模型、技术模型、服务模型和管理模型。这部分是对本体系中通用功能的抽象。

　　（3）概念结构中第三部分，是体现最终用户的一些实体应用，由于服务体系面向的用户层次不一，需求也各不相同，构建本体系的核心目标也是满足各级用户的不同需求，因此在构建架构时，主要从服务优先的角度去设计。

2.2　改革前后信息需求差异

　　林业改革（以下简称林改）正在深入进行，林改前和林改后的信息需求是必须考虑的问题。林业改革前后，所有生产和管理活动，都需要信息，基本需求已在上节讨论，由于林改后的特点，决定了它的特殊性，对信息需求和质量有更高的要求。

2.2.1　新的主体有更高的信息需求

　　林改前，无论是管理还是经营，主要主体是政府，所有信息主要保证它的需要，完成管理职能。而林改后，各级管理单位是客体，同时也是主体，有一定权力，特别是经营单位和个人，明确了林权以后，作为主体，虽没有土地所有权，但是有了林地的使用权，林木所有权、受益权和处置权，实行自主经营，而各主体，有不同的背景，不同的价值观，不同的认识和方法论，所以不仅在信息数量远比过去多、内容更广泛、要求更深入、细致。

2.2.2　市场配置资源对外部信息需求更强

　　林改前，由政府配置资源，主要要求内部信息，而林改后，资源配置主要依靠市场，经营者更关注市场变化，以适应市场配置，产品也自主走向市场。经营和管理者不仅需要内部信息，而且更需要外部信息，以便两者综合，进行决策和控制。

2.2.3   森林资源的"外部性"导致信息交流更频繁

森林具有很强的外部性，是林权区别于其他产权最重要的经济特征。森林经营者在经营过程中，由于森林具有多种功能，不仅具有生产木材和其他产品的功能，而且还具有维护生态、保护环境的功能。森林在发挥这些功能时，发生大量的外部经济现象，森林生产经营者可能得不到价值补偿。这种"外部性"的产生，很可能会扭曲产权的激励机制，从而影响资源配置的效率。适时交流与协同，是资源配置的效率的保证。

2.2.4   林权约束性需要依法营林

产权作为一种行为性权利，主体对其行为是负有责任的，这种行为必须受到国家法律和政策的约束。林权的约束性较一般产权更为明显，由于森林肩负着为社会提供生态效益的使命。林地、森林经营者对林地用途的选择受到种种限制，既无权改变林地的用途，林地种植的对象也受限制，林木何时采伐、采伐多少受到限额采伐计划的限制。自主经营不是"自由"经营，管理、经营者需要各种法律、法规信息，以免产生不良后果。

2.2.5   林改的复杂性需要更精确的信息

林权的初始界定、动态转让和有效维护等行为的成本极高，致使有关活动很难达到目的。林地产权虽具有可辨认和可分割的自然特性，但林地资产的流动性增加了林业产权界定和保护的成本。制定、监督林业财产法的执行，负责林业财产的变更及调解山林纠纷等都需支付高额的交易费用。交易不仅有所有权的交易，还有经营权、承包权的交易，交易行为十分复杂。处理这些复杂问题，需要准确的信息，实现科学、精细化经营与管理。

2.2.6   不确定性需要适时的信息

环境变化快，管理、经营周期长，资金占有大，受自然和社会的影响因素多，不确定性和风险较大，效果和效益预测困难。所以更关注信息的时效性，要求能够适时控制与调整，实行适应性管理。

2.3   林业信息需求与信息服务关联关系

信息需求决定了信息的内容、性质、形式、时态、数量和质量等，由信息服务职能机构，提供无形和有形服务。

2.3.1 信息需求决定着知识架构

有效、适时的信息服务，需要强有力的信息处理能力和水平(包括数据组织、传输、加工和信息的分配使用)。林业管理涉及多学科，又可选择多种技术，信息服务部门，必有相应的硬、软多方面的知识结构和手段、能力。以森林资源为例，它根据森林资源及其环境信息和信息处理的特点，以哲学、信息学、管理学、经济学、系统论等科学理论为指导，利用信息技术，在管理目标约束下，完成各种信息的综合、动态管理。其理论、业务和技术基础，如图2-5。

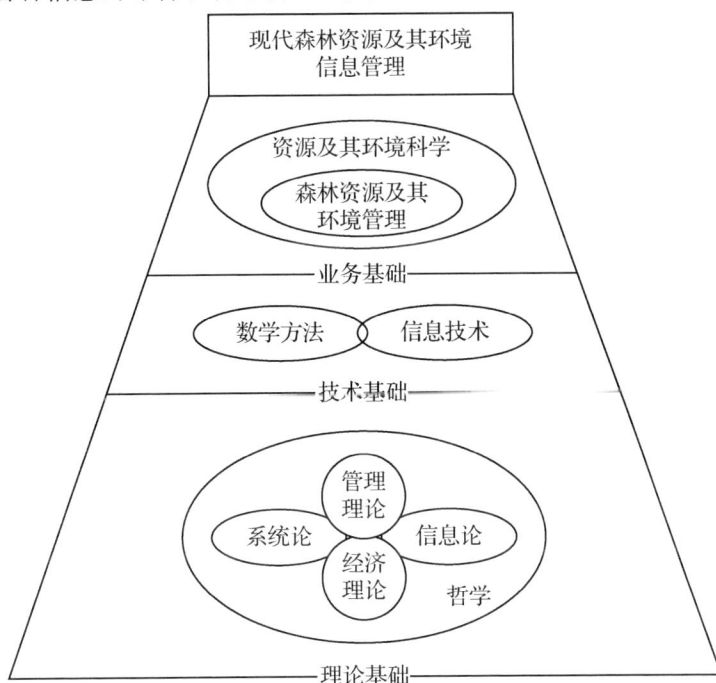

图2-5 森林资源信息管理知识结构示意图

2.3.2 信息处理关键在于知识的有机综合

信息处理需要各种理论、方法、技术，它们不是独立存在，而是有机综合。北京林业大学信息专业通过研究，根据当时的科学技术发展，曾提出了森林资源信息管理的一体化—知识—效益型系统模型，即以实效为出发点和归宿，按管理过程、信息流程，利用各种知识，组成有机整体，支持信息处理全过程，如图2-6，它的一条主线是，由实施管理职能的各环节组成，收集数据到分析评价、预测决策、规划计划、组织执行直到监督控制，各个环节有机组成一个整体，每个环节利用各种知识、方法和技术进行数据处理，一个处理由相应的输入、处理和输出，联系各个环节，组成信息流，也是一个有机整体，如此反复循环，完成管理活动，产生效果与效益。在各项管理中，采用的知识可以各异，但是基本模型大致相同。

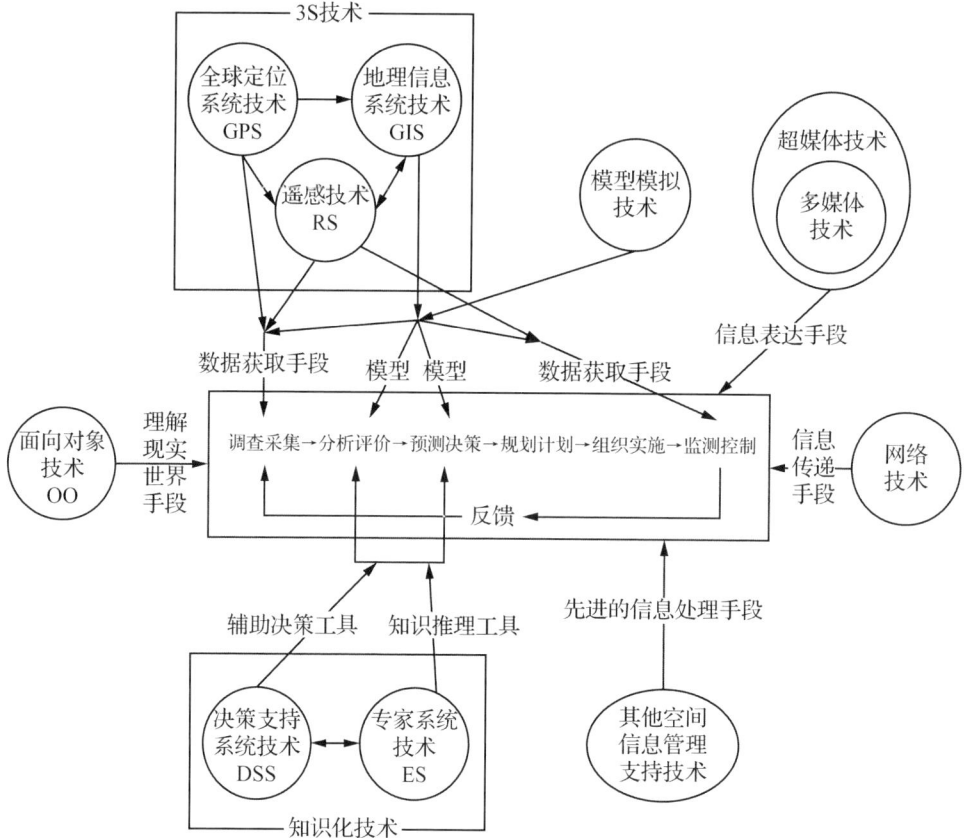

图 2-6　一体化—知识—效益型系统模型示意图

2.3.3　支撑信息服务需要多学科成员组成坚强团队

信息服务涉及面广，必然有多学科成员集体完成，他们是信息服务中坚，内部协同，取得 1 + 1 大于 2 的效果。由于信息服务的各部门的关联，多学科理论、方法、技术的融合，实施中的相互支持、协同，决定了这个团队的组成结构与功能、任务。这个团队是一个坚强整体，共同的意愿、良好的心智、团队学习，不断系统分析、超越自我，推动林业信息服务发展。现实许多林业信息服务，已经打破了部门、单位界限，外部分工协调，整体推动，已经成为趋势。

2.4 集成与融合——信息服务的基本趋势

集成与融合，是当前信息服务中的两个基本趋势，将成为林业信息服务的特征。

2.4.1 系统集成思想指导下的集成系统

林业及其管理是一个复杂系统，需要采取复杂性管理，需要复杂性管理思想和复杂性管理技术。系统科学的发展揭示了社会、经济、自然系统的复杂性规律，产生了认识和控制复杂系统发展的理论，管理科学发展为实现复杂性管理提供了科学的方式和方法，信息技术的发展为实现复杂性管理提供了有力的技术支持。北京林业大学信息系曾经以森林资源信息管理为对象，进行试验研究，总结、归纳了相关理论、方法和技术，在试验地部分实行，证明科学、可行。

系统集成是林业信息管理新理念。管理是依靠信息完成的，单项的信息说明了管理的某一状态，综合信息说明了管理某一个领域或者侧面，按管理功能和信息流程建立的信息系统，也只说明了林业及其管理的过程，而复杂系统管理需要满足多方面的需求、反映各种利益、适应变化着的环境，不仅需要快速，而且需要综合集成各种因素和知识，实现从定性到定量认识功能，建立"从定性到定量综合集成研讨厅体系（Hall for Workshop of Meta-Synthetic Engineering）"。在开放的新时代，系统集成是快速获取信息、有效进行知识管理的最佳手段，是在新需求的推动下、信息技术飞速发展的基础上，对信息管理本身提出的要求。以林业主要经营对象——森林资源信息管理为例，它需要应用系统集成思想，建立相应的支持系统。

森林资源信息系统集成是一种思想、观念和哲理，是一种指导信息管理的总体规划、分步实施的方法和策略，它不仅需要技术，更含有艺术的成分，它提供森林资源管理一体化的思路和解决方法，是针对复杂性管理提出的全面解决方案（Total Solution）的实施过程，它考虑森林资源管理活动中的人、组织、管理、信息、技术、计算机系统平台等多方面的因素，为建立一个基于统一的、标准的、开放的、综合运用各种先进信息技术、有先进管理规范的技术系统，提出的新理念。

以系统集成思想，建立相应的集成系统，是未来一定时期内森林资源信息管理基本模式。在这种管理模式下强调整体规划与设计；信息表达的标准、规范（代码、分类、收集、存储、传输、处理、开发）；立足可持续发展的需要和信息技术的应用，考虑机构改组与人的集成问题；从简单的业务数据管理向知识管理发展，从单机应用快速经过 C/S 体系最终走向 Intranet 体系；由简单的文字、文档、数据处理到多元化数据分析与提取，集成各种高新信息技术，提供可应用于实际的知识、方案和方法；在集成系统中提供创新机制，提供宏观管理问题研究的手段。

信息系统集成涉及方方面面的技术问题，也涉及管理、艺术、组织机构与人的观念。归纳起来有五个方面的集成和三个层次的集成，五个方面是：

（1）物理（硬件）集成。是指选择一些符合开放标准和规范的物理设备，将不同的子系统连接起来。如一个林业局内部各部门计算机网络子系统通过交换机，光缆，双绞线等连接成一个林业局内部 Intranet；而全国各地的林业局 Intranet 通过电缆，光缆，微波等连接构成林业信息管理的分布式网络系统。硬件集成是集成的基础，它的结构设计，设备造型，网络性能等将直接影响网络的使用效率，因此在硬件集成时，应选择成熟的可靠性高、安全性好、易维护、易扩充的产品。

（2）技术与软件的集成。要实现一个森林资源信息管理系统，单一技术，单一软件是很难实现的，需要多种技术的支持，系统软件的有机结合，才能发挥到各种技术，各种软件的优势。因此不同软件之间如何协同工作完成广范围的森林资源信息管理是一个综合的问题，一个集成问题。

（3）数据与信息的集成。这是系统集成的基础。主要应解决如下问题：一是数据与信息的确定及其标准化；二是数据与信息的共享，减少数据冗余；三是确保数据与信息的安全保密；四是确保数据传播的畅通。例如森林资源信息管理中，数据与信息的集成，是在森林资源信息基础设施和森林资源数据仓库（包含多媒体数据库、模型库、知识库等）支持下，对信息进行采集、传递、加工和处理的过程。在进行森林资源信息系统开发时，着重分析，给出完整、规范的管理指标体系，定义各种信息元素的意义，建立它们之间的联系，包括信息元素之间的流向、流量和流速，并要注意信息的不断更新。为实现数据之间的转换，需要进一步建立数据转换规范。数据共享是实现森林资源信息集成的目标，选择恰当的数据库管理系统、模型库管理系统、知识库管理系统，对原始数据进行组织、存储、提炼、加工和更新，是实现目标的重要工作。

（4）管理集成。"管理促效益""向管理要效益"，建立林业、森林资源信息管理系统的目的是促管理上水平，实现森林的生态、社会和经济效益三者的统一。一个森林资源信息管理系统，是建立在管理基础上，为管理服务的，体现了各层次，每层次的各部门之间协调工作，体现在从制定规划、计划到执行，最后结果反馈的全过程。但它必须超越原来的管理模式，与计算机网络化，信息化的管理模式相适应，可以建立与资源管理相对应的虚拟管理场所。因此将会出现整个运转机制的变化。

（5）人与组织机构的集成。这是森林资源信息网络系统集成的最高境界，以人为本，是集成系统的关键，反映各种人和组织的价值观、需求和素质水平，应该使每个人，每个组织工作效率达到最优且满意，人员和组织机构的数量和质量达到最合理的状态。

实质上，上述可以归纳为三个层次的集成：第一层是把全国各地林业管理部门(信息交换中心)内部各室连接成一个局域网，并通过光纤等传输介质把各层(级)信息交换中心的硬件设备，连成一体的过程。即从硬件的分散到一体。第二层是软件、技术、方法、数据的集成。第三层是组织机构与人的思想观念的集成。在实际应用中从应用与技术两方面考虑又有信息资源集成、应用系统集成、Web 与数据库集成、ASP 与数据库集成、CORBA 与 WWW 集成等，都只是反映集成这大框架下的某一方面或某一环节。

根据上述概念模型，可以看出，现代信息管理系统集成应包括两个大的方面：一是非线性集成，由人的集成、管理集成和组织集成构成，非结构化的因素较多；二是线性集成，主要指计算机系统平台的集成，由物理集成提供计算机系统平台的物理基础，而计算机系统中的信息集成是关键，计算机系统的应用集成满足最终现代森林资源管理的应用需要，而技术集成融合在整个系统集成框架之中，其框架结构如图 2-7。以森林资源信息系统集成为例，说明集成系统的框架，它的主要组成——人、组织、管理、技术，技术集成包含的内容，而信息系统集成又是林业乃至上一系统的一个子系统。

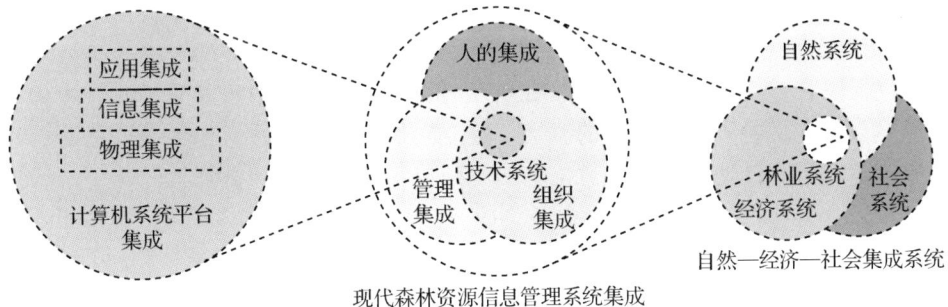

图 2-7　现代森林资源信息管理系统集成的组成框架

在这个基础上，提出了集成系统层次模型是对系统的结构等级的描述，如图 2-8，现代森林资源信息管理系统集成包含的内容众多，可按照其集成的深度和广度将其分为低度集成、中度集成和高度集成三个层次，并可以将其在三维空间表示为需求维、线性维和非线性维。

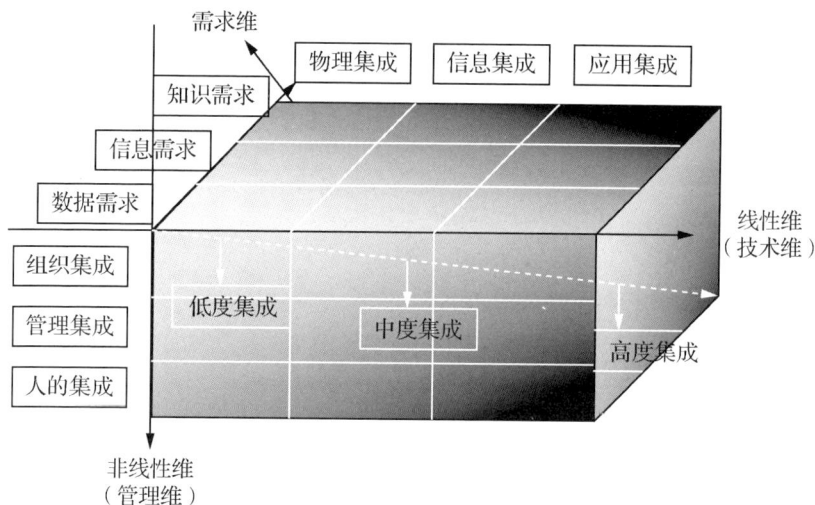

图 2-8　现代森林资源信息管理系统集成的层次结构模型

2.4.2　组织上强强融合创新——最佳组织结构

2.4.2.1　强强融合创新——信息服务的新理念

我国林业信息化进入了全面、快速发展的新时期。林业系统各层、各级、各领域和环节，都面临如何进行有用与有效推进信息化的问题：广大林业生产、管理、服务等部门，面临如何选择与应用信息技术，提升科学生产、管理、服务等水平问题；信息技术推广、开发部门，面临如何根据林业建设需要，技术与业务结合，实现自主创新，应用于实践的问题。一个共同的问题是：如何改变过去许多地方、许多时候和许多项目，或者技术与业务脱节、实用性差，或者为技术而技术，或者仅仅满足于手工系统计算机化等局面，实现信息技术与林业实际真正意义上的综合创新，产生新的理念、方法和技术，把林业信息化的初级阶段推向更新、更高的阶段。措施之一是采取强强融合创新理念，以推动林业信息化。

2.4.2.2　信息服务整体协同提升的必由之路

我国林业信息管理、信息化中，都需要以新的方式、方法改造原模式，各层各级一个共同愿望是"创新"。在林业系统，没有全面、绝对"强"的条件下，可以采取的方针之一是：继承发展、融合创新。后者进一步具体化，可选择的是：强强融合创新。

强强融合创新，是将多种具有"强"势要素通过创造性的聚合，实现要素之间互补匹配，使它们的整体功能发生质的飞跃，形成独特的不可复制、不可超越的能力和竞争力，产生创新型成果，推动林业信息管理和信息化、现代化进程。

其中，创新是出发点与归宿，融合是手段，强强是对要素的选择。强强融合创新是整体的推进模式，在最近一个时期，需要通过各类的强强融合创新，促进林业系统：信息和知识意识全面提高，提高精神和物质水平；实现以"物"为中心向以"知识"为中心转变，以知识推动林业发展；改变林业高度分散、时空差异大、现代化程度差、稳定性和可控性低的弱点，提高林业产业的整体性、系统性和协调性；推进与实现集约化、自动化和智能化，改造传统林业生产方式，改进生产工艺过程，促进粗放经营向集约经营转变，在精确时间空间条件下，实现精细的生产、管理和服务；推动网络化管理，加快实现管理科学化，促进林业走向社会，社会参与林业；应用和发展林业信息技术，增加相应产值，逐步形成新的林业产业，调整林业产业结构，实现林业跨越式发展。

2. 4. 2. 3　强强融合创新形式

强强融合创新形式多种多样，最基础、最根本的是业务强强融合创新，也是主流方式。因为所有信息化项目，都关系到林业生产、管理、服务等方面业务现在与将来，关系到计算机、网络、时空数据处理等业务现状与发展，这些具有业务优势的要素，组成整体，通过融合创新，才能不断产生新的理论、技术和方法。从这个基础出发，为了一些环节、领域需要和可能，可以扩大为环节或者领域的强强融合创新。在组织形式上，信息化需要各类业务、信息工作者完成，最广泛是组成团队进行强强融合创新，各类人为了同一信息化的研究、实践、推广、教学、服务等，协同攻关。由此，不同单位和单位内各个部门，都有自己的优势，这为选择合作伙伴与合作方式，奠定了基础，产生了部门强强融合创新、单位强强融合创新等。

就其要素之间的紧密程度而言，融合是比结合、联合等更高一层次的互补方式，互联网消除了时间与空间距离，可以每时每刻进行零距离的沟通，使各种融合成为可能。

2. 4. 2. 4　"强""弱"的特性

相对性："强""弱"是一个问题的两个方面，它们都是一个相对的概念。由于林业信息管理、信息化涉及各个单位的各个部门、领域和环节，有各自的运行规律与特点、方式与方法，以多种理论、方法和技术指导实践。从事生产、管理、服务等的业务单位及其组成部门与个人，从事信息技术的单位与个人，均在某一方面，具有自己的优势，是这方面的强者，其他方面可能是弱者。任何单位、单位内的各部门和个人，对于林业信息化，没有全面、绝对的"强"或者"弱"。过去一个时期，把"强"绝对化了，结果许多所开发的软件和系统，技术先进，但是可操作、实用性较差。

时效性：变化是林业建设、信息技术发展一个普遍规律，任何单位和个人，如果不能适应变化，不断地学习、探索，那么"强"会逐渐削弱，相反，如果能够与时俱进，那么"强"会不断增大。

局限性：它主要指"强"的范围。"强"是在一定环境、条件下存在，有一定的空间范围。信息技术在单项或者有些局部中的应用，一些单位、部门，和 IT 企业，通过学习与调研，均可以独立研究与实践。但是，它局限于单项或者局部应用。而当前信息化趋势向一体化、网络化、智能化、集成化、虚拟化方向发展，涉及多部门、多领域、多环节，需要多学科、多种理论、方法、技术集成，原来理念和方式、方法应以转变，赋予新的理念与发展模式。

2.4.2.5　推动强强融合创新基础

实施各种强强融合创新需要有一定基础与条件，需要在思想、机制、技术等方面进行准备强强融合创新，在当前，在理念上，首要解决的是共同认识、共同意愿、共同责权利、共同行动等基础准备。

共同认识，是强强融合创新的思想基础。共同认清林业信息化，是为林业发展进行不断创新，从某种意义上分析，实质是建设"创新型林业"的过程，当前大趋势是"开放、集成、高效"，主要方向是"一体化、网络化、智能化、集成化、虚拟化、精细化"。林业信息化任重而道远，需要多学科、多专业的知识与实践经验。林业系统各组成单位和个人，各有所长、各有所短，可以选择的重要途径是强强融合创新，促使林业信息化全面、协调、可持续发展。

共同意愿，是强强融合创新的组织基础；共同责权利，是强强融合创新保证；共同行动，是实施强强融合创新的必需条件。

2.5　同步——信息服务技术系统基本出发点

新形势下，信息服务存在于整个林业乃至社会、经济、科技的发展之中，必须同步考虑、计划、组织、实施，保证整体推进。

2.5.1　信息服务与新形势同步

信息化和其中的信息服务是面向用户的实用平台，必须符合形势发展，由于新形势具有新的特点，对信息服务提出了新的要求，因此，只有同步发展才能紧跟时代的步伐，才能满足林业发展的需要，才能求得自身的发展。

与新形势、新特点、新要求同步，最有效的途径是实施融合。总体上讲是把林业融合在社会、经济环境之中，接受环境指导、制约，所有目标、部署、举措，都符合国家社会、经济的整体发展要求，哪怕做出局部、暂时的牺牲。融合，需要和其他相关行业，协调发展，相互促进、必要的妥协。林业系统内部，在信息化及其信息服务中，提倡"融合"，在于各个领域、环节的协同。在信息化建设，各种硬软件设计与实施，把原来的为技术而技术，与业务、用户、实际脱节，改变为林业科技、信息技术和市场三方面的融合，并将主要是上层意志与投入启动、面向上层服务、覆盖面小，改变为主要根据广大林业企、事业管理、经营者等市场需要而开发。

2.5.2　信息服务与科学技术发展同步

　　林业信息服务应该保证信息处理（包括数据组织、加工和使用）的科学性、实用性、先进性，因此必须不断关注、引进、消化、融合和创新。

　　在信息科技领域，正在发展的第三代通信技术、物联网、云计算和大数据等理念和技术，标志着信息技术发展又一浪潮的到来。第三代通信技术 3G（3rd-Generation）——支持高速数据传输的蜂窝移动通信技术，将无线通信与互联网结合，广泛应用于语音、图像、音乐、视频、网页、电话会议等移动多媒体业务；物联网（The Internet things）——物物相连的互联网，通过大量、分散的射频识别、传感器、全球定位系统、激光扫描器等设备，将感知信息，通过互联网传到处理设备，进行智能化处理，完成识别、定位、跟踪、监控和管理；云计算（Cloud Computing），2007 年正式命名后，立即引起广泛重视，发展迅速，众多的产品问世。它给用户创造一个"需要什么，可以得到什么"的环境或者平台；大数据（Big data）是需要新处理模式才能具有更强的决策力、洞察发现力和流程优化能力的海量、高增长率和多样化的信息资产。

　　这些新科技适合林业及其信息管理特点，分散在各个地区的森林、林业单位，需要通过物联网适时了解时空信息，通过第三代通信技术进行互动，需要建立自主的"绿云"和大数据处理模式，按级别实现数据共享，所有信息需求者，可以用自有、简单的客户端，在任何地方、任何时候取得所需要的数据。

2.5.3　信息服务与林业战略部署同步

　　林业信息管理是林业工作的一部分，是林业管理的一个重要内容，信息服务是所有林业生产、管理不可缺少的支持技术、手段、工具。所有林业领域的理论、方法、技术是林业信息管理和信息服务的基础和依据。所以林业信息及其服务，必须与林业任务战略部署、目标、任务、举措等同步。

　　自 20 世纪 80 年代，计算机应用开始，到后来的信息管理、信息化，林业信息领域，都曾经根据需要，开发、应用相关的硬软件、系统，为林业生产、管理提供服务。当前，林业系统在生态文明建设、林业工程建设、林业信息化、日常管理和生产等方面，都有信息服务介入。问题是许多时候和地方，信息服务不到位，或者不适合当地、当时的条件和实际。纠正的途径和方法是适应形势发展，密切注意林业动向，根据需要，从实用出发，提供服务。所有信息技术的应用，都需要引进、消化、融合和创新。

2.6　新形势下的信息服务应用技术

2.6.1　信息技术与业务融合

利用多种信息技术与业务结合，实现精细化管理，是新形势下，信息服务的方向。随着林业业务、信息技术市场融合，建立的信息服务技术系统，应该建立在集成化、网络化、智能化基础上，以实现精细化管理。

精细化管理是林业发展的一个方向性选择。它需要在精确的时间、空间状态和条件下，实现精细的管理。它是依靠强有力的信息服务技术系统完成，为了适时精确掌握林业时间、空间状态与环境等，需要遥感、物联网等技术支持；为了实时传输信息需要网络化；为了有效处理数据、科学决策需要云计算和大数据技术；为了实现支持精细管理，需要智能方法和技术。关键在于根据林业服务的需要，选择有效技术，信息技术与业务融合，产生新的方法、技术，服务林业，推动林业发展。

2.6.2　提升已应用的技术服务水平

遥感、地理信息系统技术、数据挖掘、抽样方法、地面调查支持信息获取与处理。习惯称的 3S 技术、抽样方法在林业系统已有广泛应用，对宏观空间和部分属性数据获取，发挥了很大作用，数据挖掘虽未广泛应用，但是，技术已经成熟，问题在于由于体制问题，信息资源不能共享，数据分散，数据库不完整，方法库、模型库还没有建设，部门数据资源不能共享。遥感、地理信息系统技术、数据挖掘、抽样方法现阶段只在一些领域的一些环节，有限使用。随着科技发展、体制理顺，使用范围会越来越广。按现环境和条件，许多重要的信息还需要通过地面调查解决。有效的途径是，根据需要，和业务特点，通过选择，将几个技术有机的结合，以快速、准确、全面地获取、组织数据。

对于现已经应用的技术，一方面需要系统总结、提炼，及早形成技术规范，提出信息技术在业务中应用的范围、条件、方式、方法、效果和效益，指导实践活动。另一方面，需要深入理解、消化，已应用的技术，开拓新的应用方式、方法。

2.6.3 开拓新兴起的信息技术应用

信息技术在飞快发展，近年出现的物联网与云计算，大数据与移动技术等，正在各行各业中开发、应用，这些技术最适合林业地域分散、条件差、信息应用难度大的特点，它们的综合、广泛应用，把复杂的处理由服务部门承担，广大用户，可以通过简单的设备，容易的操作，取得他所需要的信息服务。通过学习、理解、消化、研究、推广应用，提升林业信息服务。首先在于对它们的了解，以指导实践活动。

2.6.3.1 物联网和云计算技术

物联网和云计算是近年发展的新技术，林业系统还停留在引进、消化阶段，在森林资源监管领域有限应用。物联网是：通过传感设备按照约定的协议，把各种网络连接起来，进行信息交换和通信，以实现智能化识别、定位、跟踪、监控和管理的一种网络。它的体系架构分为感知层、网络层和应用层，从物理形态分为识别、传感、控制三类。感知层主要是识别物体和采集信息；网络层是将感知到的数据进行安全可靠的传输；应用层将感知和传输来的数据进行分析和处理，并通过多种方式进行人机交互。林业系统管理对象分布极广、变化快，利用物联网可以适时观察一切，进行零距离、快速度了解情况。

云计算，是分布式计算、并行计算、网格计算、效用计算、网络存储、虚拟化、负载均衡等传统计算机和网络技术发展融合的产物。它作为一种网络的业务应用，将软件及数据存储于网络的服务器上，用户可以通过浏览器等软件或者其他 Web 服务进行访问。云计算不同于过去在本地计算机或者远程服务器中运行的处理方式，而主要数据计算分布在大量的分布式计算机上，用户只要根据自身的需求，将资源转换到所需要的应用层面上，然后访问计算机或者存储系统，得到需要的信息。用户可以低成本获得所需要的一切信息。可见，确切地说它不是一种新技术，而是一个商业运行模式。而这种模式，适合林业分布广、林区信息设备差、信息处理能力低的情况，凡有网络信号，有交互终端，就可以取得服务。关键是林业系统，需要建设自己的云。现在已经产生了支持建设云的智能云服务器，为建云创造了条件，主要是云数据、计算模型的组织，是业务问题。

2.6.3.2 大数据与移动、智能终端技术

固定方式的信息处理，不适应在野外随时进行信息处理的需要。而林业特别是基层的管理、经营者最需要在野外进行信息服务，随时提供全面、科学、可靠、多样的数据。这就需要强大信息资源后台数据处理、准确地移动定位智能化的信息获取。近年来，随着大数据、移动通信网络技术、智能终端技术，结合卫星导航定位技术、云计算技术、地理信息系统等技术的快速发展，野外信息服务

模式已经产生，在林业系统开始应用探索。

　　大数据的战略意义不在于掌握庞大的数据，而在于对这些含有意义的数据进行专业化处理。它一方面强调从海量、多样的、非标准化数据里提取有价值的信息，即具有价值特征；另一方面，最重要的是数据获取、数据传递、数据处理、数据利用等层面的高速高效，即具有快速处理特征。大数据处理和分析需要分布式存储和计算技术做支撑。大数据技术包括在一定时间内用软件工具对其内容进行抓取、管理和处理形成可供分析的大数据集合，同时，主要是指海量数据的汇聚、存储、管理、分析、挖掘与运用的全新技术体系。大数据技术及其应用中，已经形成大数据工程和大数据科学。大数据工程为各行各业的实际应用提供了可能。

　　有了大数据的概念，利用大数据技术，就可以完成科学、有效的信息处理。而利用移动定位技术，开发相应软件系统，又有智能移动终端，就可以在野外获取用户所需要的信息。

第 **3** 章

林业信息化与信息服务探讨

国家和林业发展的新形势，对林业信息化提出了新的要求与任务。作为林业信息化重要建设和实施内容的林业信息服务，需要解决针对性的信息服务问题，实现改革与提升。过去，面向林业改革，许多服务结合林业信息化在进行中，一些地区开始研建相应的软件，有的把它纳入林业信息系统的一部分，有的自成系统。在林权改革，林权界定、办证以后，又产生了林地、林木流转、经营与管理等问题。面向林改信息服务，过去没有脱离林业信息化，今后也应该是林业信息化的核心组成部分，根据新特点、新要求，需要解决协同提升和发展的问题。林业改革后的信息服务如此，其他领域的信息服务也同样。本章将结合林业信息化和林业信息服务的有关问题进行讨论。

3.1 林业活动与林业信息化关系的再认识

林业有生产与管理两个活动，林业信息化全面支持这两个活动。后者是以信息技术武装林业的过程。即把信息与知识作为推进林业生产力发展的动力，是实现粗放经营向集约经营生产模式转变，将以物为中心的管理，向以信息与知识为中心的管理转变的必由之路。对它们的认识与行动，有必要进一步认识。

3.1.1 林业的生产及其生产力

林业事业有生产与管理两个活动，并有三种生产与生产力，即物质生产与物质生产力、精神生产与精神生产力和人类自身生产与自身生产力。

物质生产是林业系统创造林、木等产品的过程。林业工作者，认识森林、创造性地对它们进行干预，获得满足人类需要的森林状态与运行方式，这种认识、调整、获得，完成物质转化的能力就是物质生产力。长期以来，依靠劳力与资本投入，提高物质生产力，发展林业，现代林业依靠的是知识，这就改变了精神生产的要求与内容。

精神生产是林业工作者创造的一切有关思想、意识、理念，并指导物质生产的过程，是根据环境与林业状态，进行的有意识有目的行为，它创造出各种林业科学、法律、法规等社会意识形态，和方针、政策、规划、计划、方案等实践性意识，为发展林业，提供理论观点、价值取向、行为规范以及目的目标、方针政策、方式方法等。在这个生产过程中，体现林业工作者创造意识和能力的是精神生产力。

人类自身生产是为了现在当代自身的生存、将来后代的繁衍过程。过去多注重当代的生存质量，当然也为后代积累一些物质和经验，现代林业，不仅注重当代，更关注当代和后代的协调生存、繁衍。为自身和后代创造生存、繁衍的能力就是自身生产能力。可持续林业就是要保持这种能力，进行自身生产最有价值的体现。

林业的物质生产、精神生产和自身生存发展生产，并不孤立存在和运行，而是相互制约、影响、渗透、作用的，正是这种相互关联有作用，构成林业整体，及其状态和运行方式。林业状态和水平，是三种生产的综合反映，是它们的协调能力的体现。

3.1.2 精神生产——林业建设中的关键性活动

林业生产与管理，是进行有目的、有目标的社会活动。归根到底，所有活动取决于人的意志和行为。在人确定了对林业的认识、价值取向和方式、方法等以后，才有行为活动。所谓林业管理，实质是一些林业工作者，按林业发展的状态与需要，确定目标、方式、方法，规范另一些人行为的活动。人的意志、目的、目标、运行的规范、方式、方法、技术等，正是林业的精神生产，它所生产或者提出的各种林业科学、法律、法规等社会意识形态，和各种方针、政策、规划、计划、方案等实践性意识，作用于物质生产和自身生存、繁衍，取得结果。它是否科学、可行，成果、成效的多少，是管理者能力的反映。林业系统曾以木材利用为目标，产生了与其适应的科学知识、法律法规、方针、政策、模式、手段等，以此组织物质生产和自身生存生产。单纯利用的观点和方式、方法，结果破坏了森林资源，不可持续。认识和分析了这些发展过程、经验教训以后，逐步形成、实施多功能利用、可持续发展等理念，以新的科学知识、法律法规、方针、政策、模式、手段等组织、指导实践，三种生产能力与水平共同提高，森林资源状态正在改变，从而促进了林业进步，为推进社会、经济发展做出贡献。可见，精神生产的产品，左右着物质生产和自身繁衍生产，它是林业建设三种生产活动之首，是关键性的活动。

3.1.3 林业信息化——林业生产与管理活动的坚实支柱

当前社会，支持林业发展的动力，多种多样，但坚实的支撑是林业信息化。国家曾提出，以信息化带动现代化，现代化促进信息化的部署。林业系统无论是物质生产，还是精神生产、自身生存发展生产，都离不开信息、知识、信息技术的支持，它们是最具有普遍意义、最全面、最有效的支持。它们可以是直接地、也可以间接地提供服务与支持。各个领域、环节，应用的各种装备、硬软件、方法、技术，有效地组织实施着各种生产活动，直接提高了林业生产力，取得了直接效率与效益。信息服务提供者提供服务，对接受者可以产生直接效益，对提供者取得的是间接效益。信息时代，知识与信息作为发展生产力的基本动力，无论是直接的还是间接的，信息技术总在全面支持着林业各级、各层、各环节的活动，因此信息化是林业生产活动的坚实支柱。

3.1.4 信息服务——林业信息化的出发点与归宿

林业信息化建设中，几乎所有的领域、项目都是信息服务，有的是有形的，有的是无形的。引进信息技术装备、开发软件或者系统，果然重要，但是，衡量其水平与发展，最重要指标是信息服务的数量和质量。所有信息技术工作者和用户，在信息化规划、计划或者启动项目时，都在进行需求分析，这就是信息化建设、项目开发的出发点。这样进行的方向准确，但在具体过程中，存在着对象、深度与广度的问题。由于用户或者对象不明确，多从现实方式、方法和效率改进出发，缺少创新与超前性考虑，这就可能产生了系统、项目的覆盖面不够广、实用性不强和连续性不能保持等问题，直接影响信息服务的质量。它的运行结果，综合反映了运行状态和水平。衡量信息化水平的指标多种多样，如信息服务的数量、种类、效果、效率、效益等，它们是信息化建设的归宿。其中，最重要的指标是效益，即在林业生产管理活动中，各类生产力能力的加强、生产力的提高，对林业和环境整体推动的贡献。

3.2 林业信息化与信息服务的再讨论

林业信息化虽然启动已久，但是对它的认识不一致，曾以数字林业取而代之，又有两者并存，实践中的信息化认识深度、广度也有差别。有必要讨论以下问题。

3.2.1　林业信息化是林业发展的一个新阶段

经历了依靠劳动力发展林业生产力的传统林业、依靠资本发展生产力的近代林业，分析了它们以消耗自然资源、资源与环境破坏为代价，不可避免的相互掠夺、相互争斗之后，人类终于发现了一种发展生产力的新资源，这就是知识，不断生产知识，并把知识转变技术，技术转变成生产力。这个资源，不以直接破坏自然资源、环境为代价，可以再加工，产生新的知识，而且可以共享，越用越多越好，改善了人与环境的关系。信息作为知识的载体，同时被重视。开发信息资源、服务社会、经济建设，成为一个共识，因此继工业化、现代化以后，又产生了信息化发展模式。我国林业系统根据国家统一部署，放弃以依靠自然资源、劳力发展林业的模式，逐渐以知识推动林业发展，使林业进入一个新阶段。

简要地说，林业信息化是用信息技术武装林业的过程。它是根据林业运行规律，选择相应信息技术，与林学理论、方法、技术结合，产生新的生产、管理方式、方法，取得更好的社会、经济、生态效益的过程。其技术系统，开发和利用信息资源，服务林业建设，涉及林业各个部门、领域的各个环节，有差异性、多样性、复杂性、动态性、离散性、关联性、整体性等特点。特点决定了林业信息化是一个长期发展的过程，根据需要和科技发展，不断创新是林业信息化的最基本、最重要的任务。我国林业信息化，从20世纪末开始起步，进入21世纪以后，在国家信息化强势指导、推动下，经各级林业部门的共同努力，林业信息化在组织机构、基础设施、应用领域、电子政务和服务以及标准规范等方面都取得了长足进步，为加快林业发展奠定了坚实基础。

3.2.2　林业信息化需要全面推进并均衡发展

林业信息化是根据林业特点和需要，用信息技术装备林业的过程。在当前科技发展趋势下，林业信息化应该是：在国家、区域信息化指导和约束下，进行统一规划与协调，在林业生产、管理、服务等各个领域的各个环节，信息技术与林业科学技术融合，采取一体化、集成化、网络化、智能化、虚拟化、精细化等主要方式，生产、分配、使用知识，以获取更大、更合理的社会、经济和生态效益。

它的目的，是促进林业现代化和林业可持续发展；目标是在林业管理、生产、服务等领域的各个环节，不断应用信息技术，开发和利用信息资源，支持林业生产和管理活动；出发点和基础是：根据林业生产和管理规律，选择和应用信息技术，信息技术与林业业务融合，不断产生新的理念、方法和技术，开发信息资源，促进林业可持续发展。

它的主要作用在于：全面提高信息和知识意识，着力于公众公平应用和享受信息技术，提高精神和物质水平，实现以"物"为中心向以"知识"为中心转变，以知识推动林业发展；它将改变林业高度分散、时空差异大、现代化程度差、稳定性和可控性低的弱点，为节省能源、提高资源利用率、提高物流速度和效率、提高林业产业的整体性、系统性和协调性做贡献；它在机械化的基础上，实现集约化、自动化和智能化，改变传统林业生产方式，改进生产工艺过程，促进粗放经营向集约经营转变，实现在精确时间空间条件下，实现精细的生产、管理和服务；它推进网络化管理，加快实现管理科学化，促进林业走向社会，社会参与林业；它应用和发展林业信息技术，增加相应产值，逐步形成新的林业产业，调整林业产业结构，实现林业跨越式发展。

林业信息化需要全方位的应用信息技术，它将主导林业新的科技革命发展方向，是开拓发展的一个新阶段，是实现跨越式发展的动力。林业信息化需要应用信息技术，但基础是林业的生产、管理与运行理论、方法、模式；林业信息化是一个过程，包括了人才培养、咨询服务、规划设计、实施维护；林业信息化是一个系统工程，包含着理念、组织、手段、技术等信息化问题；林业信息化是一个不断发展、不断集成的系统，它开发和利用信息资源，服务林业建设，涉及林业各个部门、领域的各个环节，需要有一个全面进行信息化建设的思路。可以从多个角度考察林业信息化构成。

从林业单位和部门角度考察。按部门或单位划分，林业行政管理、林业业务管理、林业企事业、林业科技部门、林业教育等单位和部门、农村林区等，都有信息化问题。各个单位和部门，按所承担的职能与领域，如：林业政务信息化、林业业务管理信息化、林业项目管理信息化、林业生产信息化、林业科学技术信息化、林业教育信息化、林业市场流通信息化、林业职工与林农生活的信息化等。林业生产和管理都有各个环节，组成了一个不断循环的生产或者管理链，各个环节都有信息化问题。因此，只有全面推进才能促进林业整体提升。

从技术角度考察。它由核心层、支撑层、应用层组成。把它和林业生产、管理结合起来考虑，其基本组成是：基础设施信息化、生产（业务、工艺）过程信息化和管理信息化。

基础设施信息化，主要包括以互联网、物联网、计算机为核心的硬件平台建设，以林业基本公共数据库、知识、方法、模型为核心的平台建设，以规范化与标准化为核心的环境平台建设，以及林业生产中常用的数字化工具。信息化一个重要目标是开发信息资源，实现信息共享，支持它们的是既保证安全又便于内外交换的网络和数据环境。对外林业系统利用互联网，内部局部网络已有成熟技术，关键在于有效地选择和内外部的接口问题。数据是信息化的基础，将资源、环境、社会、经济、科技、教育等可供共享基础数据，建立相应的数据库系统迫在眉睫。基础设施的保证是相关的标准化和政策，它们也是基础设施建设的重要内容。生产（业务、工艺）过程信息化，指管理、生产和教育、科技各个部门，在经营、生产、科研、教学中的业务信息化，它主要是以智能化为核心的自动控制系统的开发，在各种信息技术支持下，自动取获、处理数据，辅助科学决策与控制。它将信息技术与业务紧密结合，改造旧工艺，为基层生产单位和生产者建立采用新工艺、方法、技术和手段的环境，是直接应用于基层生产，服务于广大林业工作者与林农，实现科学、集约经营和管理的技术支持系统。我国林业系统在这方面是一个空白，甚至可以认为是一个被遗忘的领域，林业系统应该部署从如育苗、森林培育、林产品加工等生产过程出发，利用专家系统和自动控制等技术，研建和使用生产全过程的自动化管理系统，将信息技术与业务紧密结合，改造旧工艺，为基层生产单位和生产者建立采用新工艺、方法、技术和手段的环境。管理信息化，主要指以林业网络化管理为核心的系统建设。在当前，它一方面以电子政务推动，另一方面以森林资源网络化管理为主体，实施管理网络化工程。它将对传统管理思想和模式进行变革，突破传统管理时间、空间的限制，信息充分共享，不仅可以在系统内实现全时空、广信息、多媒体、快速度、零距离和交互虚拟管理，而且能够使林业走向社会，社会参与林业。

全面推进需要一个共识，即所有部门、单位的所有人，都有强烈的信息意识，信息化要求，并参与其中；需要有一个整体规划，明确发展方向和内容；需要知道做什么、得到什么；需要有计划有步骤地推进。

3.2.3 林业信息化建设从信息服务中起步

围绕信息化建设，有提高认识、进行规划、组织实施和协调控制等任务与工作，其中最重要和核心的任务和工作，是"林业信息服务"。前已分析了信息服务在信息化中的地位与作用，它是信息化的出发点与归宿。事实上，在信息化建设中，各个环节都离不开对信息服务的考虑。

前已讨论的信息服务内容，无论空间或者时间上，它都贯穿于信息化的全过程。林业信息化是林业事业一个重要的任务，它主要依靠有效的信息服务完成。国家政府机关在改革，主要是职能的转变，服务将是最重要的职能。信息时代，信息服务当然是最重要的服务之一。信息化主管部门承担的规划、实施与调控，说到底，是对社会、公众、林业所有单位的一种信息服务。具体执行信息化实施和管理的部门，开发系统、配置硬软件或者系统、推广应用、维护发展，每时每刻提供着直接的信息服务。广大用户一方面接受各种服务，另一方面，为提升发展提出新的需求与改进。无论是上层，还是基层，是行政管理还是业务部门，是技术开发还是用户，信息化规划、项目计划时，均以信息与信息需求为依据；实施中的分析、组织、协调活动，大部分工作与时间都在进行信息服务；实施以后，以信息服务的数量、质量进行评价和反馈控制。所以严格地说，各个方面，均围绕信息服务开展工作。信息服务是信息化中的关键工作内容，它带动了其他人、财、物的投入与管理等所有工作。

3.2.4　林业信息化中客观存在的差异

差异性是林业建设中的一个基本规律，由于各种差异的普遍存在，造成了多样性，由多样性引发了随机变化、复杂、不确定和继承性等。林业信息化作为林业整体的一部分，也体现着这些规律。

林业信息化中的差异主要表现在，参与各方在时间、空间上存在的多种多样的差异。信息化地位意义的认知、价值取向、信息素养、实践态度和能力上的差异，社会、经济、自然、资源、人文等环境因素的差异，基础设施、技术与发展、组织实施与管理水平等方面环境的差异，信息和信息服务的内容、形式、方式、方法等方面的差异等。所有这些，形成了区域间、同区域各单位、领域、环节间、林业信息化所有参与建设和受益者之间等，存在的差异。这是一个基本特点，只能认识、应用，不能创造。数字鸿沟客观存在，缩小数字鸿沟，促进均衡发展，避免一刀切，适应实际需要、环境与条件等，是信息化规划、计划、实施中，应该注意与考虑的问题。

差异性的存在，决定了林业信息化具有多样性、复杂性、动态性、离散性、关联性、整体性等特点。①林业信息化的多样性：林业的多效益、多功能、多结构、多学科、多技术、多层次，以及差异的存在，决定了林业信息化在需求、数据、形式、信息处理方式、方法和发展道路等方面的多元化，它们是选择信息技术，和设计实施信息化工程的基础。②林业信息化的复杂性：林业信息化的差异性，造成了林业信息化的多样性，也就决定了林业信息化的复杂性，多因子、非线性、随机决定了它是一个复杂的系统工程。③林业信息化的动态性：林业主要经营对象是再生资源，并在一定社会、经济、自然环境之中，信息技术发展又日新月异，两者随着时间的变化而变化。林业信息化必须采取动对动的策略，一方面建设动态模型、方式，适应动态变化，另一方面不断完善和发展，进行建设。④林业信息化的离散性：林业事业分布在广大地区，几乎所有的国土都有林业经营、管理、服务对象，多种网络技术的应用，与多种媒体网络化系统的开发，是林业信息化中需要解决的技术课题，只有这样才能发挥林业信息化的整体效果。⑤林业信息化的关联性：林业和林业管理各个领域和环节息息相关，传统的独立运行的时代已经过去，取而代之的内部协同、外部协调的方式正在建设，信息和信息流作为一个在时间、空间上联系各方的桥梁和纽带，关联各方，成为一个有机整体。⑥林业信息化的整体性：林业的整体性，决定了林业信息化在时空两个方面的整体性。它既是国家和区域信息化的组成，又由林业内部各个部门、领域信息化有机综合，它要考虑信息化过去和现在，更需要注重它的未来。因此，应该采取在统筹规划基础上、有计划、全面、积极、稳步地推进的策略。以上特性决定了林业信息化是一个长期发展的过程，环境变化、内部变化，根据需要和科技发展，不断创新是林业信息化的最基本、最重要的任务。实施适应性管理是可选的方式之一。

3.3 我国林业信息化发展进程剖析

3.3.1 林业信息化的提升和发展

我国信息技术应用，从 20 世纪 50 年代初，航空像片在森林资源调查中的应用开始，经过了 20 世纪 80 年代初至 90 年代初起步探索阶段、20 世纪 90 年代初至 21 世纪初的拓展应用阶段，而今进入加快发展阶段。通过信息技术的引进、消化、应用创新、自主创新，开始了真正意义的林业信息化里程。

三十多年有计划的发展，尤其是"十一五"以来，在各级林业部门的共同努力下，我国林业信息化建设已经取得了明显进展，在组织机构、基础设施、应用领域、电子政务和服务，以及标准规范等方面都取得了长足进步，为进一步加快发展奠定了坚实基础。主要表现在：

（1）组织管理体系初步建立，林业信息化保障能力逐步增强；

（2）网络建设等基础设施稳步推进，林业信息化发展构架初步形成；

（3）应用领域不断拓展，林业重点业务工作能力明显提高；

（4）电子政务快速发展，电子政务网络框架正在形成，林业系统内部办公、交流，社会服务能力日益增强；

（5）林业信息化的实践，培养了一批信息化技术骨干队伍，积累了实施信息化的经验。

具体认识林业信息化发展，可以从宏观和中微观层面进行分析。宏观层面，涉及林业信息化的整体发展状态；中微观层面，主要指基层信息化进展。

宏观层面，林业信息化的起步探索阶段：这一阶段信息技术在林业中的应用，从森林资源调查、规划、管理、教学、科研部门开始，在一系列培训、研讨、实践以及提高知识水平、技能推动下，深化遥感技术、抽样等应用数学方法，引进以计算机技术应用为重点，以森林资源调查数据统计、储存、管理为主要应用领域，学习、推广、应用信息技术与数学方法，林业信息化在研究与实践中起步。有影响力的信息技术应用，如初期主要用以森林资源调查中的科学计算和数据统计汇总，从林分、林木生长预估、制表，到调查数据统计汇总，产生了林业常用统计分析软件包；建立了我国第一个自然资源数据库；开始了林业数据计算机管理领域；产生了1987年的《森林资源管理信息系统》、1988年的《森林资源和灾害管理信息系统》，1990年的《县级资源与环境信息系统》，以及1988年的《林火管理信息系统》；开始引进、应用航天遥感和图像处理技术等。

　　拓展应用阶段：本阶段的特点是计算机技术应用，从森林资源管理领域向其他领域扩展，从研究向生产、管理实践发展，从上层应用向基层地方普及，从单项应用向综合、系统方向转变。在引进了空间信息处理、多媒体、互联网等技术以后，林业信息管理水平有更进一步提升，进入了新的拓展阶段。信息技术在林业中应用范围不断扩大，林业统计部门，进一步完善、优化林业数据统计系统；种苗系统于20世纪90年代初完成了林业行业中的第一个领域的信息化规划；森林资源、湿地、荒漠、生物多样性保护、林业工程等重点业务领域，开发了纵向管理信息系统；研建了森林资源与灾害信息管理系统、森林病虫害防治管理信息系统；在原有基础上，进一步引进空间信息管理、多媒体、网络、模型、模拟技术，向综合集成方向发展。林业生产、事业单位，也开展了计算机应用研究和实践，研建了面向本单位需要的系统或者软件。这个时期，林业信息化基础设施有了较大发展，林业基本属性数据库进一步完善，航天遥感数据库在建设和发展，一些标准和法规开始制订，计算机、网络等硬件已进入了林业系统大部分领域与单位；根据国家信息化以电子政务为龙头的部署，林业系统进行了内外网、专网建设。经过这一阶段的建设，林业信息化逐步扩大与发展，为下一阶段创造了条件和环境。

　　加快发展阶段：经过以上两个阶段，在国家信息化进一步加速和提升的环境下，林业信息化也进入了加快发展阶段。这个阶段林业信息化在组织上进一步加强，明确提出"加速林业信息化，带动林业现代化"的部署，完善了国家级林业信息化组织机构，建立或者健全了地方相应机构，制定了林业信息化发展规划和技术方案，召开了林业信息化工作会议，统一了林业信息化目标、任务和要求。信息技术的应用，首先体现在网络建设和基础设施方面，它们的建设大大推动了电子办公、在线服务等应用的发展，林业信息化的标准规范也得到了重视和制定；其次，在应用方面，重在实际，面向应用。一方面在国家级继续完善、优化纵向的如森林、湿地、荒漠和生物多样性保护等重点业务领域系统基础上，进行审评并整合。另一方面，正在从管理向生产、服务方向开拓。营造林管理系统、林业灾害监控与应急系统、有害生物防治管理系统、野生动物疫源疫病监测管理系统、沙尘暴灾害应急和监测管理系统、森林公安信息化平台等在积极研建和推进。森林病虫害防治在相关专家系统、信息系统研究与实践基础上，研建了网上森林医务系统，将森林病虫害防治推向了新的阶段。

在林业全行业纵向推进的同时，各地利用自身的优势和条件，整体推动着林业信息化建设，产生了一些先进典型。湖南省采取了大集中式的数据存放方式，将全省各地的林业数据集中存放在省厅数据中心，构建起一个比较完备的数据专用存储区域网络系统。全省空间、营造林、森林公安、森林防火专题、各种文档型等公共数据库已初步建成。厅机关、14 个市州、71 个县市区林业局，实现无纸化网络办公。开发的林业电子办证、森林公安、森林防火信息管理及森林防火辅助决策系统、营造林信息化管理系统、育林基金信息管理系统、固定资产管理等应用系统，全部投入实际应用，取得了很好的效果。浙江省龙泉市，自 2004年以来，采取高起点、广应用、面向实际，应用为先策略，以电子政务为龙头，森林资源管理为重点，共享信息，服务大众，推进信息化建设。市内林业局以及相关总站、林业办证中心、17 个林业工作站、10 个木材检查站等均实现了网络化管理环境；建立了统一的数据库和部分应用系统的知识库；开发应用了"森林资源信息监管系统"，13 个系统基本覆盖了森林资源生产、管理和服务职能，对森林经营和管理进行全方位、全过程、实时监控和服务。

微观层面，林业信息化研究人员对江西、福建、辽宁、甘肃等省一些县以下基层调查分析，总结如下特点：一是所有基层单位，都配备了计算机、网络等设施，支持着日常的管理工作。二是在国家和省市相关信息化项目推动下，普遍推广、应用相关系统，提供信息服务。江西省各地利用省、市、县、乡镇林业工作站四级联网的政务网络、全省三级联网的视频会议系统，实现了行政许可证、木材采伐证和运输证的网上办理，边境木材检查站和重点林业防火区监控，林业交易综合信息发布等。辽宁省基层，利用辽宁数字林业核心等平台，实现数据共享、林业协同办公、林业移动定位与林区温度感应预警、造林作业设计协同管理、林业统计分析管理系统。福建省基层，使用"福建森林资源监测管理系统"，进行森林管理活动，依托"福建省林政管理业务应用系统"，完成木材运输管理、木材检疫和林权证办理等业务。三是多应用国家和现实的系统，自主开发稀少，因为管理体制等应用，像甘肃小陇山林业实验局这样的多项林业示范单位，虽然计算机应用从 20 世纪 80 年代已开始，但是发展缓慢，信息化工作当前处于起步阶段，与沿海等省有较大差距。其他地区，大多是依托上层系统，适合自身需要的自主开发不多。

3.3.2 影响林业信息化提升和发展的因素

我国林业信息化虽然取得了一定成效，但是与时代发展水平、国家要求与林业发展需求相比，存在一些问题，主要表现在以下方面。

3.3.2.1 信息化素养和信息化整体水平有待提高

信息技术的应用、信息化建设，决定于决策层、管理层和广大执行层的信息素养，即信息意识、信息知识、信息能力和信息道德等四个要素，信息意识是先导，信息知识是基础，信息能力是核心，信息道德是保证，它们共同构成一个不可分割的统一整体。与相关行业比较，林业系统对信息技术应用、信息化建设，虽然起步较农业、水利行业不晚，但是发展缓慢，决策与管理层对信息化，没有适时地进行提升或者深入部署，没有像农业、水利那样进入国家"金字"工程；没有像农业系统那样从管理、生产、服务领域全面实施信息化工程；没有像水利系统那样，自上而下地进行规划和协调实施。虽然成立了我国第一个面向行业的信息管理专业，但是没有像农业教育系统那样，适时地发展、建立农业信息化专业。如此，等等，自上到下，对于信息的作用没有充分认识，信息技术的应用，多停留在数据的获取和统计使用，没有进行再加工，成为信息，以它指导实践。一度以数字化代替信息化，实质是对于信息的概念、地位、作用、林业信息的特点、林业信息化的真实含义、内容、范围、过程等缺少必要的研究和应用。虽然普及了计算机和网络，但是大多停留在初级使用阶段，进行一般的文书处理、软件使用，不能根据实际需要，对数据再加工，或者提出问题、设法解决，推动发展。这致使林业信息化整体上，不仅与世界发达国家，而且与国内行业信息化存在差距。提高各级、各层信息素养，促进决策层准确决策、管理层高效调控、执行层努力实施，提高信息化整体水平，是必须重视和解决的问题。

3.3.2.2 信息化发展不均衡影响协调可持续发展

信息化中的差异性，是客观存在的基本特点。但是，在时间、空间上，各个地区、各个领域、各个环节，必须保持均衡、协调发展，数字鸿沟不能越来越大，有重点，但是不能忽视一般。过去一个时期，林业信息化存在的片面性是一个突出的问题。长期以来，信息化重上层忽视下层，重管理领域忽视生产与服务，重技术忽视信息技术与自身业务综合，重引进忽视有用的自主创新，重硬件忽视应用软件的开发，重数据管理的初级阶段忽视向信息、知识管理方向提升等。森林资源管理的主要项目，重点一度在满足出数上，保证宏观管理需要的数字，信息资源没有充分开发利用。至今，管理领域信息化虽然在逐步提高，但是，生产领域的基础设施信息化、生产过程的信息化问题，没有被重视，仍然是老设备、老工艺、老手段、老方式，进行生产活动。管理领域，多在森林资源管理领域，且该领域又主要在宏观、数据处理方向，突出在手工系统计算机化，技术上主要在航天遥感数据的获取、地理信息系统的数据管理，没有进一步消化、创新，不能体现信息技术的应用，引起森林资源管理方式、方法的重大变革。电子政务有了很大发展，但是停留在支持一般事务处理上，没有进一步向综合分析、评价、决策和对外全面信息服务等方向发展。在学术研究、实践上，理论研究、知识创新滞后，数字林业、智慧林业和林业信息化等含义以及它们之间的关系，不十分清晰。工作重点在技术项目，缺少必需的理论指导，影响新技术应用，多有效率，少有效益。林业信息化的最大误区之一，是认为信息技术就是信息化，忽视管理创新的重要性。重视硬件建设，轻视应用创新，对于硬件设施舍得花大钱，而对于应用设计和信息资源的开发关注不够，往往造成建设的网络上，没有数据"跑"或数据流量较小、建成的网站也很少有人光顾，开发的软件并不满足实际工作需求，或者在传统的管理方式没有改变的情况下，新开发的应用系统不能正常发挥效益。促进林业信息化的发展，管理创新势在必行。要按照技术服从和服务于应用的要求，切实以应用为核心，积极探索利用信息技术实现管理创新，在更高水平和更深层次上解决面向应用的问题。

3.3.2.3　信息化宏观上缺少全面规划，微观上重复开发

我国对于信息化十分关注。党中央、人大、国务院等党政机关领导人，对国家信息化进行过一系列部署，学术界多次讨论。对国家信息化曾定义为：在国家统一规划和组织下，在农业、工业、科学技术、国防及社会生活各个方面应用现代信息技术，深入开发、广泛利用信息资源，加速实现国家现代化进程。并提出实现信息化：要构筑和完善 6 个要素（开发利用信息资源、建设国家信息网络、推进信息技术应用、发展信息技术和产业、培育信息化人才、制定和完善信息化政策）的国家信息化体系。它的主要内涵在于：在国家统一规划和组织；各个方面应用现代信息技术；广泛利用信息资源；加速实现国家现代化；信息化范围广、内容多。林业系统自 20 世纪 80 年代成立信息中心开始，对使用信息技术、信息化进行过部署、规划，但是在 21 世纪前，始终没有把林业信息化，纳入国家信息化轨道，在失去国家"金字"工程的同时，又提出了数字林业的重大举措，既没有对数字林业进行深入解释，也没有对它和信息化关系进行分析，同时启动两化，有的地方，以数字化代替信息化。所有规划，偏离方向，目标不明，缺少一个能指导全面建设、可行的长期规划，实施中缺少宏观协调管理，主要忙于安排项目开发，其间又缺少协调，开发周期长，覆盖面小。各地为了适应自身条件、应用，多各自重复开发，虽实用，不能共享。近年来，随着机构的完善，制定了规划、规范，但是在全面、实用、适用、共享等方面存在不足，审视现规划，可以发现，对当前形势发展、任务、要求，分析不够，仍然是重管理轻生

产、重上层轻基层、重技术轻与业务结合，对于解决管理体制、运行机制等方面问题没有足够重视，在信息服务体系、自主创新体系、人力资源培育与开发等方面，不够全面、深入。

3.3.2.4　计划经济管理方式还没有彻底改变

20 世纪 70 年代末开始，我国一个重大改革是从计划经济转变为社会主义的市场经济，与之适应，体制与机制的改革，置于最重要的地位与任务。市场经济与计划经济最重要的区别，在于资源分配主体是市场还是政府。林业信息化的特点，许多重大项目需要纵横向结合、协调，而且需要比较大的人、财、物投入，需要政府及其下属部门组织协调。但是，不能离开市场经济的运行规律，信息化离不开市场。政府部门应该突出服务职能，重点项目整体上向市场开放，少在少数单位进行，且从立项、组织开发到应用维护，一直管到底。一般项目服务机制不完善，不能指导或者引导林业企业，按需要、条件，进行自主开发。对林业系统外的信息技术开发单位，没有足够的吸引力。国家有限的人财物投入，不能合理使用。许多项目的结果，没有按市场的需要与作用进行评价、应用，一些项目有结果，但不是成果，有些有成果，但不是产品，有的是产品但没有市场，林业信息化产业形成速度缓慢，不能满足客观需求。

3.3.2.5　创新机制不健全且创新能力弱

林业信息化是一个科学经营林业事业，不断提高与发展的过程。关键在于创新，因此也是一个不断创新的过程。长期以来，林业系统对此认识不足，影响这个过程的发展。一是创新机制不健全，知识创新、技术创新、应用推广创新制度没有建设，偏重于技术引进、有限的应用，忽视必需的理论探讨，对行之有效的理念、模式（方式、方法）等缺乏深入探索、总结。例如国内外早有研究、应用的差别化、适应性、精细化管理思想，不能被理解、使用，系统思维与系统方法，也没有完全引入信息化规划与实施之中，甚至有些主管部门，不仅没有应用，还不十分了解。许多部门，以为信息化就是简单地具体应用某些信息技术，没有与自身的业务结合起来，创造一种新的方式、方法与技术，以变革旧的方式、方法与技术。信息化项目实施中，往往业务与技术的分割，业务人员不了解应用技术的作用、功能，信息技术人员不懂业务需求与流程，互不沟通、补充，影响开发的进程与质量，导致林业信息化整体水平不能适应林业的发展。

3.3.2.6　信息化人力资源不足

信息化人力资源、特别是具有战略眼光能够进行方向性的指导人才、既懂林业又懂信息技术的复合型人才，和基层推广应用维护技术人才奇缺，已严重影响林业信息化进程。位居决策和宏观管理的人员，对于信息化新进程，林业形势发展新要求，新技术与林业结合，和管理领域新的理念等缺少深入了解，致使不能有效地决策和调控；从事信息化建设多是（信息）技术型人才，致使一些项目走向为技术而技术的道路，不能与业务很好融合，产生新的方式、方法和技术，多有效率，少有效益；广大用户，特别是基层用户层，缺少相关的应用型人才以维护和发展系统，致使系统发挥不了应有作用，更不能及时更新与发展。造成这个状态的原因是多方面的，一个重要原因是信息化教育机制没有形成。信息化各个方面发展快速，信息技术更是日新月异，应用新技术，对于高层，决策新发展，组织、管理新系统，需要新的理念、方式、方法，关键在提出问题，组织解决问题，需要不断进行知识更新。对于中、下层，信息技术与信息化，是一个新概念、新方式、方法与技术，在推进信息化过程中，需要新知识、技术的获取和更新。但是长期以来，这两方面的继续教育被忽视，上层多以会议报告、文件形式部署，很少有深入的培训或者研讨，甚至对于已实施过的数字林业、实施中的信息化和准备实施的智慧林业等，都没有深入研究与讨论，基本概念不清，方向不明，对一些新技术的出现，例如云计算、大数据没实质性的了解，不能很好地组织推行。有关学术会议，多是领导讲话、专家报告、与会者发言，缺少深入的研讨。林业信息化继续教育是一大短腿。学历教育虽然曾有林业信息管理专业，但是在"去林化"影响下，逐渐与现有的地理信息系统、计算机专业一样成为信息技术类型专业，没有与林学或者园林、水保等知识、技术结合，产生林业信息化需要的复合型教学计划、复合型课程体系、复合型教师队伍，培养林业界需要的复合型人才。在林学等类专业中增加了有关例如计算机、数据库、多媒体、遥感、地理信息系统、网络等课程，但是多偏向技术，没有成为与林结合的课程。这些学生多少接受了林方面的知识，但是，多少年来，在林业基层就业，一是学生不去，二是单位不要或者进不去。学历教育、继续教育不顺，严重影响林业信息化进程。

微观上，通过对辽宁、福建、江西、甘肃等地信息化建设工作调查、分析，基层信息化重点问题在于：林业信息服务需求巨大，林业信息化建设任重道远；林业信息化建设标准有待落实；信息化建设质量有待提高；信息建设配套服务有待加强；信息化工作制度有待改革；信息人才奇缺，急需相应人力资源培养和开发。

3.4　利用有利形势推进林业信息化

当前，林业信息化既有更高更新的要求，又有十分有利的发展环境，机遇与挑战并存，如何利用有利形势，推动林业信息化又好又快地发展是本行业必须解决的问题。

3.4.1 国家及行业大力推进信息化

进入 21 世纪以来，国家对于信息化进一步加大力度，战略部署步步深入、具体，在提出全面建设小康社会，进行生态文明建设等战略同时，又明确提出工业化、信息化、城镇化和农业现代化等四化融合发展的思想、理念、举措，为各行各业信息化指明了道路和方向。林业系统根据国家信息化发展的部署和要求，依照原有的基础和自身特点，调整林业信息化建设的方向，把重新定位，确定发展目标，统一纳入国家和地方的信息化之中。在组织机构、政策法规、规划计划、方式方法、实施调控等方面采取了有效措施，开创了一个新局面。

3.4.2 新任务与高要求成为信息化的新动力

实施中的生态文明建设、新四化和林业改革的步步全面、深入开展，对林业管理、生产提出了新的要求，同时强调改革与创新，在运行机制、模式上进行变革。这一切，也对林业信息化提出了新目标与任务，要求以更全面、更准确、更实用、更迅速、更可靠的信息服务。与现实系统比较，主要有下列变化。

（1）范围更广。现实主要根据自身状态与自然条件进行决策和规划，今后更注重社会、经济、自然、人文等环境因素；现实主要根据过去和现在的状态进行管理，今后更注重将来；现在主要根据空间状态进行计划与控制，今后还需要以时序运动方式为依据。

（2）内容更丰富。现实主要注意自身发展水平，今后不仅需要自身的发展状况，而且需要环境对林业的要求、支持，林业对环境的贡献等；现实主要对森林面积、蓄积的总量、消长变化的掌握，今后将围绕多功能发挥、多效益取得的指标安排、控制与林业评价；现实重点在出森林资源面积、蓄积的"数"，今后更需要信息和知识。

（3）服务更全面。现实主要以管理领域为主，今后将在生产、管理两个活动领域同时发展；现实重点在规划、组织系统开发应用，今后将要求提供提高信息素养、规划、计划、法律法规、业务方法、技术指导、系统、软件开发应用等全面服务。

（4）质量更精细。现实重在宏观监管上，今后将支持面向经营单位、单元和经营者适时服务；现实多是静态数据、方法、技术服务，今后需要在精确的时间、空间状态和条件下，提供精细的信息服务。

（5）载体多样化。现实多是固定方式、单媒体服务，今后要求固定、移动相结合的多媒体服务。

（6）时间更快速。现实提供的信息新度较大，今后需要尽量小的新度，以便实现实时管理。

林业信息化必须适应环境的变化而变化，也只有在不断变化中，才能提升和发展。新任务、新要求，是对本行业、本领域的一个压力。也只有根据新任务和要求，促进自身思考、探讨、研究与实践，把压力变为动力，林业信息化与信息服务才能发展。因此，不断研究新形势、新要求、新内容，是信息化建设中的重要内容。

3.4.3　新理念推动林业信息化的发展

无论是生产还是管理领域，不断产生新理念，它是推动生产、管理进步的一个标志，也是一种对信息化的支持。前已叙述林业信息化的特点，叙述了引进差别性、适应性、精细化理念，实施差别化、适应性、精细化管理的必要性。当前提出与实施中的新四化融合发展的部署，是建立在系统思维基础上一种运行模式，值得借鉴。

长期以来，林业系统习惯于以线性思维的方式、线性实践的方法，解决林业中出现的问题，和进行部署安排。多数情况下，遇到的问题，只是从林业内部找某一方面的原因，提出一个解决问题的方案，不管时空环境、条件、状态的变化，执行到底。再有问题时，反复用这个方法决策与实施，而且在解决问题中，各个部门、领域空间上独立进行、时间上也分割实施。林业信息化也用这个思维方式进行规划、计划，从某一项目或者系统出发，极少考虑环境问题，在规划、实施中，较少考虑环境对林业信息化的支持，也很少评价林业信息化对环境的贡献。如今多方融合发展已成为推动社会进步、经济发展的一个方式、方法，林业信息化与信息服务需要这个理念并实践。

首先是林业与社会、经济发展环境的融合，这是第一层次的融合。推进林业信息化需要改线性思维、实施方式，为系统思维和方法，认识林业系统执行国家可持续发展、生态文明建设，需要各个地区、行业、部门的协调统一，以整体推进，林业在其中承担重要责任与任务，如果只考虑林业自身的利益与发展，保证不了整体发展。必须在整体约束、协调下，求林业发展。信息和信息服务，是联系、协调林业与环境的纽带，也是重要任务。

其次是林业业务、信息技术和市场配置的融合，这是林业信息化与信息服务的第二层次融合。所有林业信息服务，都服从于林业需要、规律、知识，需要选择和应用信息技术，又必须以市场为导向，市场配置资源，只有三者融合，才能产生符合实际、规律与需要的系统与项目，才能提供有效的服务。

再次是林业内部的各个领域、部门、环节等的融合推进，保持林业信息化的协同关系，取得整体效应。融合与创新息息相关，林业信息化中，无论是基础设施信息化、生产工艺(包括生产、经营、科教等领域)信息化，还是科学管理信息化等，都需要以新的方式、方法改造原模式，各层各级一个共同愿望是"创新"。林业信息化中，在没有全面、绝对"强"的条件下，可选择的是：强强融合创新。它是将多种具有"强"势要素通过创造性的聚合，实现要素之间互补匹配，使它们的整体功能发生质的飞跃，形成独特的不可复制、不可超越的能力和竞争力，产生创新型成果，推动林业信息化进程。其中，创新是出发点与归宿，融合是手段，强强是对要素的选择。强强融合创新是整体的推进模式，共同认识、共同意愿、共同责权利、共同行动等，是强强融合创新的基础。可以应用业务强强融合创新、环节或者领域的强强融合创新、部门强强融合创新、单位强强融合创新等多种形式的融合实现创新。

3. 4. 4　新的技术支撑林业信息化的发展

　　林业信息化是用信息技术武装林业的过程。过去，信息化各阶段，引进并消化应用计算机、网络、遥感、管理信息系统、地理信息系统等技术，推动着林业信息化和信息服务。信息时代，信息技术快速发展，一些新技术的产生，将为林业信息化、信息服务提供更有力的支持。近几年发展中的第三代通信技术、物联网、云计算，大数据等技术或者理念，标志着信息技术发展又一浪潮的到来。第二代通信技术 3G(3rd Generation)——支持高速数据传输的蜂窝移动通信技术，将无线通信与互联网结合，广泛应用于语音、图像、音乐、视频、网页、电话会议等移动多媒体业务；物联网(The Internet of Things)——物物相连的互联网，通过大量分散的射频识别、传感器、全球定位系统、激光扫描器等设备，将感知信息，通过互联网传到处理设备，进行智能化处理，完成识别、定位、跟踪、监控和管理。这两种新技术，在林业中应用前景广阔，它们技术相对单一，比较容易理解，林业系统已经开始引进，并在森林防火、木材运输等领域局部应用。云计算，2007 年正式命名后，立即引起广泛重视，发展迅速，众多的产品问世。严格地说，它并非单纯的技术，更是一种理念，是一个商业计算模型，它给用户创造一个"需要什么，可以得到什么"的环境或者平台。大数据技术，是所涉及的资料量的规模巨大到无法通过目前主流软件工具，在合理时间内达到撷取、管理、处理并整理成为帮助需要的信息。它具有更强的决策力、洞察发现力和流程优化能力的海量、高增长率和多样化的信息资产。这些技术的使用，对于我国区域广、规模大、极分散、条件差、技术落后的林区，又急需提高生产、管理水平，提高生产力，走向林业现代化行业，是最大的促进。第三代通信技术可以实现广信息、快速度、零距离、多媒体方式传输信息；物联网可以支持适时掌握分散在各地的状态；云计算，可以使林业工作者利用简单的平台随时随地得到所需要的信息；大数据不在于掌握庞大的数据信息，而在于对这些含有意义的数据进行专业化处理，提供科学、可靠的服务。

3.5 促进林业信息化提升的关键问题

林业信息化在发展中，有成绩、有问题，不断审视环境变化和自身状态，从中发现和解决问题，是推动进程的有效方法。根据前各节分析，当前林业信息化急需解决以下问题。

3.5.1 确立林业信息化在林业中的地位

林业系统早已确立实施跨越式发展，推进林业现代化战略，现在又在执行新四化融合发展战略。"化"是指一个特定时期内，全面的、根本性的转变阶段。按生产力发展理解，现代化不在于生产了什么，更重要的是用什么方式、方法生产的。在管理和经营中，以"物"为中心的时代已经过去，取而代之的是信息和知识，以信息描述林业生产与管理的状态和过程，不断处理、加工信息，去控制状态与过程，把知识转化为技术，技术转化为生产力。因此，推行林业现代化，是一个不断应用新思想、新方法、新技术，以新的发展模式改造传统林业的过程。需要用现代发展理念引领林业、用现代设备装备林业、用现代科学技术改造林业、用现代产业体系提升林业、用现代管理推进林业。现代林业完成各种任务的基本推动力是信息化，即以信息技术武装林业，各个部门、领域、环节使用信息技术，获取、处理和使用信息和知识，促进各方面发展。林业信息化需要一个专门机构组织、协调信息化工作，但是，关键是把信息化提到现代化同等高度，予以重视，在思想认识、组织安排部署、控制与协调林业发展上，不忘信息化，不使信息化成为一个简单的独立活动或者举措，应该把它深入到各个生产、管理部门的各个生产、工作环节，普遍实施与推动，才能促进现代化进程。专门机构主要职能是服务，给予业界所有部门、各成员知情权、参与权、语言权、受益权，才能调动多方积极性，提高信息化与现代化水平。

3.5.2 不断调整规划全面推进信息化

过去一个时期内，林业系统以电子政务为龙头、森林资源信息管理为重点，选择了一些省、市、县为试验区，推进信息化建设，而今信息化已经有明显发展，积累了许多经验，现在应该不失时机地向面上发展。不难想象，我国林业系统经过 50 多年努力，在科研、教学、生产单位积累了数以万计的林分样地和标准地、林木解析木资料，如果统一开发利用这些信息资源，对于研究森林发生发展规律，指导生产实践将起到极为重要的作用；如果把已有的各种知识与方法、模型统一组织起来，可以实现共享，给生产与管理提供多种技术支持；如果把信息技术和林木物种 DNA 结合，建立相应数据库，进行生物信息的开发，通过模式识别，可以实时鉴别，再与生物生态特征结合，则可以为引种和适地适树奠定基础，如果对它们继续进行综合研究开发，可以为基因重组、育种提供科学依据；如果在森林培育过程中，按造林地和树种选择、整地、造林、施肥、灌溉、抚育、病虫害防治、采伐利用等环节，将森林培育理论、技术和信息技术有机结合、重组物流和信息流，建立一体化的生产管理模型，可以使所有生产者，在生产过程中达到专家水平，实现集约经营和管理；如果在林业企业或者如森林资源管理等领域，运用系统集成思想，把人、组织、环境（市场）、过程、数据、方法、技术等组成一个一体化——知识——效益型整体，可以实现科学的实时经营和管理。特别是新的信息技术发展，为林业信息化各提供了坚实的技术支持，如果建设了林业系统的专业绿云，结合公共云，可以实现真正意义上的实时信息资源共享，提供生产、管理需要的一切信息、知识，而不是现在的数据。利用大数据技术，可以使获得的信息更全面，经过各种林业专业数据处理以后，可以得到生产、管理活动中的各种决策、计划、组织、实施、控制方案。全方位的推进，关键在于全方位的思考、规划、安排和实施，以改变林业高度分散、时空差异大、现代化程度差、稳定性和可控性低的弱点，可以节省能源，提高资源利用率，提高物流速度和效率，提高林业产业的整体性、系统性和协调性，在机械化的基础上实现集约化、自动化和智能化。环境、需求在变化，科学技术在发展，林业信息化需要不断审视规划，调整目标或者措施，促进持续发展。

3.5.3　处理好林业信息化中多种关系

信息化是一项巨大的系统工程，它是为了开发信息资源，加速实现现代化进程，因此必须采取面向实际，实用为先，夯实基础，继承与发展，融合与自主创新的策略，处理好下列关系。

（1）技术与业务的关系。信息技术已经渗透到各个部门和领域，集成化、网络化、知识化、智能化、虚拟化等，将成为评价各个行业和部门发展的主要指标。信息化需要应用信息技术，但是出发点与归宿是有关生产与管理流程的重组，功能和效益的提高，因此，它是以社会、经济目标和思想观念的改变为基础，是信息技术与相关科学综合创新的过程。没有信息技术支持，或不考虑信息技术，不能实现变更，但是离开了业务，同样不能实现根本性的变革。重要的是多学科、多领域、多部门的协同，根据业务需要和规律，以业务为基础，应用信息技术，两者有机结合，才能实现根本性的变革。实质上，这就是引进、消化、创新和应用的过程，应用是目的，引进、消化是途径，两者结合起来，实现自主创新，才能形成林业生产和管理中的新的理论、方法、技术，才能有适合我国国情和林情的生产方式和管理模式。

（2）整体和局部的关系。信息化重在整体性，只有这样才能避免重复开发和投入、避免"信息孤岛"，才能实现信息资源共享，但是各地或者单位或者领域具体情况和条件不同，需求也就不同，所以拟采取统一规划下的协调实施的策略，在保证整体要求的前提下，允许根据自身需要进行开发建设。对涉及各层次的系统或项目，结构上，各子系统或者模块，尽可能地采用功能聚合的方式，而子系统或者模块之采用数据耦合的方式，以保持统一下的灵活机动。另一方面应该处理好纵向系统的各层关系问题，一个有活力的系统，应该是分层的，国家级、省级、地（市）、县级直至基层，和同层次内各个环节，各有各的需求、环境和条件，在设计这类系统时，应该在满足总体要求下，允许符合当地当时情况的完善，在开发过程中，应该发挥各地资源优势，参与开发，依靠一两个单位实现又好又多的开发难度大、时间长、成本高，针对和实用性可能低。

（3）公共基础与专业应用的关系。公共设施信息化是林业信息化的基础，夯实了基础，才能充分利用信息资源，才能统一协调，才有利于相关应用系统的开发。计算机与网络系统平台，各个地区区域信息化建设，正在加紧进行，林业系统应该充分利用这一有利条件，为我所用，便于兼容，各个地区与林业行业不可能统一，可以采取行业适应地区的策略。林业系统重点考虑的建设是自身特有的信息平台：林业数据平台、知识平台、规范与标准平台、新型工具与装备等。根据现在的状况，应该分别各种平台框架的研建和具体实用平台的实施，前者应该有计划地委托科研、教学单位为主，在生产、管理单位参与下进行，后者则应该以生产、管理单位为主，在科研、教学单位参与下进行。在这些平台支持下，根据各地条件、特点与需要，开发各种应用系统，既可以保证整体性、实现信息资源共享，又适应各地环境和现实水平。基础是应用的平台，是根基，但发挥它的作用和效益，是应用软件与系统的开发、实施，以及取得的效益，这是检验基础的标准。它们相辅相成，同时并进，才能取得满意的结果。

（4）研究课题与工程项目的关系。在推行林业信息化中有许多问题需要研究、探索、解决，更多的是具体项目的实施，两者有联系但有差别，在信息化中应该严格区分，改变现在一些时候、一些地方存在的课题与工程项目不分，把研究中的课题结果，过早地按可行的成果应用，或者把具体工程按课题研究方式实施的局面。林业信息化中需要研究的问题，有的例如基础研究，应该从项目中分离，独立进行研究，应在项目实施中，增加人、财、物的投入，相对独立、超前地进行探讨，解决实际中的问题，其成果经过充分实用性论证（非鉴定），必要的中间试验，有选择地应用。

（5）成果与效益的关系。实施林业信息化可以取得各种成果，但是衡量信息化水平和效果的最重要指标是所取得的各种效益，是通过信息技术应用，信息与知识资源的开发和利用，林业生产、管理方式的变革程度，林业生产力的提高，资源与环境的恢复与改善来衡量。应该建立全面评价信息化状态和发展水平的体系，对信息化评价，重在内容而不在形式，重在结果而不在过程、重在效益而不在成果。

（6）继承与发展的关系。科学技术的发展分阶段、逐步地推进，所有出现的新技术，都建立在过去的经验与教训、成功与失败之上，离开了过去就没有今天的成效。林业信息化一样遵循这个轨迹在运行，经历了几个发展阶段之后，在计算机、遥感、信息系统、空间信息管理等方面取得众多正反成果，建设了许多应用系统，是提升信息化水平的宝贵财富。但它们均建立在当时、当地的科技水平之上，具有强烈的时效特点，随着信息技术的进步，产生许多新技术，关注、引进、使用新技术，又是信息化建设所必须。不能对过去一概否定，取其所长，评价、选择、整合原系统，引进、消化、应用新技术，两者融合，推动发展，是可选择的途径之一。

（7）引进应用创新与自主创新的关系。林业信息化过程中，需要以新观点、新方式、新方法、新模式、新装备变更过去的观点、方式、方法、模式、装备，实际是一个创新过程。创新有许多方式，可以是在引进应用基础上的创新，但这个创新重点在引进应用，核心技术没有自己知识产权。在初期阶段，往往以这个方式为主，在过去和现在实践中起了很大作用。如今，更有必要进行有自主产权的原创性创新，林业系统虽然基础很薄弱，创新很艰难，但是，这是一个方向性任务，关键在引导。从长远目标出发，在继续进行引进应用创新的同时，关注自主创新，并逐渐加大比例。从我国的国情林情出发，分析研究需要解决的问题，从理论、方法、技术多方面入手，进行研究与实践，这是发展信息化必由之路。

3.6   林业信息化保障体系建设

林业信息化需要强有力的保障体系，这个体系主要包括信息化建设体制、管理机制与技术保证等支撑。

3.6.1   完善林业信息化建设体制

林业信息化建设体制主要指信息化建设中优化组织机构。自 20 世纪 80 年代以来，我国林业系统也曾建有信息化领导小组、办公室与信息中心等机构。问题是这些机构多是虚设机构，挂靠于另一单位，本身没有固定的办公场所、固定的职能、固定的人员，责、权等不明确。许多地方建有信息中心，但是所开展的业务也多是挂靠在别的单位的业务之中，致使许多地方、许多时候，不能从本层次的管理职能出发，去研究、部署、协调本地区的信息化工作。现在林业系统在国家与地方各级加强了信息化领导、管理机构建设，正在改变原来局面。但是，一方面各地并不平衡，另一方面，整体上不够完善、健全，仍然存在难以进行全面、科学的决策和实施，难以保障跨部门重大应用等方面的统筹和协调，难以从体制上解决应用系统重复建设、信息共享困难，难以推动各个领域的实用自主创新等问题。信息化建设体系可以有不同模式的选择，它决定于国家政治体制和政治文化的影响，市场发育程度，林业发展战略的选择，信息化基础、环境与条件。就我国国情与林情，按四层两翼的结构和功能比较合适的选择，即建设中有决策机构、协调机构、管理机构和执行机构，独立的审计监察机构与外部专家组成的咨询机构。当然，它们不可能是独立的、固定的机构，一个可用的方式是以人员相对稳定的联席会形式运行。但是必须做到，第一，各个机构分工明确，各尽其责。决策机构由主要领导成员组成，负责确定林业信息化发展总体思路、指导制定发展战略规划以及相关政策；协调机构由各部门领导组成，负责协调各部门、各领域更好地实施信息化发展战略和相关政策；管理机构，负责行使信息化综合管理职能，制定实施国家信息化战略的相关政策；执行机构由一个或者几个部门组成，依据项目的规模和范围，负责相关信息化项目的推进实施；审计机构对信息化执行机构进行决策、管理、绩效和技术等方面的审计，确保信息化工作合理有效；咨询机构，由来自产业界和学术界的专家组成，就信息化发展战略、规划和实施进行相关问题的研究和咨询。应该克服与改变，现实存在从决策到管理、执行、监督等一套人马到底，项目咨询、设计、实施、评价、验收等出自同一单位的局面。第二，赋予各个机构的每个成员责、权、利，其工作作为本人一部分职能进行工作与考核。改变现存的临时组织，或者只开会，没有实质性工作范围、条件与责任。第三，现实中的信息中心更是一个面向广大用户的服务单位，是本地林业系统的信息服务中心，主要任务是开发信息资源，服务林业建设，是一个非盈利性的公益事业结构，不仅应该有固定的硬软件、固定的人员，还应该有固定的经费来源。

3.6.2　健全信息化管理机制体系

管理机制是信息化建设的制度保证，过去几年中，林业系统对于信息化有一些制度和办法，但是既不系统又不全面，多是一些临时性或者单个项目的指导文件，而信息化涉及林业系统各个部门、环节，强调信息资源共享，影响和不确定因素多，环境变化快，更需要协调，因此建立完整的管理机制体系很有必要。改变过去临时文件的做法，期待建立一系列的制度，成为一个体系。应该建立的制度很多，按目前林业信息化的状况，主要建立下列机制：①领导机制：严格实行目标责任制，把任务具体到单位、部门、具体人，确保信息化各项建设落到实处；②信息服务机制：明确服务目标、对象、内容、方式、方法，确保全面、优质服务；③信息与知识管理和信息资源共享机制：对信息资源（包括硬软件资源、数据）开发利用进行规范化，合理分配、使用信息资源，确保资源安全、有效地使用；④信息化项目管理和运行适应性协调控制机制：建立对各种项目从立项、计划、设计、实施、监督、评价、协调、到控制等活动，进行全程监管，确保项目顺利进行；⑤信息化创新与推广应用机制：分别就知识与技术、推广与应用，在组织、管理、方式、方法等方面制定具体制度，确保不断探索与应用，发挥科技有效支持；⑥信息安全机制：严格技术防范，认真落实国家的有关规定，坚持应用系统建设与安全手段建设同步进行，确保国家安全；⑦信息素质培养机制：分别层次，确定培养的目标、要求、内容、方式，推行终身教育，保障信息化持续发展。

3.6.3　提高信息化技术保证水平

林业信息化离不开科学技术，科技进步是林业信息化的坚实支撑。历经了林业科技发展、应用了系统科学、数学、管理、信息、坏境等学科的相关理论、方法和技术以后，我国林业信息化在稳步发展之中。历经了引进应用以后，逐步走向消化、综合、创新道路。根据社会、经济、科技发展的新形势，国家对创新提出了新的要求与部署，在理念、组织和人财物等投入基础上，着力于自主创新的策略，从而为林业信息化指出了方向，创造了条件。林业信息化、林业信息服务重点在解决林业中的问题，提高生产与管理水平，有强烈的实用要求，因此林业系统应重在实用自主创新。新形势下，有新的内容与要求，关键需要赋予以新的理念、思想，在深入学习、领会新精神、任务、要求、内容、理念等基础上，通过顶层规划、设计，在各个领域提倡自主知识、技术创新。

长期目标必须根据世界信息化发展趋势，确定信息化的项目与目标，项目覆盖林业各个部门与领域，以便逐步赶上世界信息化水平。在今后一定时间，内部应该根据当前世界信息化发展的一体化、网络化、智能化、综合化、集成化、虚拟化等趋势，从生产、管理、服务等方面，安排优先项目。信息化讲究实效，应该有较高的性价比。关键在根据需要和可能，面向实际，突出应用。这就需要不断选择可靠、可行、有效等成熟的技术，应用到林业信息化之中。需要不断引进、消化、自主创新，特别是有用的创新，产生适合林业信息化的新方法和技术,通过验证,积极、稳妥地将这些新技术应用到信息化建设中。避免不加选择的应用,或者是边研究边应用,避免失败或者增加成本。近期项目确定以后,实施时,应该遵循的原则是:职能决定需求,需求决定功能,功能选择技术,技术服务业务。基本的技术路线是:面对各类项目的选择、开发、实施,应该从分析生产、管理职能、过程出发,进行生产、管理和服务的需求分析,在此基础上,确定项目的基本功能,再根据功能选择相应的信息技术,一方面从使用信息技术出发,进行林业相关职能、规范、方法等的重组;另一方面将信息技术和林业方法、技术综合创新,两者融合,发展新技术和系统,服务于林业事业。

3.7　在研究——实践——再研究——再实践中求发展

科学知识是不断实践——认识——归纳——总结,上升到理论的过程,技术是知识转化过程,在不断实践应用中提升。林业信息化中,无论是知识还是技术,均需要在不断研究——实践——再研究——再实践中发展。

3.7.1　我国林业航空遥感应用沿革

自从20世纪20年代,国外航空像片应用于森林调查开始,仪器设备不断发展,片种不断增多,方法不断改进,广泛应用于各种调查,成为调查的重要手段。70年代起出现了地球资源卫星,从此开始了航天遥感。80年代以来,随着计算机的广泛应用,自动识别和分类,已从应用于资源调查、林地分类扩大到专业调查、多资源调查、灾害监测、资源动态监测和林地面积动态监测、空间结构分析等方面,在宏观和动态监测方面收到极好效果。根据需要和条件,航空遥感与航天遥感有机结合,相辅相成,发挥了更大作用。

我国林业系统航空遥感始于20世纪50年代,主要应用于三个方面。一是林区航空摄影:1954年开始,陆续完成了大小兴安岭林区及金沙江林区航空摄影,经过10年的努力,作为第一轮航空摄影,共完成航摄的面积近71万 km^2 ;1973~1979年进行了第二轮航空摄影;1980~1988年,进行了第三轮森林航空摄影,航摄总面积达到136796.46km^2,基本覆盖了我国主要林区,而且技术上也有较大的发展。二是林业航测制图:制图方法与技术不断提高,制图水平和产品不断提升。1955年初,我国首次试制出第一幅像片平面图。1956年起开始较大面积地编制像片平面图和水系图,供森林调查小班转绘、量测面积和绘制基本图之用。随着技术提高,仪器改进,陆续提供大比例尺的地形图、切割镶嵌成像片平面图、正射影像图等,为森林调查提供基础图。三是航空遥感在调查中应用:自20世纪50年代起,航空像片陆续应用于进行森林资源的各种调查中。到

70年代应用从林木、林分广泛推广到区域的资源调查，大多的测树因子都可以通过室内判读、室外调绘，完成量测。1964年航空像片与抽样技术结合应用于森林调查中，试验推广到分层抽样调查、判读与实测、二阶抽样、双重回归、分层两阶抽样、数量化模型蓄积调查等。多时相、多比例尺、多片种的应用，更提高了速度、精度、降低了成本。航空像片对于保证二类调查的进行，曾发挥了巨大作用。

20世纪80年代之后，林业系统随着航天遥感的引入，研究与实际、生产与教学的重点转向航天遥感，停止了航空遥感的深入研究与应用。没有进行两者结合的探索与实践，不能各取所长提升与发展，造成在信息技术应用中的一大缺失。

3.7.2   航空遥感应用发展中的启示

自20世纪50年代，根据需要，林业系统引进了航空遥感技术，与林业业务紧密结合。这对改革与提升森林资源调查方法、技术、手段，发挥了有效的作用，促进了整体水平的提高。到80年代，林业系统忽视了实际应用和研究探讨，使航空遥感处于停顿状态，影响了遥感技术全面应用。而国外林业行业，将国内国土系统，航天、航空、地面调查结合使用，取得了有效的结果。相比之下，这些差距，不仅影响信息资源的开发利用，和整体效应的发挥，也影响我国森林资源调查设计的整体水平。分析这个过程，可以得到的启示是：

（1）密切关注世界信息技术及其应用趋势，适时地引进，并应用于实践。探索适合我国国情、林情的新方法、新技术，是信息技术在林业中应用与发展的可取途径。

（2）理论源于实践，又指导实践。信息、知识、信息化技术、信息科技发展，是不断实践、总结、提高、发展的过程。

（3）信息技术在业务需要中引进，在应用中提高与发展，信息技术只有在应用中，才有生命力，脱离了实际需求、推广应用，也就失去了生命力。

（4）信息技术需要与自身业务、多学科的知识、方法、技术结合，才能产生新的方法与技术，才能发挥更大的效益。

（5）信息技术需要不断引进与消化、推广与应用，在实践中培养人，在归纳中提升水平。

（6）生产、管理、推广、研究、教学等紧密合作，系统总结，理论、方法、技术等共同推进，可以取得更好的效果。

（7）根据需要和基础，开展相关的研究与实践，是促进信息技术发展、提高信息服务水平的可选择的道路之一。

3.7.3   不断研究与实践以提高信息服务水平

从实际出发，急需要解决的问题很多，不同时间、不同地区，可以选择的研究与实践内容很多，关键在于按需求、环境、条件、基础，做出决策并实施。就目前状况分析，应该有：

（1）管理创新。战略目标、方向确定之后，在实施中起关键作用的是管理。传统的一般管理不能适应信息化发展需要，需要以新的管理理念、思维方式审视林业信息化与信息服务，确定长短目标、方向，用新的方式、方法进行管理。这是信息化中各级组织首先需要解决的课题，特别是上层决策部门。

（2）信息化与信息服务知识创新。创新是新事物（新思想、理论、组织、制度、方法、技术等）的产生过程。林业信息化中，知识创新是为了推进林业信息化进程，创造、演化、分配和应用新的思想，使其转变成市场化的商品和服务的过程。对于信息化、信息服务及其每个重要项目，必须解决在什么时候、什么地方实施什么？为什么？为了谁？怎么做的问题。这是上层信息机构、高等学校、研究单位，应该且必须承担的课题。

（3）技术创新。当一种新思想和非连续的技术活动，经过一段时间后，发展到实际和成功应用的程序，就是技术创新。简单地说，技术创新就是技术变为商品，并且在社会市场中实现其价值，获得各种效益的过程和行为。这是生产、管理单位最关心的课题，也是这些单位，联系研究与教学单位，共同协作承担的任务。

在实施林业信息化过程中，许多单位和个人，都在进行知识和技术创新。在推广应用中，理念的提出，目标与方式、方法的确定，是知识创新过程，对实际应用技术的研究，应用是技术创新。大量的技术创新，例如信息化生产装备的研究与应用、生产控制系统的实践等已经起步，已有一些产品投入市场，各种类型的信息系统的整合、开发、使用正在深入进行。本书在前面叙述的大部分内容，涉及知识创新。在以后各章叙述中，将介绍：适应区域综合信息服务需要，进行相应平台构想和有关技术的研究、总结、成果；为了广大林区工作人员和公众随时、随地交互信息的需要，研究与应用移动设备和技术以及案例；为了提供有效的空间信息服务，研究与应用图像处理技术和案例；为了开发空间信息资源，服务生产与管理，探索空间信息服务在森林资源监测中的应用；为了林场级信息服务的需要，研究与应用服务平台建设等。这一系列研究与实践，有的刚刚起步，有的已有一定结果，有的不完善甚至有误，一个可取的共同点是，践行实用自主技术创新理念，改变服务的态度和途径。

上述三章，是认识与构建信息服务系统的概念与基础，在本书下列各章，将以此为依据，重点讨论有关技术问题和具体实施方案。关键在于，提高对信息服务认识，深入探讨其内涵、业务与方法、技术的充分融合集成，创建适合我国国情、林情的自主、实用系统。

第 **4** 章

林业综合信息集成基础平台及其技术架构

我国林业系统自 20 世纪 80 年代末以来，各地各部门，根据自身业务需要，研建了许多信息系统，取得了相应的效果和效益。也因此产生了各系统分散、独立，资源不能共享，没有发挥整体效益等问题。原因是多方面的，有认识问题、体制与机制问题、技术问题等。现在，各地按信息化发展趋势和统一部署，正在开展整合集成优化系统。为适应需要，本章将从技术层面出发，讨论其解决方案。

4.1 林业综合信息集成平台分析

4.1.1 林业综合信息集成平台内涵

林业综合信息集成基础平台(以下简称林业综合信息集成平台或集成平台)，是为了建设区域林业综合集成系统，适应整合集成老系统的需要，从林业综合管理职能出发，根据数据和数据流，建立具有普遍意义的数据组织、储存、交换的抽象模型。在这个基础上，选择、运用实用技术，为改造或者研建综合集成系统提供技术支持。

林业综合信息集成基础平台的依据有林业管理、林业信息化以及数据和用户等方面。首先是林业管理需要，现代林业管理正向系统、综合、整体化方向发展，越来越需要综合的分析、评价、决策、控制的信息，系统集成是林业现代管理的一个趋势，是信息服务的重要内容；其次是林业信息化需要，根据林业信息化规划，越来越强调建立综合新系统，或者改造集成老系统；第三，数据是建设应用信息系统的基础，是对林业状态和运动方式的抽象，数据流是林业生产、管理过程的描述，数据组织、储存、交换是信息系统的关键功能，提供完成这些功能的技术支持，可以为有效信息服务奠定基础；第四，林业所有用户的信息服务需求、方式、方法，是主要技术基础。

林业综合信息集成基础平台的作用是为建设具体的区域综合集成系统提供进

行系统分析与设计时的整体框架思路，并对其基础部分——数据组织、储存、交换等结构的设计、实施提供技术支持。因此，其主要用户是系统分析、系统设计和开发人员，旨在以各种信息技术集成现有系统和服务内容，结合各类用户的需要搭建一个为各类用户提供所需信息的解决方案。

　　林业综合信息集成基础平台研建的原则包括：①用户为中心的原则，面向林业各级、各层的信息服务需求设计功能与结构；②数据为基础的原则，信息系统中，数据的组织与处理，是林业实际运行的抽象或者模拟，信息系统所有功能的实现，统一由数据运行完成，数据是平台的基本要素；③灵活接口的原则，平台内外交换依靠接口完成，平台以灵活的接口满足用户多元化需求；④实用的原则，平台建立在充分调查基础上，以可靠、可及、连续的服务，满足各种用户的需求。

4.1.2　林业综合信息集成基础平台功能

　　用户信息需求，是构建集成平台最重要的依据，分析设计功能，从用户类型、职能开始，归纳提炼相应信息需求，选择相关技术，实现功能。林业信息综合服务集成平台的使用对象主要是各类林业管理、业务和公众服务人员。为了更好的掌握业务相关信息、实现在线办公和服务公众，需要依赖该平台提供可靠的、可及的、连续的林业服务。在平台提供的这些服务中有些是很基础但又很关键的服务，比如：个人的身份识别、森林资源索引服务、以森林资源为中心的存储服务、数据交换服务以及数据调阅服务等。

4.1.2.1　林业综合信息集成基础平台用户

　　基于业务需求的林业综合信息集成基础平台包括以下几类用户：林业行政管理部门：即林业(厅)局的各类相关管理部门及外设机构，决策、监督、协调等部门；林业专业业务部门及其服务提供机构：如林业资源站、森林公安、林业保护站、林业技术指导站等；林业企业和组织：国有林场、林业公司、林业合作组织；个人：个体林农、公众；其他相关部门：如环保、公安消防、民政等相关部门。

　　不同用户对基于林业业务需求有不同的关注点，具体如下：

　　(1)个人：主要关注的是如何能获得可及的、优质的林业服务。

　　(2)林业企业：关注以生产经营为核心的资源、市场、销售等信息自动处理服务。

　　(3)林业公共服务提供机构：主要关注的是如何保证服务质量、提高服务效率；针对性的服务的开展、林业管理的系统化等方面。

　　(4)林业专业机构：主要关注的是如何加强业务科学化，如林业病虫害管理、林业技术推广等。

（5）林业行政部门：主要关注的是如何提高林业服务质量、强化绩效考核、获取连续的林业信息、提高监督管理能力、全程的林业管理等方面。

（6）其他相关部门用户：主要关注的是业务协同等方面。

各个部门、单位相互协同、协调完成生产、管理，它们以数据交换取得联系，图 4-1 示意了它们之间的关系。

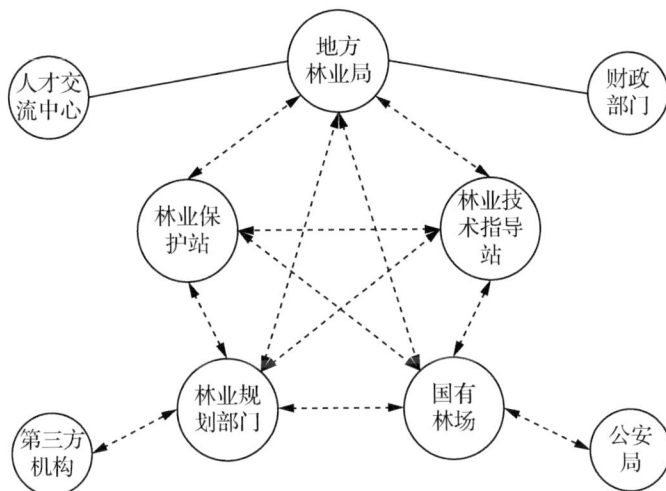

图 4-1　跨部门、跨系统的区域林业服务关系图

4.1.2.2　基础功能

根据用户信息需求，集成平台应该有下列基础功能：

（1）个人身份识别服务。为了实现有针对性的服务和内容提供，身份识别是综合信息服务集成平台必备的基础功能之一，通过身份识别，为特定用户提供个性化的工作界面和访问功能及权限。由于许多原有的系统是各自独立的，同一个人登录不同系统需要不同的账号和身份，使得一人有多个账号、密码等，而集成平台需要将各业务系统进行整合，就要将同一个用户在不同系统中的账号进行识别、关联实现单点登录的功能。个人注册信息主要是指个人身份信息，可供系统唯一标识个体身份，以便使相关业务数据与所记录的对象建立对应关系。

（2）森林资源索引服务。森林资源索引服务全面掌握区域林业综合信息系统所有关于个人的信息事件，包括某人何时、何地、接受过何种林业服务，产生了哪些文档。

（3）以森林资源为中心的存储服务。森林资源是林业主要管理、经营对象，又影响、关联着其他领域，平台建设储存的核心或者中心是森林资源数据，也是存储服务的关键。

（4）数据交换服务。平台需要从不同级别的业务系统获取各种基础的业务数据，这些数据的获取都是通过平台提供的数据交换服务来完成的。数据交换服务至少要提供如下的一些功能：适配器管理功能、数据封装功能、数据传输功能、数据转换功能、数据路由功能、数据推送功能、数据订阅发布功能和传输监控功能等。

（5）数据调阅服务。林业综合信息系统从各个子系统或终端采集数据，并经过一系列的处理后存入数据中心，这些过程只解决了数据怎么来、怎么存的问题，没有解决怎么用的问题，这就要求平台提供相应的数据利用方式来为林业人员提供服务。这些数据利用的方式包括：数据调阅、业务协同、辅助决策等，其中业务协同和辅助决策，可以被看成是在平台加载的应用系统，而数据调阅因其通用性和安全性要求，则被视为平台的基础功能给予提供。数据调阅服务是为林业人员提供的一种基于 Web 方式安全的访问森林资源的功能。

（6）隐私保护与信息安全。隐私保护及信息安全是林业综合信息集成平台所要重点解决的问题。

4.1.2.3　互联互通性

目前林业机构中存在大量处理森林资源的具体业务信息系统，例如：各级各类森林资源管理等系统，林业主管部门内的采伐证管理等系统，这些系统被统称为基本信息系统（Point Of Service，POS）。在现有条件下，要实现各地各部门内部基本信息系统应用之间的互联互通问题，有两种方式，其一是为所有林业机构新建业务系统，其二是建设区域林业综合信息系统来与区域林业机构内部基本信息系统应用交互。平台与林场内部信息系统应用的交互能力就是所谓的互联互通性（Interoperbility）。

平台需要从各类内部基本信息系统应用中获取数据，同时也向各类内部基本信息系统应用提供信息共享、协同服务等功能。平台与各类内部基本信息系统应用之间的交互被视为互联互通性的一个应用场景。平台从各类内部信息系统应用获取数据后需要内部各构件协同工作来提供对外服务，例如：注册服务构件与全程森林资源服务构件之间交互，这些平台内部构件之间的交互也是互联互通性的一个应用场景。

互联互通性是系统与系统之间进行协作的技术规范，它包含两个层面的含义，第一个层面是指系统与系统之间能够进行数据交换，即消息层互联；第二个层面是指系统能够认识并准确理解被交换数据的含义并且按照预期操作进行，即语义层互通。

互联互通规范主要包含两大类内容，其一为描述各类内部信息系统应用与区域林业综合信息系统之间的交互接口，被称为森林资源互联互通规范；其二为描述区域林业综合信息系统内部各构件之间的协作行为，被称为平台互联互通规范。

4.1.3 独立数据归化与交换

在改造老系统中，关键问题之一是归化、交换数据。由于各个部门、单位和业务系统独立开发，形成了不能共享的数据。主要有：一是孤岛数据，由于部门独立开发形成的不能共享利用的数据，典型的孤岛数据如区域森林资源系统数据、企事业信息系统数据等。二是烟囱数据，指以业务条线为主的业务数据，如各业务系统，纵向开发形成的不能共享利用的数据，如森林资源系统、森林防火系统、森林生物检疫、森林病虫害防治等系统中的数据。三是无系统数据，指还没有建立信息系统的单位、部门信息系统，没有列入区域信息系统之内的数据。由于体制问题，有的单位和个人，虽与林业系统有关，但是分属其他行业，也有的因为没有建立信息系统，但是区域信息系统需要把相关状况，形成无数据共享。

孤岛数据、烟囱数据、无系统数据是改造老系统必须考虑与解决的问题，归化重在统一数据标准，交换重在接口的设计与实施，需要相应技术支持。

4.2 区域林业综合信息平台基础系统架构

当前，各地研建中的区域林业综合信息系统，技术层面应该有：核心层、支撑层、应用层组成，核心层包括信息网络（路）、信息装备（车）和信息资源（货），信息资源是核心层基础，研建新系统或者改造老系统关键在数据的组织、储存和交换。

4.2.1 平台架构分析

4.2.1.1 数据存储类型

业务数据的类型主要包括文档数据、操作型数据、辅助管理与决策型数据。

文档数据：指可提供平台采集、使用的图文数据。

操作型数据：指平台从业务系统中采集、汇总、供实时业务查询和统计使用的数据。

辅助管理、决策型数据：存储在数据仓库中，以主题方式组织，是经过二次加工的历史数据。

4.2.1.2　系统架构类型

区域林业综合信息系统涉及与林业相关的所有业务，它具有类型多、容量大、需求不同的特点。系统架构与数据存储的模式分为集中式、分布式和混合式。

集中式存储方式：集中存储的优点是效率高且方法简单，但扩展性和灵活适应性受到一定局限。对于码单信息，其使用频率高，数据容量相对较小，可采用此方式，保证该类数据的安全性。

分布式存储方式：分布存储一般效率较低，技术实现复杂，但其扩展性和灵活性大。系统建设中，对数据量大的系统，可采用分布式的存储模式，既减轻了平台的负载，也提高了数据的调阅效率，但是对林场之间的网络要求较高，区域范围内必须是双向网络，且需要保证一定的带宽。

混合式存储方式（联邦式）：对于其他业务数据，则可以根据实际的业务需求，采用分布式存储＋集中式存储的混合模式。

4.2.1.3　数据利用模式

（1）森林资源信息共享。林业综合信息集成平台首先要解决信息共享的需求。原先分布在林场、区域、林业相关机构内的关于区域内森林资源信息，均可以交换整合到本平台中的林业信息数据中心，各林业机构可以通过平台调阅本区域森林资源和相关信息。

（2）林业业务协同与业务联动。林业信息服务需要系统内外优良联系，即业务协同与业务联动。业务协同指在系统内，实现林业管理部门之间，管理部门与下属之间的业务优良联系。通过林业业务协同，可以有效利用林业资源，降低林业成本，提高林业质量。业务联动，对系统外的优良联系，指与其他相关机构，如土地管理部门、地方公安部门等联系。

（3）业务管理和辅助决策。①林业业务管理是指林业内部信息系统所产生的数据对区域业务和条线机构业务进行管理的需求，包括：基本林业保障业务管理、林业业务管理、条线业务管理、区域林业综合管理。②林业辅助决策是通过辅助决策从大量数据中找出规律，利用数学模型产生信息，为决策者提供分析问题、建立模型等，帮助管理者/业务人员做出判断或决策。辅助决策需求包括基本林业保障管理辅助决策、条线管理辅助决策、综合管理辅助决策。

4.2.2　平台框架

根据林业信息化发展目标和需求的分析，构建一个基于林业信息数据中心同于 EHA 数据中心，制定统一的标准，有效整合林业业务应用系统，形成一个互联互通的林业业务协作网络。平台总体架构如图4-2，分为两个层次：区域林业管理层和辖区林业机构层。

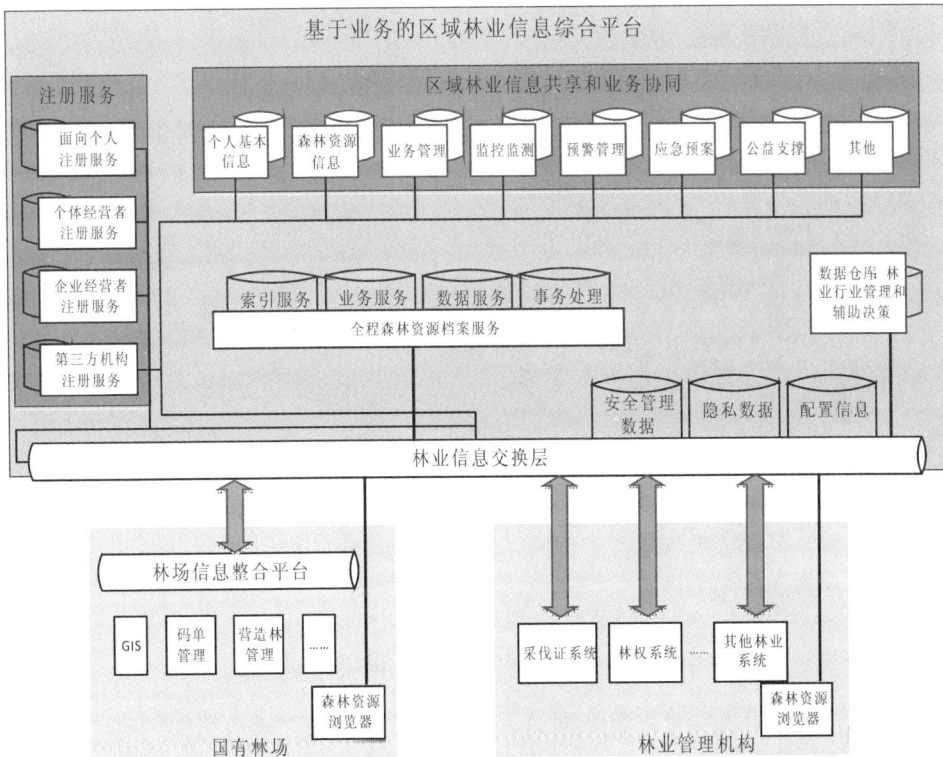

图 4-2 系统总体架构图

由于林业应用系统种类多、平台多、系统专业性强、数据承载大，普通系统架构难以满足开发复杂度、系统复杂度、迁移复杂度、平台复杂度等多维需求，因此基于业务的林业综合信息管理平台应采用基于"壳中间件模式系统架构"，该架构是"基于网络应用系统架构"与"软件开发架构"无缝结合的基础平台架构，充分考虑和融合各类异质平台特点、敏捷软件开发技术以及 CMMI 模型中关键过程域、目标、方法基础上提出应用系统和平台架构，如图 4-3。

区域林业管理层表示区域林业综合信息系统的管理中心，在实际应用中可以是一个地市级林业信息数据中心，也可以是更高一级的数据中心。区域林业管理层主要提供一系列服务，作为服务于林业区域(如省、地区、县市林业管理机构)的单一实例而存在，主要服务组件包括注册服务、公众数据服务、林业数据服务、全程森林资源服务、数据仓库服务等。

辖区林业机构层，是指在所管辖的区域范围内相关林业机构(包括国有林场、区域林业信息中心、林业相关机构等)所有业务应用系统，这些系统生成、

Browser 表现层　局部静态代码　不同浏览器适用器　Client 表现层　软件/硬件融合　B/S、C/S融合

壳外　HTML表现　Flash表现　Silverlight表现　……　客户端转换处理

驱动层　异步数据驱动　移动设备接口　与WAP融合

应用前端　壳数据交换标准

通用模块层

服务后端　请求字典校验层　请求字典校验算法　字典维护　文档流转控制模块　报表模块　全文检索模块　内容管理模块

壳中间件　壳协同层　多应用协同　单应用多模块协同　单应用海量数据协同　纠错排障　自我修复　自我备份　监控清理

认证、状态层　多应用统一认证　状态同步　应用同步

壳缓存层　壳缓存生命中算法　多层缓层自适应策略　挂接成熟模块

规则层

处理层　相互转换　PHP架构数据处理　DotNet架构数据处理　相互转换　J2EE架构数据处理　挂接全局处理规则　在线列表处理规则　消息数据处理规则　更新数据处理规则　后台生成规则　标签内容处理规则　盗链处理规则　服务器文件处理规则

适配层　异质环境自适应变换　异质环境同质处理

壳内　原有系统　数据层　MySql　SQL Server　Oracle　非关系数据：代码段、html代码段、Word、Excel、PDF、图片等

系统日志处理规则　系统错误处理规则　外部接口处理规则　非关系数据处理规则　数据库数据处理规则　……

底层操作系统　Linux操作系统　Windows操作系统　其他操作系统

图例　可变元素　不变元素　可扩展元素

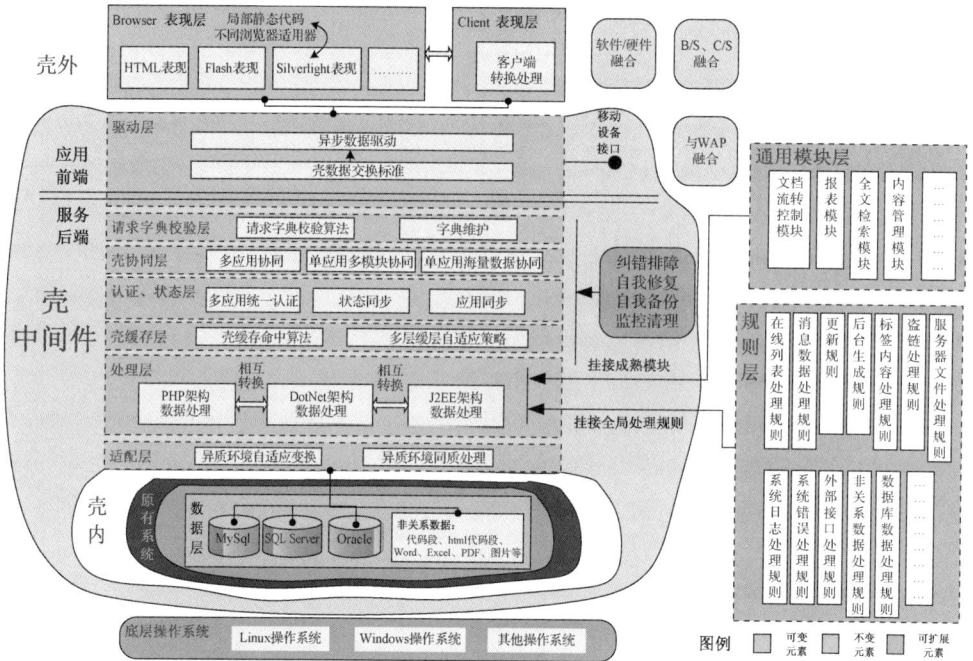

图 4-3　基于壳中间件的技术总体框架图

收集、管理和使用那些可以公布在与区域范围内林业相关的数据。

　　区域林业管理层和辖区林业机构层之间通过区域林业信息应用访问层来进行信息交互，以实现森林资源的互联互通性，信息访问层所提供的服务主要包括两个方面：一方面提供通信总线服务，如消息传输服务、消息路由等；另一方面提供应用软件通用的系统管理功能，如安全管理、隐私管理、应用审计等。

4.2.3　平台构件组成

4.2.3.1　信息资源存储服务

　　信息资源存储服务是提供一系列存储库，用于存储系统所使用的各类信息。根据信息的分类，信息资源存储服务分为：个人基本信息存储库、森林资源存储库、业务管理存储库、监控监测存储库、预警管理存储库、应急预案存储库、公益支撑存储库以及林业服务存储库。

4.2.3.2　林业信息共享和协同服务

　　林业信息共享和协同服务基于信息资源存储服务，提供林业机构之间的信息共享服务和业务协同服务。根据信息资源的分类和服务需要，林业信息共享和协同服务分为几大域：个人基本信息域、森林资源域、业务管理域、监控监测域、

预警管理域、应急预案域以及林业服务域。

4.2.3.3   全程森林资源服务

全程森林资源服务用于处理区域林业综合信息系统内与数据定位和管理相关的复杂任务。该服务包括相关的索引信息，这些索引链接不同存储服务所保存的数据到一个特定的个人、林业人员、林业机构或者可以实时获取这些数据的服务点。全程森林资源服务负责分析来自外部资源的信息，并恰当地保存这些数据到存储库中，可以反向地响应外部林业服务点的检索、汇聚和返回数据。全程森林资源服务支持其他区域林业综合信息系统可能在客户端保存的附加数据，能够对那些区域林业综合信息系统转发数据请求，并合并返回数据和本地信息。相反，全程森林资源服务也能响应来自其他区域林业综合信息系统的信息请求。全程森林资源服务是平台系统架构的核心组件。该服务负责实现平台互联互通性规范，还可能使用由区域林业综合信息系统内提供的组件和服务同其他区域林业综合信息系统互动来完成某一项事务。

全程森林资源服务是区域林业综合信息系统的核心。主要服务有：索引服务、业务服务、数据服务、事务处理等。

（1）索引服务：索引服务全面掌握区域林业综合信息系统所有关于森林资源信息事件，主要记录两大类的信息，一是林业事件信息，另一为文档目录信息。通过索引服务，从基本业务系统查看某森林资源事件信息，以及事件信息所涉及的文档目录及摘要信息。实现义档信息的即时展示，使用户更多的了解既往的森林资源情况，为本次林业服务提供相应的辅助参考。

（2）业务服务：该组件由处理森林资源数据访问事务的服务组成。这些服务被组合在一起建立一个以处理和管理这些森林资源访问事务的场景。这一组件中的服务管理着区域林业综合信息系统中事务的全局性表示、编排流、响应组装、业务规则应用以及与区域林业综合信息系统的各类其他系统或服务的数据访问。业务联动的众多需求则需要本业务服务组件来配合实现。包括的主要服务组件有：①组装服务：把这些结果集一起组合成一定输出格式，这些服务将使用组合模板的方式来实现这些功能。②编排服务：管理注册、存储和提取，更重要的是各类处理流程的编排协同，编排服务是驱动事务执行的引擎。③业务规则服务：由细颗粒的验证和逻辑处理规则对象的采集器，它在运行期间进行组合以执行适用于正在被处理的特定类型的平台互联互通性事务的业务逻辑。④标准化服务：用于跟踪和监控区域林业综合信息系统里的数据质量，用于支持人工数据质量评估处理，将来甚至发展到完全自动的数据质量指标评估。⑤数据质量服务：用于跟踪和监控区域林业综合信息系统里的数据质量，用于支持人工数据质量评估处理，甚至可发展到完全自动的数据质量指标评估。

（3）数据服务：数据服务为森林资源业务服务提供功能性的支持，以执行正确的数据访问过程和与不同的注册服务、存储服务、业务管理或辅助决策服务交互所需的转换。主要服务有：①复制服务：系统内的系统或数据库之间提供数据复制功能；②数据仓库服务：从不同的存储库中抽取和插入数据，经过加工处理后，生成系统范围内使用的各种数据分析利用资源；③键值管理服务：当某个主索引键或次索引键在源系统间不唯一或不存在，在存储库插入和更新操作期间生成和管理键值；④数据访问服务：它存储着有关数据结构和调用过程的元数据，以在运行 I - IPs 的语境中或数据维护类型过程中执行存储库的操作。

（4）事务处理：根据对事物的调用和处理，配置成协调处理所有的"列表"和"获取"事务。为任何事务，建立管理这些事务的语境，调用一个特定的编排流，并指导编排流的执行，允许在实现这些事务时调用适当的服务。典型的调用包括：调用个人、林业人员和林业机构注册服务以鉴别每个实体，并且在它们的使用过程中获得内部标识符；调用许可、加密、数字签名、访问控制、匿名访问或其他任何服务，用于对事务的实现施加适当的控制；调用存储服务执行特定平台互联互通规范时访问或获取数据调用平台；定位服务，以确定特定事务查询其他哪些区域林业综合信息系统；通过交换层服务为正在执行的平台互联互通规范传递一个组合响应等。

集中处理复杂的复合事务时，全程森林资源服务是一个事务处理层，侧重于处理复杂的混合事务，这些事务需要得到一个多域或多平台的信息视图。希望大多数区域林业综合信息系统数据访问事务获得这类能力，因为来自于注册服务、访问和同意管理服务，并且常常一个或多个存储服务的数据必须结合在一起才能实现一个请求。本质上，希望到达区域林业综合信息系统的更新或"PUT"事件对于单一的域是特定的并被限制在处理该域的一个数据存储服务组件范围内。

4.2.3.4　信息接口服务

接口是内外数据联系的要路，信息接口服务是平台建设的重要功能，主要包括两大类服务：通信总线服务和平台公共服务。

（1）通信总线服务：它支持数据存储服务、业务管理、辅助决策以及与基本业务系统和用户浏览器之间的底层通信。主要服务组件包括消息服务和协议服务。

消息服务：由处理消息内容的服务所组成。这个服务应包括解析、串行化、加密和解密、编码和解码、转换和路由功能。

协议服务：用来处理网络、传输和应用层协议。这些服务支持可热部署模块，以支持各种应用级协议，如 Web Services(WS - I)、ebXML、SOAP 和 RMI、DCOM、NET 等远程调用协议。

（2）平台公共服务：主要是指应用软件系统管理所包含的上下文管理、应用审计、安全管理、隐私保护等服务。通过语境管理、缓存服务、会话管理服务、通用服务、审计服务、错误/例外处理服务、日志管理服务、集成服务、映射服务、排队服务、服务目录服务、互联互通性、查询/获取服务、管理服务、配置服务、政策管理服务、安全与隐私、匿名化服务、许可指令管理服务、身份保护服务、数字签名服务、加密服务、身份管理服务、安全审计服务、用户认证服务、订阅服务、警报/通知服务、发布/订阅服务等功能，提供所有公共服务。

4.2.3.5　内部信息系统数据交换

内部信息系统数据交换主要体现在对原有各个内部信息系统业务数据的采集、整合以及各内部信息系统之间业务联动等方面。通过在林业机构设置前置机当作与区域平台的接入端代理，来实现辖区内各级系统与区域平台的互联互通性。前置机作为某个系统与平台之间的统一的通信入口和出口，其主要功能包括如下三个方面：公共基础功能；信息注册功能；业务相关功能。

（1）公共基础功能：通信传输服务：提供信息传递的功能，为数据传输提供通信通道。

通用文档展示代理：主要提供代理通用文档的展示服务，所谓代理即信息系统数据交换构件中，不真正实现通用文档的展示服务，而是调用平台林业信息共享和协同服务组件中提供的文档展示功能，来响应内部信息系统层提出的通用文档展示功能需求。

（2）信息注册功能：为内部信息系统层提供代理消费者身份注册的功能，例如主要通过林木消费者身份信息的采集、抽取、转换和对平台注册服务构件的软件调用，在平台上完成林木消费者身份的注册。

林业人员注册代理：为信息系统层提供代理林业服务人员注册的功能，主要通过林业服务人员身份信息的采集、抽取、转换和对平台注册服务构件的软件调用，在平台上完成林业服务人员的注册。

注册代理：为内部信息系统层提供代理注册的功能，主要通过内部信息的采集、抽取、转换和对平台注册服务构件的软件调用，在平台上完成林场的注册。

（3）业务相关功能主要包括：①交换共享库：该功能主要是按照互联互通性规范的要求对内部信息系统内部系统中的文档和数据进行采集、抽取、转换并存储到交换共享库中，以便为其他服务使用；②文档注册代理：为内部信息系统数据交换构件中交换共享库提供文档注册的功能；③文档展示代理：主要提供文档的展示服务；④互联互通审计追踪：为内部信息系统层互联互通提供相关的审计追踪功能；⑤互联互通统计分析：为内部信息系统层互联互通提供相关的统计分析功能；⑥工作流控制引擎：为内部信息系统层文档和消息流转提供技术和业务上的支撑；⑦林业基础信息整合服务：本业务功能主要是针对内部信息系统层中与森林资源提供相关的整合服务。

4.2.3.6　数据仓库

区域林业系统由多个系统组成，这些系统涵盖了与个体经营者/企业经营者林业相关的所有业务系统，以使辖区内个体经营者拥有完整的森林资源记录。从所有这些系统中采集活动的、运行中的数据，例如：木材经营者注册、共享的森林资源记录、检验信息、突发事件管理等，这些数据采用接近实时的更新方式，并且更为重要的是保持一种快速的数据响应访问。平台中预期的事务规范里面大多数的日常事务是数据访问而不是数据更新，并且随着越来越多的用户意识到并愿意将电子森林资源的使用作为一种工具，将会增长成大量的数据访问事务。

数据仓库主要是对业务数据进行综合统计分析，以辅助进行相关决策。业务统计分析和林业质量辅助分析均是利用现有数据，实现管理辅助决策，从技术角度这类应用可以基于数据仓库技术来实现。数据仓库是一个面向主题的、集成的、相对稳定的、反映历史变化的数据集合，在汇总数据的基础之上，支持数据发掘、多维数据分析等当今尖端技术和传统的查询及表报功能，用于支持管理决策。作为区域林业综合信息系统特定的优化读取的性能模型，数据仓库的任务是提供一个独立的平台，数据能被转换成可操作的、可搜索的、可管理的和可获得的，而不影响信息平台系统组件所需的关键性能服务水平。必须支持分析、研究和管理汇集在信息平台内的运行数据相关的价值。

辅助决策利用数据仓库可以为许多不同类型业务做出辅助决策，如：林权改革辅助决策、林业辅助决策、条线辅助决策和管理辅助决策等。目前，辅助决策除了对以上业务提供支持以外，还可以利用数据仓库平台满足公共林业监测业务域的需求。公共林业域需要支持一些处理过程，通过操作研究和分析来发现潜在的林木灾害爆发或运行其他类型公共林业程序。

4.2.3.7　森林资源浏览器

森林资源浏览器是为终端用户提供的基于 Web 的访问森林资源的应用程序。森林资源浏览器的目标是建立一个用户友好的环境，在该环境下授权的林业人员可以方便地访问区域林业综合信息系统中保存的客户相关数据。区域林业综合信息系统由七个域系统组成，每一域针对特定的林业人员。每一个域的解决方案都提供一个终端用户的接口能力，以特别用于域相关的数据集和特殊的功能。

森林资源浏览器面向林业需要，它的通用性，重点在于提供森林资源中任何可用信息的跨域集成视图。这包括通过索引服务追踪到所有事件的相关数据，包括码单查询、森林资源存储服务和业务管理服务。随着区域林业综合信息系统的应用、发展和成熟，用户需要森林资源浏览器具有能够将自身整合到现有的基本业务系统或其他 Web 应用程序的功能。

区域内各林场使用森林资源浏览器可实现对平台整合后业务数据的访问，由于这种方式相对安全(一般只能查阅，不能修改)，因此从管理层角度来看，也是一种非常理想的信息共享模式。

4.3 区域林业信息基础平台技术架构

林业信息综合集成基础平台分析，提出的整体结构与功能基本框架，是为整合老系统提供了一种思路，和可以参考的技术路线，它的实现，需要足够的技术支持，包括总体技术架构和各种关键技术解决方案。

4.3.1 总体技术架构

总体技术架构指从林业信息综合基础平台目标出发，对整体功能与结构进行描述，即模型。前面的需求分析我们知道，区域林业信息综合平台是为林业信息化提供一个以森林资源数据为核心的开发和运行平台，可以使用此平台快速的定制、开发和部署林业信息平台项目，来满足日益增加的区域电子森林信息共享与管理需求。因此区域林业综合集成基础平台构架设计的目标是建立一个能够容纳林业信息管理森林资源的可扩充的、开放的、可持续发展的构架，要求支持包括以下各种的扩充。

(1)管理业务的扩充：从公共森林管理的角度来看可以建立不同的林业信息监控系统，从服务者的角度看，可以查询、调用以不同组织方式呈现的林业相关信息，能够围绕电子森林信息建立扩展新的管理业务。

(2)存储森林信息的扩充：能够在系统中增加新的森林信息种类的存储，能够根据每种存储信息的特点对信息内容进行优化，但通过统一的接口对新的森林信息可以和已有的森林信息进行查询、调阅。

(3)接入方式的扩充：区域林业信息中心面对的数据源和用户是各个机构及个人用户，所以能够接纳各种现有的和未来的应用系统的数据上传及使用相当重要。中心构架需要能够扩充对各种接入方式的支持。

(4)系统容量的扩充：区域林业信息中心是一个数据量庞大的信息系统，在设计时需要考虑对数据存储容量的横向扩充。

(5)系统处理能力的扩充：随着区域林业信息中心使用者的增加，系统将承受大量的服务请求压力。系统将使用分布式服务和集群等方式实现系统处理能力的扩充。

为了实现上述的要求，建立一个稳定核心适用全国各地需要的软件平台，满足各地林业信息化的基本需要，同时还要满足林业信息化持续性发展的需求，因此我们将区域林业信息综合平台的总体技术框架设计如图4-4。

从图4-4可以看到，基于森林资源的林业信息平台主要包括硬件网络基础设施层、数据中心层、业务服务层、数据交换层四个层次，还包括贯穿四个层次的标准规范体系和安全保障体系两大体系。

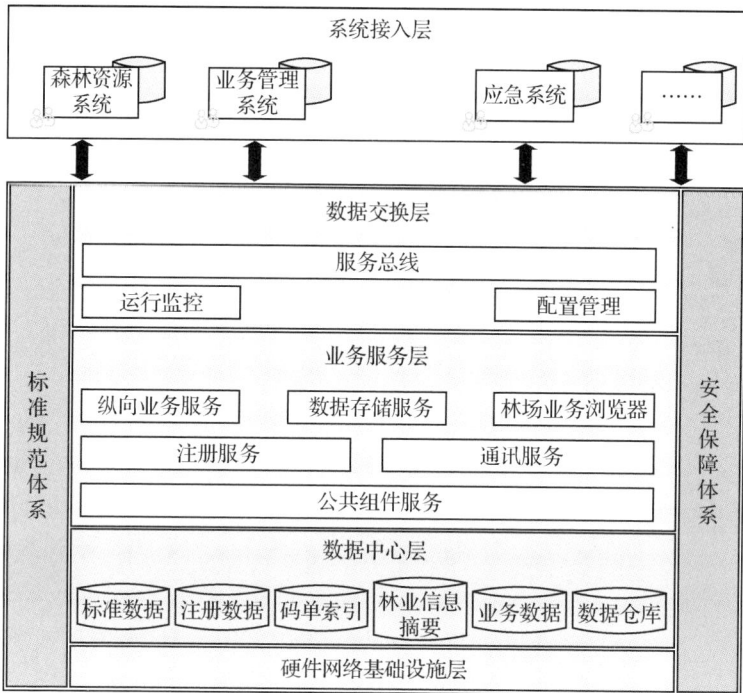

图4-4 总体技术架构图

硬件网络基础设施层是指支撑林业信息平台的硬件设备和网络平台，其是林业信息平台的基础设施。数据中心层主要是实现区域林业信息综合平台的数据存储，需要解决数据存储的结构、模型、内容、数据库管理软件的选型等。数据交换层和业务服务层主要实现区域林业信息综合平台的数据采集、交换与共享，数据交换层是直接与外部系统进行沟通的技术层，业务服务层是基于数据交换层根据数据结构设计各种业务服务组件来完成平台数据的采集、存储与共享。标准规范体系是林业信息平台中必须遵循和管理的数据标准，是平台运行和应用的数据基础。安全保障体系是从物理安全到应用安全保障整个平台的正常运营。

4. 3. 2 数据交换技术方案

4. 3. 2. 1 数据服务总线

数据交换服务总线(Data Exchange Services Bus, 简称 DESB)是整个林业信息平台的技术核心, DESB 通常采用面向服务的体系结构。该服务保证在一个异构的环境中实现信息稳定、可靠的传输, 屏蔽掉用户实际中的硬件层、操作系统层、网络层等相对复杂、烦琐的界面, 为用户提供一个统一、标准的信息通道, 保证用户的逻辑应用和这些底层平台没有任何关系, 最大限度地提高用户应用的可移植性、可扩充性和可靠性。提供一个基于应用总线的先进应用整合理念, 最大限度地减少应用系统互联所面临的复杂性。系统的实现与维护都相对简单, 保证每一个应用系统的更新和修改都能够实时地实现; 同时当新的应用系统出现时能够简便地纳入到整个 IT 环境当中, 与其他的应用系统相互协作, 共同为用户提供服务。

面向服务的体系结构(Service Oriented Architecture, 简称 SOA)是一个组件模型, 它将应用程序的不同功能单元(称为服务)通过这些服务之间定义良好的接口和契约联系起来。接口是采用中立的方式进行定义的, 它应该独立于实现服务的硬件平台、操作系统和编程语言。这使得构建在各种这样的系统中的服务可以以一种统一和通用的方式进行交互。

这种具有中立的接口定义(没有强制绑定到特定的实现上)的特征称为服务之间的松耦合。松耦合系统的好处有两点, 一点是它的灵活性, 另一点是, 当组成整个应用程序的每个服务的内部结构和实现逐渐地发生改变时, 它能够继续存在。同时, 紧耦合意味着应用程序的不同组件之间的接口与其功能和结构是紧密相连的, 因而当需要对部分或整个应用程序进行某种形式的更改时, 它们就显得非常脆弱。

对松耦合系统的需要来源于业务应用程序需要, 根据业务的需要变得更加灵活, 以适应不断变化的环境, 比如经常改变的政策、业务级别、业务重点、合作伙伴关系、行业地位以及其他与业务有关的因素, 这些因素甚至会影响业务的性质。我们称能够灵活地适应环境变化的业务为按需业务, 在按需业务中, 一旦需要, 就可以对完成或执行任务的方式进行必要的更改。

虽然面向服务的体系结构不是一个新鲜事物, 但它却是更传统的面向对象的模型的替代模型, 面向对象的模型是紧耦合的, 已经存在二十多年了。虽然基于 SOA 的系统并不排除使用面向对象的设计来构建单个服务, 但是其整体设计却是面向服务的。由于它考虑到了系统内的对象, 所以虽然 SOA 是基于对象的, 但是作为一个整体, 它却不是面向对象的。不同之处在于接口本身。SOA 系统原型的一个典型例子是通用对象请求代理体系结构，它已经出现很长时间了，其定义的概念与 SOA 相似。然而，现在的 SOA 已经有所不同了，因为它依赖于一些更新的进展，这些进展是以可扩展标记语言(eXML)为基础的。

Web 服务并不是实现 SOA 的唯一方式。但是为了建立体系结构模型，所需要的并不只是服务描述。需要定义整个应用程序如何在服务之间执行其工作流。尤其需要找到业务的操作和业务中所使用的软件的操作之间的转换点。因此，SOA 应该能够将业务的商业流程与它们的技术流程联系起来，并且映射这两者之间的关系。例如，给供应商付款的操作是商业流程，而更新零件数据库，以包括进新供应的货物却是技术流程。因而，工作流在 SOA 的设计中扮演重要的角色。

此外，动态业务工作流不仅包括部门之间的操作，甚至还可以包括与外部合作伙伴进行的操作。因此，为了提高效率，需要定义应该如何获取服务之间的关系的策略，这种策略常常采用服务协定和操作策略等形式。所有这些都必须处于一个信任和可靠的环境之中，以同预期的一样根据约定的条款来执行流程。因此，安全、信任和可靠的消息传递应该在任何 SOA 中都起着重要的作用。消息交换技术最好具备如下特性：基于消息中间件技术，业务中心基于 JAVA 技术，J2EE 标准；操作系统平台、数据库系统无关性，ESB 应完全按跨平台技术设计和实现，兼容目前所有常规操作系统和流行的数据库系统；基于消息内容路由功能，集成工作流服务；消息交换符合 XML 标准；基于林业行业各系统发展不平衡的现状；整体 EAI 设计模式符合面向服务系统架构。

现有的体系结构模型和实践往往是以程序为中心的。应用程序是以某个单一的行业业务需要为出发点。通常，流程信息在组件之间传播。应用程序很像一个黑匣子，没有粒度可用于外部。重用需要复制代码、合并共享库或继承对象。在以流程为中心的体系结构中，应用程序是为过程开发的。流程可以分解成一系列的步骤，每一个步骤表示一个业务服务。实际上，每个过程服务或组件功能都相当于一个子应用程序。将这些子应用程序链接在一起可以创建能够满足业务需求的流程流。这种粒度允许利用和重用整个组织中的子应用程序。

服务请求方：在 DESB 构架中，服务请求方为发起请求的应用系统，通过 DESB 提供的源适配器，将请求消息发送到入点的前置服务器的发送队列。源适配器为发送方应用系统与 DESB 数据中间交换总线的桥梁，适应目前行业业务系统所采用的系统平台和开发语言有较大差异，各种平台上都有对应的源适配器，支持 C、COM、JAVA 等不同开发环境。

消息中间件：消息队列为构造以同步或异步方式实现的分布式应用提供了松耦合方法。消息队列的 API 调用被嵌入到新的或现存的应用中，通过消息发送到内存或基于磁盘的队列或从它读出而提供信息交换。消息队列可用在应用中以执行多种功能，比如要求服务、交换信息或异步处理等。在消息队列中间件 MQ 中，队列分为很多种类型，其中包括：本地队列、远程队列、模板队列、动态队列、别名队列等。本地队列又分为普通本地队列和传输队列，普通本地队列是应用程序通过 API 对其进行读写操作的队列；传输队列可以理解为存储—转发队列，比如：我们将某个消息交给消息队列系统发送到远程主机，而此时网络发生故障，消息队列将把消息放在传输队列中暂存，当网络恢复时，再发往远端目的地。远程队列是目的队列在本地的定义，它类似一个地址指针，指向远程主机上的某个目的队列，它仅仅是个定义，不真正占用磁盘存储空间。根据应用逻辑划分，DESB 主要划分成发送和接收两种队列。

服务提供方：SOA 设计中，将应用系统对外提供的实现了特定的、可标识的一组（业务）功能称为服务。除了业务功能，DESB 内配置的服务还实现中心管理接口，以及参与环境的边界配置、操作和监视。

4.3.2.2　数据接口方式

为了实现各林业业务数据能够与林业信息平台联动，需要在林业机构部署数据交换前置服务部件：以数据交换适配器的方式实现各分区林业信息系统的集成接入，按照 SOA 的设计理念，被集成系统需要与数据交换平台交互的功能组件、数据组件将被封装成"服务"，屏蔽被集成系统所采用的具体技术及其实现方式，以标准的接口方式与数据交换平台衔接。同时根据需要部署前置数据库，进行交换数据的前置缓存。各个应用系统通过与服务总线 ESB 实现消息交互。通过在业务系统端安装相应的软件适配器，实现与消息交换中心的信息交互。适配器由软件模块、软件配置文件、应用编程接口等组成。

在消息总线系统的整体设计架构中，各个具体的业务系统通过 Adapter 连接到消息交换平台收发业务数据。适配器起着耦合消息交换平台与具体业务系统的作用。在我们的方案中有三种适配器：标准适配器、专用适配器和商用适配器。标准适配器是由标准的 Adapter Kernel 和 API 组成。Adapter Kernel 实现和消息交换中心的消息交互和对消息的实时监控，并提供将消息分发到应用系统的功能。API 是为应用系统提供的一套标准的接口，具有足够的扩展性，可以灵活地嵌入到业务流程中，同时将与业务无关的通信配置定义与业务代码隔离。具体地，Adapter 实现以下的功能：实现消息的安全、可靠传递；实现消息的透明传递，Adapter 的实施者不必关注传递技术细节；接口通用化，降低因开发架构不同导致的业务应用侧编程复杂性；实现具有共同性的消息封装、变换、接收功能。例如，加解密/校验/字符集变换及 HCN-XML 标准协议；简单的远程安装配置方法，适配器的函数调用库可以平滑升级而不影响业务应用；可以与消息交换平台交互管理信息，实现流量控制、报文蓄积、本地日志等功能。

适配器组件实现相应功能，其中包括：①总线连接器，与其他组件/子模块通过内部调用机制传递控制信息，和消息处理器通过内部接口传递处理好的消息，总线连接器不对消息内容做任何处理。②日志管理器，记录运行日志和错误日志，提供不同内部函数对应不同日志记录要求。③配置管理器，读取配置文件和业务对象定义以供初始化使用；生成对应消息控制数据。④异常处理器，根据异常定义，提供异常处理函数，标准化异常处理流程，和日志管理器配合记录错误日志。⑤消息处理器，负责消息的转换、封装、提取，提供出口函数接口以实现业务对象与集成消息之间的转换。⑥专用适配器管理器，标端的主控程序，负责协调各个模块之间的运行关系。⑦消息分发控制器，负责协调各个模块之间的运行关系。⑧工作进程管理器负责启动和控制工作进程，主控程序根据配置信息启动工作进程管理器，每个工作进程管理器对应一个 MQ 本地队列(消息分发服务器将单一接收队列中的消息根据不同的应用发送到指定的队列)。工作进程管理器可以根据配置启动一个或多个工作进程从而提高消息传递的效率。⑨工作进程，完成一系列的消息处理工作，其主要工作任务是从配置管理器中获取信息(如 MQ 连接配置，该应用类型，消息控制信息等)，包括实例化消息处理器，封装和转换消息；实例化日志管理器，实时记录各种日志；实例化异常管理器，在运行时实时捕捉异常并处理异常；实例化消息总线连接器，用于与消息交换中心交互；实例化外壳，与应用系统交互消息；根据工作进程管理器的指令，实现对有关资源的控制。⑩消息分发器将该接收队列的消息根据消息体里的应用标志分发到各个指定的本地队列中。此外，还提供连接应用系统的接口，不同的应用系统对应不同的外部接口，包括提供连接应用系统的标准接口和提供文件传输的文件接口。

4.3.2.3　业务组件服务

下列组件支持公共服务、通信服务、注册服务、全程森林资源数据服务和存储服务。

公共服务组件：①监控日志服务：用来记录系统中所处理的业务和系统事件，各个模块都可以定义各自的所产生的事件，并且通过平台统一的接口进行记录。监控日志服务将根据用户对监控日志服务的配置对事件进行记录。系统同时将提供一个集中式监控日志浏览接口，此接口将分析所有事件记录文件，用网页界面方式供用户查询和浏览。②标准转换服务：将一种 XML 格式的文件通过 XSLT 转换成另一种格式，从 XML 格式转换为森林资源浏览器可以显示的 HTML 格式。标准转换服务可以将原始记录转换为系统标准信息数据结构。③权限验证服务：用来根据已认证用户的角色来决定是否用户有权限执行指定的操作。权限验证服务提供验证和认证两方面的功能。验证功能有两种方式：显示认证和隐式认证。显示认证需要用户主动输入用户名和相应的用户密码或其他认证方式。用户的验证和认证管理将被实现为 Web Service 的一种服务，具体的用户信息和角色信息的存储将被存入 LDAP 服务器。用户信息将与个人和机构绑定。每个服务被调用前，如果需要对调用者进行验证和认证，会先调用验证服务确定调用者的身份，然后调用认证服务确认调用者的权限是否能够调用此服务。④隐私管理服务：用来制定从法律，制度和个人要求等几个方面对个人信息的访问进行限制和授权。⑤数据加密服务：实现对系统中的关键数据加密保护，其子功能包括密钥管理功能、字段加密功能和 WS-Security 加密功能。可能加密的数据包括电子森林信息(使用个人、工作人员或机构密钥)，传输信息包和密码等信息。加密所用的非对称密钥由注册服务保存，最终存放在 LDAP 服务器中。⑥数字签名服务：实现对系统中的信息包进行数字签名，保证数据的完整性和不可抵赖性，其子功能包括针对字段的电子签名和针对 XML 的电子签名。可能加密的数据包括电子森林信息(使用个人、工作人员或机构密钥)等信息。加密所用的非对称密钥由注册服务保存，最终存放在 LDAP 服务器中。⑦目录管理服务：提供系统内外所用到的服务信息格式的注册服务。在注册信息格式的同时，目录管理服务还保存与此服务相关的描述信息。

通信服务组件：主要有数据缓存服务、通信服务协议、FTP 通信服务。①数据缓存服务：提供一个机构端原始数据上传过程中的缓存机制，在大批量原始数据的上传过程中，保证了电子森林信息中心的其他服务的响应时间和稳定性。②通信服务协议：HTTP/SOAP 通信服务协议提供标准，Web Service 接入服务提供 SOA 服务的主要调用方式。整个平台使用了基于 Web Service 的 SOA 设计理念，提供大量 Web Service 服务来提供具体定制和扩充的要求。HTTP/SOAP 是主要外部 Web Service 调用协议。③FTP 通信服务：FTP 通信方式提供了平台直接从外部 FTP 服务器上查询可用文件，下载数据文件，并将数据文件递交给相关处理流程的功能。使用 FTP 上传原始数据是一种简单的上传方式。FTP 将依次下载可用的数据文件，将每个文件单独地送入处理流程处理。对于已经处理的文件，可以选择在目标 FTP 服务器上删除或者改名作为处理完的标记。④主要实现：个人注册服务、机构注册服务，分别完成搜索、增加、合并、标识等。并完成注册全程森林资源服务、注册全程森林资源数据存储服务，完成森林资源数据存储、业务数据存储、数据仓库存储。森林资源的数据存储并不和某一数据库进行绑定，存储模式有文件系统存储和数据库存储两种模式。

4.3.2.4　运行监控管理

以主题、节点、密钥管理、日志审计等方式进行监控，辅以数据备份与恢复功能，保证系统正常运行。

（1）主题管理：在数据中心将根据业务需要，设置树状分层的主题节点，通过交换平台，当相关机构产生主题消息后，信息自动向主题发布，则订阅该主题的机构或业务科室就可以收到该条消息，主题管理包含以下几个部分：主题维护（对主题进行增加、修改、删除活动）；主题订阅管理（对机构申请订阅主题进行权限审核）；主题发布管理（对要发布主题信息的机构或应用系统进行准入管理）；主题消息负载管理（对各主题内消息流量进行统计分析）。

（2）节点管理：通过配置各个节点的参数和属性，构建整个数据交换环境。在监控端，以图形方式显示所有的网络段和节点并自动检测各个节点的状态，使管理人员能够一目了然地发现问题节点。

（3）密钥管理：在数据交换过程中，数据文件发送和接收双方都需要对对方的密钥进行认证，以保证数据的防抵赖、防否认和防篡改。

（4）日志审计：日志记录日常用户使用的情况，跟踪每一笔数据交换过程后进行的所有操作，通过对特定事件的定义和对各类系统检测数据阈值的设定，达到监控系统运行状态的目的。如操作流水号、院区、系统名称、发送时间、接收时间、模块名称等，用以提高系统的安全性，跟踪非法操作与越权操作，统计接口的执行频度。日志审计反映了每个服务的生命周期的痕迹。它记录了从消息代理、服务解析，到服务排队、服务路由每个检查点的状态。并通过预先设定阈值，检查服务的即时状态，来判断服务有效性。此外，因为数据交换平台第三方地位的特殊性，日志服务可作为不同系统之间交换发生故障时的凭据，可作为未来发生的问题以及设计处理的仲裁者。

（5）数据备份与恢复：通过数据备份和恢复管理，根据设定的数据备份策略，定期备份指定范围的数据，可以在需要的时候将备份的数据恢复。并且能够通过设定，利用系统提供的自动通知功能，提醒系统管理人员备份数据。

4.3.2.5　平台配置管理

利用用户、权限、系统配置的方式，进行平台分配。①用户管理：通过机构/用户管理可以规范用户对集成平台的使用行为，可以根据用户的组织机构设置相应的用户组和对应的用户。用户管理应该能够对用户进行全面的管理，包括用户组的增加、修改和删除；用户的增加、修改和删除；用户与用户组之间的对应；以及其余角色的权限管理安全可靠的密码管理功能。②权限管理：在数据共享交换平台中权限管理至关重要，不同的用户具有不同的权限，使用不同的信息路由路径，对各应用节点的接口调用进行身份验证。这样保证了系统的安全性、可靠性和稳定性。系统应从不同的角度进行相应的权限管理，功能权限指对接入平台的各个应用以及功能服务的访问权限；数据集权限即数据项权限，是指用户对传输中的信息各数据项的访问权限；管理范围及记录权限，是作为共享数据信息内容的访问权限。当用户所具有的信息，符合通过管理范围设定出的特殊匹配条件时，允许用户访问相应管理范围所规定信息内容；权限方案允许用户导出和导入。便于权限管理信息的分发和设定；用户还可对自己相应的权限信息进行打印。③系统配置：由于数据共享与交换平台是一个复杂、庞大的系统。软件系统需要不断地维护和更新，如果每修改一次都需要到用户终端进行一次程序更新，系统的维护的工作量是无法想象的，为了解决这一矛盾，系统对各接口组件实行智能维护，提供功能服务组件版本自动更新功能、系统参数设置功能和提供个性化服务功能等。对于数据集和流程定义配置文件的更新，也应通过分发机制保证各节点的统一性。

4.3.2.6 技术方案选型

通过数据交换技术选型、消息中间件技术选型选择技术方案。

数据交换技术选型：数据交换技术通常采用接口模式或总线模式，二者在开发难度、维护成本、标准化程度、性能、安全性以及实施难易等方面的比较见表4-1。

表4-1 数据交换技术模式比较

产品比较项目	接口模式	总线模式
开发难度	网状，复杂，技术不统一	总线，技术统一 但前期有技术培训成本
维护成本	Win32 操作系统	35 种主流操作系统
开发 API 支持	牵一发而动全身（耦合高）	各自为政，互不影响（耦合低）
标准化程度	低 对开发人员要求高，需掌握其他系统技术或数据库细节	高 对开发人员要求低，只需满足集成平台标准即可
性能	不稳定 数据库争抢，死锁	稳定 消息队列技术、服务组件池
安全性	无法控制	统一日志，统一监控，统一管理
实施难易	结构复杂，实施难度大	即插即用，支持热部署

消息中间件技术选型：消息传输的中间件技术要考虑可靠性及稳定性、平台支持、开发支持负载均衡等，还要考虑点对点通信、XML、工作流等的支持程度以及价格因素。常用中间件技术产品比较见表4-2。

表4-2　消息中间件技术产品比较

产品比较项目	Microsoft BizTalk/MSMQ	IBM Webshpere MQ	TIBCO
稳定性、可靠性	可靠性较好	可靠性高	可靠性高
操作系统支持	Win32 操作系统	35 种主流操作系统	主流操作系统
开发 API 支持	VC，VB	C＋＋，JAVA	C＋＋，JAVA
配套产品支持	BizTalk，MS．NET	一整套专致与企业级消息整合的产品 WBI 系列	专业与应用集成
负载均衡能力支持	支持	支持	支持
成熟性	Win32 系统有一定应用认同	全球范围内广泛认同	全球范围内广泛认同
消息通道支持方式	MessageQueue	Queue	Subject
点对点通信支持	支持	支持	分布式 Subject 支持
发布订阅支持	不支持	支持	支持 Subject
消息工作流	无	通过 WBI 支持，强大的工作流可视化编辑	无
XML 与工作流支持	支持	支持	支持
价格	与操作系统集成	按接入点购买，较高	按解决方案购买，较高

4.3.3　数据存储技术方案

4.3.3.1　数据存储结构

根据对森林资源信息架构的分析及对开放式电子森林档案的定义，我们将森林资源的设计模型归纳为个人主索引、森林资源索引、森林资源数据三个层次，森林资源索引好比信息架构模型中的文件夹，能够用来构建多维的森林资源模型，森林资源数据好比信息架构模型中的文件，每个文件都是由众多的各种条目和数据元构成的，这些组成关系均可通过 XML 进行定义成不同版本的标准模板。为了保证对森林资源的快速检索和定位，还保存定义森林资源的摘要信息和地址信息(即文件定位器)。

林业信息平台的数据中心还应用该存储各种标准数据和注册数据，以满足平台运行的需要。同时为了林业管理需要，还要建立各种数据仓库。因此根据以上分析，整个区域林业信息综合平台数据中心应该包括的数据内容及相应的存储模式见表4-3。

表 4-3   数据中心应包括的数据内容及存储模式

数据类型	存储模式
MPI	关系数据库 Table
FR 索引	关系数据库 Table
森林资源摘要	关系数据库 Table
森林资源地址	XML
森林资源实体	XML，文件，文档(包括 XML，HTML，DICOM，PDF，DOC 等)
标准数据	关系数据库 Table，XML
注册数据	关系数据库 Table
数据仓库	关系数据库

（1）标准数据。它是林业信息平台运行的数据基础。标准数据包括林业业务数据的所有数据标准规范，通过这个库和数据校验机制对数据中心的数据进行标准化保障，主要的数据标准包括整个定义电子森林资源的数据集和元数据，还有各种代码标准。由于数据标准存在着时效性，因此针对有时效性的数据进行版本控制，不同的版本有各自的生命周期，不同生命周期中的业务数据对应不同版本的数据。

（2）注册数据。个人注册数据即个人主索引 MPI（Mask Patient Index），是指在特定域范围内，用以标识该域内每个林木实例并保持其唯一性的编码。林木唯一标识是指用于临床实际业务并且能够辅助进行林木信息唯一性识别，在该域或跨域各涉众均可见的林木唯一编码。林木主索引服务是指为保持在多域或跨域中用以标识林木实例所涉及的所有域中林木实例的唯一性，所提供的一种跨域的系统服务。

（3）森林资源索引。森林资源索引服务是森林资源快速定位目录，通过森林资源索引，能够迅速定位相关的森林信息所在的存储位置，方便 ELs 能够迅速读取其森林信息。森林资源索引的编目方式主要以时间为维度纵向展开，主要的索引方式为时间和唯一编号，它和森林资源摘要服务共同构成森林资源的主要查询体系。森林资源索引的方式是多样的，它独立于森林资源存储存在，在数据进入森林资源存储时即根据制定的一定规则去生成相关的索引。同样的一个数据可能具备多种索引，比如索引、林木索引、森林事件索引等。其不同的索引目的是针对不同的查询能够迅速去定位相关信息，被索引的字段一般为已经能够被确定结构化的信息，如编码、林木编码、森林事件号、森林事件类型等。索引本身仅仅是原数据的关键信息抽取，不作为统计分析使用。也不会因为版本的升级而变化，即使系统建立后仍然可以添加索引，索引系统可以基于森林资源实体进行动态的增减。森林资源索引目前分为森林事件索引集、森林业务索引集。

森林事件索引集：森林事件索引集主要根据森林事件类型、所处生命周期、发生时间进行索引，通过对森林事件的分类跟踪，追踪生命周期中关键森林信息。

森林业务索引集：根据不同的业务类型对森林事件进行组合形成索引表，其组织形式和具体发生的业务相关。业务索引为扩展索引，可以根据业务的变化和扩大而发生相应变化。业务索引和森林事件并不是一一对应的，同一森林事件可能被多个索引同时引用，也不是所有的森林事件都一定要归到某一业务索引上。

（4）森林资源摘要。森林资源摘要服务是针对森林资源的一个概括性快照，它从森林资源信息中抽取关键性指标，生成一个能够描述个人当前森林状况以及主要森林事件的信息文本，它包含一定的关键域，客户端能够通过这些关键域同森林资源索引服务关联起来，去定位当前个人森林状况中的关键性问题。森林资源摘要服务提供查找以及生成两个功能，森林资源摘要的存储是独立森林资源存储的独立系统，客户系统中默认情况，将首先调用该服务去了解个人森林概况，然后再去进一步深入调阅其他信息。

（5）森林资源地址。在一个区域信息网络中，并非所有的信息都被集中存放在森林资源数据中心中，这些信息可能分布在区域中的一些机构中，也可能分布在另外一个区域信息中。为了解决上述情况的森林信息调运，森林资源地址服务提供每条信息记录的真实存放地址，在数据读取过程中，读取服务会通过森林资源地址服务查询到真实存放地址，地址信息包括：存放服务器地址，存放服务名等信息。这些存放服务器都需要实现统一的基于 Web Services 的数据存储服务，同时使用非显性认证机制来解决安全问题。数据读取服务可以通过森林资源地址服务直接到远端系统中读取相关数据。如果数据是存放在中心，可以考虑使用本地服务，快速读取数据。在存放数据时，存放服务根据上传数据的情况，通过森林资源地址服务插入每条记录的地址信息，以提供将来读取需要。森林资源地址服务中的地址数据是存放在独立的数据表中，通过外键与森林资源索引联合。针对森林资源索引中的每一条数据，都可以查询到相应存放地址。由于森林资源是通过数据调用服务来使用的，对于系统中的其他服务来说森林资源地址服务是透明的，不需要针对森林资源地址服务进行任何操作。

（6）森林资源数据。森林资源数据存储主要存放森林资源相关的原始实体数据信息，主要是以森林资源未经过进一步加工的数据为主。实体的主要表现形式为文件存储和数据库中的文档存储两种类型。文档存储按照一定的森林资源信息类型进行分类，实际存储中采用数据库和 XML 文档混合存储的模式，它并不对森林资源信息中的明细项进行结构化，即使同一类型的数据，其存储的文档格式也可能因为版本的原因具体结构有所区别。森林资源数据的存储模型以一次森林事件为基本单位，在存储上不对森林事件进行合并和加工。在存储时系统抽取森林事件的类型、森林事件存储时间、发生时间、事件唯一号以及森林事件的版本信息作为基础索引。

(7)数据仓库。数据仓库是为了林业管理建立的数据库，其用来对林业业务进行统计分析、业务监督、绩效考核、应急指挥及决策支持等。其是通过从森林资源数据和各林业机构信息系统的业务数据中抽取归纳出来的，主要包括林业资源数据库和主题数据库。

林业资源数据库主要通过林业统计途径获得，包括区域的人口构成、面积等本底数据，区域内机构的信息，人员相关信息，各种设备、设施、数字图书馆等知识资源，以及配合电子地图系统的区域地理信息等。林业资源数据主要通过采集方式获得并共享给各个系统使用，采集方式可以分为自动采集和手工采集两种，已经存在信息系统或者很方便构建信息系统的相关资源数据通过自动方式采集，对于无法通过自动方式获得的信息通过手工录入方式维护到数据中心。相关已经存在的系统包括林业统计系统、机构注册管理系统、数字图书馆(包括自编辑内容)、电子地图等。

主题数据库是配合公共林业系统和应急指挥系统以及决策分析的需要，数据仓库的方式根据不同的林业主题组织主题数据库。主题数据库的内容按照主题数据集的要求从各个业务系统的表单型数据中清洗后获得。

4.3.3.2　技术方案选型

用存储方式选型、平台数据库选型方法，进行技术方案选型。

存储方式选型：存储方式比较见表4-4。

表4-4　存储方式比较

产品比较项目	优点	缺点
文件存储	针对读写直接操作，节省多余开销，能够针对文件结构做专门优化，获得更高的读写性能效果	维护复杂，开发成本高，不利于统计和查询
数据库存储	主流数据库都支持，已经支持 XML 结构的数据存储，统计查询方便，维护成本低，技术成熟稳定	需要更多的额外开销处理实体的读写
混合存储	可针对专门的读写进行优化，既保留文件存储的高性能，又能保留数据库存储的方便查询	开发成本高，业务分析复杂

平台数据库选型：表4-5 根据主流大型数据库产品的性能比较，提供数据库选型参考。

表 4-5　主要数据库系统比较

比较项目	Oracle	IBM DB2	Sybase ASE
开放性	能在所有主流平台上运行（包括 Windows）。完全支持所有的工业标准。采用完全开放策略。可以使客户选择最适合的解决方案。对开发商全力支持	支持从 PC 到 UNIX，从中小型机到大型机；从 IBM 到非 IBM（HP 及 SUN 等 UNIX 系统）各种操作系统平台。总体来说，在 IBM 平台上性能表现要比其他平台要好，因此对 IBM 平台存在一定的依赖性	能在所有主流平台上运行（包括 Windows）。但由于早期 Sybase 与 OS 集成度不高，因此 VERSION 11.9.2 以下版本需要较多 OS 和 DB 级补丁。在多平台的混合环境中，会有一定问题
高可用性、稳定性与可靠性	采用多进程多线索体系结构，确保高并发访问的稳定性；支持对称紧耦合 SMP、集群 Cluster 以及海量并行处理 MPP 等新型的硬件体系结构；Oracle 数据库 10G 提供了人为错误修正技术（Flashback）；提供 Oracle Data Guard，为维护备用系统提供监控、告警和控制功能，从而减少了计划停机；提供对数据库的一致性作持续检查的机制	采用多进程多线索体系结构，确保高并发访问的稳定性；可以为每个备用数据库定制作业，提供 HADR 技术，实现故障快速自动切换，实现自动客户端重新路由连接，确保系统持续可用	采用多进程多线索体系结构，确保高并发访问的稳定性；对数据库的一致性作持续检查的机制有所欠缺，为了检测数据库一致性问题需要运行 DBCC。在 DBCC 操作过程中，数据库必须保持脱机状态
可伸缩性、并行性	支持当前扩展能力最强的 64 位对称多处理（SMP）系统和非统一存储器访问（NUMA）系统；支持大规模并行处理（MPP）系统；Oracle 真正应用集群（RAC）可以动态添加或删除数据库实例；支持分区间的并行处理	采用 ESE（以前称 EEE）设计的 MPP 平台，支持散列分区技术；具有很好的并行性。DB2 把数据库管库库的一部分，包含自己的数据、索引、数据库节点	采用页级封锁机制来解决读/写冲突，支持数据页锁，数据行锁，所有页锁，从而提高并发性。能够在 SMP 系统中配置生成多个引擎，甚至允许在所有引擎之间进行分布式的客户连接。引擎也处理自己的磁盘访问，对增加的用户数提供了近似线性的伸缩性
性能（OLTP、OLAP）	性能最高，保持开放平台下的 TPC-D 和 TPC-C 的世界纪录	性能较高适用于数据仓库和在线事务处理	在大型数据库环境下，性能相对欠缺
安全性	达到 C2 级安全认证，提供"虚拟专用数据库"（Virtual Private Database）和"标签安全"（Label Security）的功能。	达到 C2 级安全认证	达到 C2 级安全认证

(续)

比较项目	Oracle	IBM DB2	Sybase ASE
兼容性	具有 25 年的开发经验，完全向下兼容，得到广泛的应用	在巨型企业得到广泛的应用，向下兼容性好。风险小	向下兼容，但是后来引入的应用程序接口(API) CT-Lib 与以前版本(DB-Lib)不兼容，ct-library 程序不易移植
标准的支持	支持所有的相关标准。Oracle 数据库开放的标准的体系结构使能够支持自身及其他数据源与第三方厂家的工具及应用的集成	支持所有的相关标准	支持所有的相关标准
超大型(TB 级)数据库的支持	Oracle 数据库 10G 的最大数据库尺寸为 8 艾字节(10^{18} 字节)，可以存储检索最高 128 TB 的 LOB	DB2 UDB 的最大尺寸为 8 太字节(10^{12} 字节)	最大尺寸为 4 太字节(10^{12} 字节)
数据复制、备份及恢复能力	具有联机和脱机备份、增量备份与恢复功能，支持分割镜像备份，支持块级介质备份、恢复功能，提供脚本化备份恢复管理工具，提供数据库实时异步复制功能	支持实时异步数据表、事务日志复制，具有联机和脱机备份、增量备份与恢复功能	内构了一个备份服务器(Backup Server)以实现数据库的联机备份，但由于与其他用户共享进程，在一定程度上影响了其他用户的工作效率
数据仓库支持	提供包括提取、转换和装载(FTL)，在线分析处理(OLAP)和数据挖掘等工具。支持同时访问 ROLAP 和 MOLAP 数据源	支持数据仓库建模和元数据管理，支持数据抽取、转换、装载和调度。支持"维"的定义和数据装载	支持数据仓库的建模、数据抽取与转换、数据存储与管理、元数据管理以及可视化数据分析等工具
客户端支持及应用模式支持	支持 ODBC、JDBC、OCI 等协议连接，支持 J2EE 和 .NET 架构开发，数据库内嵌 jvm 支持，支持 java 存储过程	支持 ODBC、JDBC 等协议连接，支持 J2EE 和 .NET 架构开发，数据库内嵌 jvm 支持，支持 java 存储过程	支持 ODBC、JDBC、Ct-library 等协议连接，支持 J2EE 和 .NET 架构开发，数据库内嵌 jvm 支持，支持 java 存储过程
部署管理简便性	提供基于命令行、gui、web browser 等多种管理模式，灵活方便，支持网格控制管理，支持脚本管理	提供基于命令行、gui、web browser 等多种管理模式，灵活方便，支持脚本管理，提供了通用和集成的成套工具，用于管理跨越不同软件和客户机硬件平台的本地及远程数据库	提供基于命令行、gui 等多种管理模式，但 GUI 较差，支持脚本管理

（续）

比较项目	Oracle	IBM DB2	Sybase ASE
SMP 支持及集群体系架构	支持当前扩展能力最强的 64 位对称多处理（SMP）系统和非统一存储器访问（NUMA）系统；Oracle 真正应用集群（RAC）可以动态添加或删除数据库实例，具有良好的伸缩性且无需停机	支持当前扩展能力最强的 64 位对称多处理（SMP），采用 IBM HACMP 技术实现集群架构，支持动态添加或删除数据库实例	可以和多个厂家的硬件/操作系统协同工作： Sun-Sun Cluster IBM-HACMP HP-ServiceGuard Compaq-TruCluster Windows NT-MSCS
投资保护	可在所有主要的操作系统上运行，而且在不同的操作系统环境下具有相同的功能，因为 Oracle 采用单一代码库。即使转换操作系统，应用依然可以正常运行，有力地保护应用投资。Oracle 真正应用集群（RAC）可以动态添加或删除数据库实例，可以方便地把以前的主机加入到集群系统中提高系统处理能力，有力地保护以前的硬件投资	支持从 PC 到 UNIX，从中小型机到大型机；支持异构硬件平台的集群，但主要是在 IBM 平台上性能表现优秀，因此对 IBM 平台存在一定的依赖性	能在所有主流平台上运行（包括 Windows）。但由于早期 Sybase 与 OS 集成度不高，因此 VERSION 11.9.2 以下版本需要较多 OS 和 DB 级补丁。在多平台的混合环境中，会有一定问题
技术支持	提供 7×24 技术支持服务，有完备的技术认证体系	提供 7×24 技术支持服务，有完备的技术认证体系	提供 7×24 技术支持服务
用户群	广泛	主要集中在巨型企业用户	集中在中小型企业用户

4.3.4　数据展示技术方案

通过浏览器对外展示，例如森林资源浏览器展示其状态。

4.3.4.1　森林资源浏览器

林业信息平台可能需要为一个林业人员提供不同林业域的服务，需要支持不同类型数据的显示方式，比如说 HTML 页面，图片或扫描文档。FR 的通用的需求包括的解决方式是：森林资源浏览器的显示窗口可以被嵌入 Windows 平台的应用程序；引用所被嵌入的应用程序的验证机制，直接通过 Provider Registry 的映射完成验证；认证和 Consent 直接通过中心的服务完成，与所嵌入的应用程序的配置无关；引用所被嵌入的应用程序的当前林木信息，通过 Client Registry 读取相关记录；通过林业信息平台来搜索、访问林木的全面的记录；对林木记录进行重新排序、归类等工作，但不能直接更新记录；所有调阅信息是通过中心的服务得到，不能直接调阅所嵌入的应用程序的本地数据。

森林资源浏览器的实现直接是通过一个 Windows 平台的 IE 控件实现。在启动时，用户的认证信息和所调阅林木的信息等都是通过 HTTP Metadata 的方式传送至中心服务器。中心服务器将协调 View 的 HTTP 调用到中心所对应的 Web Service 服务。

对于森林资源浏览器中浏览信息的流转都将通过标准 HTML/Javascript 来实现，对于扫描文档等非 HTML 信息的显示也是通过标准 HTML MIME 控件的嵌入显示方式。由于目标客户机内所附带的 IE 控件的版本的不同，森林资源浏览器应兼容 IE 5.0 到 8.0 的版本。由于森林资源浏览器所显示的数据都来自服务器，相应的授权、日志和认证等功能全部在中心端实现，对于客户端的森林资源浏览器完全透明。

4.3.4.2　技术方案选型

森林资源浏览器的设计面向终端用户，以人读为主要目标，应用获取数据可通过交换平台进行，而不是通过森林资源浏览器，但可考虑提供本地化功能（另存为 PDF/DOC），可通过浏览器控件方式嵌入到其他 C/S 系统。整体页面框架应具备 Portal 模式，具备动态扩展特性，以适应实体索引字段的变化以及实体模板的变化；能完成身份验证、显示内容控制等权限控制；通过集成 ActiveX 方式实现 DICOM 等其他协议的支持。森林资源浏览器的实现涉及总页面框架展现、索引列表模板展现、表单模板展现、图表模板展现等几个方面的技术方案。

（1）总页面框架设计实现。森林资源浏览器总体框架符合门户模式，能适应显示内容的动态变化；支持数据的 Grid，Form，Chart 等不同方式的显示；各显示模块允许简单的人机交互查询（条件查询、双击记录显示、图表简单攫取功能）；能拖拽门户模块，并能定义显示位置，可为不同林木提供不同的视图模式。

（2）索引列表模板技术实现。如图 4-5，GRID 列表显示模块负责针对实体索引信息的显示（实体数据库索引字段部分），假定前提条件为，实体索引字段都已标准化（字段类型，长度，引用字典）；通过实体索引字段定义配置文件来支持 GRID 表头与索引字段的扩展，能自适应实体索引字段变化后列表组件的正常显示；能定义可查询字段，列表组件支持自动查询条件输入以及分页等显示功能（表 4-6）。

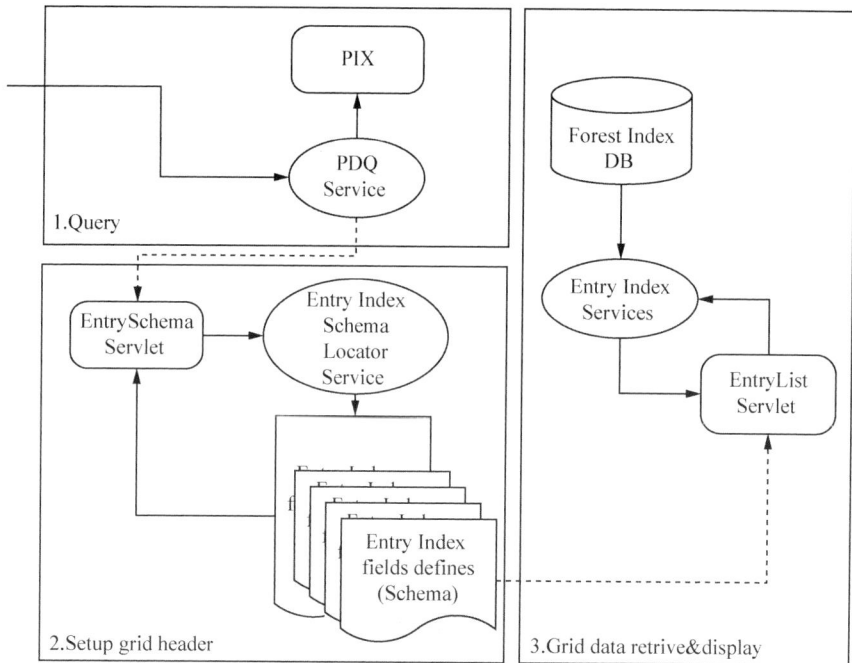

图 4-5　索引列表模块技术实现图

表 4-6　GRID 列表实现方式比较

可采用的技术	优点	缺点
EXTAJAX	大量现成组件，美观的界面风格	由于库文件较大加载速度慢，对浏览器版本比较严格
纯 HTML	不受框架约束，开发灵活，速度快	对开发人员美工、DHTML 基础要求高
FLEX 技术	基于 Flash 技术，对浏览器要求低，能够开发出的效果多样	商业化程度低，组件少，技术较新涉及培训成本较高

　　如图 4-6，表单显示组件负责针对实体 XML 信息的显示（实体 XML 部分）；同一实体显示模板支持版本管理，通过实体显示模板定义配置文件来支持同一实体不同记录能有不同的显示方式（假定条件为实体索引表应保存对应模板版本字段，建议实体 XML 头信息里也应保存模板版本属性）；初期设计支持 3 种模板实现：XSLT，Freemarker，自定义 JAVACLASS；通过 HTML 信息里包含 ActiveX 控件信息实现对 DICOM 等其他协议的支持，这几种实现表单显示的方式比较见表 4-7。

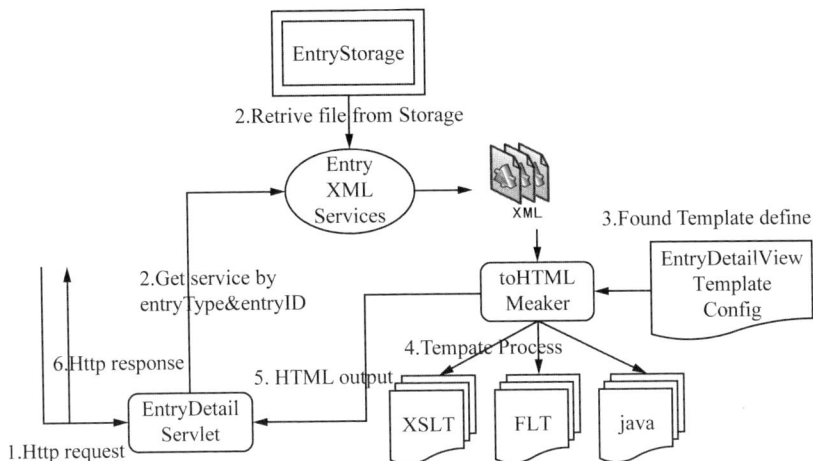

图 4-6 表单显示组件图

表 4-7 表单显示实现方式比较

可采用的技术	优点	缺点
XSLT	W3C 标准，各种开发语言都有支持，和 XML 结构匹配度高	性能一般，内存使用大，学习曲线高
Freemarker	快速，效率高，容易学习	比 JSP 和静态页面稍慢
JSF	J2EE 主流厂商支持较好	速度慢，开发困难
JSP	快速，容易学习	非框架模板，后期开发维护工作量大

（3）图表列表模板技术实现。如图 4-7 所示，图表 CHART 显示组件负责针对同一林木相关专题统计信息的图表显示，假定前提条件为 FR View 所支持的林木相关专题统计已预先定义；CHART 支持模板方式扩展林木统计专题图表显示，

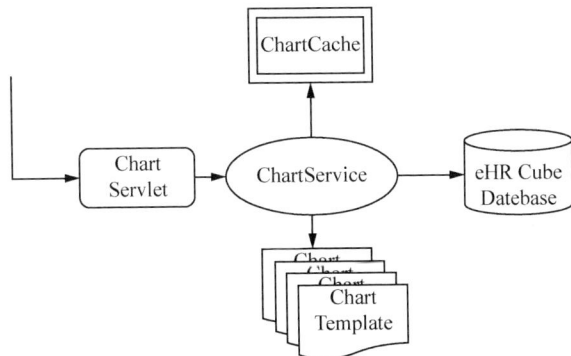

图 4-7 图表列表模板技术实现图

每一种专题统计对应一个 ChartID，在模板里定义获取该 Chart 数据所需要的参数列表以及获取方式、图表显示类型和样式信息等（表 4-8）。

表 4-8　图表实现方式比较

可采用的技术	优点	缺点
jFreeChart	稳定、轻量级且功能强大生成的图表运行顺畅	后台生成图片方式，交互性差
ActiveX	可被多种应用程序使用，可重用	需下载控件，非 IE 不支持
Flash Chart	基于 Flash 的图标工具，大多数浏览器默认安装	

CHART 数据的获取方式有两种：一种为直接在模板里定义相关需要获取数据的实体表或视图源，以及需要统计的字段，聚合函数等信息，系统直接根据这些定义来从数据库获取数据。另一种是通过定义获取数据的 JAVACLASS 来实现该类专题统计数据的获取。

某一种专题图针对某林木的图表模板实例（包含获取数据和模板定义），应能进行缓存处理（内存缓存或持久化），可通过定时或手动的方式刷新缓存图表信息。

4.3.5　硬件网络支撑平台

4.3.5.1　网络总体结构

区域林业信息综合平台网络基础设施平台由内、外两大网络部分组成（图 4-8）。外部网络对外收集和提供信息（向下级部门采集与提供信息，向上级数据中心报送信息），内部网进行信息管理和系统开发，两网之间用防火墙分隔。外部对内部网络的访问则需要通过地址映射，身份查询等一系列安全检查机制才能进行，访问策略的制定是灵活的，可根据具体情况随机配置。内部网络再分子网，依据功能、性质划分，子网间的访问也是受控的。外部网络的安全性主要依靠"虚拟专用网"的功能和路由器上的访问控制表来保障。

对于实时多媒体应用本着中央控制的原则，对有条件的用户开放，运维管理中心应具备监视和控制的手段，避免网络拥塞和信息流的非必要的重复性传输。整个平台应采用先进的网络管理和网络安全措施与策略，网络管理及安全策略应从系统管理的角度出发，实现网络、应用系统、数据库与主机系统以及安全防护措施和策略的一体化管理，选择适当的防火墙和数据加密技术。

4.3.5.2　硬件平台要求

网络基础设施平台的硬件系统一般包括：数据库服务器、备份服务器、应用服务器等；交换机、路由器、防火墙、VPN 等网络设备；存储设备如磁盘阵列、磁带库等。网络基础设施平台的硬件系统配置，应根据当地实际业务需求、网络

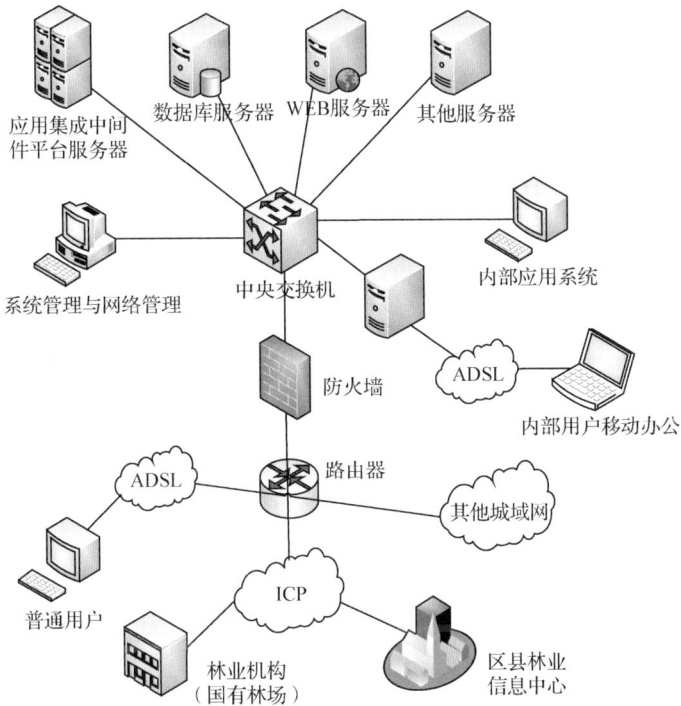

图4-8 网络总体结构图

覆盖范围和规模以及经济条件，本着经济、实用、高效和分步实施的原则，选择适当的建设方案。按初级、中级、高级分别列出网络基础设施平台硬件系统配置的三种建议方案。

初级配置方案：初级配置方案包括建立一个较规范的、安全的市级网络基础设施平台所必需的各项基本设备设施，包括：数据库服务器、应用服务器；交换机、路由器、防火墙、VPN设备；磁盘阵列等（图4-9）。适用于数量在100万以下的市级或区县级林业信息平台或机构数和业务系统数比较少的林业信息平台。性能要求包括：服务器：高性能PC服务器，各服务器均独立配置；要求1~2个处理器、4GB以上内存；磁盘阵列：磁盘阵列系统1套；按区域数据估算存储容量；支持分区、快照、克隆等基本功能；支持在线扩容，无须停机；交换机、路由器：企业级路由式核心交换机；防火墙、VPN设备：企业级硬件防火墙，具备VPN功能；网络防病毒系统：针对运行Windows系统的服务器、数据库系统进行网络防病毒监控；对连接到专网的各接入点前置服务器的网络病毒防范；要求采用中央集中控制和管理。

中级配置方案：是在初级配置方案基础上，通过增加关键服务器系统的双机

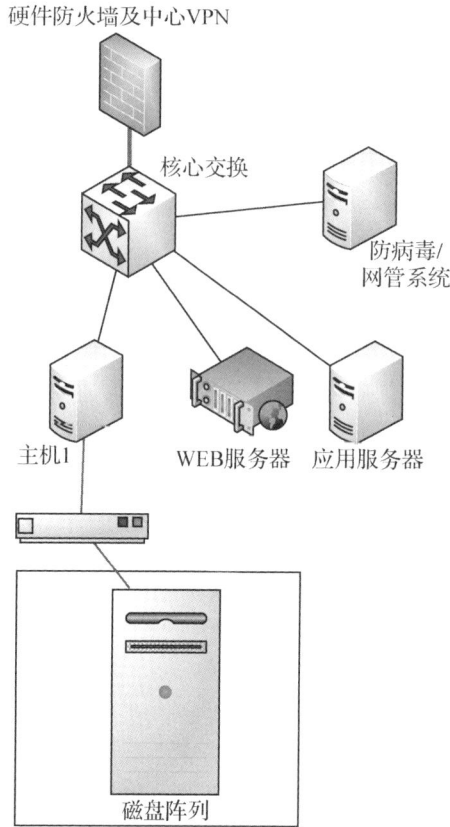

硬件防火墙及中心VPN

核心交换

防病毒/
网管系统

主机1   WEB服务器 应用服务器

磁盘阵列

图4-9 初级配置方案网络基础设施平台图

热备或集群模式，强化了服务器系统的运行稳定性和可靠性。并增加了离线备份系统，加强数据安全保障。此外还提升了磁盘阵列、VPN 设备等系统性能指标。中级配置方案适用于区域林业信息综合平台建设的发展阶段；人口数量在 600 万以下的市级单位林业信息平台；区域林业信息综合平台建设初期阶段的省级平台。中级配置方案性能要求：服务器：高性能 PC 服务器，各服务器均独立配置；要求 1~2 个处理器、4GB 以上内存；集群模式；磁盘阵列：全或半光纤磁盘阵列系统 1 套；按区域数据估算存储容量；支持分区、快照、克隆等基本功能；支持在线扩容，无须停机；网络备份系统：磁带库 1 套；网络备份软件 1 套；独立的备份服务器交换机、路由器：企业级路由式核心交换机；防火墙、VPN 设备：企业级硬件防火墙；独立的硬件 VPN 设备；网络防病毒系统：针对运行 Windows 系统的服务器、数据库系统进行网络防病毒监控；对连接到专网的各接入点前置服务器的网络病毒防范；要求采用中央集中控制和管理（图 4-10）。

硬件防火墙及中心VPN

核心交换

防病毒/
网管系统

备份管理　主机1　　HA　　　主机2　WEB服务器　　　应用服务器

离线设备

磁盘阵列

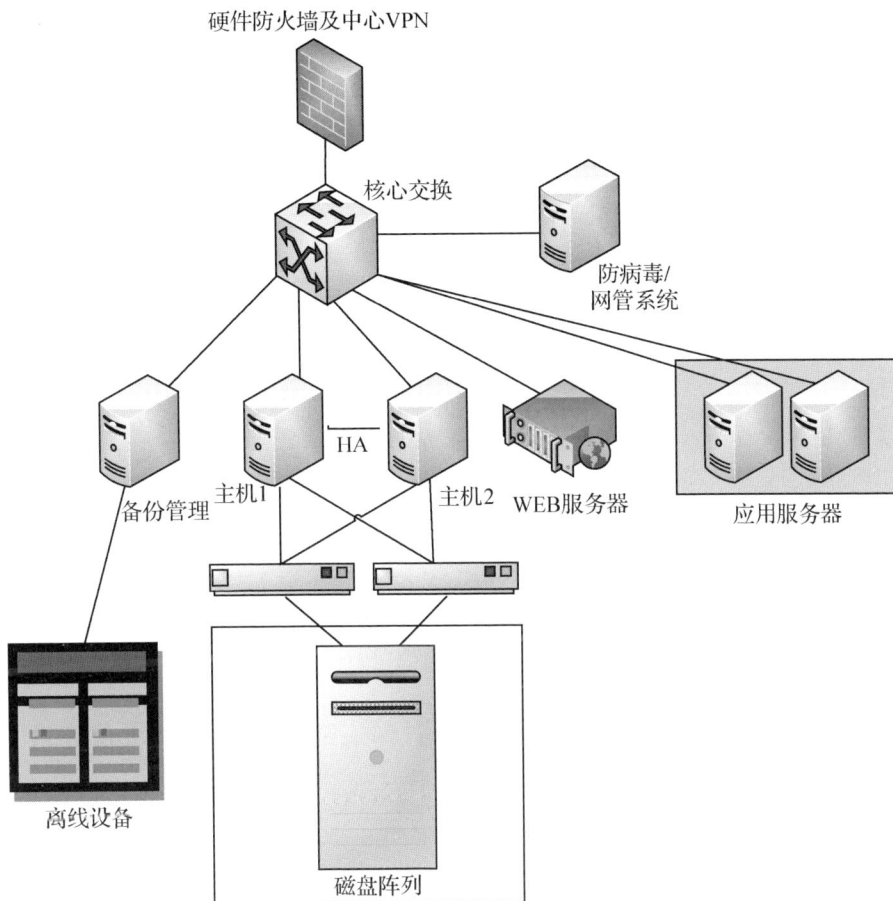

图 4-10　中级配置方案网络基础设施平台图

　　高级配置方案：高级配置方案是在中级配置方案基础上，将数据库服务器主机由 PC 服务器更换为小型机系统，进一步增强了数据库系统的运行稳定性和负载能力。并将主要的网络设备改造为双机负载均衡模式，极大地提高了网络交换性能和网络安全保障能力。高级配置方案适用于区域林业信息综合平台建设的高级阶段；人口数量在 600 万以上的市级单位林业信息平台；完善阶段的省级林业信息平台。高级配置方案性能要求：服务器：UNIX 小型机，各服务器均独立配置；要求 1~2 个处理器、4GB 以上内存；集群模式；磁盘阵列：全或半光纤磁盘阵列系统 1 套；按区域数据估算存储容量；支持分区、快照、克隆等基本功能；支持在线扩容，无须停机；网络备份系统：磁带库 1 套；网络备份软件 1套；独立的备份服务器；交换机、路由器：企业级路由式核心交换机；双机负载均衡模式；防火墙、VPN 设备：企业级硬件防火墙；独立的硬件 VPN 设备；双机负载均衡模式；网络防病毒系统：针对运行 Windows 系统的服务器、数据库系统进行网络防病毒监控；对连接到专网的各接入点前置服务器的网络病毒防范；要求采用中央集中控制和管理（图 4-11）。

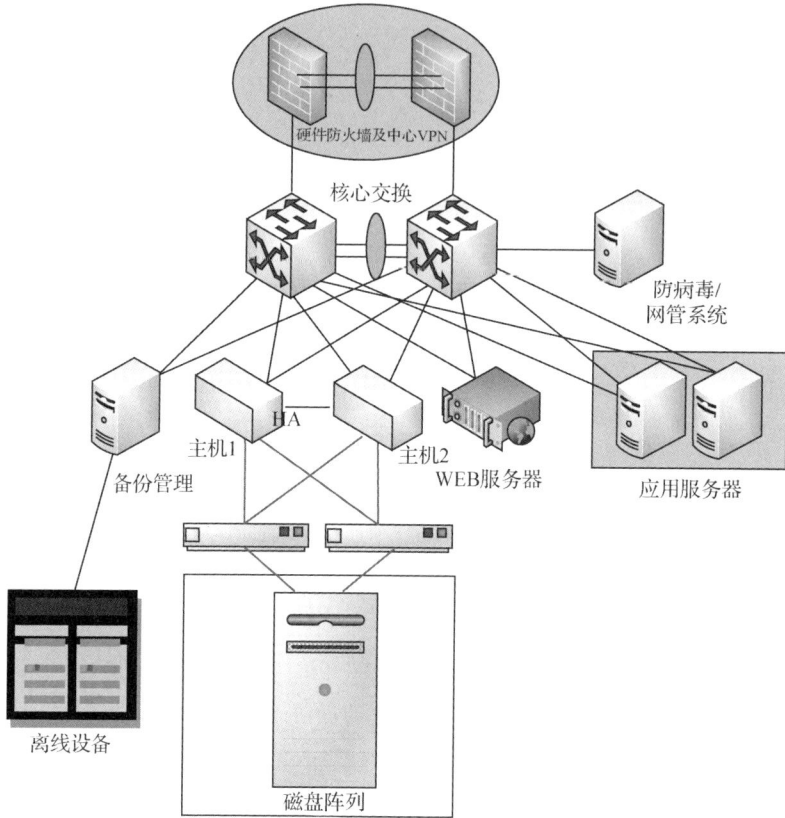

图 4-11　高级配置方案网络网络基础设施平台图

4.3.5.3　几种组网方式

　　区域林业信息综合平台的建设和推广应用需要建立一个覆盖国家、省、市、区（县）的统一的互联互通的林业信息网络基础设施；在链路的选择上采用以太网专线（100M/1000M）为主，对于长距离的考虑 2M 数字专线，对于乡村等偏远地区选择用 ADSL 虚拟专网的方式接入，同时考虑到链路的可靠性及系统的延展，可考虑部分主要会聚中心在专线接入的基础上另外配置 Internet 虚拟网络接入；为了保证系统的可靠性，在各级汇聚中心要设置防火墙、IPS、IDS 等安全设备；在实际的建网过程中，从建设的速度及节约的角度考虑。区域林业信息综合平台的网络系统应满足以下要求：尽量利用现有的基础网络平台和林业系统的网络平台，减少投资；形成综合的、多层次的、多方位的网络平台，构建统一的区域林业信息综合平台，提供全面的林业服务网络体系；网络管理系统应具有同时支持网络监视和控制两方面的能力。提供不同层次上的虚网划分手段；林业业务的相关职能部门和业务单位分布范围广，实行的是多级管理，比如林政的管理是二级管理，而社区站的管理是三级管理，业务和系统的层次多、跨度大。并且林业业务与其他的业务相比，其业务庞杂，有必要在物理网络中为多种应用搭建一个通用的逻辑网络平台，以便于建立各种业务处理系统；建设区域林业信息综合平台网络平台时，应首先考虑采用 VPN 技术来建设逻辑业务网。利用 VPN 网的主干交换机完成底层安全措施，既可防止其他业务系统用户未经授权进入和使用林业综合信息集成平台的信息资源，也可防止本系统用户进入其他的业务逻辑网络。

目前通用、成熟的三种组网建议方案：

专线组网方案：主要是指分组交换网、DDN、FR、ATM 等专线连接方案。分组交换网的速率较低、租用费较高；DDN 速率较高、租用费高；帧中继（FR）速率较高、租用费较低；ATM 速率较高、费用最高。除费用和速率方面外，还需考虑接入的可靠性。性能要求：应主要依托林业行业现有主干网络平台，组建林业信息平台 VPN 专网；林业信息平台数据中心网络接入带宽：10M 或以上；各接入点的网络带宽：2M 或以上；移动接点或单机接点可采用拨号方式通过 Internet 建立与林业信息平台的 VPN 连接（图 4-12）。

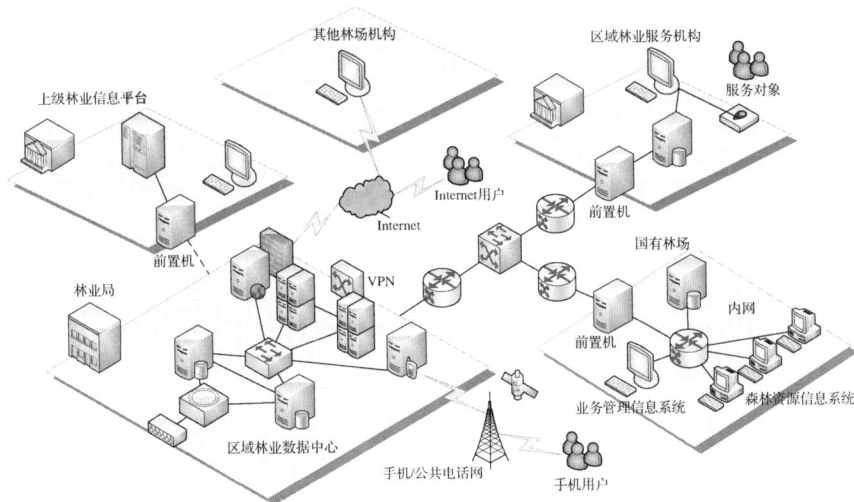

图 4-12　专线组网网络结构图

公网宽带组网方案：全国各大城市已经建立了一个结构完整、技术先进、门

类齐全、适度超前的基础通信网络体系。互联网宽带的普及，使能接入公网的各
业务机构可方便地利用宽带连接与数据中心建立 VPN 网络。性能要求：公网宽
带网络；通过 ADSL 等宽带方式接入 Internet，在公网上建立与林业信息平台的
VPN 连接；林业信息平台数据中心网络接入带宽：1M 或以上；各接入点的网络
带宽：512K 或以上；移动接点或单机接点可采用拨号方式通过 Internet 建立与林
业信息平台的 VPN 连接(图4-13)。

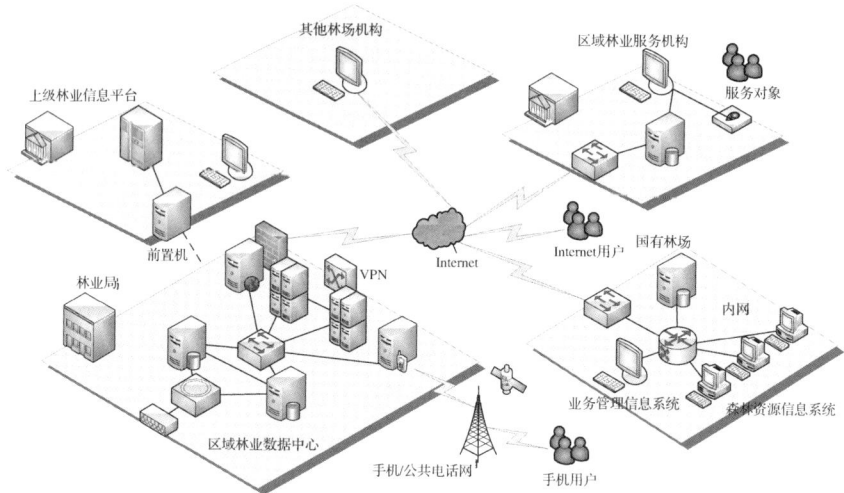

图 4-13　公网宽带组网网络结构图

电话拨号组网方案：拨号连接的方式主要有两种：一种是 PSTN，即公用电话
网；另一种是 N-ISDN，即窄带综合业务数字网。前者的速率低，使用的是模拟语
音信道，覆盖面广，费用低；后者的速率居中，使用的是数字信道，覆盖面居中，
费用中等。性能要求：公用电话网或窄带综合业务数字网；各接入点通过电话线拨
入到妇幼保健数据中心的 Modem 池，建立数据链路；林业信息平台数据中心网络
接入带宽：128K 或以上；和各接入点的网络接入带宽：56K 或以上；移动接点或
单机接点可采用拨号方式通过 Internet 建立与林业信息平台的 VPN 连接(图4-14)。

4.3.6　安全保障体系方案

区域林业信息综合平台的可靠安全的运行不仅关系到数据中心本身的运行，
还关系其他业务部门相关系统的运行，因此它的网络，主机，存储备份设备，系
统软件，应用软件等部分应该具有极高的可靠性；同时为保守企业和用户秘密，
维护企业和用户的合法权益，数据中心应具备良好的安全策略，安全手段，安全
环境及安全管理措施。

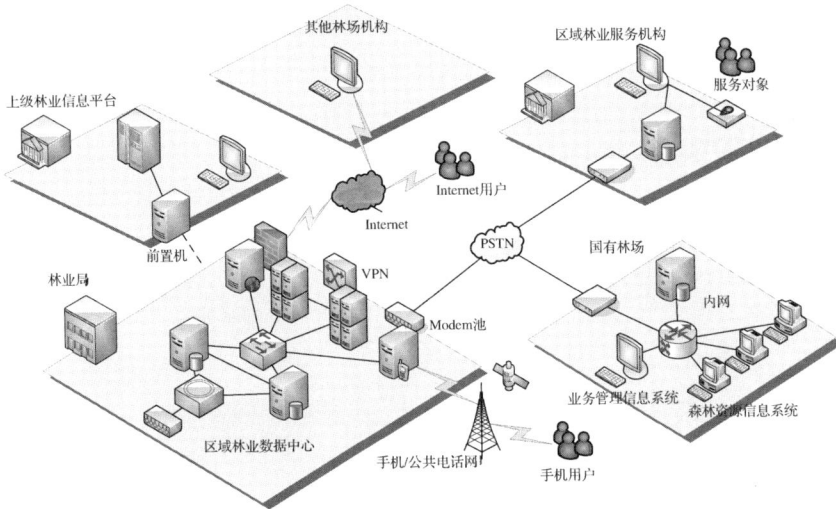

图 4-14 电话拨号组网网络结构图

　　众所周知，信息系统完整的安全体系包括以下四个层次，最底层的是物理级安全，其包括计算机安全，硬件安全等，其次第三是网络级安全，主要包括链路冗余，防火墙等等，再次第二是系统级安全包括数据灾备，病毒防范等，最后是应用级安全包括统一身份认证，统一权限管理等，而贯穿整个体系的是安全管理制度和安全标准，以实现非法用户进不来，无权用户看不到，重要内容改不了，数据操作赖不掉。整个平台的安全体系如图 4-15。

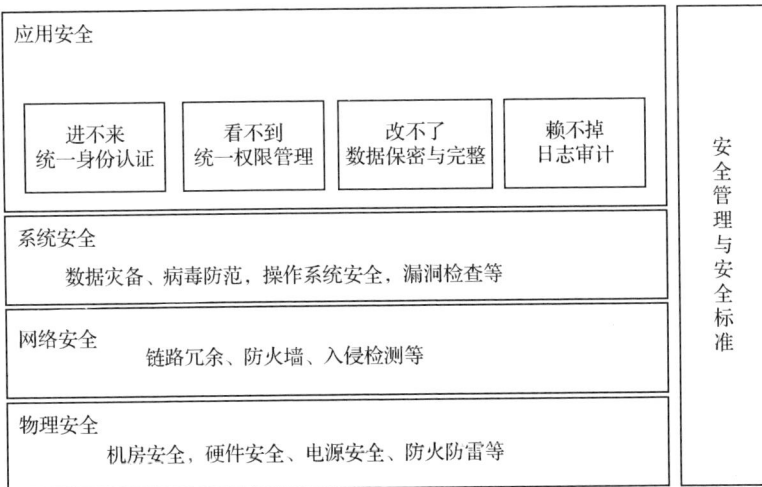

图 4-15 平台安全体系结构图

4.3.6.1 安全等级

区域林业信息综合平台所涉及信息包括：林木的基本森林信息，林木的业务数据，林业资源数据等。这些业务信息遭到破坏后，所侵害的客体是公民、法人和其他组织的合法权益。一旦业务信息遭到非法入侵、修改、增加、删除等不明侵害（形式可以包括丢失、破坏、损坏等），会对公民、法人和其他组织的合法权益造成影响和损害，可以表现为：影响正常工作的开展，导致业务能力下降，造成不良影响，引起法律纠纷等。程度表现为严重损害，即工作职能受到严重影响，业务能力显著下降，出现较严重的法律问题，较大范围的不良影响等。根据以上描述我们可以确定区域林业信息综合平台业务信息安全保护等级为第二级（表4-9）。

表4-9   业务信息安全被破坏对相应客体的侵害程度

业务信息安全被破坏时所侵害的客体	对相应客体的侵害程度		
	一般损害	严重损害	特别严重损害
公民、法人和其他组织的合法权益	第一级	第二级	第二级
社会秩序、公共利益	第二级	第三级	第四级
国家安全	第三级	第四级	第五级

区域林业信息综合平台属于为国计民生、经济建设等提供服务的信息系统，其服务范围为区域范围内的普通公民、机构等。该业务信息遭到破坏后，所侵害的客体是公民、法人和其他组织的合法权益，同时也侵害社会秩序和公共利益但不损害国家安全。客观方面表现的侵害结果为：①可以对公民、法人和其他组织的合法权益造成侵害（影响正常工作的开展，导致业务能力下降，造成不良影响，引起法律纠纷等）；②可以对社会秩序公共利益造成侵害（造成社会不良影响，引起公共利益的损害等）。出现上述两个侵害客体时，优先考虑社会秩序和公共利益，另外一个不做考虑。上述结果的程度表现为：对社会秩序和公共利益造成严重损害，即会出现较大范围的社会不良影响和较大程度的公共利益的损害等。由于侵害的客体有两个，侵害的程度也有两个，则业务信息安全保护等级为第二级（表4-10）。

表4-10   系统服务被破坏对相应客体的侵害程度

系统服务被破坏时所侵害的客体	对相应客体的侵害程度		
	一般损害	严重损害	特别严重损害
公民、法人和其他组织的合法权益	第一级	第二级	第二级
社会秩序、公共利益	第二级	第三级	第四级
国家安全	第三级	第四级	第五级

信息系统的安全保护等级由业务信息安全等级和系统服务安全务安等级的较高者决定。所以，区域林业信息综合平台安全保护等级为第三级。

4.3.6.2 物理安全

林业数据中心是整个区域林业信息综合平台的关键节点，是系统运行的基础，因此必须保证物理环境的安全，主要包括以下几个方面：信息基础设备应安置在专用的机房，具有良好的电磁兼容工作环境，包括防磁、防尘、防水、防火、防静电、防雷保护，抑制和防止电磁泄漏；机房环境应达到国家相关标准；关键设备应有冗余后备系统；具有足够容量的 UPS 后备电源；电源要有良好的接地。

4.3.6.3 系统安全

区域林业信息综合平台应具备性能完善的系统安全基础设备。包括网络防火墙、入侵检测、病毒防范、用户识别等信息安全软硬件系统，并设专人进行日常监督管理与更新。

利用防火墙在网络入口点检查网络通信，根据客户设定的安全规则，在保护内部网络安全的前提下，提供内外网络通信。

如何防范来自广域网上的安全威胁是本系统安全设计的重点所在。我们可采取网络、单机相结合的方式来避免系统遭受计算机病毒的危害。一方面，利用网络防病毒软件来保护服务器，同时实现对网络病毒的监控、报警和实时清除；另一方面，定期使用单机版防病毒软件对工作站进行扫描、杀毒，以消除病毒隐患。防病毒系统的关键在于提高内部工作人员对计算机病毒的认识，不使用盗版软件，对于外来磁盘、软件、文件在使用前及时进行扫描、杀毒，从根本上切断计算机病毒的来源。

通过对主客体进行正确的标识和标注，执行自主访问控制和强制访问控制混合的访问控制机制，保证授权访问的可控性。

4.3.6.4 数据安全

区域林业信息综合平台数据中心的数据是林业应用关键性数据，必须保证数据的安全和隐私，因此平台的建设必须考虑以下安全措施：数据库应设置预定的备份策略进行本地备份，有条件的可做异地备份；严格按照用户级别来授权用户对数据和资料的访问；关键数据的修改记录应记录详细的操作日志，以备追查；数据的传输与关键敏感的数据的存放需进行一定的加密处理。

制订数据库系统备份和恢复方案时，必须将重点放在防范用户失误和介质失效而造成的数据损失。区域林业信息综合平台应采用专业的备份软件为整个网络中的服务器和工作站提供高速、可靠的备份和恢复能力。

4.3.6.5   应用安全

区域林业信息综合平台应用级安全包括统一身份认证，统一权限管理等，其包括系统软件和应用软件应具有访问控制功能，包括用户登录访问控制、角色权限控制、目录级安全控制、文件属性安全控制等；系统软件(包括操作系统，数据库等)和应用软件等应定期进行完全备份，系统软件配置修改和应用软件的修改应及时备份，并做好相应的记录文档；及时了解系统软件和应用软件厂家公布的软件漏洞并进行更新修正；应用软件的开发应有完整的技术文档，源代码应有详尽的注释；使用基于 PKI-CA 体系的数字证书实现各业务应用系统的用户身份验证、数字签名等功能。

区域林业信息综合平台应用安全体系共分为三个部分：身份认证基础设施、应用安全管理系统、应用安全中间件。

身份认证基础设施是整个系统的基础，平台整合了数字证书、用户密码模式、动态口令卡、手机动态密码、指纹等多种身份认证模式，并支持接入各地的 CA 机构。

应用安全管理平台是基于多种身份认证模式对涉及区域林业安全要素的统一管理，要包括统一身份管理、林业角色管理、林业信息资源管理、林业授权管理等。

应用安全中间件是基于身份认证基础设施和应用安全管理平台，将林业安全应用以独立中间件服务的方式提供给林场，社区等林业信息系统使用，从而完成统一的电子森林信息网络安全应用平台的构建。这些中间件主要包括关于身份认证服务的中间件，关于数据安全服务的中间件，关于行为审计服务的中间件。

统一身份认证：数字证书认证中心(Certificate Authority, CA)主要负责产生、分配并管理所有参与网上交易的个体所需的身份认证数字证书。每一个数字证书都与上一级的数字签名相关联，最终通过一个安全链追溯到一个已知的并被广泛认为安全、权威、足以信赖的机构。电子交易的各方都必须拥有合法的身份，即由 CA 中心签发的数字证书，在交易的各个环节，交易的各方都需检验对方数字证书的有效性，从而解决用户的信任问题。在本系统建设中，可直接利用苏州市数字认证中心已有的 CA 中心的身份识别基础设施。通过林业数据中心平台，各应用系统调用各种中间件，方便地实现林业网络系统统一的身份管理与授权管理。

采用 PKI 加密：区域林业信息综合平台采用加密技术来保护敏感信息的传输，保证信息传输中的安全性。在一个加密系统中，信息使用加密密钥加密后，得到的密文传送给接收方，接收方使用解密密钥对密文解密得到原文。目前主要有两种加密体系：秘密密钥加密和公开密钥加密。

4.3.6.6　数字签名的应用

在区域林业信息综合平台建设过程中涉及电子森林资源和电子病历的传输和共享，因此我们需要采用电子签名技术来保证电子森林资源系统的安全性和不可抵赖性。通过林业数据中心平台，林场的工作人员可通过调用身份认证（可采用数字证书或指纹模式），数字签名，数据加密等服务将电子病历上载到林业数据中心中共享，林业数据中心可对电子病历信息资源共享的机制进行设置与管理，其他林场工作人员则通过调用身份认证（可采用数字证书或指纹模式），访问控制，数据解密等服务对电子病历进行调阅，林木也可通过林业服务网站调用身份认证（可采用手机动态密码方式），访问控制，数据解密等服务对自己的电子病历进行远程查询，从而实现区域内电子病历的安全共享和访问，为电子病历法律化奠定技术基础（图4-16）。

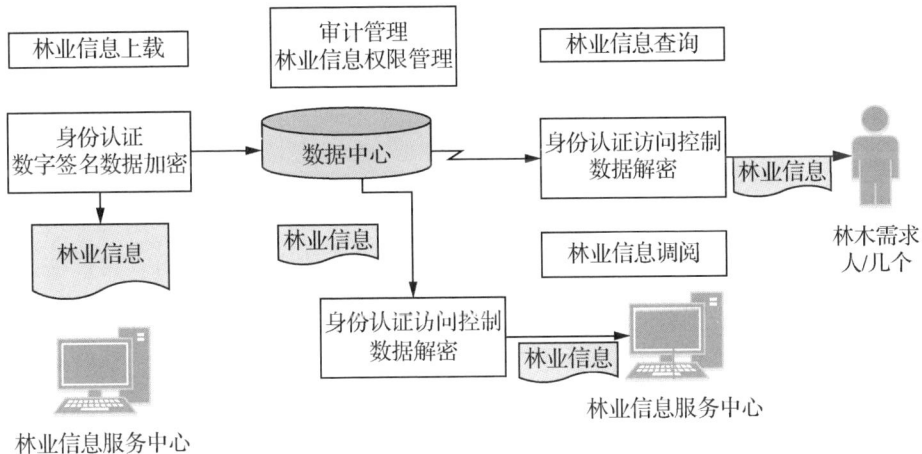

图4-16　平台数字签名系统结构图

隐私与权限管理：为了保证电子森林信息共享的同时实现对居民隐私的保护，平台必须对电子森林信息提供权限管理机制。电子森林信息的权限管理根据工作人员，管理者，市民等不同的角色进行权限管理，权限管理按等级实现个人级，文件类别级，文件级，市民自定义保护级四级保护机制。

4.3.6.7　安全管理

对涉密网的环境因素实施监控和警卫，预防人为威胁；集中建设网络支撑平台监控中心，进行统一安全监控；建立健全相关网络安全管理责任制度；建立严格的机房安全管理制度。非工作人员未经许可不准进入机房，任何人不准将有关资料泄密、任意抄录或复制；禁止在生产系统中使用未经批准的应用程序，禁止在生产系统上加载无关软件，严禁擅自修改系统的有关参数；用于开发、测试的系统必须与生产系统严格分开；监视系统运行记录，及时审查日志文件，认真分析告警信息，及时掌握运行状况，对系统可能发生的故障做好应急方案；软件程序的修改或增加功能时，须提出修改理由、方案、实施时间，报上级主管部门批准；程序修改后，须在测试系统上进行调试，确认无误经批准后方可投入生产应用；软件修改、升级前后的程序版本须存档备查，软件修改、升级时须有应急补救方案；制定各项访问控制措施，包括对网络、主机、数据库等的访问。对所有路由器、交换机的密码及配置应由网络管理员掌握，统一进行配置；对各类主机的管理和对用户以及文件系统的分配、访问权限设置等工作统一由主机管理员执行；对所有数据库的管理和对表、视图、记录和域的授权工作统一由数据库管理员执行。

4.4　标准规范管理方案

4.4.1　标准规范建设原则

已有国家(行业)标准的，则优先遵循国家(行业)标准；即将形成国家(行业)标准的，争取在标准基本成熟时，将该标准率先引入试用；无国家(行业)标准，等效采用或约束使用国际标准；无参照标准，按标准制定规范，自行进行研制；在编写林业信息交换标准时，需特别考虑到未来的发展和变化；在此基础上形成区域林业信息交换标准。

4.4.2　标准规范体系管理

区域林业信息综合平台的标准规范由一系列的规范、机制、制度组成。标准规范体系包含数据标准规范、技术标准规范、管理标准规范、业务标准四个部分。数据标准规范：公共数据元标准、公共代码标准、公共数据存取规范、数据交换规范；技术标准规范：通过技术标准规范支持林场、业务部门系统和信息平台之间的数据级和应用级整合，并提高业务系统之间的应用集成、互联互通的能力；管理标准规范：标准管理、安全管理、数据管理、项目管理，用于指导信息平台日常运行管理、数据维护管理；业务标准：独立业务标准由业务部门制定，关联业务标准由信息平台统筹，协调各业务部门联合制定；数据标准包括业务数据采集标准、森林资源标准、统计数据标准、共享数据标准、交换数据标准及信息国际标准。林业信息平台是各个业务部门的基础平台，主要为各应用软件提供接口服务，提供统一的标准。因此要针对不同机构的不同业务，制定统一的应用服务接口标准体系，该标准体系是数据交换的保证。所有接入该平台的应用软件系统，都必须遵循这个统一的接口标准。同时建立标准管理制度，保证标准持续性的升级与完善。

4.5　林业信息平台部署模式

4.5.1　平台应用架构

　　林业信息综合平台是林业信息系统集成的核心和基础，是整个区域林业实现信息共享与交换，流程整合与协作，资源管理和配置，业务监督与考核的支撑平台，是实现基于森林资源档案的森林资源管理，推动和支持林业管理改革的支撑平台。同时采用数据挖掘技术等手段，辅助决策支持和应急指挥，在此基础建立统一的服务平台，开展一站式的林业信息服务等。整个平台系统的总体框架规划如图 4-17。

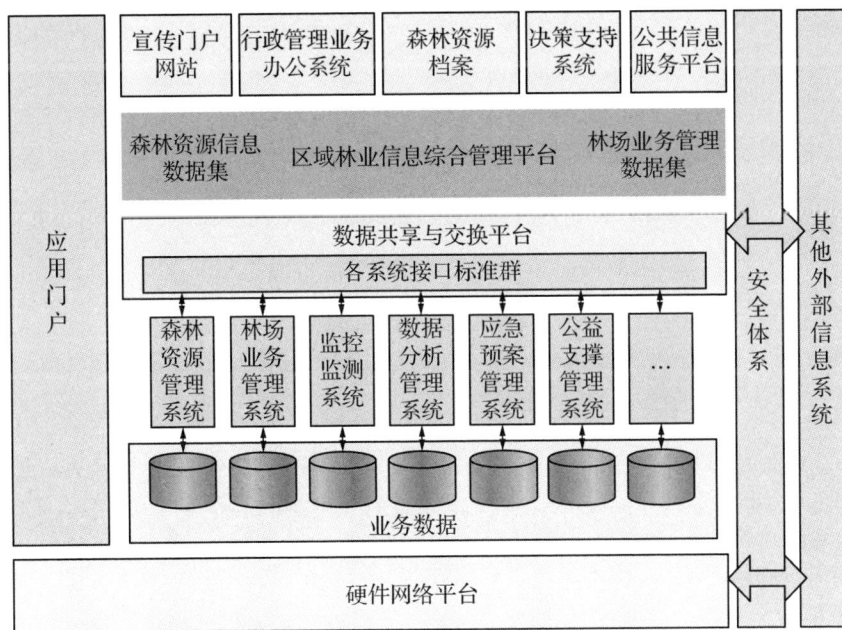

图 4-17　平台应用架构图

4.5.2　纵向分级部署模式

　　区域林业信息综合平台支持多级平台纵向部署的架构模型，即通过平台之间的相互配置，能够实现两个平台之间的数据交换，或者是通过逐级交换，实现从国家到省、市、区(县)的四级平台架构，如图 4-18。

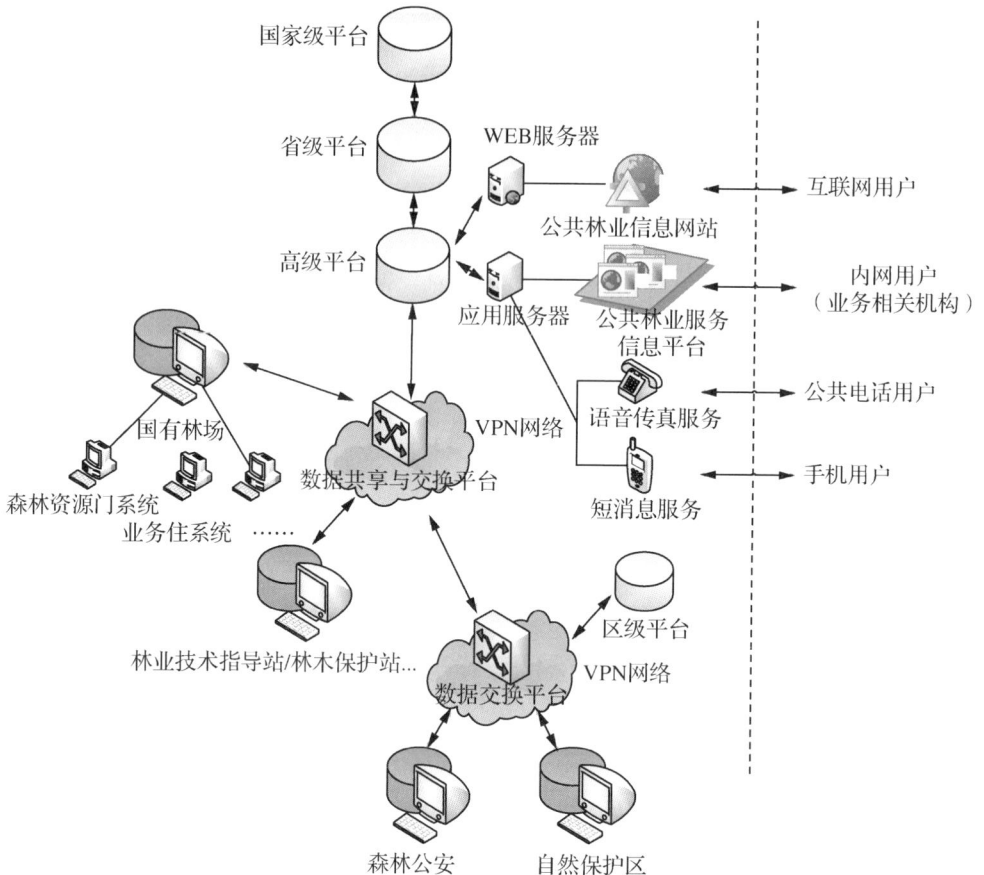

图 4-18   平台纵向分级部署模式图

通过多级信息平台实现数据在各级林业相关机构间的信息交换和共享，可以在各级内各个业务信息系统间的数据交换和共享，通过统一的数据标准和数据集进行，各个业务系统间并不直接发生接口关系，所有的接口只针对各级平台统一制定，而下级平台同时是上级林业信息交换平台的支撑，各个业务系统数据通过各级平台的梳理传递给上级平台，实现上级平台接口的进一步专业化，避免重复接口的实现风险。同时下级平台又是上级平台的补充，通过下一级平台的建设，分担了上级平台的极高负荷，通过下一级数据的归属化管理，进一步减轻了上一级平台的无效负载，有效改善系统反应速度和开发负责度，通过上一级平台的传递和过滤同时能够实现和下级平台与周边区域的信息共速度交流，减轻了下级平台的接口实现难度，最大限度保留原有投资的不浪费。

4.5.3　横向扩展部署模式

　　区域林业信息综合平台通过横向部署连接本级的各种林业相关机构，能够构建一个十分庞大的区域林业综合信息系统平台，这种部署涉及的机构众多，条件参差不齐，所以应该针对不同的应用和具体情况对各应用进行合理的部署，才能使系统更加有效推广和应用。区域林业综合信息平台横向总体部署参考模型如图4-19。整个系统部署林业局管辖范围的所有林业相关机构，网络以网络服务提供商如电信、广电等 ISP 提供的专用 VPN 网络为基础，以林业信息中心为中心节点，各林业相关机构为分支的星型结构。

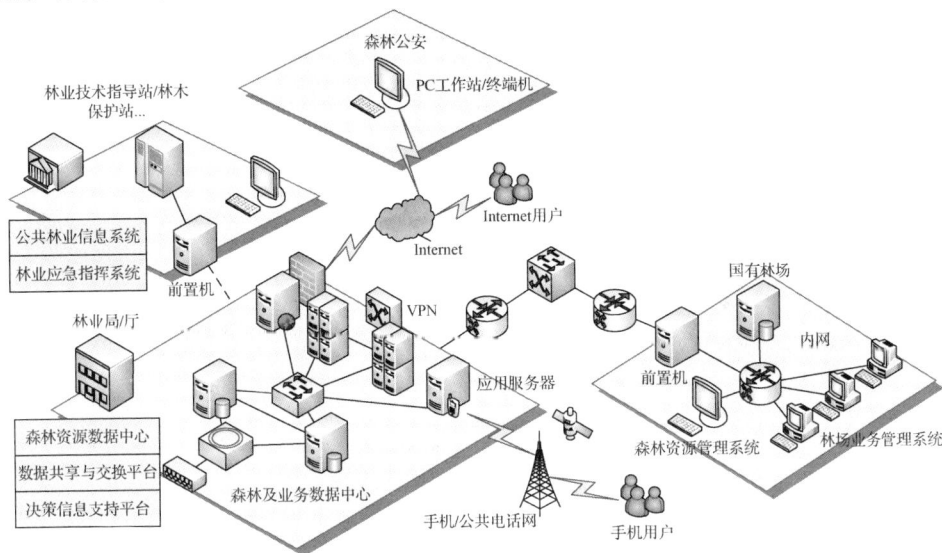

图 4-19　平台横向分级部署模式图

　　林业相关服务机构包括林业技术指导站和林业保护站等，这些接入点有条件可以拉专线实现，可以通过 ADSL 宽带使用 VPN 接入设备转接。

　　数据中心主要部署交换平台等公用类和管理类的系统，数据中心还将部署网站，短信平台等公共应用平台。

4.6　实证——福建将乐国有林场综合信息服务平台建设

4.6.1　将乐国有林场综合信息服务平台概要

　　"将乐国有林场综合信息服务集成平台"是针对福建国有林场特有工作业务

流程设计开发的一款面向国有林场整体信息化平台，无缝集成资源管理、林业 GIS 等多种外部上级专有系统，是通过计算机网络实现虚拟的协同工作平台，对办公事务和公文进行全面、完善的协同管理，建立用户的内部及与外部信息互访平台，提高信息交流的效率和共享程度，使各协作机构、各部门间的信息交流更为稳定、快捷、安全、可靠。通过统一的信息平台，打破了信息的部门和时间界限，实现信息资源共享，通过对信息的实时综合的利用，消除信息查询的人为障碍，简化工作环节，提高工作效率，同时多角度全方位统计分析功能为领导者提供决策支持。其总体框图如图 4-20。

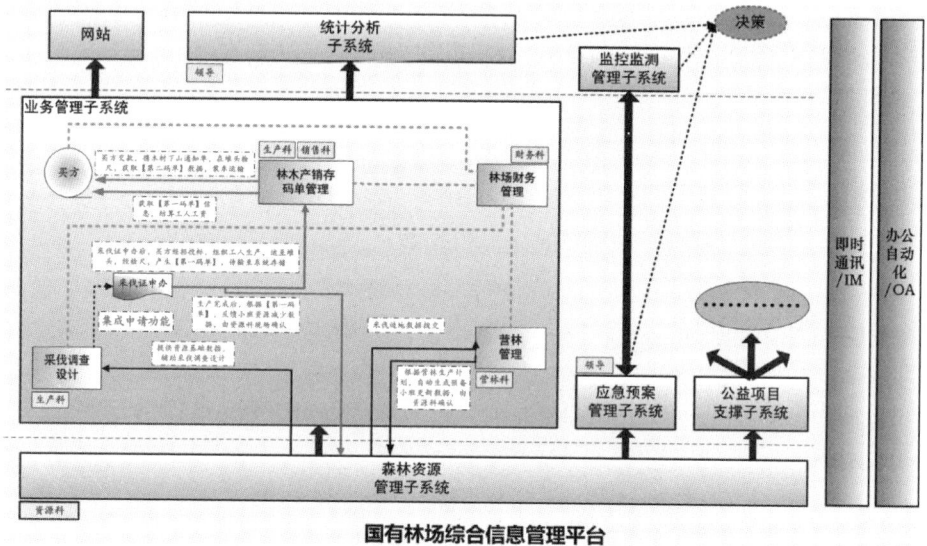

图 4-20　国有林场综合信息管理平台总体框图

福建省将乐国有林场位于福建省三明市将乐县境内，行政归属三明市林业局，在构建综合信息服务平台前，该林场在信息系统应用方面主要集中于森林资源的采伐设计与申请、资源管理和财务决算三个方面。其中财务决算系统属于财政部门推行的独立系统。林政管理采用福建省统一建设的"福建省林政管理业务应用系统"，林场作为终端用户远程访问该系统，该系统运行于林业系统的专线网络以确保数据的安全性。在资源管理方面，也是统一使用了由省林业厅推广应用的"福建森林资源监测管理系统"，该系统也同样运行于林政部门的专线网络，主要系统功能包括：连续清查子系统、年度变化子系统、生态公益林子系统、空间数据处理子系统、林业站子系统、共享与发布子系统、历史数据查询子系统、用户授权子系统等，该系统可应用于省、市、县三级，根据不同的行政级别和用户职能，设定不同的用户权限。国有林场拥有的主要权限在于年度变化子系统，通过年度变化子系统，各基层单位可以及时将当年的小班资源变化情况，通过变化卡片数据的形式，传输给上级单位，实现资源变化的年度更新。信息化手段还没有全面覆盖林业生产的所有业务，采伐申请、资源管理等系统，是配合于上级林政主管部门所运行的系统，缺少相应的信息系统来支持林场自身业务。

为了解决林场业务信息化的需求，利用林业综合信息服务基础平台对林场的业务流程和信息流程进行了分析，划分出基本信息系统（即原有系统）和扩展业务系统需求，并给出了相应的解决方案—建设国有林场综合信息服务平台，以实现林场业务系统和原有基本信息系统间的互联互通。该平台需要从林场原有的基本信息系统应用中获取数据，平台也向林场内部原有的基本信息系统应用提供信息共享、协同服务等功能。平台与林场原有基本信息系统应用之间的交互被视为互联互通性一个应用场景。平台从林场原有基本信息系统应用获取数据后需要内部各构件协同工作来提供对外服务，例如：注册服务构件与全程森林资源服务构件之间交互，这些平台内部构件之间的交互也是互联互通性的一个应用场景。

4.6.2 基于综合信息服务平台的信息系统

根据对其业务流程的分析，将乐国有林场综合服务信息服务平台设计要包括森林资源管理、林木采伐规划设计、林木产销存码单管理、营林业务管理四个子系统（图4-21）。

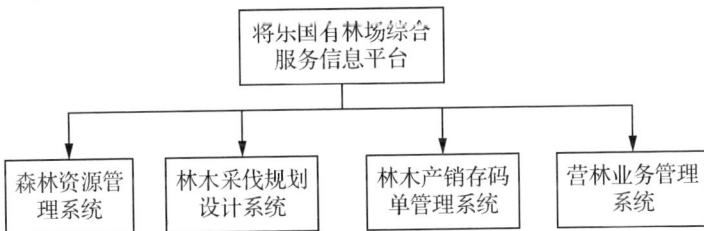

图4-21 将乐国有林场综合服务信息服务平台功能结构图

（1）森林资源管理系统：森林资源数据管理是国有林场综合信息服务集成平台的基础数据管理模块，以森林资源二类调查数据为基础，具有对森林资源的小班数据进行简易区划、管理（增删改查）、数据交换和统计的功能。根据对森林资源管理的业务流程分析（图4-22），设计了该系统功能结构（图4-23）。

（2）林木采伐规划设计系统：该子系统包括进行伐区规划、伐区调查设计管理（包括外业数据的处理、伐区调查设计书、采伐申请书及说明书等设计成果的编制）、采伐证管理、统计分析等功能模块。模块功能划分如图4-24。

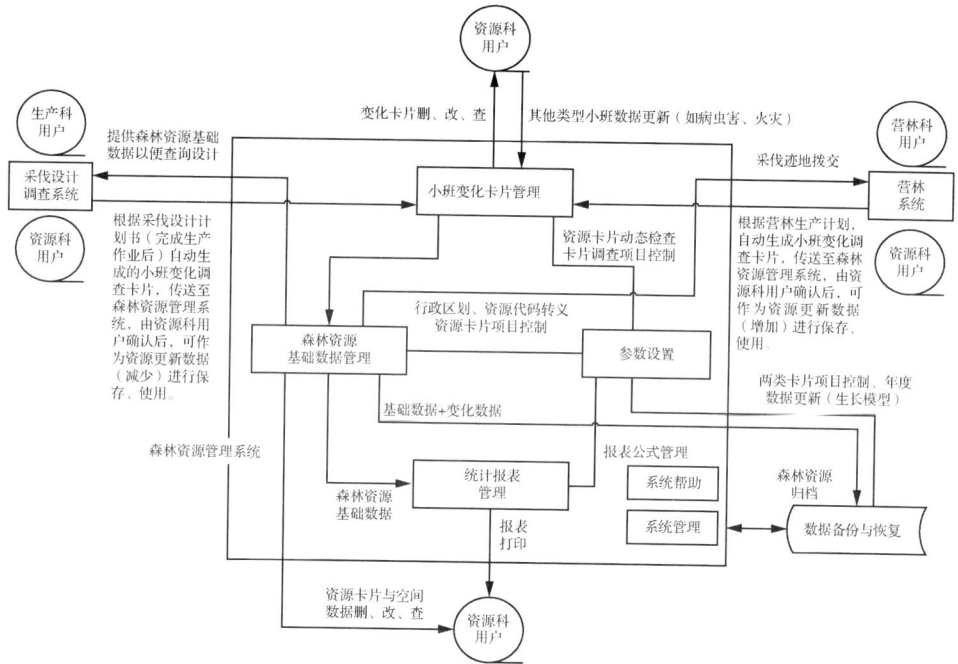

图 4-22　森林资源管理业务流程图

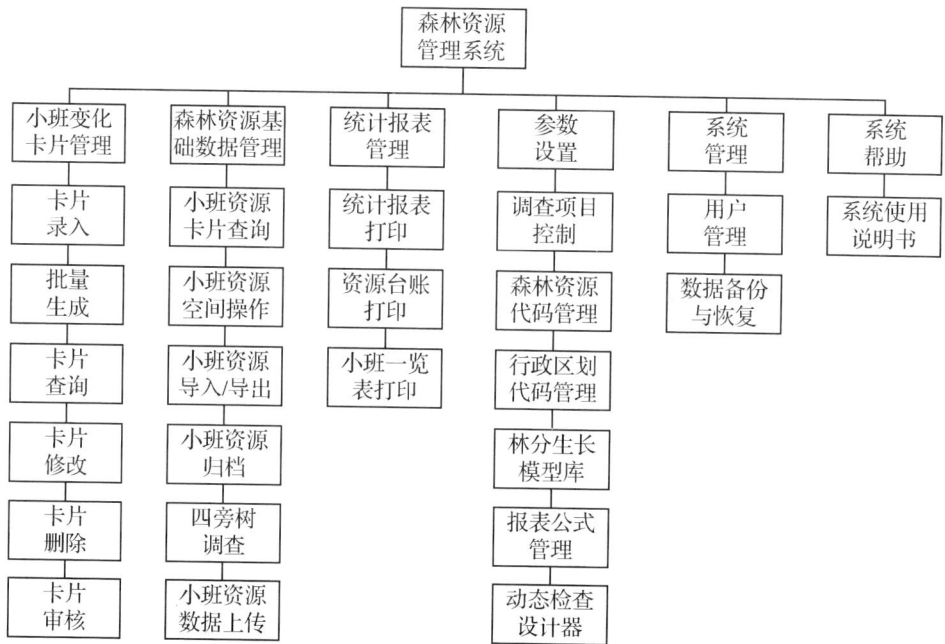

图 4-23　森林资源管理系统功能框图

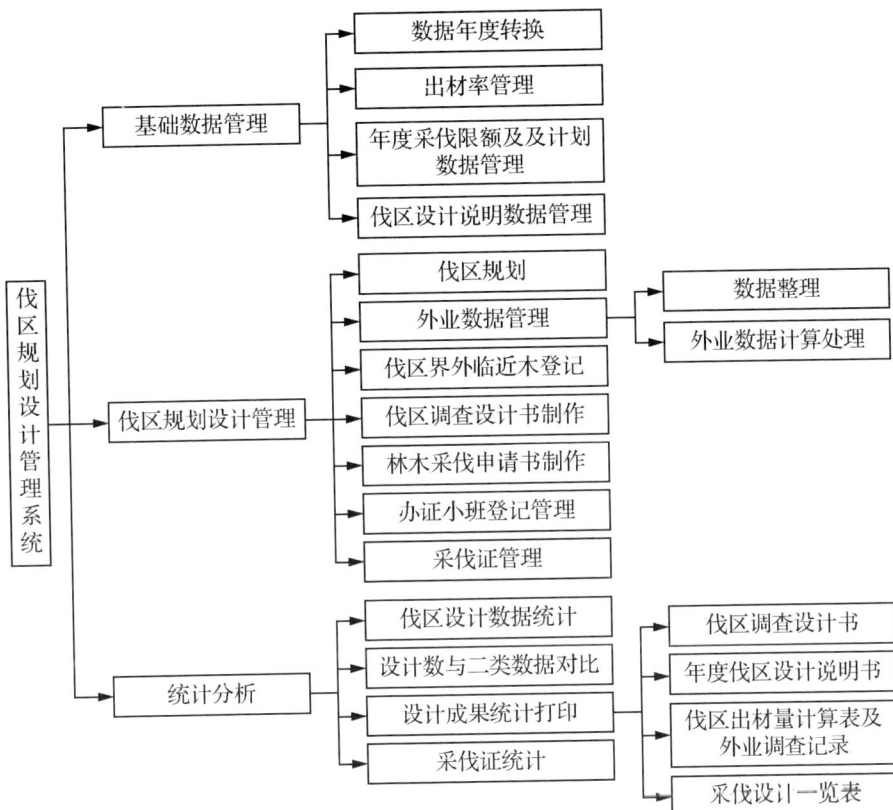

图 4-24 林木采伐规划设计系统功能图

（3）林木产销存码单管理系统：生产经营管理根据林场的生产经营科的职能，主要涉及投标山场的管理、对伐区界外的临近木情况进行登记、采伐限额的执行情况、社队林价结算情况、伐区木材生长现状统计和管护、林木伐区的采伐完成情况和统计以及出材量的统计。本功能的销售管理主要是对销售情况的账目、报表进行整理和统计，涉及进销、库存、木材流向等报表。其功能模块如图4-25。码单作为将乐国有林场一种变相的"有价"凭证，也是整个系统流转的核心数据，如何设计合理系统操作流程，同时保证"码单数据录入的准确性、安全性"与"工作效率的提高"，是本系统的设计关键。

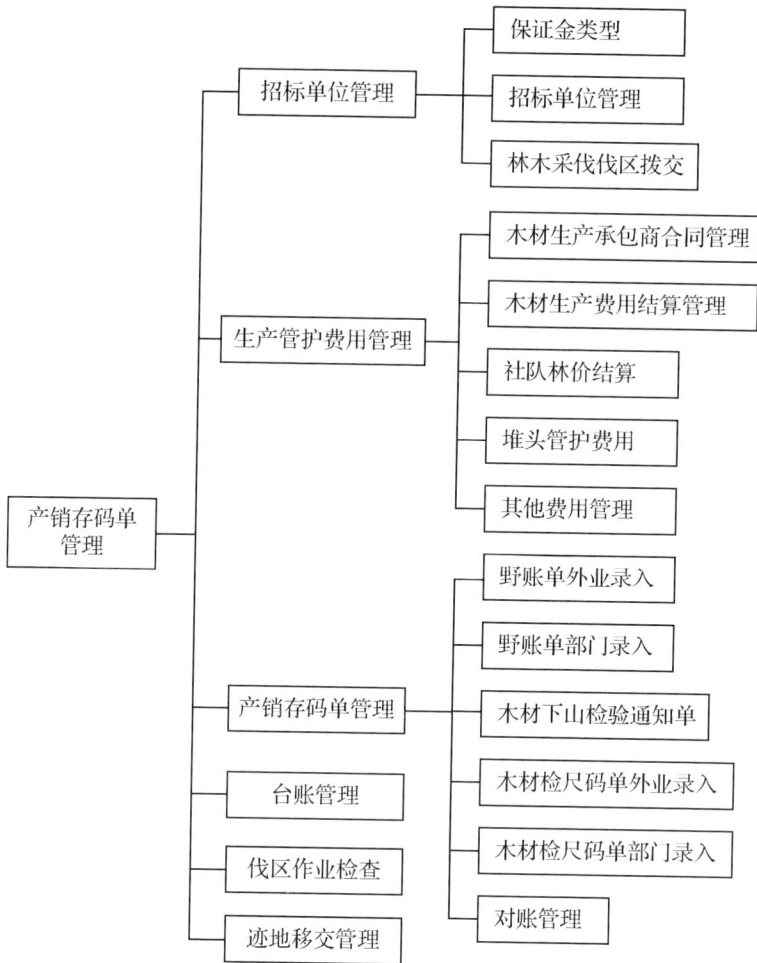

图 4-25　林木产销存码单管理系统功能图

　　（4）营林业务管理系统：该子系统根据营林业务，对已伐的迹地进行林木的再种植，涉及营林规划、幼苗抚育、造林施肥等业务。营林业务流程如图 4-26，系统功能模块图如图 4-27。

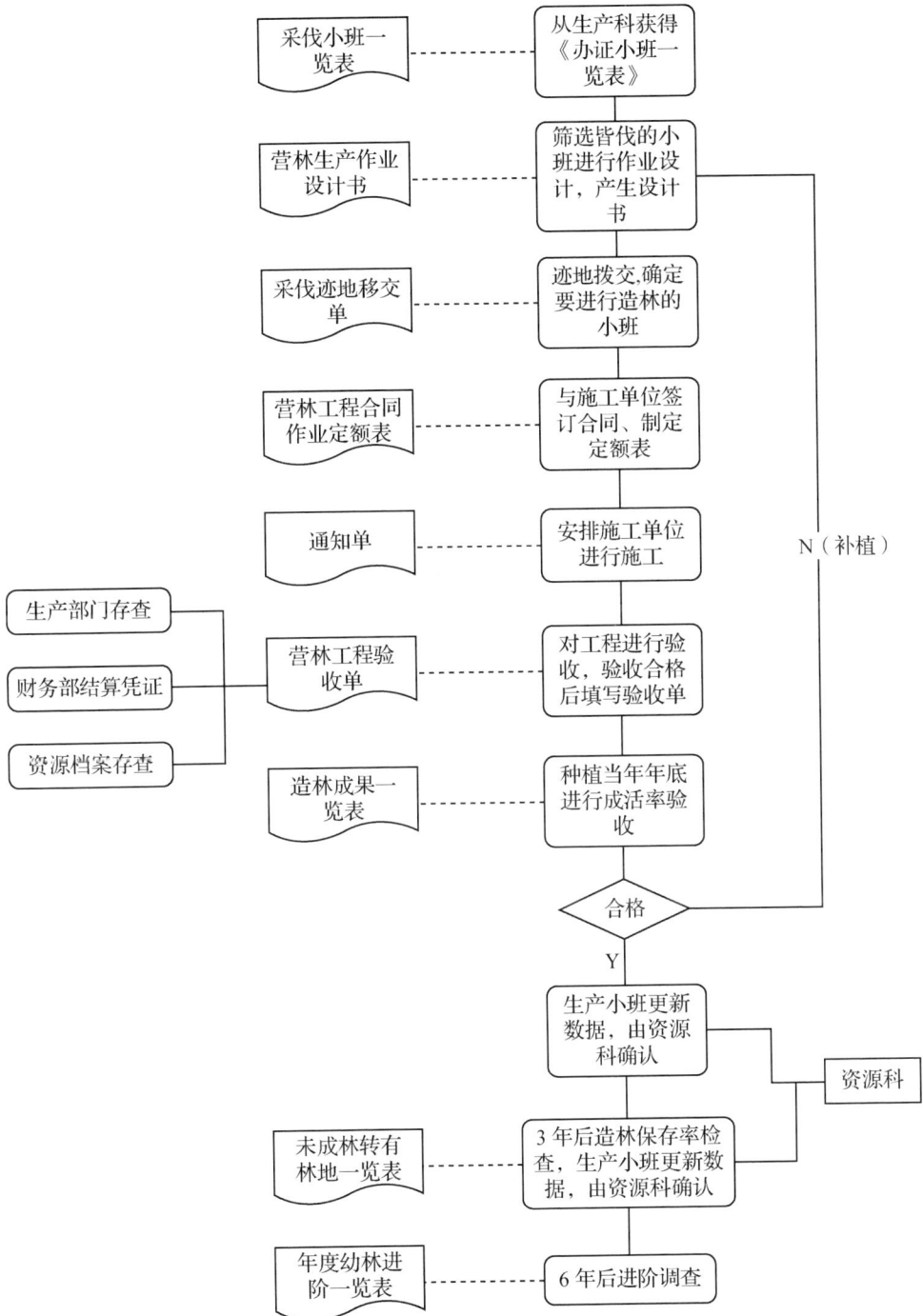

图 4-26　营林业务流程图

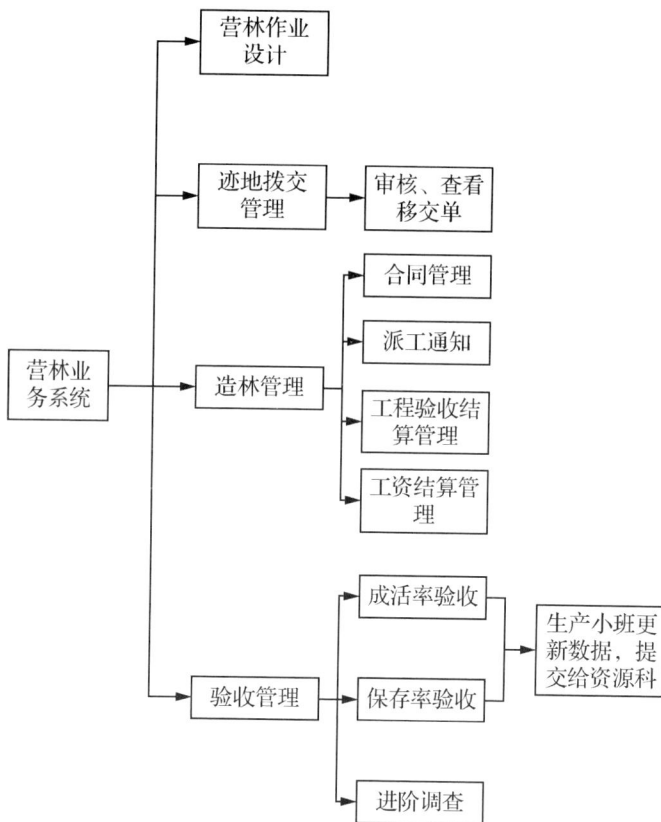

图 4-27   营林业务系统功能结构图

4.6.3   系统运行环境

该系统为 B/S 结构，运行环境 Windows，服务器端采用 . Net 技术架构，数据库采用 Sql Server 2005。浏览器端支持 IE 6.0 及更高版本的系统，FF 2 及以上版本，Safari 3.0 及以上版本，Opera 9.0 及以上版本，Chrome 等常用浏览器。系统使用的 ActiveX 控件只能够运行在 IE 浏览器中。

系统严格控制请求安全性；系统的权限设计灵活简便、粒度小，保证访问的安全性；系统应保证使用的可靠性。针对于系统数据，可设置数据级的权限控制，在整个系统中，确保每种角色和每个人员只可操作自己权限范围内的工作项目；针对于进价敏感问题，可更进一步设置每个用户的进价操作权限；针对于安全监控，系统全程记录每个操作员的操作日志，确保防而不漏，有据可查。当外界(停电、网络病毒)干扰本系统时，系统可以保护原始数据的安全。

系统操作过程中要保证对数据操纵的准确性、完整性、安全性和一致性。在数据传输中采取相应的加密/解密技术，保证传输中数据不丢失、不失真、不被窃取、不被篡改。同时，当一段时间内用户没有操作时，系统自动断开连接。在数据存储方面，需要对存储的数据进行定期备份，备份数据可以依照需要进行恢复；数据备份和程序备份要分开进行。

4.6.4 系统运行实例

（1）系统登录界面：系统提供单点登录和安全的身份认证功能，用户只需一次身份验证即可访问所有该角色权限下允许访问的数据和系统。缺省条件下，经过身份认证的用户只拥有该用户角色的权限，即只能访问自己业务范围内的数据资料。业务人员的数据访问权限和 IT 维护人员的数据管理权限要分离，即业务与技术分离；另外，同一个用户不能同时拥有业务权限和技术管理权限（图 4-28）。

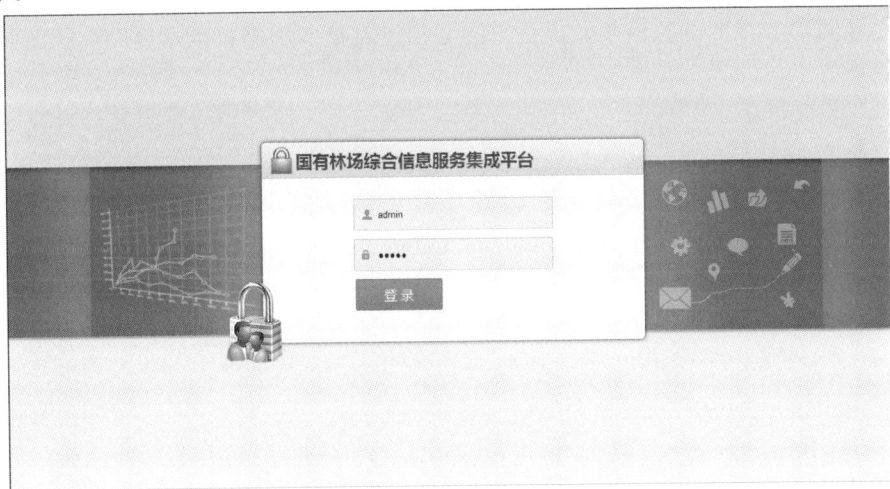

图 4-28 系统登录界面

（2）系统主界面：主界面采用类似 windows 桌面的风格，将角色的主要功能按图标分项显示在桌面上，如图 4-29。

（3）系统管理设置界面：如图 4-30 所示，该系统具有灵活的权限设置功能，系统管理员可以根据需要在功能层面为每个用户分配数据查询、修改等权限。

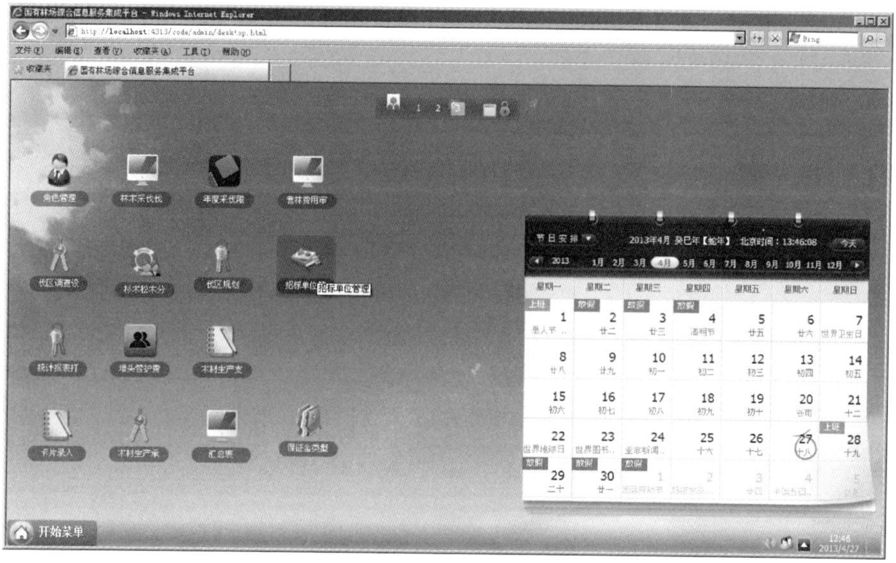

图 4-29 用户工作主界面

图 4-30 管理员用户功能

(4)具体业务人员界面举例:图4-31、图4-32分别显示了林木采伐规划设计系统中林木采伐伐区拨交功能的具体操作界面和森林资源管理中基于 GIS 的基本统计分析功能。

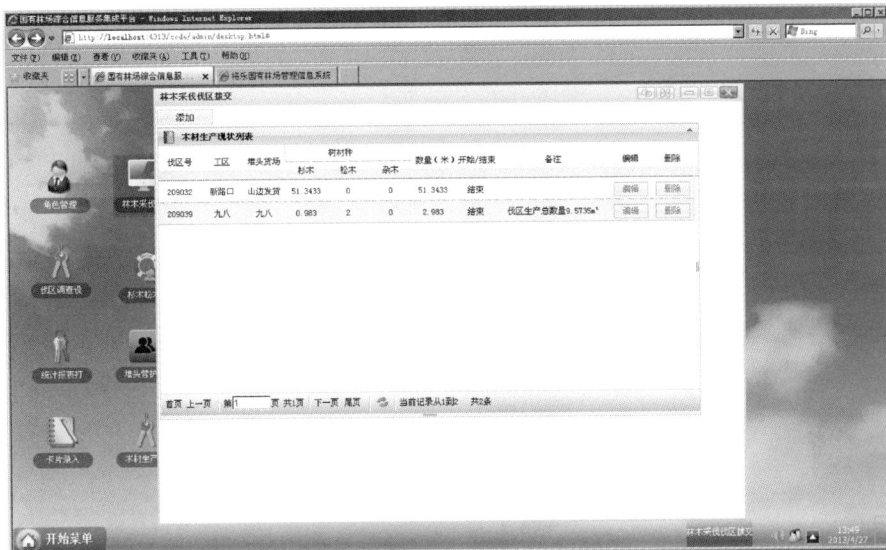

图 4-31 林木采伐伐区拨交功能界面

图 4-32 基于 GIS 的统计分析界面

(5)与已有系统无缝衔接：将乐国有林场综合信息服务平台可以和林场原有正在使用的各个系统实现无缝对接，图 4-33 给出在该系统中调用福建省林政管理业务应用系统的运行实例，系统还可以共享有权限访问的远程系统的数据资源。

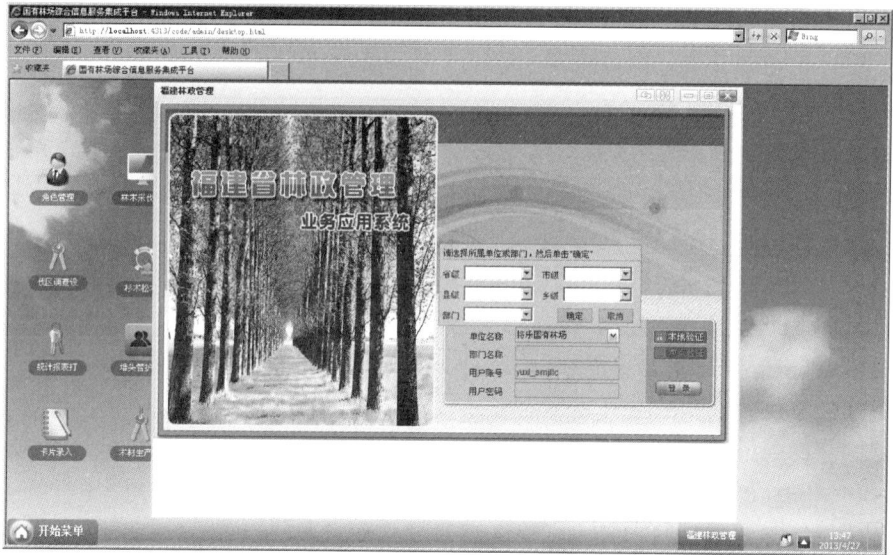

图 4-33　无缝嵌入原有系统实例

4.7　小　结

本章通过分析林业信息化的现状，讨论了区域林业信息综合平台的用户类型、主要功能以及几种模式的数据来源；从平台架构、框架以及构件组成等方面对区域林业信息综合平台进行分析，详细讨论了数据存储类型、系统架构类型以及数据利用模式；提出集成系统要提供的一系列技术服务构件：信息资源存储构件、信息共享和协同服务构件、全程森林资源服务构件、信息结构构件、内部系统数据交换、数据仓库以及森林资源浏览器等；随后概括提出平台总体技术架构到详细讨论具体数据交换、存储和展示的技术方案以及网络平台和安全保证体系方案，其中，对数据交换技术方案的讨论包括企业服务总线、数据接口方式、业务组件服务、运行监控管理、平台配置管理以及技术方案选型；为保证系统的兼容性和原有系统的固有特点，提出集成原有系统和新的业务功能需求的标准规范管理方案和实施部署模式。基于这一思想和方案可以构建各种专项的业务信息系统，实现原有系统到新系统的移植、信息共享。最后，以福建将乐国有林场综合信息服务平台为例，运用本章提出的集成平台架构思想，搭建了一个集原有系统和新建业务功能于一体的综合服务实例系统。

第 **5** 章

面向资源管理的移动信息服务及其关键技术

森林资源管理是林业管理的核心，它的状态与运动方式，决定着林业的状态与运动方式，业内十分重视这一领域，不断在理论、方法、技术上进行探讨与实践。科技工作者利用固定平台做了大量工作，支持管理活动，取得良好的效果。但是，林业工作者和林区内的公众越来越要求在任何地方、任何时候都能够得到满意的信息服务。这就需要根据林业和服务对象的特点、需求，选用相应信息技术，两者融合，产生新技术，支持信息服务。移动信息服务融合了信息技术中的诸多新技术，如地理信息系统(Geographic Information System，GIS)技术、空间定位技术、嵌入式技术、移动计算技术、网络通信技术等，它可以和林业业务融合，建立新的服务系统。发展中的移动信息服务，利用移动平台和移动通信技术，开创了一个解决全面信息资源开发、利用的新途径。本章将简述面向林业资源管理的移动信息服务的要求，讨论其模式、组成和特点；移动信息服务的相关技术，其中包括地理信息系统技术、移动终端无线定位技术、信息的无线传输技术、信息的移动表现技术等；而后总结并探讨面向资源管理的移动信息服务的类型及其体系结构、移动信息的存储方法和展现方法；最后列举出四个典型案例以供参阅。

5.1 探索适应需求的林区信息服务模式

5.1.1 我国林区及其森林资源特点

森林资源是林业的主要管理、经营对象，广大国有和集体林区是林业主战场。覆盖在全国 21.63% 土地上的森林面积达到 2.08 亿 hm^2，位居世界第 5 位。其中，天然林面积 1.22 亿 hm^2，人工林面积 0.69 亿 hm^2。东北、西南地区，大面积集中经营着国有林，其他地区间有小面积分散经营的国有林。南方广大地区，形成了以经营更小分散面积的森林为主的集体林区。

林区共同的自然经济地理特点是位处偏远地区，多为高山、高原，地形地貌复杂，交通不便，通信困难，人口稀少，经济、文化相对落后。运用于城市、平原的信息服务手段和方式、方法，不适合在林区使用，勉强使用势必是高投入、低产出。林区的信息服务环境和条件十分不利，当前的信息服务水平，远落后于其他地区和行业。

5.1.2　目前存在的森林资源问题

我国森林面积虽大，森林蓄积虽多，但仍然是一个缺林少绿、生态脆弱的国家。森林覆盖率远低于全球31%的平均水平，人均森林面积仅为世界人均水平的1/4，人均森林蓄积也只有世界人均水平的1/7，森林资源总量相对不足、质量不高、分布不均，社会、经济、生态效益低，林业发展还面临着巨大的压力和挑战。这些压力和挑战包括：①实现2020年森林增长目标任务艰巨；②严守林业生态红线面临的压力巨大；③森林有效供给与日益增长的社会需求的矛盾依然突出；④加强森林经营的要求非常迫切。通过增加科技投入，实现真正意义上的科技兴林仍任重道远。

5.1.3　面向资源管理的信息服务需求

广大林区的经营单位，生产和管理人员，需要提高科学经营管理水平。这就要求不仅在室内，而且在野外也能够获取（或者具备）适时、科学、准确、多样化的信息，以便就地掌握森林资源状态和运行方式；取得解决现实问题的方案，提供可选择的方式、方法；需要随时进行监管森林资源，更新数据，提高效率和效益，实现真正的精细经营和管理。进入林区的公众，需要随时随地地学习知识、观察森林资源、为其提供导航等服务。所有人，都关注着新的服务模式的诞生。

5.1.4　支持信息服务的新技术

林业系统中遥感、地理信息系统应用广泛，近年又引进、研究和使用物联网、云计算、大数据等技术，为了适应林业特点，不仅需要固定的平台，也需要移动式平台的支持。移动信息技术，可以解决提供野外服务的问题。它和林业业务有机的融合，自主建设相应平台，支持实时的、移动的信息服务。对于新技术，在林业方面的应用步骤遵循下述原则：首先是学习，然后引进，最后才能实现融合创新。

5.2 移动信息服务的模式

面向资源管理的移动信息服务(以下简称为"移动信息服务")的最终目标就是实现随时、随地为所有人和事提供实时服务。由于服务的结果是通过移动终端设备表现给移动用户的,所以移动终端设备成为移动用户与信息服务交互的工具、信息存储和表现的载体。根据移动信息服务建立过程的不同、信息获取途径的不同以及信息服务的方式的不同,可将移动信息服务划分为离线模式、有线网络模式、无线网络模式和混合模式。

5.2.1 离线模式

离线模式是指移动信息服务的提供与获取不需要网络支持,所有服务的过程都在移动终端本地完成,该模式要求移动终端具有独自提供与获取移动信息服务的能力。所以,移动终端需要移动数据库和移动 GIS 的支持。其中,移动 GIS 需具备存储、显示、查询和检索空间信息的能力,甚至一些简单的空间分析能力。

该模式下的移动信息服务的建立主要是数据(空间、属性数据)和服务功能的准备。数据可以通过同步软件从桌面计算机中获取,或者是通过闪存(Flash Memory)直接存储;服务功能主要是针对专项需求的专业服务。

移动信息服务的数据在移动终端本地存储和管理,服务功能也是在本地完成。由于这种模式下的移动信息服务全部在移动终端完成,所以系统的响应速度快,但是在对实时动态更新的信息服务方面显得无能为力。

5.2.2 有线网络模式

有线网络模式与离线模式的主要区别在于建立移动信息服务过程中对数据,特别是空间数据的准备方式不同,前者需要移动终端设备与服务中心的服务器通过有线网络建立连接,下载所需的数据并存储到本地。

该模式需要提供从网络下载数据的工具,而且下载的数据需要与系统具有很好的兼容性和集成性。

因为提供的服务都是在移动终端本地,所以同离线模式一样,具有数据访问速度快、系统响应及时的优点,但比离线模式更有利的一点就是:该模式只要在 Internet 的任一结点上便可以更新空间、属性数据和相关专题信息,但是这种数据和信息的更新不是实时的,要受到时间和地点的限制。

5.2.3　无线网络模式

无线网络模式就是指移动终端设备通过无线通信技术和无线互联网技术与服务器建立连接，实时地获取所需的数据和专题信息。在这种模式下，所有的服务、空间、属性数据及专题信息数据都放在互联网上，服务的请求和响应都需要无线网络的支持。

网络的资源是丰富的，提供的服务也比较全面、多样化，该模式能让用户获取最新的数据和最优的服务，而且所有的移动终端都连接成一个有机整体，为数据的动态更新提供基础，为人们在林区的生产、生活活动中的紧密联系提供了方便。如一个调度系统，指挥中心需要清楚所有移动终端的具体位置，这样才能实时地、高效地进行调度处理。

这种无线网络模式是移动信息服务的最终目标，能使人们真正随时随地地获取与位置相关的移动信息服务。

5.2.4　混合模式

由于林业移动信息的服务区域大多为偏远的林区，无线网络信号差，基于无线网络模式的信息服务通常无法发挥作用，但部分服务还存在实时更新数据或工作人员指挥调度的需求。因此目前的林区信息服务主要采取由前三种模式组成的混合模式。对于长时间固定不变的空间、属性数据和专题信息，可以使用离线模式或有线网络模式，对于实时动态更新的数据和信息，则采用无线网络模式，这样就可缓解速度和资源上的不足，使整个移动信息服务更加成熟化、实用化。但随着第三代移动通信网络相关技术的逐渐成熟和第四代移动通信网络技术的起步和发展，独立的无线网络模式必将成为未来面向资源管理的移动信息服务模式的发展趋势。

5.3　移动信息服务的组成与特点

5.3.1　移动信息服务的组成

移动信息服务不仅是指一种具体的基于移动计算的应用，更是一个集成系统。移动信息服务一般由移动终端(客户端)和服务中心(服务器端)两部分组成，它们之间通过无线通信网络和互联网连接，如图 5-1 所示。对于一些基本的、简单的操作和请求，移动终端可以不请求服务中心而独立完成，而对于那些比较复杂的移动终端不能实现的功能或是需要动态数据支持的功能则需提交给服务中心，通过服务中心的处理后将结果返回给移动终端。

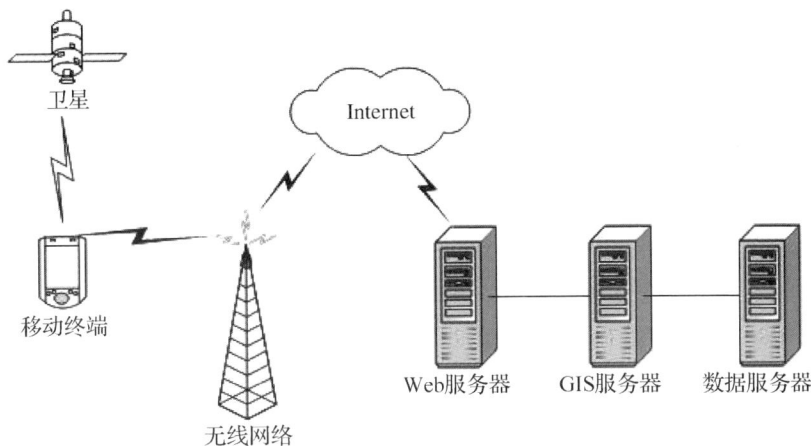

图5-1 面向资源管理的移动信息服务组成结构图

无线通信网络有早期的个人移动电台，GPS卫星系统的通信网络，还有基于蜂窝通信系统的全球移动通信系统（Global System for Mobile Communication，GSM）、通用分组无线服务技术（General Packet Radio Service，GPRS）、码分多址（Code Division Multiple Access，CDMA）、长期演进技术（Long Term Evolution，LTE）等。其中，以蜂窝系统移动通信网络中的CDMA技术应用最为广泛，也是移动信息服务运行的最主要的通信网络。随着互联网技术的不断发展，Internet在向宽带发展的同时也开始向无线移动方向发展，也就形成了移动互联网。

移动终端设备必须是便携、低耗的移动电子设备，如个人数字助理（Personal Digital Assistant，PDA）、智能手机、平板电脑等；以及用于连接无线网络进行传输数据及相关专题信息的无线通信设备，如GPRS、CDMA等通信模块，这些设备必须有用于快速精确定位的接收机，如GPS接收机。

服务中心由Web服务器，GIS服务器和数据服务器组成。Web服务器负责通过Internet网络，与终端和其他服务器进行信息交互。GIS服务器提供定位服务、空间分析、空间数据更新、下载、查询及相关专题信息搜索等服务。数据服务器是移动信息服务数据（GIS数据、属性数据、专题数据等）的存储中心，为移动信息服务提供数据来源，并且对数据进行高效管理，它是GIS应用服务器进行信息服务的数据基础。

所以，移动信息服务的主要流程是：移动终端首先通过GPS接收机获取具体位置信息，然后通过无线网络向服务中心发送位置信息和服务请求（如果是移动网络定位，位置信息由服务中心在定位服务器中取得），服务中心根据移动终端的具体位置，对服务内容进行响应，整个流程如图 5-2。

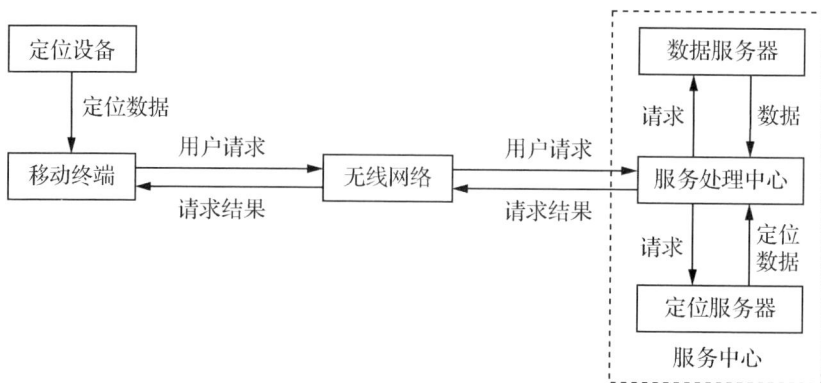

图 5-2   移动信息服务工作流程

5.3.2   移动信息服务的特点

面向资源管理的移动信息服务具有以下特点：

(1)移动性：服务可以从独立的移动终端设备上获取，也可以通过无线网络实时地从服务器上获取，服务的结果都是在没有任何束缚的移动环境中展现给移动用户的。

(2)动态性：作为一种应用服务系统，应该能根据用户受时间、环境变化影响的需求实时地提供服务。

(3)智能性：用户需求的不仅包括信息数据，还有针对某种问题的知识，甚至智能决策方案。

(4)位置依赖性：移动终端集成了多种定位技术，对服务的需求都是和当时位置相关，是由位置而衍生的服务。

(5)终端多样性：用户与服务的交互是以移动终端为载体的，移动终端有多种类型，如 PDA、智能手机、平板电脑等，而这些设备采用的技术没有一个统一的标准，这就造成了移动终端的多样性，所以移动信息服务需要适应终端的多样性，并充分利用终端的信息表现能力。

(6)信息载体多样性：移动用户与服务器之间的交互信息非常丰富，除了空间、属性数据以外，可能还有图像、语音等多种信息。

(7)分布式数据源：用户需求的服务丰富多样，任何单一的数据源都不能满足要求，它们要求有分布式数据源的支持。

(8)弱稳定性：移动终端常会主动地接入或被动断开，从而形成与网络间断性地接入与断开。

(9)资源有限性：移动终端的电源能力是有限的，通信网络的带宽、移动设备的存储、计算等性能也是有限的。

5.4 移动信息服务相关技术

根据移动信息服务的模式、组成和特点可以看出，移动信息服务融合了信息技术中的诸多新技术，如 GIS 技术、空间定位技术、嵌入式技术、网络通信技术等。

归纳起来，移动信息服务涉及的主要技术有地理信息系统技术、移动终端无线定位技术、信息的无线传输技术、信息的移动表现技术等。

5.4.1 地理信息系统技术

有效部署和管理的多源分辨率空间信息及与之相关的专题信息是移动信息服务的一大信息来源。而空间信息和数据的部署与管理是由 GIS 技术来支撑的，所以 GIS 技术的发展对移动信息服务有着非常重要的作用。

目前 GIS 从桌面时代的 Desktop GIS、网络时代的 Web GIS 迅速发展到移动时代的移动 GIS，它们在移动信息服务中扮演着重要的角色，尤其是移动 GIS 和 Web GIS，为移动信息服务的产生和发展奠定了基础。GIS 的不断发展，从 GIS 功能、技术层面上满足了移动信息服务的信息处理智能化、信息服务个性化、信息来源多源化、位置服务动态化等需求。

5.4.1.1 移动 GIS 技术

GIS 自诞生以来其发展就与计算机硬件、通信网络的发展密切相关。近年来，PDA、智能手机、平板电脑等移动计算机（统称移动终端智能设备）的出现，使得 GIS 和移动终端设备的结合成为可能，GIS 呈现出由室内桌面系统向室外移动计算终端系统发展的趋势；同时，无线通信网络和互联网技术的飞速发展对传统 GIS 提出了挑战，人们急切要求走出固定网络、有线互联的束缚，显然传统 GIS 已经不能满足人们对 GIS 技术的需求，从而使得基于移动计算和无线网络的地理信息系统的产生成为必然。

人们把用户（移动终端设备）处于移动情况下使用的地理信息系统，称为移动 GIS（Mobile Geographic Information System, Mobile GIS）。用户（移动终端设备）所处的环境称之为移动计算环境，它是一种以无线网络为主，支持移动用户访问网络数据，实现无约束自由通信和共享的分布计算环境。

实际上，移动 GIS 的定义多种多样，没有一个统一标准的术语，随着新技术的发展，它也在不断变化。总之，移动 GIS 的定义有狭义与广义之分，狭义的移动 GIS 是指运行于移动终端设备上并具有桌面 GIS 部分主要功能的 GIS，它不存在与服务器的交互，是一种离线运行模式；广义的移动 GIS 是一种集成系统，是 GIS、GPS、移动通信、互联网服务、嵌入式技术等的集成。但人们普遍认为移动 GIS 就是基于移动计算环境下的地理信息系统。

　　移动 GIS 的发展经历了三个阶段：对移动 GIS 的研究始于 20 世纪 90 年代初期，它仅仅是一个移动的雏形，通过一个中间转换步骤达到室内和野外采集的空间数据同步，早期的移动 GIS 功能还不强大，移动范围狭窄，实时性差，而且受到许多技术上的限制，其应用范围相当狭小并且专业性强。自 20 世纪 90 年代中期以来，计算机软硬件发展迅速，电子移动终端设备不断涌现，美国的全球定位系统(GPS)部署完成，此时的移动 GIS 进入了 GIS 和 GPS 结合的发展阶段，这时的移动 GIS 应用领域比较广泛，各种与移动计算相关的行业都利用移动 GIS 进行室外数据采集和移动办公的尝试，应用领域有野外数据采集、智能汽车、智能交通等等。随着无线通信技术的发展，特别是第三代移动通信网络 CDMA 和第四代网络 LTE 等的出现，移动 GIS 逐步从以 GPS 为核心向着以无线通信网络为核心的方向发展。近年来，由于 CDMA、LTE 无线网络的迅速发展，其传输速率大幅度提高，同时支持互联网接入，这就使得经过压缩后的空间数据可以在无线网络中传输，而且可以接入互联网，与远程的服务器进行空间数据交换，从而可以满足大量的大众化空间信息需求。这时的移动 GIS 应用更加广泛、大众化。移动 GIS 为用户带来了极大便利，人们只要利用移动 GIS 就可以迅速查询到用户当前所需的大量信息。

　　移动终端设备是基于移动服务的新一代数字产品，它具有轻盈小巧，携带方便，操作灵活，功能强大等特点，逐渐被越来越多的人所接受和喜爱。PDA、智能手机、平板电脑等这些移动终端设备已成为人们移动办公和数字生活必不可少的组成部分。同时，无线网络技术摆脱了有线电缆的约束，实现随时随地的无线接入，移动蜂窝通信技术(以 GSM、GPRS、CDMA、LTE 为代表)、蓝牙技术、IEEE 802.11 技术等已经实现了"任何地点、任何人、任何时间"连接到"任何信息"的美好设想。建立在移动终端设备和无线互联网技术之上的移动 GIS 结合了这两者的优势，使得移动用户(移动终端设备)能够随时随地通过无线接入方式上网，以前只有在办公室或家里才能获取的信息服务，现在却可以在室外、甚至林区中获得，所以说移动 GIS 技术是实现移动信息服务的重要技术手段，它为移动信息服务的最终服务结果提供了展现平台，同时又是用户获取移动信息服务的交互平台。

5.4.1.2 Web GIS 技术

　　Web GIS 是一种典型的基于 Internet 的网络 GIS，是 GIS 技术和 Web 技术的有机结合，是在 Internet 网络环境下的一种传输、存储、处理、分析、显示与应用地理信息的计算机信息系统。Web GIS 是传统 GIS 在网络上的延伸和发展，具有传统 GIS 的特点，可以实现空间信息的检索、查询、分析等 GIS 基本功能，同时也是 Internet 上空间信息发布、共享和交流协作的基础。所以 Web GIS 的基本思想是在互联网上提供空间信息，让用户通过网络获取远程地理信息系统中的数据和功能等服务。

正如中国科学院徐冠华院士所指出的"遥感、GIS 的生命力在于应用"，Web GIS 技术已经日益渗透到日常的生产生活中，并且在其中发挥着越来越大的作用。Web GIS 提供了一种空间信息发布的方式，可以在线查询空间信息，有利于Web 资源的共享，推动了 GIS 的快速发展，使 GIS 走向分布式、企业化、社会化、网络化、智能化，真正成为人们日常生活的助手。

近年来，随着相关业界规范的制定和完善，Web GIS 正朝着标准化、互操作这一方向发展：支持 GML 编码的服务器端逐渐增多，并开始支持 Open GIS 的空间数据请求和响应传输协议标准。

随着 Web Service 技术的兴起，一系列的服务、通信标准的制定，为 Web GIS 的互操作提供了有利条件，为移动信息服务的发布提供了新的途径。Web 服务是一种自包含、自描述的模块化应用程序，可以通过互联网进行发布、定位和调用。一个 Web 服务可以只提供一些简单的请求响应，也可以提供复杂的商业逻辑处理。Web 服务部署成功后，就可以被其他程序(如另一个 Web 服务)发现并调用。多个 Web 服务之间可以实现复杂的功能聚合。Web 服务与移动空间信息的结合形成了移动空间信息 Web 服务，不同的移动空间信息 Web 服务可以形成一个动态的、开放互操作的服务链，从而可以完成多样化服务的综合与统一。

所以，Web GIS 是在网络上提供移动信息服务的重要工具，是移动信息服务的重要服务平台。Web GIS 的互操作有助于移动空间信息的资源共享和服务功能共享，使得获取移动空间信息服务的方式简单化、实用化，提高了服务的质量。

5.4.1.3 地理信息系统技术评价与选择

GIS 的发展推动了面向资源管理的移动空间信息服务的兴起，为其奠定了基础，同时移动信息服务的需求为 GIS 提出了新的要求，促使 GIS 在体系结构和服务模式上不断改进，从而提供更加便捷的服务。

面向资源管理的移动空间信息服务，应针对不同的应用场景和需求，选择不同的地理信息系统技术。对于单个应用而言，如野外调查和数据采集的服务，应用场景往往在偏远的林区，为满足服务对于设备便携性的要求，应采取移动 GIS 平台构建应用服务；对于人员调度、监控、指挥工作等服务，需实时获取多终端上报的位置或数据，随后下达指令，因此应采用 Web GIS 技术；当需要对获取到的大量数据进行处理和分析时，应在已发展成熟的 PC 端 Desktop GIS 平台中进行。而完整的林业信息服务体系，往往是上述三类 GIS 技术组合实现的，缺一不可。

5.4.2　移动终端无线定位技术

移动信息服务是建立在无线移动定位基础上的服务。移动终端采用卫星定位等多种手段获取用户位置，并实时地把这一位置信息通过移动通信网上传至服务器，服务器根据用户的具体位置和相应请求进行分析处理，然后将处理结果通过移动通信网络回发给移动终端。因此，移动终端的移动定位技术是获取服务的前提，在移动信息服务中占有基础性的地位。

移动定位技术在无线移动领域具有广泛的应用前景，无线定位技术是通过对接收到的无线电波的某些参数进行测量，根据特定的算法来判断被测物体的位置，测量参数一般包括信号的传输时间、幅度、相位和到达角等。定位精度主要取决于测量的方法。

实现移动定位的技术方案包括三种：基于移动网络的技术方案、基于移动终端的技术方案以及两者相结合的组合定位技术方案。基于网络的定位技术其测量是发生在网络端，这类定位技术有起源蜂窝小区（Cell Of Origin，COO）定位技术、前向链路（Advanced Forward Link Trilateration，AFLT）定位技术、角度到达（Angel Of Arrival，AOA）定位技术、抵达时间（Time Of Arrival，TOA）定位技术、抵达时间差异（Time Difference Of Arrival，TDOA）定位技术、增强型观测时间差（Enhanced-Observed Time Difference，E-OTD）定位技术等；基于终端的定位技术其测量则是发生在终端，这类定位技术有全球定位系统（Global Positioning System，GPS）、北斗卫星导航系统（BeiDou Navigation Satellite System，BDS）、格洛纳斯（GLONASS）、伽利略卫星导航系统（Galileo satellite navigation system，GNS）、辅助 GPS 技术（Assisted GPS，A-GPS）等。

5.4.2.1　基于移动网络的定位技术

COO 定位技术是美国 E911 无线定位呼叫第一阶段采用的技术，也是定位业务平台首先采用的定位方式。它利用移动终端所在基站小区标识号 Cell-ID 及相关无线环境数据进行粗略定位，即通过采集移动终端所处的小区标识号 Cell-ID 来确定用户的位置。移动终端在当前小区注册后，系统会有相对应的小区 Cell-ID 号。所以系统能够通过该小区基站的中心位置和小区覆盖半径粗略确定移动终端的位置。该定位方案的优点是系统安装简单，响应时间短，但是它的定位精度取决于基站的密集程度、小区半径，定位精度比较差。

利用 AFTL 定位技术进行定位操作时，移动终端同时监听多个基站的导频信息，利用友码片时延来确定移动终端到附近基站的距离，然后用三角定位计算移动终端的位置。该技术要求移动终端和网络端都支持 IS-801 协议，定位精度一般，基站密度和地形环境是影响精度的主要因素。

AOA 定位技术在两个以上的基站上设置阵列天线，获取移动终端发射的无线电波信号角度信息，根据信号到达的角度，确定移动终端相对于基站的角度关系，只要测量一个移动终端距两个基站的信号到达角度，就可以通过交汇法确定出移动终端的位置。它只需利用两个天线阵列就能完成目标的初始定位，更多的天线阵列可以提高测量的精度。与 TDOA 等定位技术相比，该技术系统结构简单，在障碍物较少的地区可以得到较高的定位精度，但在障碍物较多的环境中，因无线传输存在多径效应而使误差增大，定位精度较低，而且信号到达角度测量需要定向天线，安装在移动终端后不利于携带，一直没有被广泛使用。

TOA 定位技术是通过测量电波信号从移动终端发送出并到达消息测量单元（三个或更多基站）的时间来确定目标移动终端的位置。在 TOA 中，移动终端位于以基站为圆心、移动终端到基站的电波传播距离为半径的圆上。通过多个基站进行计算，移动终端的二维位置坐标可由三个圆的交点确定。TOA 的定位精度与基站的地理位置分布关系很大，在几何精度因子（Geometric Dilution Of Precision，GDOP）比较差的情况，其定位精度会大大下降。而且由于 TOA 没有对所有接收器的共同误差进行处理，所以定位精度不高。和 COO 技术比较，这种技术实现比较困难。

TDOA 定位技术不同于 TOA，是通过检测信号到达两个基站的时间差，而不是到达的绝对时间来确定移动台位置的，降低了对时间的同步要求。移动终端定位于以两个基站为焦点的双曲线方程上，采用三个不同的基站可以测到两个TDOA，移动终端的坐标位置就是两个 TDOA 决定的双曲线的交点。该定位技术可应用于各种移动通信系统，与 TOA 相比，由于这种定位技术不要求移动台和基站之间的同步，在误差环境下性能相对优越，比较容易实现，精度也比TOA 高。

E-OTD 定位技术是通过放置位置接收器或参考点实现的，这些参考点分布在较广区域内的许多站点上，作为位置测量单元以覆盖无线网络。当移动终端接收到至少三个基站信号时，从每个基站到达移动终端的时间差将被计算出来，这些差值可以被用来产生几组交叉双曲线，这样就可计算出移动终端的位置。该技术可以提供 50 ~ 125m 的定位精度，但是它的响应速度较慢。

5.4.2.2 基于移动终端的定位技术

基于移动终端的定位技术主要是指定位解算的功能由移动终端来实现。移动终端通过接收机来接收空中卫星的导航信号，接收机内置有位置解算软件，定位过程不需要网络参与。

GPS 是 20 世纪 70 年代初美国出于军事目的开发的卫星导航定位系统，后来被广泛应用于全球卫星导航系统（Global Navigation Satellite System，GNSS），它利用卫星向接收机发送无线信号来确定接收机的位置，采用差分技术可以把精度提高到米级。GPS 是具有全球性、全能性（陆地、海洋、航空与航天）、全天候的导航定位、准确授时系统，可以在全球范围内实现全天候、实时地为用户连续提供精确的位置、速度和时间的信息。

GNS 是欧盟国家于 1999 年开始建设的民用性质的全球卫星导航系统，已于 2008 年投入使用。GNS 提供包括导航、定位、授时的基本服务和包括搜索、救援功能的特殊服务。另外，还提供应用于飞机导航、铁路运行调度、海上运输等领域的扩展服务。与 GPS 相比，GNS 具有以下优点：①设计成民用系统，可以提供高可靠、连续的定位服务，不受军事需求的干扰；②定位精度和信号覆盖均优于 GPS；③向用户发送卫星完好性信号。

GLONASS 是前苏联为满足授时、海陆空定位与导航、大地测量与制图、生态监测等研究，研制的全球卫星导航系统，目前服务范围已覆盖全球。与 GPS 相同的是，GLONASS 分别提供支持民用的标准精密导航信号和军用的高精密导航信号。但其发射频率、坐标系、时间标准与 GPS 均不相同。

BDS 是我国自主建设、独立运行，并与世界其他卫星导航系统兼容共用的全球卫星导航系统。自 2007 年第一颗北斗导航卫星发射升空以来，目前已有 16 颗卫星投入运行，可为整个东南亚地区提供定位、测速、授时以及短报文服务。根据北斗导航系统建设的"三步走"规划，将在 2020 年，建成由 5 颗地球静止轨道和 30 颗地球非静止轨道卫星组成的全球卫星导航系统。北斗导航系统建设遵循开放、自主、兼容、渐进的基本原则。即依据中国的技术和经济发展实际，循序渐进地建设成向全球用户提供高质量的开放服务，并可与其他全球卫星导航系统相互兼容且进行互操作的全球卫星导航系统。

第一代北斗导航系统"北斗一号"于 2007 年 2 月 3 日建成，可为用户提供全天候、区域性的快速定位、简短数字报文通信和授时服务。与 GPS 相比，"北斗一号"有如下特点：①首次定位速度快。通常可在几秒内即可完成，而 GPS 一般需要 $1 \sim 3 \min$。②集定位、授时和报文通信为一体，解决了"何人、何时、何地、何处"等关键问题。③授时精度高。单向授时精度达 100ns，双向定时精度达 20ns，远高于 GPS 的授时精度。"北斗二号"是建立在"北斗一号"基础上的第二代北斗卫星导航系统，分为区域系统和全球系统。区域系统已于 2012 年全部建成，系统在保留了"北斗一号"系统的短报文通信功能的同时，导航和授时性能也有所提升。水平、高程定位精度为 10m，测速精度为 $0.1 \sim 0.2 \mathrm{m/s}$，授时精度为单向20ns，双向10ns。另外，信号范围也实现了亚太大部分地区的覆盖。目前，"北斗二号"的服务水平已可以媲美GPS，并且具备独有的通信功能，搭载北斗模块的服务终端可以解决无线网络信号中断时的信息传输问题。因此，该功能可以在森林灾害预报、救援，人员与车辆的监控、指挥和调度等服务中发挥重要作用。

目前，由GPS、GNS、GLONASS和BDS构成的全球四大卫星导航系统均可为用户提供服务。用户可以采用双频/多频接收机同时接收多星座信号，可靠性和定位精度都有显著提高，可以满足对精度要求较高的用户的需求。表5-1为四大GNSS性能对比。

表5-1   GNSS 性能对比

GNSS	卫星数量		定位		授时精度	测速精度	通信
	当前	预计	定位模式	定位精度			
GPS	24	24	无源	10m	25ns	0.1m/s	—
GNS	4	30	无源	15m	25ns	0.1m/s	—
GLONASS	24	31	无源	12m	25ns	0.1m/s	—
BDS	16	30	有源/无源	10m	10ns	0.1m/s	120个汉字/次的短报文

由于GPS的首次定位时间需要2～3min，对于移动信息服务具有很大的限制。因此借助A-GPS为移动终端传输一些辅助数据，可以将首次定位需要的时间缩减到几秒。A-GPS基本思想是建立一个与移动通信网连接的GPS参考网络（广域差分GPS网络），网络中的接收机有良好的视野，可以连续运行。GPS参考网络连续实时监视卫星状况，并可以提供以下数据：移动终端的近似位置（或者基站位置）、卫星可见性、星历、时钟改正值、多普勒频移、每个卫星在每个历元的伪距噪声码相位。在移动终端或者定位应用的申请下，来源于GPS参考网络的辅助数据传送给移动终端内置GPS接收机，加快接收机的启动过程，辅助数据如：卫星的实时完整性、差分修正值、卫星历书、电离层延迟、UTC偏差。可以用来提高定位精度，缩短获取信号时间，并兼容不同的定位解算方案。A-GPS解决方案的优势主要在其定位精度上。在室外空旷地区，其精度在正常的GPS工作环境下可达10m左右，堪称目前定位精度最高的一种定位技术。该技术的另一优点是其首次捕获GPS信号的时间一般仅需几秒，优于GPS的首次捕获时间。

5.4.2.3 组合定位技术

组合定位技术是基于移动终端的定位技术和基于移动网络的定位技术的结

合。通过结合两种或多种定位技术的优点，使定位更加精确可靠。在网络覆盖比较差无法接收多个基站的信号时，或者基站位置不能构成最佳角度时，可以利用卫星定位提供高精度的位置信息，同时网络可以提供辅助信息来缩短定位时间和提高定位精度；在基站密集的地区，可以提供基于基站和卫星信号的组合定位；在接收不到卫星定位所需要的至少三颗卫星的信号时，可以利用移动网络来实现精确定位。表5-2 显示了几种比较典型的移动终端无线定位技术的比较。

表5-2　移动终端无线定位技术比较

	COO	AFLT	E-OTD	GPS	北斗	A-GPS	组合定位
定位精度	200m以上	40~400m	50~125m	10m	10m	5~100m	<10m
适用范围	基站覆盖	基站覆盖	基站覆盖	无遮挡	无遮挡	无限制	无限制
定位速度	<3s	<10s	<5s	<30s	<10s	<10s	<10s
终端要求	无	软件	软件	软件 GPS	软件北斗	软件 GPS	软件卫星
网络要求	软件	IS-801	IS-801	卫星信号	卫星信号	IS-801 软硬件	IS-801 软硬件

5.4.2.4　无线定位技术评价与选择

林区地形地貌复杂多变，卫星信号容易被山体、树冠遮挡，进而导致卫星定位中断或定位点漂移。另外，林区无线网络覆盖情况较差，信号时断时续。单纯依赖卫星或移动网络的定位方式难以满足信息服务中的定位需求。因此，面向资源管理的移动信息服务应采取多种定位技术组合定位的方式，如采取 BDS、GPS、GLONASS 双模、多模卫星定位与移动网络辅助定位的组合定位模式，以相互弥补缺陷，达到所需的定位效果。另外，在条件允许的情况下还可借助其他设备，如借助地面基站进行差分定位，或借助惯性传感器进行惯性定位等。

5.4.3　信息的无线传输技术

无线传输技术是移动信息服务的基础支撑技术之一。移动通信网络和互联网的发展及结合，为实现移动终端和服务中心能够传输信息奠定了基础。

5.4.3.1　无线网络技术

无线网络（Wireless Networks）技术是移动用户和有线网络（Wired Networks）之间最有效的桥梁，也是移动通信的关键载体。无线网络是有线联网方式的重要补充和延伸，并逐渐成为计算机网络中一个至关重要的组成部分。它是在有线网络的基础上发展起来的，使网上的计算机具有可移动性，快速方便解决有线方式难以实现的网络信道的联通问题。因而广泛适用于需要可移动数据处理或无法进行物理传输介质布线的领域。同有线网络相比，无线网络要面对如环境干扰、信道阻塞、各种噪音和回响等障碍，这就造成无线网络低带宽、高错误率和频繁断线等特征。

与有线网络一样，根据网络覆盖的距离可将无线网络分为如下几种：

(1)卫星网络(Satellite Network)是为全球服务的，对于一些偏远的地区，无线服务提供者(如无线通信运营商)不可能处处建立基站，所以一般的无线网络都不能够覆盖到这些地区，然而卫星网络可以覆盖全球，任何地点任何高度都有卫星网络的覆盖信号。

(2)无线局域网(Wireless Local Area Network，WLAN)是指以无线信道作传输媒介的计算机局域网。它是一个灵活的数据通信系统，能够取代或扩展现有的有线局域网络，以提供更多的功能。无线局域网一般分为室内移动办公和室外远距离主干互联，有效解决了有线布线，改线工程量大，线路容易损坏，网中各站点不可移动，特别是相隔数十公里的两局域网相连等问题。无线局域网具有像以太网等这类有线局域网的特性和优势，而且不受线缆连接限制，可以自由移动，具有较强的灵活性。

随着 IEEE 802.11 无线网络标准的制定与发展，使无线网络技术更加成熟与完善。能够给用户提供更加安全可靠、移动、高效、远距离的网络互联方案，并已成功的广泛应用于众多行业。

IEEE 802.11 是 IEEE(Insitute of Electrical and Electrouics Engineers)最初制定的一个无线局域网标准，主要用于解决办公室局域网和校园网中用户终端的无线接入，业务主要限于数据存取，数据传输速率最高只能到 2Mbps。由于 IEEE 802.11 在速率和传输距离上都不能满足人们的实际需求，因此 IEEE 802.11 小组又相继推出了 IEEE 802.11b、IEEE 802.11a 和 IEEE 802.11g 等多个标准。IEEE 802.11b 物理层支持 5.5Mbps 和 11Mbps 两种速率；IEEE 802.11a 物理层速率可达 54Mbps，传输层可达 25Mbps。

随着无线网络的应用与需求的快速增加，近几年不断出现新的技术和高性价比的产品，为用户的应用提供了更多的选择和更好的服务。伴随着计算机互联网络的飞速发展，无线局域网技术将会有更广阔的发展空间。

(3)无线个人局域网络(Wireless Personal Area Networks，WPAN)是为个人提供无线通信的技术。WPAN 安装在办公室或家里，有效距离一般为 5~15m，目前主要有两种技术：红外传输(IrDA)和蓝牙(Bluetooth)技术，数据传输速度达到0.5~1.5Mbps。

蓝牙技术是无线数据和话音传输的开放式标准。其以短距离的无线连接为主，一般为 10cm~10m。目前若是增加功率或是加上某些外设，距离可达 100m，如专用的放大器(Optional Amplifier)。蓝牙技术采用 2.402~2.480GHz 高频无线频率，中心频率为 2.45GHz，比现有的 GSM1800 还要高。在发射机频率为 1MHz

时，有效的蓝牙技术数据速率是 721Kbps。蓝牙技术是一种对未来移动计算技术有深远影响的技术。人们将会看到这一代表微波通信与计算机结合的技术在未来的计算环境中将随时随地的发挥巨大作用，并对人们的生活和工作方式产生巨大影响。

(4)广域蜂窝网络(Wide Area Cellular Network)可以使用户通过远程公共网络或专用网络建立无线网络连接。目前第二代移动通信网(2G)早已投入使用，主要的 2G 系统包括全球移动通信，对其进行升级改造成为 2.5G，逐步会发展成 3G 网络。主要的技术有 GSM、IS-136 和 CDMA。

GSM 即第二代移动通信系统，它基本上覆盖了全国，主要提供话音服务和短消息服务。通用分组无线业务采用的是一种基于 GSM 的无线高速数据分组传输技术。基于 GPRS，可以在通话的同时上网下载资料，互不影响。码分多址的技术是基于扩频原理，先将信息调制成一个大宽带的伪随机码，发送后再进行解扩。它的显著优点是微辐射、微功耗、大容量、软切换以及高抗扰性和保密性。

由于第二代系统已经不能满足用户的需求，所以许多国家发展了其第三代移动通信系统。发展第三代移动通信系统主要有以下原因：原有第二代系统使用的频率资源较少，加上新的数据业务的不断推出，使得目前在一些国家和城市的中心地带容量严重不足，而第三代移动通信系统覆盖范围更广，性能更好，从而可以很好地解决现有业务的开展问题；随着社会信息化进程的加快，人们对移动数据业务的需求越来越高，尽管目前第二代系统也可以开展一些数据业务，但由于受带宽的限制，无法适应开展诸如 Internet、电子商务、高速数据、活动视频等数据多媒体业务的需要，而第三代系统可以针对不同的业务应用，提供从 9.6kbit/s 直至 2Mbit/s 的接入速率，从而很好地满足这种需要。全球一体化的进程迫切需要一个全球统一的移动通信设备，以实现全球漫游的需要，但第二代移动通信系统的多制式的空中接口和网络设备，难以实现这个要求，而第三代有望成为实现全球统一的移动通信系统。

3G 标准又称为国际移动电话 2000(International Mobile Telecommunication, IMT2000)，是第三代移动通信技术标准。该标准规定，移动终端以车速移动时，其传输数据速率为 144Kbps，室外静止或步行时速率为 384KPbs，而室内为 2Mbps。第三代移动通信技术标准有三个共同的目标：①允许用户从专有网络［以太网、无线 LAN、WLAN(Wireless Local Area Network)等］到公共网络的无缝漫游。②简化通过个人局域网络(Personal Area Network, PAN)技术(如蓝牙)，实现移动计算机与无线设备之间的连接。③IP 语音。当地面网络开始利用协议传送语音和多媒体信息时，IP 通信一直延伸到无线设备。目前，国际电联接受的第三代移动通信系统标准主要有三个，即美国提出的 CDMA2000，欧洲和日本提出的 WCDMA(Wideband Code Division Multiple Access)和我国提出的 TD-SCDMA (Time Division-Synchronous Code Division Multiple Access)。这些技术有其共同点：频谱利用率高、覆盖范围广、性能好、可以适应宽带多媒体通信要求。至今，各大运营商建设的 3G 网络已成为主流的移动网络通信技术。表 5-3 为上述蜂窝网络技术的性能比较。

表 5-3 广域蜂窝网络技术

核心技术	服务	数据容量
GSM	基于标准 GSM07.07 技术的数据交换	速率 9.6Kbps 或 14.4Kbps
	高速数据交换(HSCSD)	可能速率 28.8Kbps 或 56Kbps
	对 GSM 技术增强数据传输率(EDGE)	速率达到 384Kbps 的 IP 通信，可能与 IS-136 网络漫游
	通用信息包无线服务(GPRS)	速率超过 14.4Kbps 的 IP 和 X.25 通信
	宽带 CDMA(WCDMA)	类似 EDGE，户内通信速率达到 2Mbps 容量，增加语音容量
IS-136	基于标准 IS136 技术的数据交换	速率达到 9.6Kbps
	EDGE	速率达到 384Kbps 的 IP 通信，与 GSM 网络漫游可能
	WCDMA 或宽带 TDMA(WTDMA)	类似 EDGE，户内通信速率达到 2Mbps 容量
CDMA	基于标准 IS-707 技术的数据交换	速率达到 9.6Kbps 或 14.4Kbps
	IS-95B	速率达到 64Kbps 的 IP 通信信
	CDMA2000-1XRTT	速率达到 144Kbps 的 IP 通信信
	CDMA2000-3XRTT	户外速率达到 144Kbps 的 IP 通信，户内速率达到 2Mbps

目前，第四代移动通信技术已逐渐发展成熟，4G 技术支持 100Mbps ~ 150Mps 的下行网络带宽，是目前 3G 带宽的 14 倍。与此同时，4G 技术具有兼容性好、网络频谱更宽、有自治的网络结构、低网络延时、通信速度高等特点。随着 4G 网络在技术标准、频率分配、终端准备、网络设备准备等方面逐渐成熟，国内三大运营商的 4G 网络资费也逐渐降低。在不久的将来，4G 网络势必将代替 2G 和 3G，成为广域蜂窝网络的主流技术。借助 4G 技术使得面向资源管理的移动信息服务可以充分满足大容量数据(空间、属性数据)和专题属性数据的实时传输需求。

5.4.3.2 移动数据传输技术

目前应用较为广泛的无线数据传输技术主要有短消息服务(Short Message Service，SMS)、多媒体消息服务(Multimedia Message Service，MMS)、无线应用协议（Wireless Application Protocol，WAP）、超文本传输协议（Hypertext Transfer Protocol，HTTP）三种。

SMS 是在 GSM 中的移动终端间发送文本的标准，它通过在移动通信系统中引入短消息业务中心作为存储转发单元实现移动终端间的点对点的信息通信。SMS 通过数字控制信道传递，许多移动终端共用数字控制信道，为了避免争用造成的延迟过长和较重负荷，单条信息的长度在点对点通信中一般限制在 140 个文本字符。MMS 是在高速传输技术的支持下，以 WAP 协议传输文本、图片、声音、视频等信息。

WAP 是在数字移动电话、Internet、移动终端智能设备等之间进行通信的开放式标准，是一个用于向无线终端进行智能化信息传递的无需授权、不依赖平台的协议，用来标准化无线通信设备，可用于 Internet 访问，包括收发电子邮件、访问 WAP 网站上的网页等。WAP 定义可通用的平台，把目前互联网上的 HTML（Hyper Text Mark-up Language）语言的信息转换成用 WML（Wireless Markup Language）描述的信息，在网络上进行传输。WAP 将移动网络和 Internet 以及局域网紧密的联系起来，提供一种与网络类型、运营商和终端设备都独立的移动增值业务。

HTTP 是 WWW（World Wide Web）服务用于传输超文本到本地浏览器的传输协议，是一切接入互联网的终端设备访问和共享互联网中的资源和数据的基础。随着第三代通信网络和移动终端的发展，移动设备已可以通过 HTTP 协议，与服务器端进行数据传输。这使得面向资源管理的移动信息服务实现大格式数据文件的高速传输成为可能。

5.4.3.3　移动互联与移动计算技术

借助无线网络技术，可以摆脱电缆和网线的约束。无论在何时何地，都可以轻松地接入互联网。无线接入技术可分为两类：一是基于广域蜂窝网的接入技术，如 GSM、GPRS、CDMA 等；二是基于无线局域网与无线个人局域网的技术，如 IEEE 802.11、蓝牙技术等。基于广域蜂窝网的接入技术更加适合于大范围的移动互联。

与有线网络一样，移动终端通过无线网络连接到互联网，通过 TCP/IP 获取更多种类型的信息数据，使得数据在无线互联网上传输成为可能，为移动信息服务的数据传输提供了条件。

随着无线网络与互联网技术的不断发展以及两者的结合，随时随地接入互联网不再是梦想。随着无线互联带宽和速度的提高，随时随地获得移动信息服务也逐渐成为现实。

移动计算是国际上最近几年发展起来的最新科技，且势头迅猛。移动计算使用各种无线电射频(Radio Frequency，RF)技术、现代移动通信、卫星通信、互联网等数据传输技术，使用户携带他们的移动计算机、PDA、手机和其他个人设备以及车载终端设备等移动设备在自由漫游的环境中实现各种信息服务。移动计算使计算机或其他信息设备在没有与固定的物理连接设备相连的情况下能将有用、准确、及时的信息与中央信息系统相互作用，分担其计算压力。移动计算打破了通信与地点之间的固定连接的限制，使信息能够提供给任何时间、任何地点需要它的任何用户。

移动计算的环境主要具有移动性、网络断接频繁性、网络条件多样性、网络通信非对称性、对空间位置的依赖性、可靠性低、伸缩性高等特性。移动计算的发展克服了有线网络接入的局限性，提高了数据信息接入的普遍性，使其能够满足更多用户群体的需求，大大提高了数据通信覆盖的人群比例，从而将更有效地推动移动信息服务的发展。

5.4.3.4 无线传输技术评价与选择

无线网络、移动数据传输、移动互联等移动计算技术的发展，使得移动信息服务不单单是一台终端上的应用软件，而是由多个相互之间协同工作的终端和服务器组成的应用系统。无线传输技术很好地解决了终端与终端、终端与服务器间的信息传输问题。面向资源管理的移动信息服务可根据服务需求，选择移动设备接入网络的方式(GPRS、3G、4G)，基于数据传输技术(SMS/MMS、WAP、HTTP)将所需的数据(空间、属性数据)或专题属性数据实时地传输给终端或服务器。另外，对于巨大运算量的耗时计算(如数据库查询和检索、空间分析等)工作，可以由接入互联网的多台服务器进行分布式计算完成，而后再将结果返还给服务终端。总而言之，移动信息服务应充分利用网络优势，与服务器或其他设备协作，扩大业务范围、提升服务质量。

5.4.4 信息的移动表现技术

信息的移动表现技术主要是移动终端的人机交互与信息表达技术。移动终端设备是移动信息表现的载体。运行于终端上的操作系统则是信息表现的基础。在此基础上的移动信息服务的开发模式与开发技术构成了信息的移动表现技术。

5.4.4.1 信息移动表现技术的基础

操作系统是移动信息服务表现技术的基础。根据其自身特点的不同，可将移动表现技术分为嵌入式操作系统(Embedded System)和移动操作系统(Mobile Operating System)两类，以下分别介绍。

(1)嵌入式系统：嵌入式系统的含义在于结合微处理器或微控制器的系统电路与其专属的软件，来达到系统操作效率的最高比。它是以应用为中心，以计算机技术为基础，软件硬件可裁剪，适应应用系统对功能、可靠性、成本、体积、功耗严格要求的专用计算机系统。根据实时性可将嵌入式系统分为两类：一类是面向控制、通信等领域的强实时操作系统，如 Wind River 公司的 VxWorks，ISI 公司的 PSOSystem，QNX 系统软件公司的 QNX、Accelerated Tech 公司的 Nucleus 系列等；另一类是面向消费电子产品的弱实时操作系统，这类产品包括 PDA、机顶盒、掌上电脑、智能手机、平板电脑等，主要有 Windows CE，Palm OS，Linux 等。

　　Windows CE 是微软公司的一个较具代表性的、由桌面操作系统演变而成的多线程、完整优先权、多任务的 32 位实时嵌入式操作系统。它在系统实时性、多任务管理、中断嵌套、优先级倒置处理等方面有了较大的改进。Windows CE 的体系结构采用独立于通常的程序设计语言并且和 Windows 兼容的 API 的方式，可以保障 Windows CE 的组件化和 ROM 化，充分适应有限的存储空间和各种不同芯片的要求。

　　Linux 是免费的操作系统，源代码是开放的，采用了可移植的 UNIX 标准应用程序接口，支持多种 CPU。同时其内核的结构在网络方面非常完整。Linux 具有更小、更稳定、更具价格竞争力等优势。

　　Palm OS 平台是一个开放式软件架构，它以简单的图形界面来完成对信息的处理操作。Palm OS 系统运行占用资源少，处理速度快。

　　VxWorks 操作系统是美国 Wind River 公司于 1983 年设计开发的一种嵌入式实时操作系统。它具有良好的持续发展能力、高性能的内核以及友好的用户开发环境，在嵌入式实时操作系统领域逐渐占据一席之地。表 5-4 是常见的几种嵌入式操作系统的比较。

表 5-4　嵌入式操作系统的比较

嵌入式操作系统	优点	不足
Windows CE	多媒体功能、更强的 Internet 功能，高度模块化、更好的开发支持环境，与 Windows 系列兼容	非开放导致很难定制、应用程序庞大、费高效节能、版权费昂贵
Linux	跨平台、裁剪性好、性能稳定、开放源代码、内核小、效率高、免费、无线连接、开发速度快、支援软件有限	自身过于庞大，开发难度较高，标准未成形
Palm OS	众多支持软件、市场占有率高、开放系统、有 3COM、Sony、IBM 等支持，简单实用	授权困难
VxWorks	轻量，实时性强，稳定性强	授权费用昂贵

　　(2)移动操作系统：随着智能手机和平板电脑的小型化和大众化，移动操作系统逐渐走入人们的视线。不同于嵌入式系统的高度定制、专用于处理特定任务

等特征，移动操作系统拥有功能更加丰富、界面友好并易于拓展等特点，成为面向大众服务的移动智能终端的主流系统平台。iOS、Windows Phone 和 Android 是时下最为流行的移动操作系统，以下分别阐述其特点。

iOS 是苹果公司开发的基于 Darwin 内核的操作系统，最初作为一款手机操作系统，被应用于 2008 年发布的 iPhone 上。而后随着 iPod Touch、iPad、Apple TV 等产品的陆续推出，iOS 成为苹果移动设备的商业移动操作系统。iOS 采用封闭源码、开源组件的模式，并仅可用于苹果设备。iOS 应用程序只能在苹果台式机系统 Mac OS 环境下开发，且需购买开发证书，开发成本较高。

Windows Phone(WP)是微软公司于 2010 年 10 月 1 日发布的一款基于 Windows NT 内核的手机操作系统。与 iOS 相同的是，WP 也采用封闭式内核，并且应用程序需通过微软官方的应用认证才可进入市场，不易部署，因此，iOS 和 Windows Phone 平台中较难定制专业领域的应用服务。

Android 是一个以 Linux 内核为基础的半开源操作系统。自 2009 年 4 月 30 日第一代官方版本发布以来，搭载 Android 操作系统的移动设备迅速发展，直到 2012 年 5 月，Android 操作系统在智能手机操作系统中的市场份额已经过半，达到了 60%。由于 Android 系统的开放性，使其硬件产品极为丰富、应用程序易于开发和部署。短短三年时间，Android 就击败了 Windows Phone 和 iOS，成为时下用户数量最多的智能手机操作系统。表 5-5 为以上三种移动操作系统间的比较。

表 5-5　移动操作系统

移动操作系统	内核类型	编程语言	源码模式	应用数量
iOS	Darwin	C、C++、Objective-C、Swift	封闭源码	130 万以上
Windows Phone	Windows NT	C、C++、C#	封闭源码	30 万以上
Android	Linux	C、C++、Java	开放源码	130 万以上

5.4.4.2　移动信息服务的开发模式和开发技术

目前，移动端的应用开发模式可分为三类：基于本地运行的原生应用(Native App)、基于移动端浏览器运行的 Web 应用(Web App)与结合原生应用和 Web 应用的混合模式(Hybrid App)。以下分别介绍这三类开发模式及其主要开发技术。

(1)原生应用模式：类似于传统 PC 上的"客户端/服务器"模式，其功能代码实现主要放在移动设备的本地来完成，包括界面交互展示、应用业务逻辑和应用所涉及的数据模型三个部分，在远程服务器端主要提供支持各种功能的服务代码接口以供本地程序直接调用。原生应用模式的一个重要优点是能够直接访问移动设备本身的 API 接口，因而本地程序能够直接使用移动设备的各种功能，如摄像功能、语音输入功能、网络功能等。也正因此，原生应用模式的应用兼具出色的计算处理性能和卓越的用户交互体验。另外，当移动设备无法连接网络时，原生应用多数不依赖网络的功能仍旧可以正常运行，而网络畅通的情况下，原生应用无需远程加载大量重复访问的图片资源，大大节省网络流量的同时，也大大缩短了应用程序的响应时间。原生应用开发模式通常使用本操作系统下的特定开发语言和软件开发工具包（Software Development Kit，SDK）。主流移动操作系统（iOS、Windows Phone、Android）的原生应用开发模式见表 5-6。

表 5-6　主流移动操作系统的原生应用开发模式

移动操作系统	开发包	开发语言	开发工具	安装包格式
iOS	iOS SDK	C、C++、Objective-C、Swift	xCode	.ipa
Windows Phone	Windows Phone SDK	C、C++、C#	Visual Studio	.xap
Android	Android SDK	Java、XML	Eclipse	.apk

由于基于原生应用模式的移动应用存在不足，大部分的应用功能均在移动设备本地实现，使得本地开发工作量巨大，逻辑复杂，且开发出的移动应用无法同时在多种操作系统平台上运行，不具备跨平台性。例如采用 Object-C 语言在 iOS 平台上开发的移动应用无法部署到基于 Android 系统和 Windows Phone 系统的移动终端设备上。这就导致应用的跨平台开发成本高，开发周期长。

（2）Web 应用模式：类似于传统的"浏览器/服务器"模式，它基于常规的 Web 前端技术，通过浏览器的解析运行应用程序。和传统的 PC 端一样，用户通过移动设备上安装的浏览器访问该类型的应用。因此，Web 应用开发模式仅在浏览器中展示数据和与用户进行交互，应用所有功能的业务逻辑代码和数据存储模型均在服务器端进行，因而应用的升级和扩展极其方便，用户无需像本地应用模式一样下载应用更新和扩展的安装包，而是直接用浏览器访问即可使用应用最新的功能。且由于应用所有的功能均在服务器端，数据展示在浏览器端，这就很好地屏蔽了移动设备的操作系统不同所带来的问题，只要移动设备支持目前常用的浏览器，就可以访问应用。Web 应用的开发技术主要有 HTML、CSS 和 JavaScript 等。

HTML 即超文本标记语言，是目前万维网上最基本的元素。HTML 的发展先后经历了 HTML2.0、HTML3.2、HTML4.0、HTML4.01 和 HTML5。2004 年，Web Hypertext Application Technology Working Group 基于 Web Applications 1.0 版本，提出了首份 HTML5 草案，首份正式的 HTML5 标准草案由 W3C 于 2008 年公布。目前 HTML5 新增加的一些特性并未兼容所有的浏览器，一般情况下，基于 Webkit 引擎的浏览器都能较好的支持 HTML5 新特性，因而 HTML5 仍处于进一步的完善过程中。相比以前的版本，HTML5 有两大特点，一是 HTML5 具有更全面、丰富的前端设计能力，页面的结构语义化更加简洁且直观，并且新增了画布、音频等标签；二是 HTML5 不在单纯的关注展示，在后台数据存储和访问方面也有了进一步考虑，例如，HTML5 支持直接利用脚本语言访问本地数据库，不再依赖诸如 JAVA、C++之类的高级语言访问数据库。更广泛意义上的 HTML5 技术不单指超文本标记语言，而是更多的整合了 CSS（Cascading Style Sheet）、JavaScript 以及其他前端插件在内的一整套全面的前端技术套件。HTML5 希望能够在减少浏览器对诸如 Adobe Flash、Microsoft Silverlight、Oracle JavaFX 的插件的依赖同时，提供更全面、独立的网络体验。

CSS 即层叠样式表，用以对 HTML 页面的布局、字体、颜色、背景和其他效果实现更加精确地控制。CSS3.0 在之前版本的基础上提供了更多改善 HTML 设计的途径，其中最明显的是 CSS3.0 更加模块化。CSS3.0 之前的规范将对 HTML 的控制作为一个庞大而且比较复杂的模块，而 CSS3.0 将其拆分为盒子模型、列表模块、超链接方式、语言模块、背景和边框、文字特效、多栏布局等多个模块，使得页面控制样式代码的逻辑更加清晰。另外，CSS3.0 提供了更加丰富的选择器。

JavaScript 是一种轻量级的直译式脚本语言。由于其具备动态、安全、面向对象、跨平台等特点，只要将其嵌入 HTML，通过内置 JavaScript 引擎的浏览器访问就可以实现 HTML 网页中的动态功能，大大提高了网页的浏览速度和交互能力。目前，JavaScript 技术已经被广泛应用于各行各业的 Web 应用开发中。

也正是因为借用了浏览器进行访问的特性，Web 应用也存在一些缺点：浏览器只能通过网络获取数据，一旦移动设备无法连接网络，应用将无法正常运行；浏览器阻隔了 Web 应用与本地硬件接口，因此浏览器在调用摄像、语音输入等移动设备本地功能时比较困难；同时，由于移动设备屏幕本身较小，浏览器窗口更小，因而 Web 应用的用户交互体验比原生应用模式差，且应用的响应速度受制于移动浏览器的响应速度。

（3）混合应用模式：兼具原生应用和 Web 应用两种开发模式的优点，同时在外观设计体验方面，其优秀程度与原生应用相同；在本地硬件接口访问方面，混合应用模式开发的应用需要本地安装才能使用，因而也可以直接访问移动设备本地摄像机、语音输入等硬件接口；在应用内部功能实现方面，混合应用模式开发的应用不再使用专业的移动端应用套件实现，而是借助 Web 开发技术来实现；在远程服务器访问方面，混合应用模式开发的应用和在 PC 端一样；在跨平台方面，混合应用模式开发的应用因直接采用标准的 Web 开发语言而具有很好的跨平台能力；在响应速度方面，混合应用模式开发的应用不再使用浏览器引擎进行渲染，因而其响应速度跟原生一样。因此，混合应用模式集合了原生应用和 Web 应用两种开发模式的优点，既能调用本地的 API，又能方便地进行操作系统移植，还具有优秀的用户设计体验，因而在目前的移动端应用开发中被广泛的采用。由于混合应用模式的流行，滋生出了众多跨平台开发框架，如 PhoneGap、AppCan 等。

PhoneGap 是一个开源免费的跨平台框架，基于 HTML5、CSS3 和 JavaScript 来构建移动应用。它提供一系列的 API，通过 JavaScript 进行调用，就可以使用移动设备的核心功能，包括获取 GPS、摄像头、移动感应器、通信录、文件系统、网络等，可以与不同操作系统的 SDK、API 进行交互。PhoneGap 支持目前主流的手机操作系统，包括 iOS、Android、Windows Phone 等，它能够将完备的代码上传至远程服务器，使用远程编译功能编译成多种平台下的可执行程序。

AppCan 是一款国产混合应用开发框架，同样支持 HTML5、CSS3 和 JavaScript 技术，并提供开发者平台和企业级的应用服务。该框架提供了丰富的 API 可以并集成了部分解决方案，开发简单。AppCan 着重解决了基于 HTML5 的移动应用不流畅和体验差的问题，使得开发的混合应用基本接近原生应用的体验。另外，AppCan 也可通过 JavaScript 接口调用移动设备的核心功能，如相机、电话、短信、传感器等。但与 PhoneGap 不同的是，AppCan 并非开源框架，用户无法修改和优化底层代码。

5.4.4.3　移动信息表现技术评价与选择

目前，发展成熟的移动智能终端及其移动操作系统通常具备较强的 CPU、较大的内存(2GB 及以上)和外部扩展存储(16GB 及以上)，可以充分满足本地数据的存储和运算需求；内置 GPRS、3G、甚至 4G 通信模块，可以充分满足通信和数据传输需求；搭载 GPS、A-GPS、GLONASS 等定位模块并提供对应开发接口，可以实现移动终端的无线定位需求。因此，面向资源管理的移动信息服务可从自身需求出发，选择合适的操作系统，在此基础上，设计并选用恰当的开发模式和开发技术。对于终端操作系统固定的离线模式信息服务可采用原生应用模式；对于需要服务器参与进行数据存储、处理、计算，或多种操作系统的终端共同使用的移动信息服务可采用 Web 应用模式；而对于既需要终端硬件(GPS、摄像头、传感器等)支持又需要服务器端配合提供数据存储、处理和计算的移动信息服务，可采用混合应用模式。目前，基于各类移动信息表现技术开发的野外数据采集、资源调查、测量、灾害监测等软、硬件系统已经在林业生产和科研活动中得到广泛的应用和研究。

5.5 移动信息服务类型与体系结构

5.5.1 移动信息服务的类型

根据面向资源管理的移动信息服务的需求、模式、组成与特点以及相关技术，可将其分为两种服务类型：静态服务类型和动态服务类型。

5.5.1.1 静态服务

移动信息静态服务是指移动终端具有独立存储、计算、分析的能力，所以移动终端设备上必须存储有服务所需要的移动空间、属性数据和专题服务数据，这些数据可以预先通过无线网络或有线网络下载到移动终端上，也可通过增加各种存储卡实现，此时移动终端对用户的请求都是在本地实时完成，而不需要请求服务中心。

移动信息静态服务随着具体服务内容的不同而有所增加或裁剪，如图 5-3 的结构是所有移动信息静态服务都应该考虑的几个基本功能模块。从系统的逻辑结构来看，静态服务建立在移动操作系统的基础上，如 Windows Phone、Android、iOS 等。静态服务逻辑的底层是移动数据管理模块，管理数据的同时负责与 PC 机端的数据平台进行同步数据传输（包括无线下载更新等）；上一层是静态服务功能模块集，包括可裁剪的空间数据可视化模块、数据查询模块、数据分析模块、定位服务模块和各种专题服务模块等。

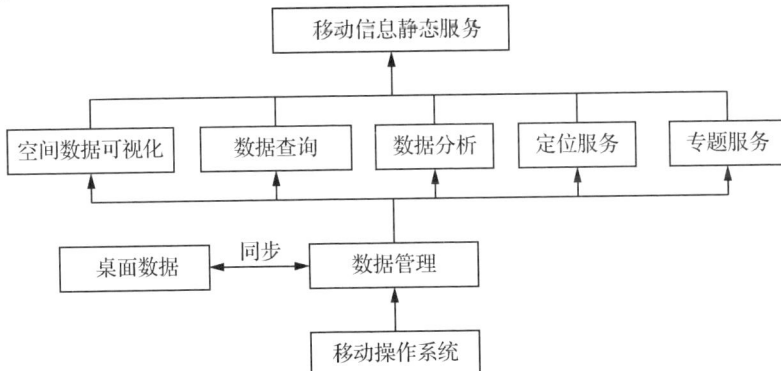

图 5-3　移动信息静态服务

5.5.1.2 动态服务

移动信息动态服务是指移动终端不具有独立存储、计算、分析的能力，所有的用户请求都需要通过无线网络提交给服务器，服务器处理完后再将结果返回给移动终端。移动终端在整个服务流程中只负责数据传输和显示工具，不参与处理服务的业务逻辑。

它的服务方式和 Web GIS 相似，由数据层、业务逻辑层、表示层组成，如图 5-4。

图 5-4   移动信息动态服务

静态服务中所有的服务都在本地完成，不需要请求服务中心，所以响应速度快，适合基于本地的数据采集、分析、处理和展示等服务需求，如森林资源调查等。但这种模式提供的服务都是一些长期固定不变的信息，不能满足用户对实时动态更新信息的需求，无法满足用户对于实时监控、指挥和调度等的需求；而动态服务则可以满足用户对这种实时动态更新信息的需求，但对于任何请求（包括对静态不变的信息的请求），如栅格、矢量地图的显示，森林资源数据的查询和修改等，都需要请求服务器，由于无线网络的带宽低，网络负担重，而且移动空间数据量也比较大，在响应速度上又不能满足用户需求。所以，面向资源管理的移动信息服务应采用静态和动态的混合的服务方式。对于长期固定不变的信息，如栅格、矢量地图数据，应采取静态服务类型，将其存入移动设备的闪存中，并定期通过无线或有线的手段进行数据更新。而对于需要动态更新的信息，如森林资源信息（小班、野生动物、病虫害等）或人员位置信息；或计算量大，耗时长的服务，如大数据 GIS 下的空间分析，大规模属性数据库的查询等，应采取动态服务类型，通过无线网络传输请求和结果，在服务器端进行分析和计算。

5.5.2   移动信息服务的体系结构

5.5.2.1   物理结构

移动信息服务可分为移动终端和信息服务中心两部分，移动终端和信息服务中心之间通过无线网络连接，如图 5-5。

根据 5.4 节的服务技术分析，移动终端集移动信息应用、空间定位和无线通信于一体。移动信息应用需要有移动智能设备，即选用搭载 Android 操作系统的智能手机或平板电脑；空间定位采用基于移动终端和移动网络的组合定位方法，选用支持 GPS 定位或北斗定位与移动网络的组合定位设备；无线通信应采用 3G、4G 等宽带无线通信技术。

信息服务中心由 Web 服务器、地图服务器、数据服务器以及各种提供相应

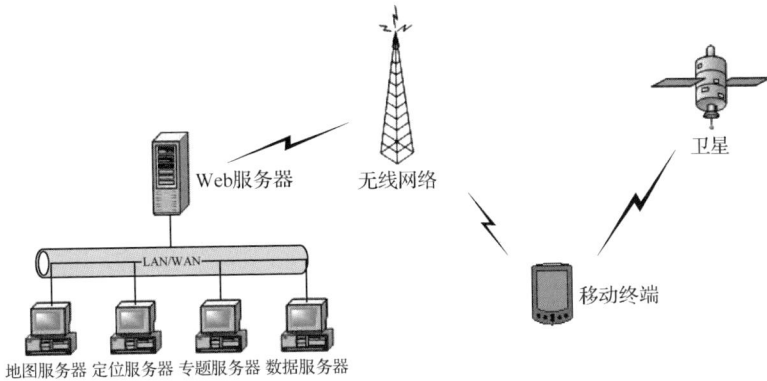

图 5-5　移动信息服务物理结构图

服务专题的专题服务器(如定位服务器、信息发布服务器等)等组成。Web 服务器负责通过无线网络与移动终端进行通信。而地图服务器、定位服务器、专题服务器和数据服务器则分别负责完成对地图数据、定位数据、专题信息和其他数据库的数据录入、查询、分析与计算和生成结果等服务。

5.5.2.2　逻辑结构

移动信息服务通常由三个基本组成部分组成：数据层、业务逻辑层和表示层，如图 5-6。

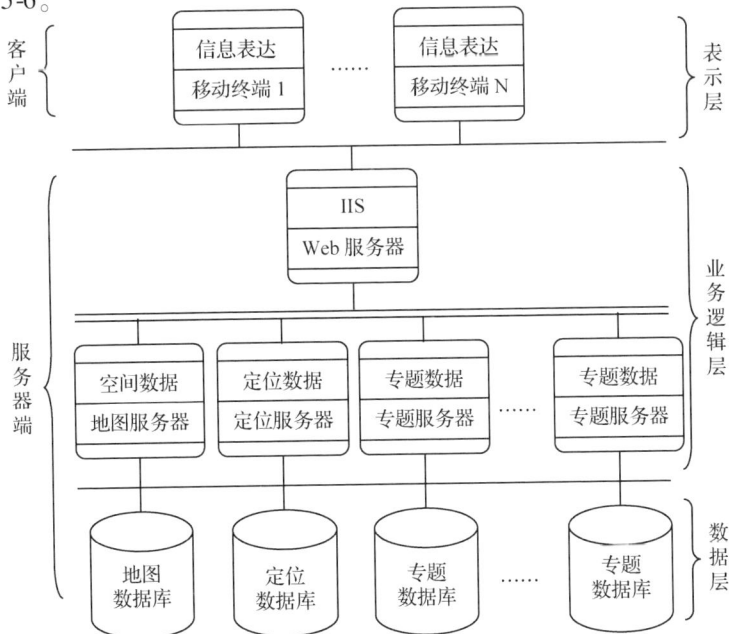

图 5-6　移动信息服务逻辑结构图

其中数据层负责完成空间数据与应用数据的组织管理和系统维护；业务逻辑层进一步可分为 Web 服务器和应用服务器，Web 服务器是基本的服务请求和响应传输的中介，应用服务器负责针对用户的请求完成相应的操作并负责通过 Web 服务器回送请求查询、或分析与计算的结果；表现层为客户端，也就是移动终端，负责接收用户请求和查询显示。

除上述技术体系外，面向资源管理的移动信息服务还应与云计算、物联网、大数据等新一代信息技术结合，打造便捷、高效、集成、智慧的林业移动信息服务平台，为林业工作者或大众提供完善并且高质量的信息服务。

5.6　移动信息存储方法

目前，对于动态服务平台的数据存储方法比较成熟，但是基于移动设备的静态服务平台的数据存储还是研究的热点。

5.6.1　空间数据存储方法

5.6.1.1　信息服务平台空间数据管理方法选择

静态服务平台应该能够独立完成空间数据的采集、显示、编辑、分析等功能，因此目前简单 GIS 应用中常见的联机获取数据，或联机加缓存数据等数据管理方式是不适用的。

而本地 GIS 空间数据的管理方法主要分为文件系统管理、关系数据库管理、面向对象数据库管理、对象关系型数据库管理等几种方法。

考虑到空间数据的海量、复杂的特性，以及移动设备十分有限的数据处理能力，关系数据库管理、面向对象数据库管理、对象关系型数据库管理等使用数据库进行空间数据管理的方案，显然是不适用的，其性能在移动设备上是不能接受的。

文件系统管理虽然是最原始的 GIS 数据管理方法，但由于处理性能上的绝对优势，在移动设备上却是最适合的。

空间数据的文件系统管理最重要的是考虑所有应用场景后，综合设计一种在各种使用场景下不存在明显性能瓶颈和功能限制的存储策略。

基于移动平台的空间数据逻辑存储设计需要考虑如下几方面问题：

（1）数据完整性与一致性：保证数据在任意状态下都是完整、一致、可恢复的。移动设备的稳定性不如计算机，诸如设备断电、储存卡拔出、程序被意外终止的情况很容易发生。数据完整性与一致性要求对数据的任何变更具有类似数据库事务操作的原子性。一个数据更改可以因为种种意外情况未完成，但是数据应该可以维持，或自动恢复到执行此项更改前的状态，以避免数据损坏和丢失。

（2）不同应用场景下性能的稳定性：需保证单个或批量的数据在任意数据量的增、删、改、查操作下都具有良好性能。与计算机不同，移动设备用户一般仅专注于一个应用程序或一项操作，对设备的响应及时性要求更高。

（3）移动设备的资源限制：各项操作的资源消耗较低，且不能随着数据量变化而发生剧烈变化。GIS 空间数据一般是海量的，而移动设备系统具有的内存资源通常是极其有限的。虽然移动设备最大已经拥有高达 2GB 的内存，但不同版本的移动系统下单个应用程序的可用内存量仍被限制在十兆到百兆级别上。同时达到资源消耗低、功能完备、海量数据下维持高性能这三个目标是不可能的，必须针对移动设备使用 GIS 的特点进行优化。

（4）升级兼容性：能够兼容老旧的数据内容，同时为以后的改进保留一定的自由空间。

5.6.1.2　空间数据逻辑存储设计

空间数据需要使用文件存储，且它们在使用逻辑上归类如下。

（1）工作区信息：如投影信息、地图范围等。

（2）点工作区：点坐标信息、点参数信息。

（3）线工作区：线坐标信息、线参数信息、结点坐标信息、结点拓扑信息。

（4）面工作区：组成面的弧段号信息、面参数信息、弧段坐标信息、弧段拓扑信息、结点坐标信息、结点拓扑信息。

GIS 空间数据一般是海量的，而移动设备系统具有的内存资源通常是极其有限的，这就使得通过将文件内容全部调入内存来打开、处理文件变得不可行，而这是一般文件管理系统对文件进行处理的方式。在这种情况下，静态服务平台对数据的访问将总是通过直接文件读写的形式完成。并且在未知应用特征的情况下，底层的 GIS 平台是无法利用缓存机制对性能进行优化的。而复杂的优化机制由于其本身的运算复杂性，又不适合单用户的移动设备。

考虑静态服务平台在对数据使用中的如下一些情形：

（1）可能需要显示全图，或进行全图图元的处理：需要快速遍历文件中的全部图元信息。

（2）可能放大到某比例尺，显示地图的某部分区域：需要快速的读取文件中的指定部分图元信息。

（3）用户可能随时修改或删除一个图元的信息：需要快速对文件中的某个图元进行读写操作。

结合这些情形可以看出：在实际使用中，平台对即将进行的数据请求是无法预测的，所以必须保证任何时候，对任何数据的读写都能保持较高的效率，因此只能考虑使用随机文件进行存储。

要储存如此繁多的信息，为了能够快速的定位，一般使用索引机制，将此文件所有图元的最基本信息以及图元详细信息的存储位置记录在索引中，再将索引完整的读入内存以备查询，就可以快速的定位及读写图元信息。

考虑到对于同一个图元来讲，它的坐标信息、参数信息、拓扑信息是一一对应的，且这些信息关联性很大，常常被同时读取、写入、更新，因此对于统一图元，这些信息可以连续存储于同一位置，因此所有需要存储的信息如下：

（1）点工作区：点工作区信息、点图元索引、点坐标信息、点参数信息。

（2）线工作区：线工作区信息、线图元索引、结点图元索引、线坐标信息、线参数信息、结点坐标信息、结点拓扑信息。

（3）面工作区：面工作区信息、面图元索引、结点图元索引、弧段图元索引、组成面的弧段号信息、面参数信息、弧段坐标信息、弧段拓扑信息、结点坐标信息、结点拓扑信息。

其中索引必须是能够连续一次性获取的。要将众多的信息以文件的方式存储，将每一种信息存为一个文件显然是不可取的，如果为了打开一个工作区而必须维护多个文件的完整性，那么打开一幅完整的包含多个工作区的地图或许需要几十乃至几百个文件，因此有必要使用一种机制避免这种问题。

5.6.1.3　累积文件设计

累积文件的思想较为简单，即将各个子文件按照顺序直接存储于一个父文件当中，这个父文件即称为累积文件。

累积文件的组成部分包括文件头、累积文件头、文件索引以及子文件。文件头存储本文件的版本、格式描述等信息。累积文件头指出此累积文件所包含的文件数目，以及累积文件的版本信息等。文件索引存储了每个子文件在累积文件中的起始偏移量、子文件长度等信息。

由上述可知，这种设计是最简单地将多文件存储于单文件的方式，在读取子文件内容时能得到最大的效率。但由于每个子文件的位置是固定的，是无法进行扩展的，即子文件无法进行增量编辑。要编辑累积文件，必须将每个子文件拷贝到临时文件夹成为独立文件，再进行编辑，最后在重新合并回累积文件。这种方式对于 PC 端来讲对速度的影响很低，且有助于保护数据不被意外的编辑或断电所损坏，但是对于静态服务平台，一般使用闪存作为存储媒介，文件打开、关闭时的复制速度是无法忍受的。因此，累积文件只能作为高速的只读格式。

5.6.1.4　复合文件设计

要让一个工作区的所有信息存储于一个单一文件，最符合思维逻辑，也是最易于管理的方式就是"文件中的文件系统"，即将一个文件的内部，仿照磁盘的文件划分原理，进一步划分为子文件。一般这种"将文件划分为子文件存储"的文件，被称为复合文件。复合文件是 OLE(Object Linking and Embedding，对象连接与嵌入)技术的基石，包括 Microsoft Office 系列软件等众多软件的文件格式都是基于复合文件的。Windows 复合文件管理提供的接口基于 COM 组件技术，这项技术具有以下局限性：

(1)COM 本身的复杂性决定了 Windows 复合文件接口的调用性能不能满足数据海量、读写频繁的 GIS 数据管理的要求。

(2)COM 技术本身目前仍只能用于 Windows 系列平台，无法移植。而移动平台种类多样，除了 Windows CE 外，Android，iOS，Symbian 等多种平台均占有重要的市场地位。

基于以上两点，平台应该使用自己的复合文件引擎，这样可以最大限度地保证性能，且保持可移植性。这种复合文件格式可以直接在文件内编辑，但是具有以下问题：

(1)由于文件内分页、分逻辑文件等特性，读写过程需要大量的分析计算，效率较低，在文件零碎时尤其如此。

(2)频繁的读写将导致文件不断的变大，且不易进行快速的空间释放，需要定期压缩。

5.6.1.5 混合文件设计

移动平台由于性能限制，累积文件的高效率是最适合的，但是累积文件无法直接在文件内编辑，如果需要进行修改、添加等操作，必须首先将累积文件拆分为子文件进行修改，修改后再重新合并为累积文件。

这种编辑策略是 PC 端平台的数据编辑策略，提高性能的同时还能保证原始数据不被破坏。但是在移动平台中，设备一般使用 Flash 闪存芯片作为主要存储设备，Flash 闪存速度较 PC 硬盘要慢很多，而文件拆分的实质是文件内容的复制，文件大小达到兆字节后，这种策略带来的工作区打开、保存延时也是不能接受的。

考虑到移动平台在大多数情况下只是进行较少的数据编辑功能，而显示、处理功能占大多数，可以设计一种将累积文件与复合文件结合的文件格式。在累积文件的末尾加入复合文件部分，复合文件中存储累积文件中各个子文件中新添加的部分。这样既能保证在累积文件中的大多数数据的读取速度，又可以使得文件可以在文件内编辑、修改。这种平台的文件管理策略见表5-7。

表5-7 文件管理策略

	PC 平台	Mobile 平台
只读打开	直接只读打开	直接只读打开
编辑打开	复制所有子文件到临时文件夹成为独立文件，从临时文件夹打开	直接编辑打开

这种策略要求累积文件与逻辑文件的对接。在混合文件中，子文件可以分为两部分，即累积部分与复合部分，且这两部分的任意一部分都可以不存在。

分析整个相关过程需要记录的数据，同时考虑仅在累积文件中，或仅在复合文件中的子文件的情况，综合设计混合文件格式的存储格式见表5-8。

表5-8　混合文件格式设计

文件头	文件校验头、版本等信息			
混合文件文件头	是否含复合扩展 chUseLogicFile	子文件数 nFileNum	自定义信息长度 nCustomDataSize	复合文件起始偏移量 lLogicOffset
	预留子文件索引个数 nFileIndexSpaceCount		扩展索引在复合文件中的逻辑文件号 nFileIndexLogicFileNo	
自定义信息段 size = nCustomDataSize	自定义二进制数据段			
子文件索引 size = nFileNum * 索引大小	标识号	起始偏移量	文件大小	累积部分空间	复合文件子文件号
	……			
累积文件段	某子文件内容			
	……			
复合文件段	由复合文件模块管理，所存储的子文件是累积段文件增量编辑后增加的后续部分			

为了避免子文件数目耗尽，可以指定一个复合文件中的逻辑文件继续存储文件索引，通过 nFileIndexLogicFileNo 指定。

而为了能使一些常用的文件信息不经过"混合文件处理模块"进行分析即可直接读取，设置自定义二进制数据段，此段的起始位置是固定的，因此可以不经过文件解析直接读取。

每个子文件在累积文件段中存储，如果目前是在 PDA 端打开，则累积文件段是不可变的，因此如果要继续将数据写入子文件，就需要在复合文件段区域为其创建一个复合文件逻辑子文件作为扩展部分，这个扩展部分仅在需要时创建，该逻辑子文件在复合文件段中的编号存储于混合文件子文件索引中的"复合文件子文件号"部分。

根据设计，从 PC 端保存的所有文件都将是累积文件，而在移动平台的编辑中，文件的增加部分则是复合文件。这种混合模式最大限度地保证了移动平台中的空间数据读写效率。

5.6.2　属性数据存储方法

5.6.2.1　属性数据存储方法选择

平台需要针对工作区存储与实体关联的属性，且实体所存储的属性，其字段应该是可以自定义的。

矢量空间数据已经选用了文件存储方式，则属性数据的存储有以下两种方案：

（1）文件存储，则整体平台的 GIS 空间数据管理方式为文件系统管理。

（2）数据库存储，则整体平台的 GIS 空间数据管理方式为混合数据管理。

在整体 GIS 应用系统中，属性数据的使用具有如下特点：

（1）不用于地图显示、呈现的相关功能中。

（2）常被用于筛选空间实体。

（3）常被用于地理相关的数据统计分析。

如果使用文件系统管理属性数据，单纯的读写效率是最高的，但是属性记录的实际形式是数据表，数据表的存储、增删改查操作等，实际是标准的数据库功能。在现有众多成熟数据库产品的情况下，重新设计一套存储方案、索引方案、搜索查询方案以及操作接口设计方案属于重复劳动，且数据库所提供的 SQL 查询语言可以提供各种复杂的查询。如果使用数据库存储属性数据，则需要解决的两个问题是：

（1）表结构应该可以用户自定义，而非一般信息系统中的事先设计。

（2）数据库字段类型与平台中的属性数据类型的兼容设计。

通过进一步的技术分析，显而易见，这两项问题的解决较之于重新实现一套轻量级数据库引擎容易很多。

不同于 PC、服务器平台中繁多的大型数据库引擎，移动设备的处理器计算速度以及存储容量不足以支持大型数据库的运行。移动设备中的数据库引擎一般称为嵌入式数据库，在 Windows CE 平台上，可用的数据库主要有 SQL Server Compact Edition、SQLite、CEDB、EDB。而 Android 平台使用最广泛的数据库就是 SQLite。

采用 SQLite 作为属性存储方案，是因为它是移动平台上最成熟的开源数据库产品。SQLite 提供了符合绝大多数 SQL 92 标准的 SQL 语言支持，在业界，SQLite 已经成为嵌入式数据库的事实标准，它支持 Android、iOS、Windows CE、Symbian 等众多嵌入式操作系统，且已被前两者纳入系统级 API 支持。

5.6.2.2 属性数据存储设计

由于移动平台的属性表字段结构必须能够由用户维护、管理，所以是可以自描述的。而移动平台的属性字段类型与数据库并不是一一对应的，所以必须进行字段映射。

SQLite 的数据类型分为五种：NULL（空值）、INTEGER（64 位整数）、REAL（64 位浮点数）、TEXT（文字串）、BLOB（二进制类型）。在 SQLite 中，所有类型的数据最终都作为以上五种类型之一存储。

因此考虑在属性存储中，设计一张名为 GeoSYS_Field 的表，将属性表中使用的所有字段，即 CFIELD_HEAD 结构数组转存入 GeoSYS_Field 表。平台通过此表的信息，解析实际的属性表数据。

5.7　移动信息展现方法

随着 IOS、Android 等移动平台的迅猛发展，移动终端被广泛应用于森林资源调查等林业应用中，在涉及内容复杂且信息量大的数据采集中起着重要的作用。用户在使用移动设备进行数据采集时常常需要结合采集区域的局部重点可视化与周边地貌的全局可视化，以确定地物的精确位置。通常，实现这种结合的方式有两种：多比例尺可视化和变比例尺可视化。多比例尺可视化实现了有限个离散比例尺地图数据的分别显示，是跳跃式的地理信息展现；变比例尺可视化则通过地图内比例尺的连续变化，实现了单窗口内地理信息的连续性展现。但是，受移动设备的屏幕大小、CPU 计算能力以及 I/O 速度等硬件条件的影响，多比例尺可视化在移动信息服务中的发展及应用受到了极大的限制，而变比例尺可视化在摆脱硬件限制的同时能够较好地反映出不同比例尺数据之间的关联，具有更加广阔的应用前景。

5.7.1　移动空间数据坐标变换

变比例尺区域可视化是通过坐标变换实现的，而坐标变换实际以地图投影为原理。目前研究较多的变比例尺投影方法多为：在焦点处比例尺最大，周边比例尺逐渐减小。这导致整个变比例尺区域内的地物都发生了变形，而在数据采集中，为了保证数据编辑需求，大比例尺区域地图应保持原图地貌。

因此，提出了一种基于矩形四棱台的变比例尺地图投影。以图 5-7(b) 中的正四棱台为例，设有一幅大小为 $a \times a$ 的原始地图，将地图中央的某一小块大小为 $c \times c$ 的区域以较大的比例尺投影到大小为 $b \times b$ 的区域内，这就构成了一个正四棱台。则变比例尺投影的基本思想为：首先将原始地图视为平面图，将其投影到这个正四棱台的表面，然后再从正四棱台表面正投影到原始地图平面上。

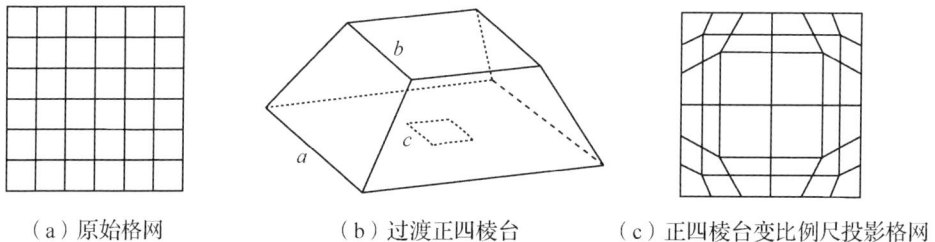

（a）原始格网　　　　（b）过渡正四棱台　　　（c）正四棱台变比例尺投影格网

图 5-7　正四棱台投影示意图

根据上述变比例尺投影方法，设变比例尺中心点为 $O(x_0, y_0)$，则原图中某点 $A(x_1, y_1)$ 经过变比例尺投影后的坐标计算方法见式(5-1)。

$$\begin{cases} x_1' = x_0 + \dfrac{(m_{x_1} - m_{x_0})}{f_1(x_1)} \\ y_1' = y_0 + \dfrac{(m_{y_1} - m_{y_0})}{f_2(y_1)} \end{cases} \tag{5-1}$$

式中：(x_1', y_1') 为点 A 经过变换后的坐标；$(m_{x_0}, m_{y_0})(m_{x_1}, m_{y_1})$ 分别为基准点 O 和点 A 的地图坐标；$f_1(x_1)$ 为 x 方向比例尺变化函数；$f_2(y_1)$ 为 y 方向比例尺变化函数。比例尺变化函数对变比例尺变化效果有着十分重要的影响，在坐标变换方法中，比例尺呈线性变化，计算方法见式(5-2)。

$$\begin{cases} f_1(x_1) = (P_{max} - P_{min})\dfrac{(2x_1 - b)}{(a - b)} \\ f_2(y_1) = (P_{max} - P_{min})\dfrac{(2y_1 - b)}{(a - b)} \end{cases} \tag{5-2}$$

式中：P_{max} 为变比例尺中心大比例尺区域的比例尺；P_{min} 为变比例尺区域的最小比例尺，综合式(5-1)和式(5-2)的坐标变换公式：

$$\begin{cases} x_1' = x_0 + \dfrac{(m_{x_1} - m_{x_0})(a - b)}{(P_{max} - P_{min})(2x_1 - b)} \\ y_1' = y_0 + \dfrac{(m_{y_1} - m_{y_0})(a - b)}{(P_{max} - P_{min})(2y_1 - b)} \end{cases} \tag{5-3}$$

5.7.2 移动地物取舍算法

5.7.2.1 过渡区域的地物拥挤问题

一般地，在地图中比例尺越大，地物分布越稀疏，地物描述越详细；比例尺越小，地物分布越集中、地物描述越粗略。而按照常规理解，过渡区域内的地物应比变比例尺前更大、更详细，地物间分布越分散。然而，以图 5-8 所示为例，在原始地图中，四边形 $ABFE$ 投影到正四棱台表面后得到 ABF_1E_1，再将四边形 ABF_1E_1 正投影到平面得到 ABF_2E_2，即地图中四边形 $ABFE$ 内的所有地物经过变比例尺投影后都会被压缩到四边形 ABF_2E_2 中。因此可得过渡区域内的地物必然会出现一定程度的拥挤与扭曲，且从图 5-8 中易得出，当 AB 长度一定时，地物的拥挤程度随 E_1F_1 的增大及 EF 的减小而加重；同样的，变比例尺区域的比例尺变化越快，拥挤问题也越严重。

因此，需要按照一定的规则对地物进行取舍，在拥挤程度严重的区域内对地物进行选择性的删除，从而减轻地物的拥挤程度，优化变比例尺可视化效果。另

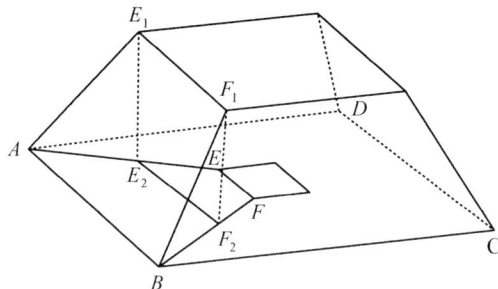

图 5-8   变比例尺前后的过渡区域对比图

一方面，拥挤区域内的地物取舍在一定程度上减小了地图数据，这导致变比例尺过渡区域的坐标变换计算量减小，提高了地图的绘制速度，对于变比例尺可视化在移动设备上的应用具有十分重要的意义。

5.7.2.2   地物取舍算法描述

空间索引算法为空间数据查询效率的提高提供了保证，目前较为常用的空间索引技术主要有 BSP 树、R 树、R + 树以及四叉树等。其中四叉树是基于空间划分的一类索引机制，在 GIS 中应用广泛，其优势在于：在空间实体分布较均匀的情况下，插入和删除操作具有较高的效率，能够满足数据采集对性能的要求。因此面向资源管理的移动信息系统中采用四叉树构建空间索引。

为保持地物取舍后的地图显示效果，取舍应以地物密集程度为依据，仅对地物相对稠密区域的进行取舍。一般取舍算法虽然在点群密度分析上有较好的效果，但是计算复杂，不适用于性能较低的移动设备。一般情况，实现变比例尺可视化首先应该构建地物索引，然后对地物进行取舍，最后更新索引并将地物绘制到屏幕上。其中，对地物的遍历和索引的更新中存在重复性操作，如果在索引的更新过程中对地物进行取舍，将能够有效地减少重复性操作，降低算法复杂度。因此，为了优化变比例尺可视化的显示效果，提升变比例尺可视化的响应速度，基于四叉树提出了一种地物取舍算法。

算法的主要思想为：在构建四叉树的过程中，当节点内包含地物的数量超过阈值 D 时就对节点进行分割，同时通过计算地物的取舍评价函数值来判断是否对地物进行取舍；如果节点内地物的数量没有超过阈值 D，则不需对当前节点链表中的地物进行取舍。以变比例尺区域涵盖整个屏幕的情况为例，算法具体描述如下：

（1）构建四叉树索引，将大比例尺区域与变比例尺区域以四叉树的构建规则进行分离，并对变比例尺区域节点添加标识。

（2）通过前文中变比例尺坐标变换计算公式更新四叉树中变比例尺区域相关

节点的地理坐标范围。

（3）遍历所有地物，计算地物在比例尺变换后的最小外接矩形。

（4）按照四叉树生成规则向该四叉树中添加地物。

（5）对被标识为变比例尺区域的节点，当其链表中包含地物的数量超过阈值 D 时就对该节点进行分割，遍历链表中的地物，同时计算地物的取舍评价函数值，并按照一定的比例将取舍函数值较小的地物删除，删除比例为 $n \times p$，其中 n 为四叉树层级，p 为删除基准比例。

（6）重复（3）~（5）。

（7）遍历四叉树所有节点，绘制节点链表内所有地物。

要注意的是删除比例是随着层级的增长而增大的，这符合取舍的基本原则。上述算法描述以变比例尺覆盖整个屏幕为前提条件，如果变比例尺区域仅仅为屏幕的一部分，则需要对变比例尺区域进行定位，可如图 5-9 构建四叉树基础索引。其中，对于横跨变比例尺区域与正常显示区域的地物，需要对其处于变比例尺区域的部分进行坐标变换。

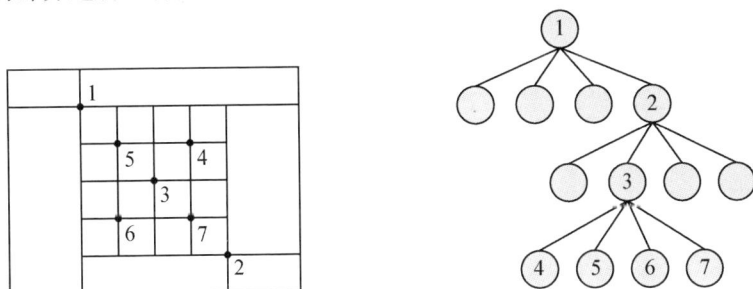

图 5-9 四叉树索引结构图

5.7.2.3 地物取舍评价函数

地物取舍算法以地物的取舍评价函数值作为取舍的根据，评价函数的定义应充分考虑用户的需求以及地物重要程度等多方面因素，此算法在评价地物重要程度时主要依据以下原则：

（1）一般情况下，用户对变比例尺中心区域，即最大比例尺区域有最高的关注度，距离中心区域越远，用户关注程度越低。

（2）地物在屏幕上显示时所占的像素点数最直接地反映了地物大小。

（3）用户有可能对某种或者某几种地物有着特别的关注度，另外有些地物对于保持地图完整性十分重要，例如，道路是支持整个地图的基础性数据，代表着整个地图的交通网络，在取舍时应尽量保留。

综合上述原则，将取舍评价函数定义为：

$$f = \frac{S}{L}\lambda \tag{5-4}$$

式中：L 为地物最小外接矩形的定点与变比例尺区域中心点之间的最小屏幕距离；S 为地物经过坐标变换后最小外接矩形的屏幕显示面积；λ 为控制参数，可依据地物的重要性以及关注度对结果进行调整。为了避免开方运算，采用近似欧式距离计算公式来计算 L 的值，由此，取舍评价函数的计算方法可表示如下：

$$f = \frac{S}{\mid x_1 - x_2 \mid + \mid y_1 - y_2 \mid}\lambda \tag{5-5}$$

根据上述对评价函数的定义可知，评价函数值随着地物离中心点屏幕距离的增大而减小，随着地物面积和重要程度的增大而增大。因此，函数值越小，地物越应该被舍弃；相反，函数值越大，地物越应该被保留。

5.8　典型案例

5.8.1　案例 1：基于 PDA 的立木资产评估工具

林木价值的评估主要依靠野外手工记录、采集信息，通过人工输入或互联网传输等方式将数据输入 PC 机，在本地 PC 上进行评估。这种方式尽管减少了原始的手工方式的工作量，但数据采集时仍需大量手工参与，且数据的采集和计算在时间上是分离的。PDA 使得数据的采集和计算可以同时在野外进行，工具便携性好。基于 PDA 的立木资产价值评估测算工具可以在野外现场快速、准确的评估立木资产价值，评估周期短，评估成本低。

5.8.1.1　基于 PDA 的立木资产评估工具的系统架构

基于 PDA 开发的特点，立木评估工具采取在 PC 机上进行开发的方式，并且制作成安装包在 PDA 上进行安装。其开发端选择的操作系统为 Windows Server，开发平台使用 Microsoft Visual Studio，开发语言为 C#，数据库使用 SQL Server，数据库编程使用 ADO. NET。而在 PDA 中采用 SQL Server compact edition 作为数据的存储方式。此种选择方式能保证立木评估工具开发过程的兼容性及完整性，能够较好的完成所需的开发任务，并能对所开发的立木评估工具提供较好的稳定性及可维护性。

根据森林资产评估野外作业过程中的实际需要，不必要求 PDA 采集及评估的数据与 PC 机进行实时交互，故立木评估工具采用 C/S 结构，并且在 PDA 与 PC 机间的通信采用无线方式或有线方式，无线方式通过 Wi-Fi、蓝牙等实现互联；有线方式在同步软件的帮助下，通过 USB 接口直接建立连接。具体架构如图 5-10。

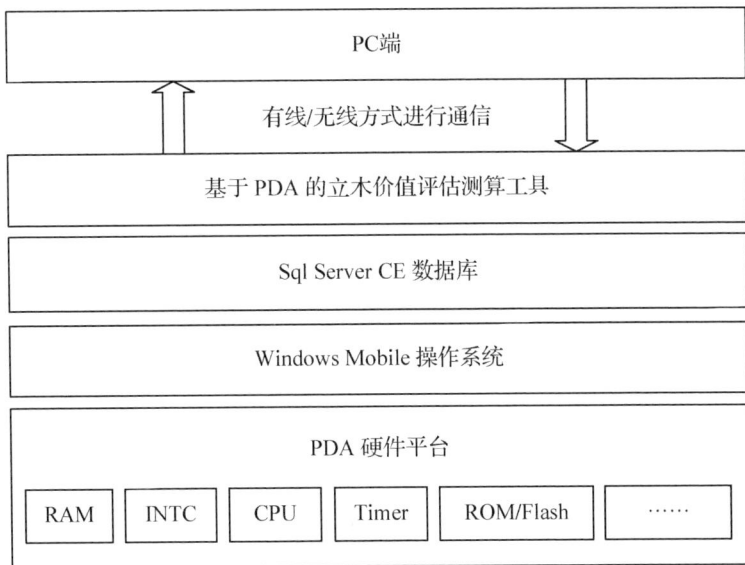

图 5-10 系统架构图

5.8.1.2 基于 PDA 的立木资产评估工具的业务流程

在整个立木资产价值评估过程中，评估工作从设置相关参数开始，包括设置价格、出材率等参数，这个工作既可以在室内又可以在野外完成。第二步根据评估地的实际情况填写评估地的名称、所属等基本信息，并根据评估的实际需要设定该次评估的置信度与允许误差，用户可以选择相应的材积计算方法、评估方法、评估公式等。当所有选择与输入正确时，可以进行第三步，对调查数据进行统计分析并根据调查数据出具相应的评估报告与结果。具体的业务流程如图5-11。

5.8.1.3 基于 PDA 的立木资产评估工具的主要功能

结合立木资产价值评估的业务流程，在满足野外森林资产价值评估过程中的快速测算立木资产总价值的功能并提高评估结果的可信度等要求条件下，立木评估工具主要具备数据录入、参数设置、计算与评估、结果显示、数据管理等五个功能模块，每个模块根据其特点可分为若干子模块，如图5-12。

（1）数据录入：立木评估工具以被评估对象林地作为测算评估基本单位，而完成对评估对象的评估工作必须有相应的数据支持，主要包括评估对象基本信息、样地基本信息、样地详细信息、样木基本信息等。具体录入过程为：在评估计算开始之前需先导入或录入评估对象林地的基本信息资料（如所属林地、编号、平均密度、面积、评估时间、评估人、对象评估的方法、材积计算的方法、

相关的价格、出材率等参数设置

填写评估地基本信息

置信度与允
许误差设置

各种方法及
公式选择

未通过

有效性检验

通过

评估方法
判定

样地法

样木法

输入样地信息

输入样木信息

输入地内林木
信息

未通过

未通过

有效性检验

有效性检验

通过

通过

出具评估报告

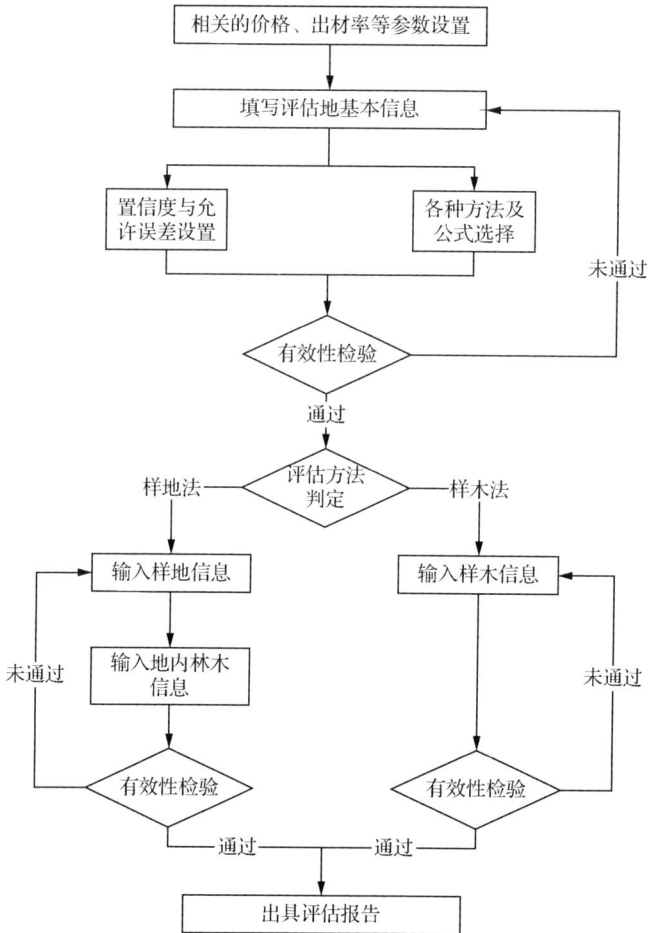

图5-11   整体业务流程图

单株价值计算方法、评估公式等)，如图5-13，并且根据该评估对象采用的不同评估方法(样地法、样木法)，进行不同样地、林木基本信息的录入。数据录入当前主要采用用户手工录入的方式，该方式支持野外作业前用户在立木评估工具内进行预设并保存以备评估时使用。

(2)数据管理：在立木资产评估过程中，为提高立木评估工具的使用范围，工具应该在支持基础数据录入的前提下，增加相应的数据管理模块，主要包括数据的导入及导出功能。

支持对往期调查数据的导入以便对其进行进一步的处理，例如继续进行数据录入，对往期调查数据进行评估，查看评估报告等，如图5-14。工具应为用户提供数据接口，在数据格式相同的条件下支持相关自动化数据采集设备进行数据导

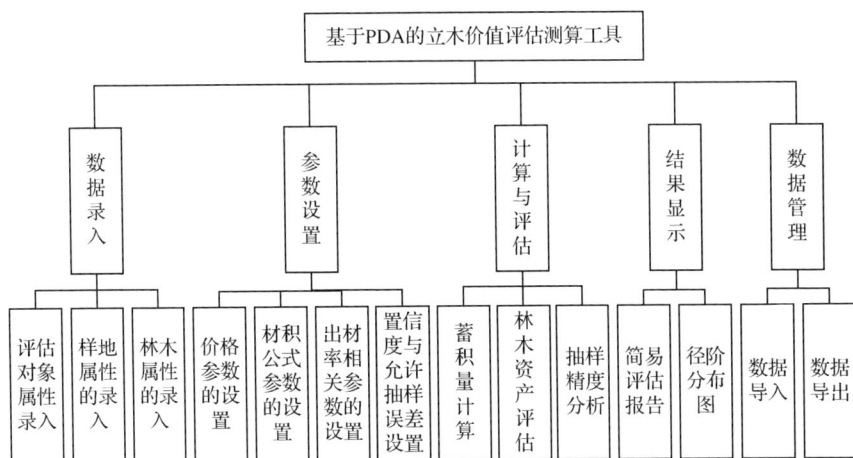

图 5-12 功能结构图

入，自动化采集设备采集的数据可包括胸径、树高等林分调查因子，方便对工具的功能进行下一步扩展；支持数据的导出。对调查的数据、评估报告及设置的参数等进行导出功能，既能满足数据传输到 PC 机上进行下一步的处理，又能满足数据可重新导入到该模块中，进行后续操作的需求。

图 5-13 基本信息输入

图 5-14 打开已有数据

（3）参数设置：不同的树种在同一地区或同一树种在不同地区，其出材率公式及材积公式的参数是不同的，不同的评估条件下对抽样精度及评估置信度要求也不同，因此，为了提高立木评估工具的可用性，工具具备用户参数设置功能，允许用户在立木资产评估前对价格参数、出材率相关参数、材积公式或材积表参数、本次评估置信度和允许抽样精度等参数进行相应的设置，如图 5-15。

价格参数设置中，每次评估时允许用户根据当时的市场行情、树种和胸径的大小设置对应的价格，如图 5-16。

图 5-15 二元材积公式设置 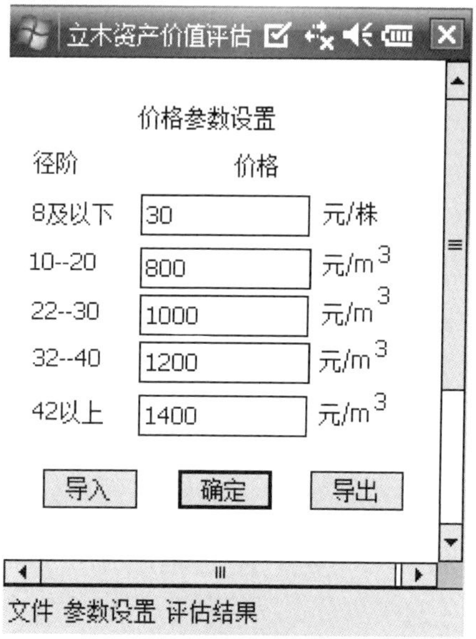   图 5-16 价格参数设置

在出材率相关参数设置上，为了提高立木评估工具的适用范围，在出材计算功能里应提供出材率表及出材率公式供用户选择。在出材率表方面，若当地存在相应的树种出材率表，用户可以根据地方标准输入不同树种的径阶出材率；在出材率公式方面，立木评估工具应提供常用的出材率公式，如式(5-6)的参数设置。并允许用户对相应的参数 a，b，c 进行设置。

$$P = \frac{D}{(a + bD + cD^2)} \tag{5-6}$$

设置出材率表及出材率公式相关参数时须允许用户按树种及地区进行设置，并对相关的参数进行保存，以备重新评估时再次使用。若对不同树种或在不同地区进行评估时，出材率公式或出材率表参数可根据需要从文件中直接导入或重新输入。

在材积计算及设置上，立木评估工具应根据我国实际应用情况提供多种材积公式。经过分析，在二元材积公式法中，根据测树学相关理论，本案例使用山本式等两种材积公式供用户选择。详见式(5-7)、式(5-8)。

$$V = a(b + cD)^e H^f \qquad (5-7)$$

$$V = aD^b H^e \qquad (5-8)$$

在一元材积公式法中提供了式(5-9)供用户选择。

$$V = a \cdot (b + cD)^e \cdot [f + g \cdot (b + cD) + h(b + cD)]^f \qquad (5-9)$$

用户可根据不同树种或地区的实际情况，选择所需要的材积计算方法及材积计算公式并进行相关参数的设置。

置信度与允许误差方面，根据用户的不同调查需要，立木评估工具应为用户提供不同的置信度供其选择。根据分析为用户提供了 60%、70%、80%、90%、95%、98% 等 6 种不同的置信度，并允许用户手动自行设置允许抽样误差。

(4)计算与评估：它是立木评估工具的核心模块。在该模块中主要需完成单株立木蓄积、评估对象总蓄积、平均胸径、平均树高、总出材量、评估参考价值等计算过程。具体实现时根据树高、胸径(或根径)等林分调查因子，通过选择特定的蓄积计算方法，计算单株立木蓄积，进而求得评估对象林地内的总蓄积；根据出材率公式或出材率表求得相应的出材率，在当日市价的指导下对评估对象林木资产进行评估；根据预设抽样精度及置信度得出出材量范围及参考评估价格；最后依据相关抽样调查理论，对各立木调查因子平均值(蓄积、胸径等)进行相关的抽样精度分析。如图 5-17、图 5-18。

(5)结果显示：立木评估工具在计算评估完成之后，需要完成相应的结果显示功能，以便与用户进行良好的交互。实现时，工具应提供简易评估报告、调查样本详细信息及相应的分布图等。当前在森林资源资产评估中完整的立木资产价值评估报告应包括本次评估基本情况、评估的目的与意义、评估对象和范围、相应的评估依据、采用的评估方法及评估过程等十余方面内容。考虑到设备的实际条件及实际野外应用需求，立木评估工具只需提供相应的简易评估报告，简易评估报告主要应包括各调查木的详细信息，样本的平均值(胸径、树高等)，评估对象的总蓄积、总价值，估计的总体精度，与前期评估时间增量等信息，如图 5-19。并根据调查木的径阶分布情况提供相应的径阶统计分布图，以便用户直观的查看立木生长情况，如图 5-20。

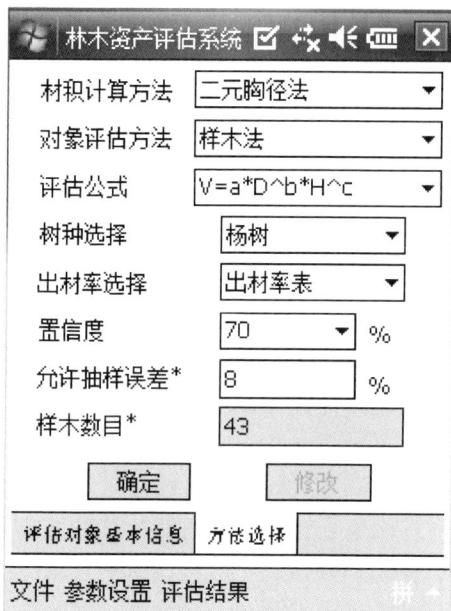

图 5-17　方法选择

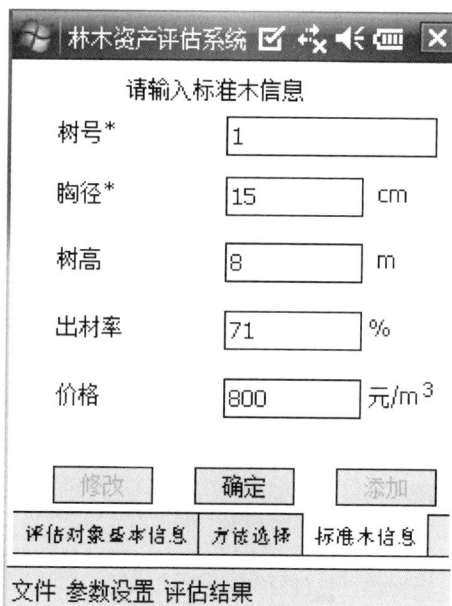

图 5-18　样木信息输入

图 5-19　评估报告综述

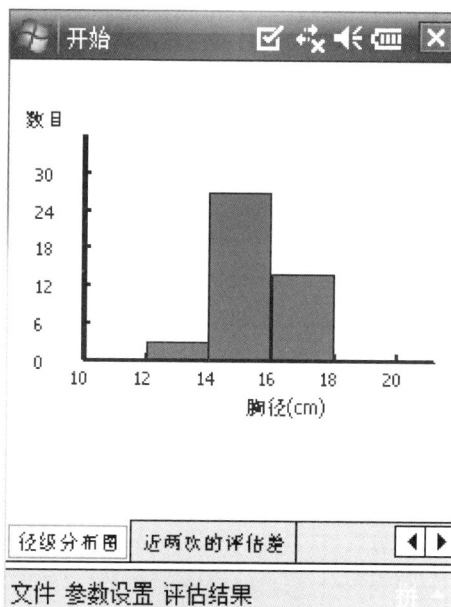

图 5-20　径级分布图

5.8.1.4 案例小结

基于 PDA 的立木资产价值评估工具作为立木资产评估工作中的一个独立运行的评估软件，它既不是像很多手持设备一样仅仅作为一个数据采集工具，用来采集相关的胸径、树高等林分调查因子，也不像传统的林业资产评估软件一样，仅仅用来在室内进行数据处理及计算。而是将采集、计算融合在一体的林业评估工具之中。与传统评估相比，在评估过程中增加了用户要求置信度与允许误差的功能，提高了评估结果的可信度。立木评估工具在开发完成后进行了相应的测试工作及实际应用，经过在辽宁省抚顺市清原满族自治县海阳实验林场的试用，取得了较好的效果。通过立木评估工具提高了立木资产评估的工作效率，给用户提供的误差分析功能，增强了立木资产评估的合理性和有效性。

5.8.2 案例2：综合林木资产价值评估应用软件

综合林木资产价值评估应用软件是一款基于混合应用模式开发的跨平台的林木资产价值评估软件。软件是在跨平台框架 PhoneGap 之下，使用 HTML5、CSS3、JavaScript 技术编写，可以轻松移植在任何支持 HTML5 浏览器的移动终端上。为使用不同终端设备的林木经营和管理工作人员提供野外数据采集、林木价值计算与评估等移动信息服务。

5.8.2.1 综合林木资产价值评估应用软件的系统架构

为使林木资产价值评估应用软件能够适应业务上的需求变化，软件在整体架构中采用分层的模式，具体软件架构图如图 5-21。软件架构由数据层、平台层、功能层、用户界面层组成。

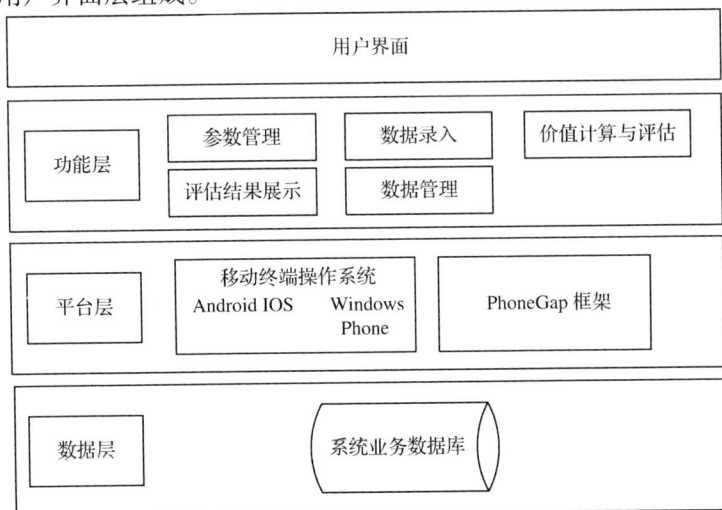

图 5-21 系统架构设计图

　　数据层的作用是建立存储数据库，对系统中的业务数据进行存储和维护，软件在该层使用 SQLite 存储数据；平台层包括移动终端操作系统和 PhoneGap 框架，移动终端操作系统可以是目前常用的 Android、iOS、Windows Phone 等，PhoneGap 是一种移动终端跨平台框架，平台层是软件运行的重要组成部分，它提供了软件所需要的基础功能支持；功能层根据业务需求，设计软件功能，包括参数管理、数据录入、价值计算与评估、评估结果展示和数据管理；用户界面层为用户提供简便易用的交互界面，采用 HTML5、CSS3.0 和 JQuery Mobile 实现。

5.8.2.2　综合林木资产价值评估应用软件的业务流程

　　软件设计的林木资产价值评估流程如图 5-22，具体流程如下：

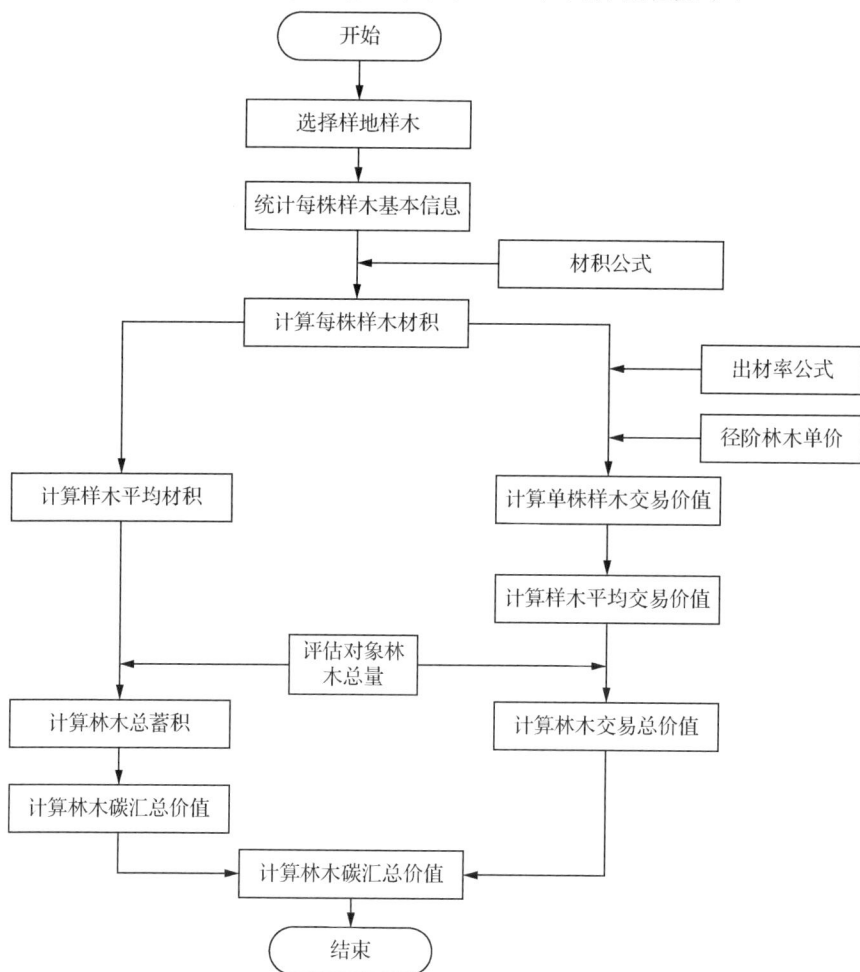

图 5-22　林木综合价值评估方法计算流程

（1）选择样地样木。根据对待评估林木资产的实地调查情况选择合适的样地样木，并根据预先设定的置信度和允许误差推算出应在该评估样地中抽样调查的样木株数。

（2）基本信息采集和材积计算。实地测量每株样木的树高、胸径等基本信息，并结合一元材积公式或二元材积公式计算每株样木的材积。

（3）林木资产交易价值计算。采用现行市价法计算每株样木的交易价值，并计算样木的平均价值，最终结合待评估对象的林木总数量计算林木资产交易总价值。

（4）林木资产碳汇价值计算。以每株样木的材积为基础，计算每株样木的材积，进而计算样木的平均材积。然后，结合待评估对象的林木总数量，利用生物量清单法计算林木资产碳汇总价值。

（5）综合价值计算。在林木资产交易价值和碳汇价值计算的基础上，通过设置合理的权重参数，计算林木资产的综合价值。

5.8.2.3 综合林木资产价值评估应用软件的主要功能

5.8.2.3.1 参数设置功能

参数设置包括材积公式设置、碳汇参数设置、出材率公式等设置。用户初次使用软件时，显示软件的首页面。要计算林木交易价值时，在首页面中点击交易参数设置，在参数设置模块中选择价格页签，输入此次调查的树种，并根据市价对于不同的径阶分别输入相应的价格。价格参数设置页面如图5-23。

价格参数设置完毕后，可以设置材积参数。对于材积计算，可以选择材积计算方法。根据目前常用的材积计算方法，软件设置了一元根径法、二元根径法、一元胸径法、二元胸径法。进入材积页签下，在树种栏中系统会自动识别已经存在的树种；树种选择完毕后，用户可以根据地区选择树种计算材积的方法，每种材积方法系统提供了相对应的公式；选定方法后，系统能够自动显示每种方法下的计算公式，减少输入量；公式选择完毕后，输入公式需要的参数。材积参数设置如图5-24。

对于出材率设置，软件提供出材率公式和出材率表两种方法。选择使用出材率公式时，点击出材率公式页签，进入出材率公式配置页面。软件可以供用户选择已存在的树种，用户只要根据当地的情况输入适合的参数即可，出材率公式设置如图5-25。选择使用出材率表时，点击出材率表页签，选择想设置出材率的树种，并根据不同径阶分别设置出材率，出材率表设置如图5-26。

图 5-23   价格参数设置页面

图 5-24   材积参数设置页面

图 5-25   出材率公式设置页面

图 5-26   出材率表设置页面

对于碳汇参数设置，可以在首页点击碳汇参数设置图标，进入碳汇参数页面，如图 5-27。系统可以显示已经录入树种的碳汇参数。用户想要新增一个树种的碳汇参数，可以点击右上方的新增按钮，显示新增内容。新增碳汇参数页面可以输入树种、树干密度、含碳率、比例和碳汇单价。

5.8.2.3.2   数据录入及价值评估功能

在参数设置完毕以后，可以开始进行评估。在系统首页点击新建评估报告图表，进入新建评估报告页面，如图5-28。在新建评估报告页面中，可以输入此次评估的具体信息。用户可以输入此次评估地的编号、评估时间等基本信息，也可以选择评估的方法，在选择置信度、抽样误差以后，系统可以自动生成需要调查的样木数目，为下一步的样木信息输入提供数量依据。

图5-27　碳汇参数设置页面　　　　图5-28　基本信息输入

　　系统输入完评估地基本信息之后，会自动跳转到标准木信息填写页面，如图5-29。用户可以输入调查样木的编号、胸径、出材率等信息，系统可以根据参数设置中价格参数、胸径、树高自动计算出每棵树木的价值。

5.8.2.3.3　报告展示功能

　　评估结束以后，系统可以自动生成评估报告。在系统的首页面，点击查看评估报告图标，进入评估结果类表页面，评估结果以类表的形式进行展示。每条评估结果显示评估编号和评估期数，可以方便用户挑选想要查看的评估报告，如图5-30所示。从列表点击进入要查看的评估报告页面，如图5-31。评估报告分为三项，评估结果、样本详情和径阶分布。在评估结果页签下，可以显示评估地基本信息、调研样本基本信息和评估价值。用户可以直观的查看此次评估的具体情况。

　　样本详情页签下可以查看调查的样木具体信息，如图5-32。可以显示出每棵树木的树高、材积和具体的价值。

　　评估报告还提供对样木数目的图示展示。对各个径阶内的林木数量以统计图的形式供用户查看。图表展示使用HTML5的canvas制作，可以有效减少画图插件带来的代码冗余，使系统页面切换之间更加流畅，图表展示如图5-33。

图 5-29　标准木信息输入　　　　　图 5-30　评估报告列表

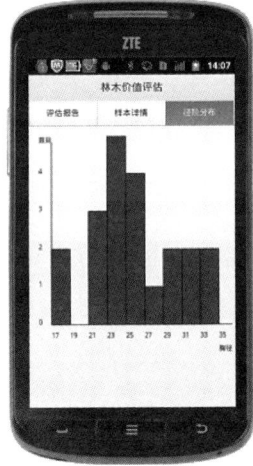

图 5-31　评估报告　　　　图 5-32　样木列表　　　图 5-33　径级分布图页面

5.8.2.4　综合林木资产价值评估应用软件的跨平台性

　　为了能够使本软件运行在多个移动终端系统上，软件开发技术采用
PhoneGap 跨平台框架。使用 PhoneGap 技术的方法类似于使用 JavaScript，在每个
页面中引入 cordova.js 脚本，并对其进行初始化。这样能够保证正确使用
PhoneGap 提供的各种功能。跨平台要保证系统在不同的操作系统环境下，都能
正常的使用各项功能。系统在虚拟机中 iOS、Windows Phone 操作系统下运行结
果如图 5-34、图 5-35，从图中可以看出，因为使用同一种 UI，系统界面基本一

致，会根据操作系统的不同稍有差别。因为使用 Web 应用的开发模式，不同操作系统对其影响不大，系统功能可正常使用。

图 5-34 IOS 操作系统仿真

图 5-35 Windows Phone 操作系统仿真

5.8.2.5   案例小结

本案例是采用混合模式开发的综合林木资产价值评估应用软件。软件主要包含林木的交易价值评估和碳汇价值评估计算两部分，具体实现了参数的设置、数据录入、价值评估、数据管理和展示的功能。同时，又提供了置信度和误差功能，提高了评估结果的准确度。另外，在评估报告部分，除了生成基本的报告之外，根据智能手机的特点，系统还提供了图表功能，利用 HTML5 技术，可以在手机的内嵌浏览器上方便地画图，同时也能保证低内存消耗，图表功能大大提高了软件的可用性。由于采用混合模式，基于 PhoneGap 框架和 HTML5、CSS、JavaScript 等技术进行开发，使得本软件具备良好的跨平台性，极大地缩减了跨平台软件的开发周期，减小了开发成本。并可使软件运行于 Android、Windows Phone、iOS 等不同操作系统中。

5.8.3   案例3：基于 Android 的木材检尺码单管理系统

木材检尺码单是木材从林场楞场上调运木材时使用的重要合法凭证，记录林木产品检量数据。以福建省为例，福建省的木材运输主要包括从采伐现场运输到楞场和从楞场调运木材两个流程。其木材采伐运输管理流程十分严格：在采伐地现场，检尺员对新采伐的原木进行检尺并开具纸质版的木材检尺码单，此时开具的木材检尺码单称为木材检量野账单，木材检量野账单作为木材从采伐地到楞场短途运输的凭证，主要用于林场内部统计木材采伐入库数量和计算采伐工人工资；具有合法手续的林权者提出木材下山申请后，检尺员在楞场对运输出库的木材进行二次检尺并开具福建省统一规范的木材检尺码单，木材运输车辆随车携带木材检尺码单其中一联，在途经林业检查站点时，站点工作人员需要检验核对木材检尺码单上的木材数量并验明真伪，核对无误后办理全国统一的木材运输凭证。

运输车辆在林业检查站点办理运输证时，由于木材检尺码单的其他三联在检尺员手中，木材检尺码单往往不能在第一时间送达到林业检查站点。站点工作人员难以判断随车木材检尺码单数据的准确性，因而常常出现人为篡改码单数据、木材非法二次运输等问题，给木材运输检查工作造成一定影响。而且随着我国集体林权制度改革加深，林区经营权逐渐由国有林场分散到林农个体身上，原木运输变得越发频繁而且不易控制，因此木材检尺码单的管理就显得尤为重要。

目前我国的木材检尺码单管理方式主要为基于 PC 的信息管理系统、基于 IC 卡的技术应用、手机短信平台应用和无线射频技术（Radio Frequency Identifica-tion，RFID）应用。但 PC 机等设备不适宜长时间野外作业，IC 卡、手机短信用户体验性相对较差，RFID 技术应用也尚未成熟。另外，以上系统缺乏与其他林政系统的整合，彼此相互独立，数据集成共享性较差。Android 智能手机因其体积小、易携带、处理能力较强、普及率高等特点，为木材检尺码单管理提供新的信息传输手段。本案例以福建省将乐国有林场的木材运输过程为例，是一款基于移动互联网和 Web 服务的，以 Android 系统为核心，PC 机为辅助操作平台的木材检尺码单管理系统，系统能够在野外实时收集、处理、打印和传输木材检尺码单数据，提高伐区生产作业效率。

5.8.3.1 木材检尺码单管理系统的系统架构

本系统采用 C/S、B/S 结合的模式，基于互联网、移动互联网和政府内网开展业务，主要包括 Android 客户端、PC 端、电子触摸屏端和服务器端等部分，系统架构如图 5-36。

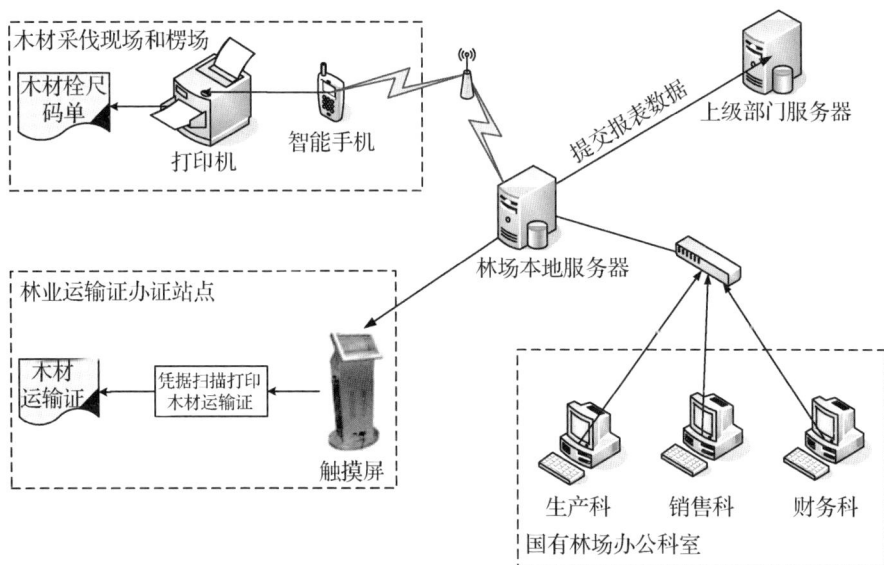

图 5-36 系统架构图

（1）检尺员在木材采伐地和楞场等野外作业现场使用 Android 智能手机采集处理码单数据。Android 智能手机与林场的本地服务器之间以 TCP/IP 协议进行网络连接，使用 Json 字符串实现数据传递服务；与打印机之间以蓝牙技术进行信息交换，能够现场打印检尺码单数据。打印机的关键指标要求包括：针式打印机，拷贝能力 1 + 3，打印幅面 220mm × 160mm，采用摩擦进纸方式；提供蓝牙接口，内置车载电源；装有可拆卸式提手，轻便易携带，具有一定的防震能力。

（2）林场办公人员在办公室通过 PC 机端浏览器使用 HTTP 方式访问林场的

本地服务器，可以管理码单数据，查看打印相应数据报表。

（3）林业运输证办证站点放置的电子触摸屏终端可实时获取林场的本地服务器数据，站点工作人员使用电子触摸屏与纸质版的木材检尺码单数据进行核对，核对无误后可以直接办理打印运输证。

（4）林场的本地服务器部署在国有林场内部，通过政府内网连接上级部门服务器，为上级部门提交报表数据。

5.8.3.2 木材检尺码单管理系统的业务流程

系统主要应用于以下两处场所：木材砍伐现场和楞场以 Android 智能手机为主要操作平台，是码单数据采集处理的主要场所；国有林场办公部门以 PC 机为主要操作平台，辅助木材砍伐现场和楞场码单收集处理工作。

木材检量野账单主要用于国有林场内部从采伐现场调运木材到楞场，检尺员通过 Android 智能手机录入木材检量野账单信息，确认无误后打印并签字，然后将打印后的纸质版木材检量野账单上的码单编号录入系统即结束，系统流程如图5-37，检尺员对自己检尺记录的木材检量野账单有所有操作权限。

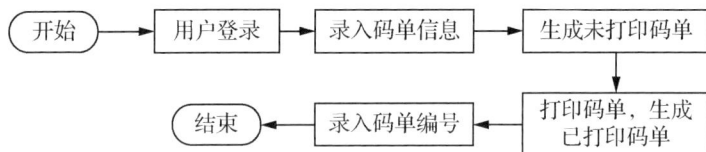

图 5-37 木材砍伐现场和楞场木材检量野账单管理流程

福建省统一木材检尺码单作为从楞场调运木材和运输证办理的主要凭证，其管理流程与木材检量野账单相比更为严格复杂。检尺员在木材检尺码单打印前对自己检尺记录的木材检尺码单有所有操作权限；在木材检尺码单打印后仅能修改木材检尺码单的码单编号。若修改木材检尺码单其他信息或删除木材检尺码单信息，需要经过严格的林场领导审核流程，如图 5-38。

检尺员在野外由于特殊原因无法通过 Android 智能手机记录码单数据时，国有林场办公部门将辅助进行码单收集处理工作。由于检尺员首次在野外记录时的木材检尺码单数据是最准确的，因此生产科、销售科和财务科三个部门的工作人员需要分别录入一份码单数据，然后每隔五到十天左右进行一次对账以保证数据的准确性。具体流程为：三个部门的工作人员以纸质版码单作为数据来源，通过 PC 机分别录入一份码单数据，由财务科工作人员登录系统进行对账，同时处理对账中产生的错误数据。对账成功后如果修改原始纸质版码单产生的错误，需要经过林场领导审核，如图 5-39。

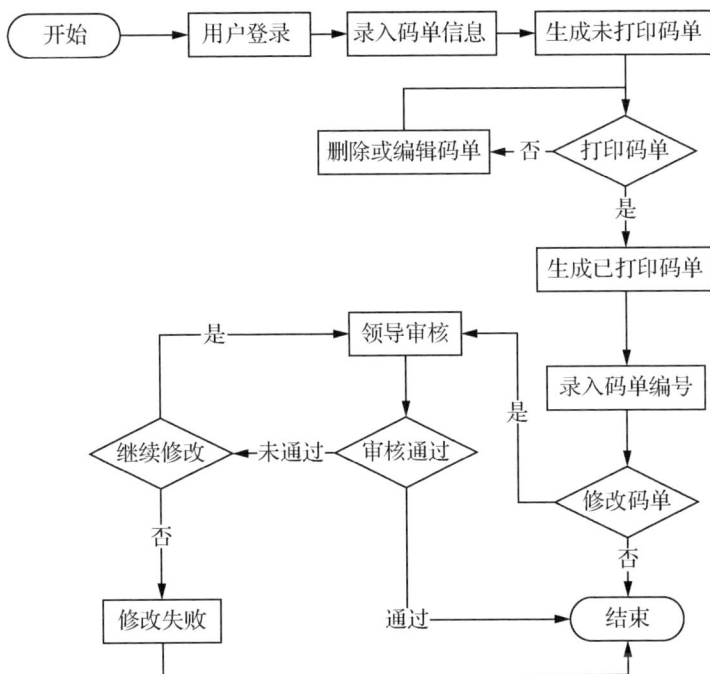

图 5-38　木材砍伐现场和楞场木材检尺码单管理流程

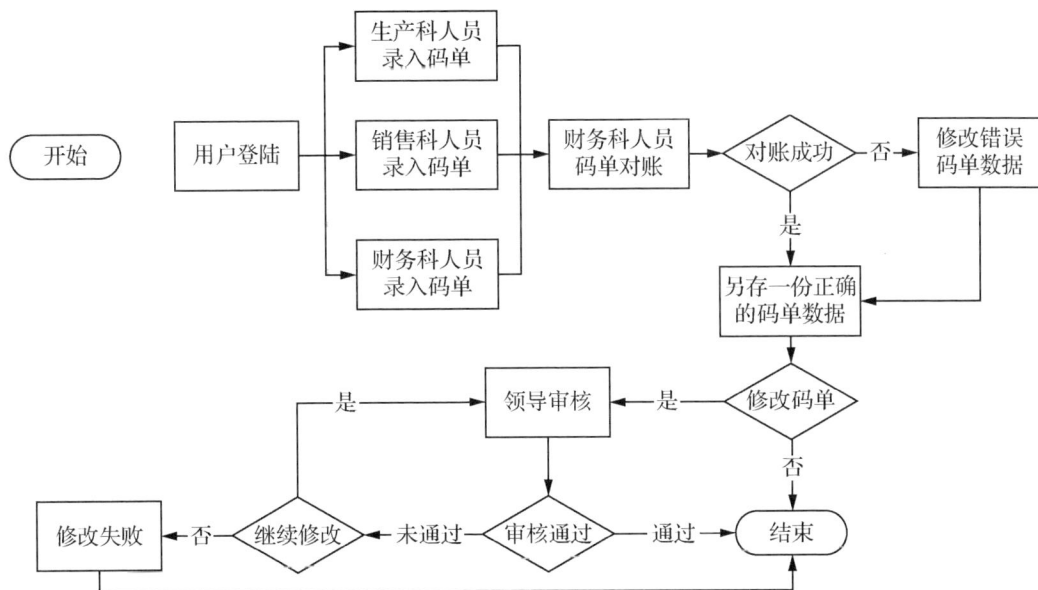

图 5-39　林场办公部门木材检尺码单管理流程

5.8.3.3 木材检尺码单管理系统的主要功能

在对福建省国有林场木材采伐业务和码单管理流程全面了解的基础上，将系统功能分为 Android 客户端和 PC 机端两部分。Android 客户端功能模块如图5-40。

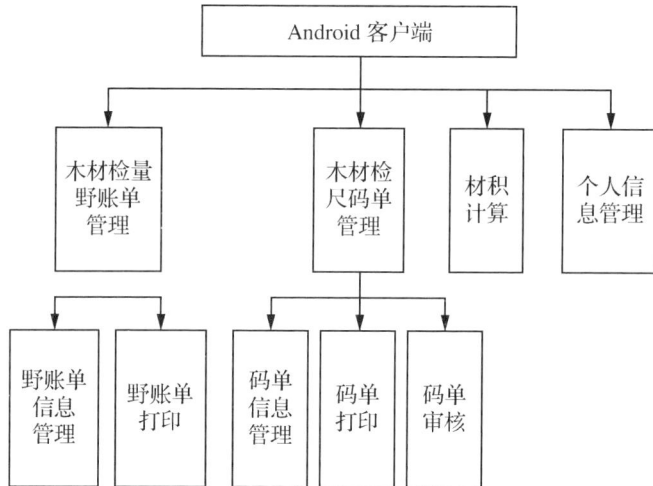

图 5-40   Android 客户端功能模块

（1）木材检量野账单管理主要包括木材检量野账单信息管理和打印功能，检尺员在木材采伐地作业时可以利用 Android 智能手机登录系统并现场记录木材检量野账单信息，记录的野外木材检量野账单数据存储在野外木材检量野账单数据表中。

（2）木材检尺码单管理主要包括木材检尺码单信息管理、打印和审核功能，检尺员在楞场利用 Android 智能手机登录系统现场记录并打印木材检尺码单信息。当已打印的木材检尺码单信息有错误需要修改时，可以通过 Android 智能手机平台提交修改申请，由场领导进行审核方可成功。检尺员记录的木材检尺码单数据存储在野外木材检尺码单数据表中，同时建立野外木材检尺码单数据备份表，存储已打印的木材检尺码单修改的所有历史数据。

（3）材积计算主要根据我国公布的 GB4814—84《原木材积表》、GB4815—84《杉原条材积表》等标准，以树种、检尺径和检尺长作为输入条件，采用二元材积计算方法，计算单根木材的材积。为方便工作人员使用，可以匿名登录使用该功能。

（4）个人信息管理主要对登录用户的基本信息进行管理维护。

林场办公部门 PC 端功能模块如图 5-41。

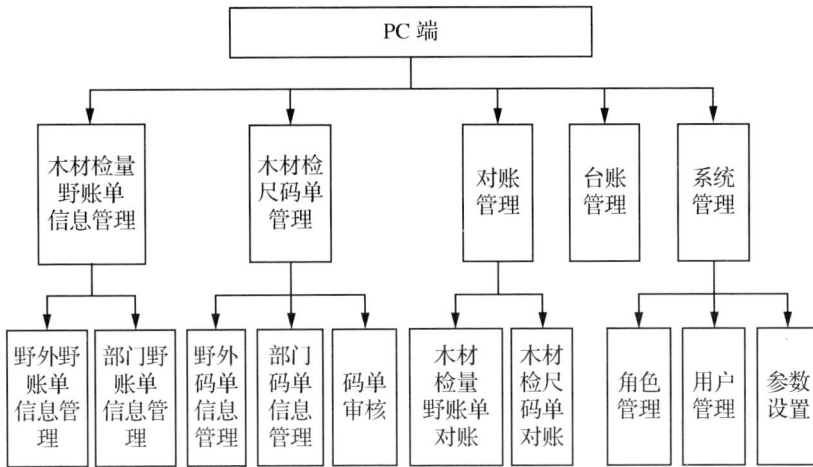

图 5-41 PC 端功能模块

（1）木材检量野账单管理包括对野外和办公部门记录的木材检量野账单信息进行管理维护。野外野账单信息管理主要是由检尺员维护自己检尺记录的木材检量野账单信息；部门野账单信息管理主要是生产科、销售科和财务科三个部门对各自部门根据纸质版木材检量野账单录入的信息进行维护。三个部门记录的木材检量野账单数据存储在一张部门木材检量野账单数据表中。

（2）木材检尺码单管理包括野外木材检尺码单信息管理、部门木材检尺码单信息管理以及码单审核管理。野外码单信息管理主要是检尺员维护自己检尺的木材检尺码单信息；部门码单信息管理主要是生产科、销售科和财务科三个部门对各自部门根据纸质版木材检尺码单录入的信息进行维护；码单审核是当检尺员修改码单数据时，林场领导进行审核。三个部门记录的木材检尺码单数据存储在一张部门木材检尺码单数据表中。

（3）对账管理是对生产科、销售科和财务科三个部门记录的木材检量野账单和木材检尺码单信息进行对账，对账正确的码单数据将在野外木材检量野账单数据表或野外木材检尺码单数据表中另存储一份。

（4）台账管理主要根据上级部门要求，按照年度、月份、伐区等分类绘制不同类型的报告，报告数据主要来源于野外木材检量野账单或野外木材检尺码单数据表。

（5）系统管理包括管理和维护系统角色信息、用户信息和系统主要参数信息。

5.8.3.4 案例小结

本案例以福建将乐县国有林场为例，通过使用物联网、云计算、移动互联网

等先进技术，支持木材采伐运输相关数据的采集、传输和处理工作。在 Android
客户端，可以实时采集、打印、处理、传输木材检尺数据，PC 客户端辅助完成
系统数据的收集统计工作，二者相互配合共同保证系统数据的完整性，可以有效
解决木材运输过程中人为篡改码单数据、非法二次运输的问题，同时具有良好的
用户体验。系统可经过适当调整，修改部分业务流程，随后应用于全国范围内的
各个林区。

5.8.4　案例 4：基于 GeoGIS 平台的林场资源数据管理系统

　　GeoGIS 是一款自主研制的地理信息系统软件平台。本案例使用 GeoGIS 管理
福建将乐县的森林资源数据。GeoGIS 包括桌面基础平台及掌上 GIS 基础平台两
部分。其中，桌面平台包括空间数据显示模块、空间数据查询模块、空间数据编
辑模块、地图投影变换模块、影像或图像配准模块、空间数据处理模块及数字高
程模型模块，掌上平台包括空间数据显示模块、空间数据查询模块、空间数据编
辑模块、基本投影变换模块、移动数据库管理模块及 GPS 集成模块。资源数据
管理系统架构如图 5-42。

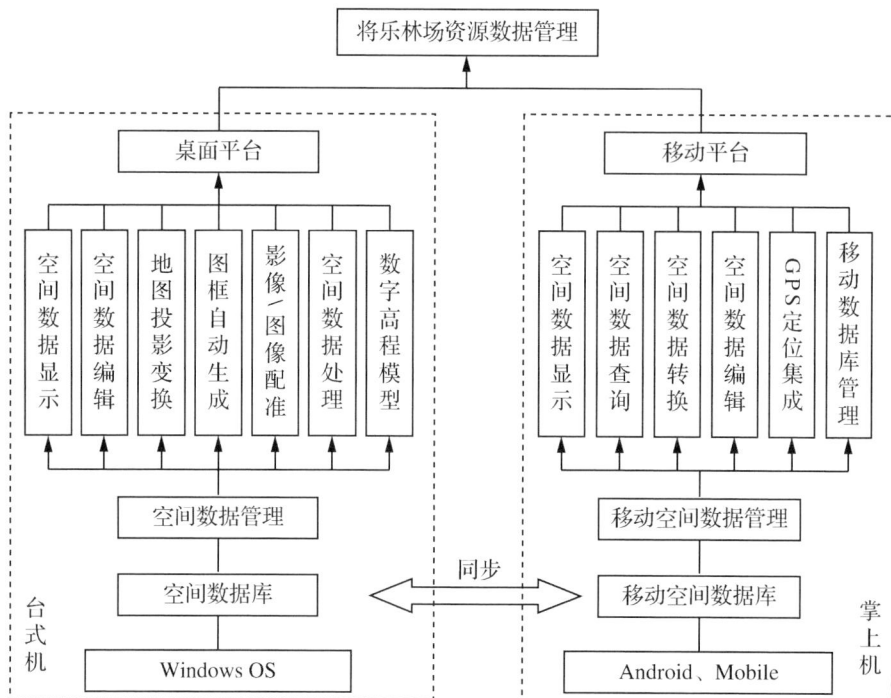

图 5-42　将乐林场森林资源管理架构图

5.8.4.1 森林资源数据的收集与整理

空间数据的获取是通过验证、修改、编辑等处理过程将现有的图形图像数据、文字符号数据或多媒体数据等多种信息源数据转换为 GIS 可以处理与接收的数字形式，可分几何图形数据的获取和属性数据的获取两种。目前已经获得将乐县国有林场提供的明头山工区 2008 年的数据、将乐县基本图数据，该数据为 ViewGIS 软件使用的后缀名为 layer 的文件格式，如图 5-43。

图 5-43　明头山工区 2008 年数据

（1）数据转换。因将乐县国有林场使用地理数据管理软件为 ViewGIS，文件格式为后缀名为 layer 的文件。需要对数据进行转换，才能满足基于 GeoGIS 的数据显示需求。

（2）数据整理。转换后的栅格数据不具有空间参考，所以需要进行影像配准。同时为了使矢量数据更加精确，需要对其进行误差校正，如图 5-44。

在配准和校正的过程中提供了标准图框生成工具。经过上述步骤转换完毕之后，在 GeoGIS 上显示效果如图 5-45。

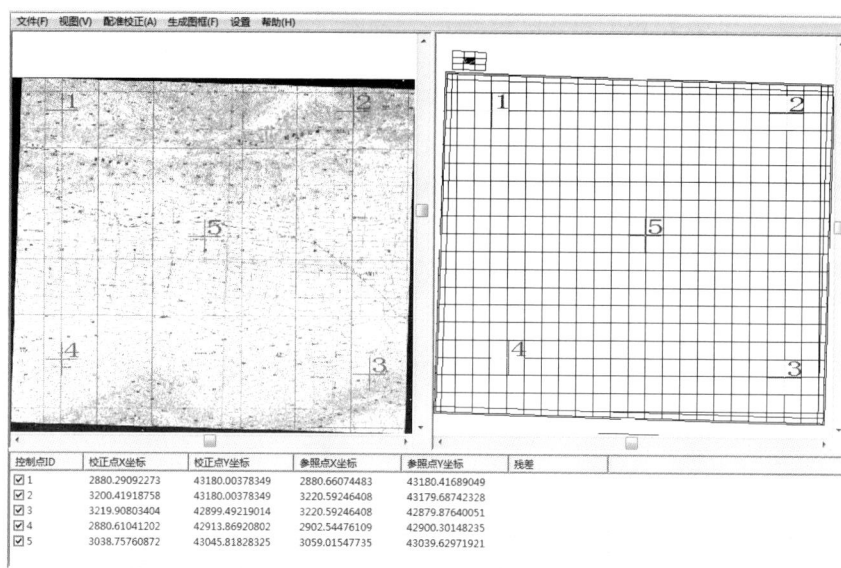

控制点ID	校正点X坐标	校正点Y坐标	参照点X坐标	参照点Y坐标	残差	
☑1	2880.29092273	43180.00378349	2880.66074483	43180.41689049		
☑2	3200.41918758	43180.00378349	3220.59246408	43179.68742328		
☑3	3219.90803404	42899.49219014	3220.59246408	42879.87640051		
☑4	2880.61041202	42913.86920802	2902.54476109	42900.30148235		
☑5	3038.75760872	43045.81828325	3059.01547735	43039.62971921		

图 5-44　影像配准图

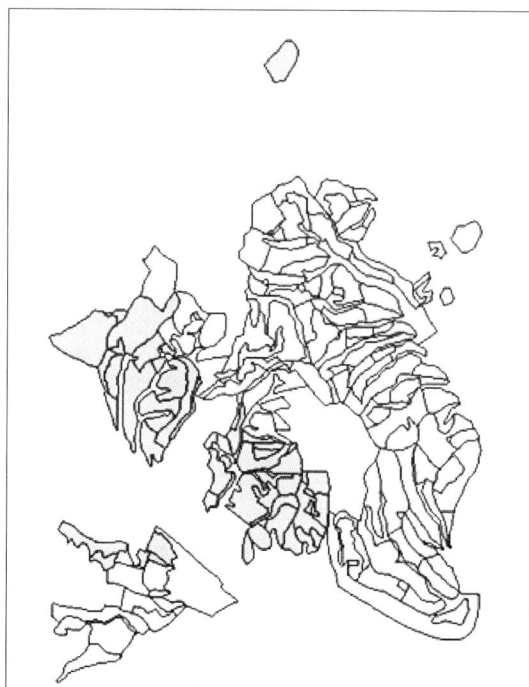

图 5-45　GeoGIS 平台下明头山工区空间数据

属性数据字段显示如图 5-46。

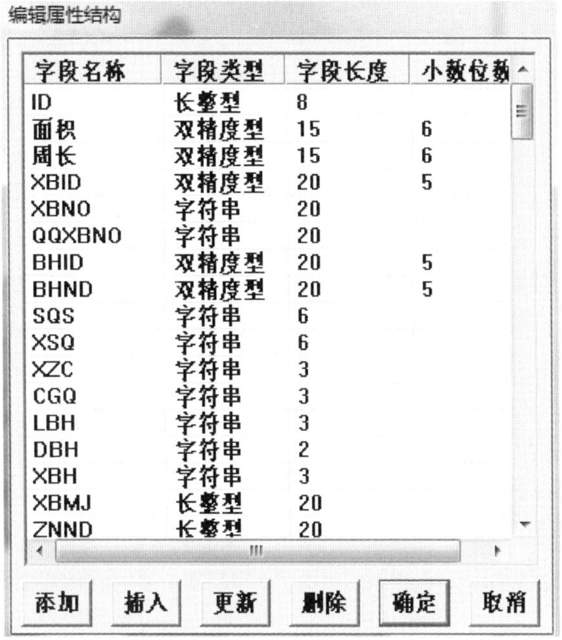

图 5-46 GeoGIS 平台下明头山工区数据属性结构

5.8.4.2 森林资源数据的查询

对于 GIS 中的空间数据及分析结果，我们常通过空间信息的可视化展示给用户，并与用户进行交互。空间信息可视化运用地图学、计算机图形学和图像处理技术，将经过采集、处理、查询、分析及预测的空间数据采用图形符号、图形、图像等直观的形式显示给用户。具体的数据查询分以下几种：

（1）单实体的属性结构、属性查询功能，如图 5-47。

（2）多实体的属性查询功能，如图 5-48。

（3）属性检查功能，如图 5-49。

（4）条件查询功能，如图 5-50。

在 GIS 中，许多现实中的问题都可以通过空间查询和空间数据分析来解决。空间查询是用户给出图形信息和属性特征条件后，通过空间定位查询、几何数据查询、属性数据查询和空间关系查询来查询符合约束条件的空间对象。

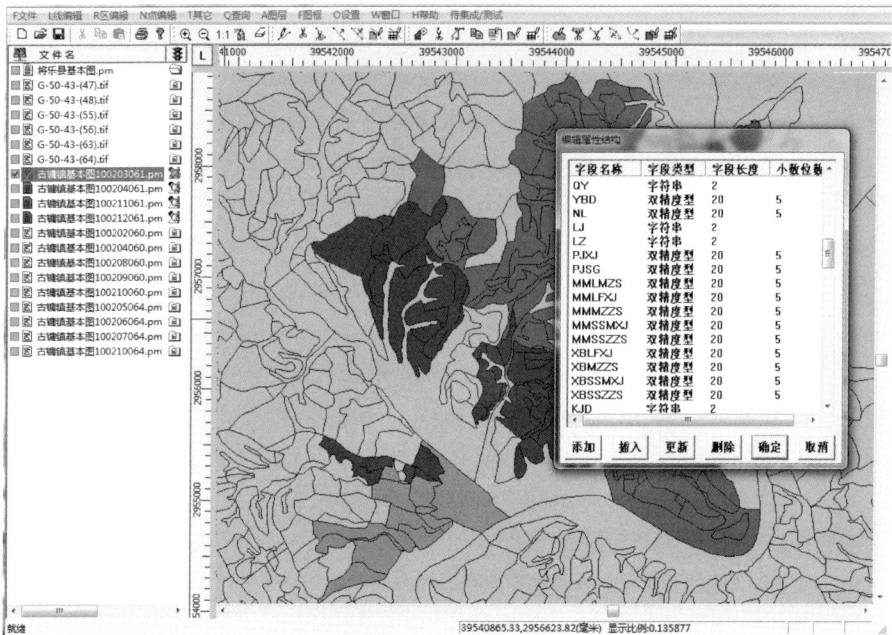

图 5-47　单实体属性查询

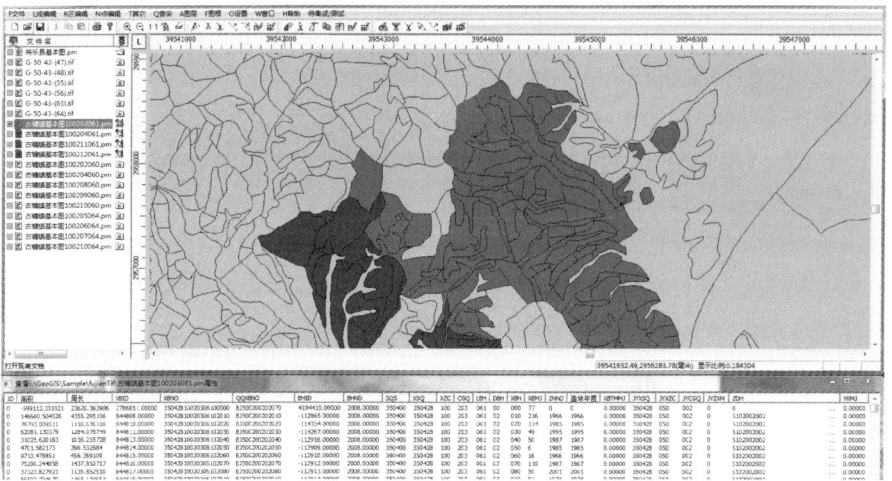

图 5-48　多实体属性查询

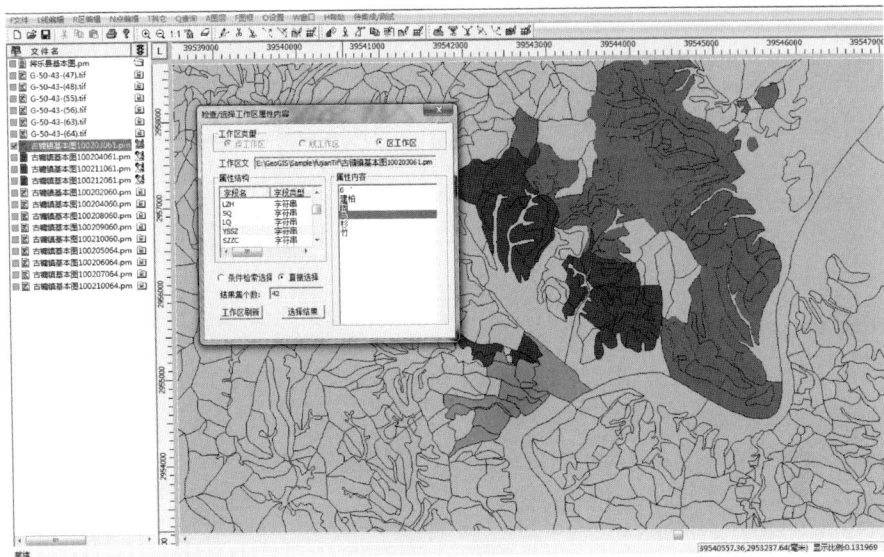

图 5-49 属性检查

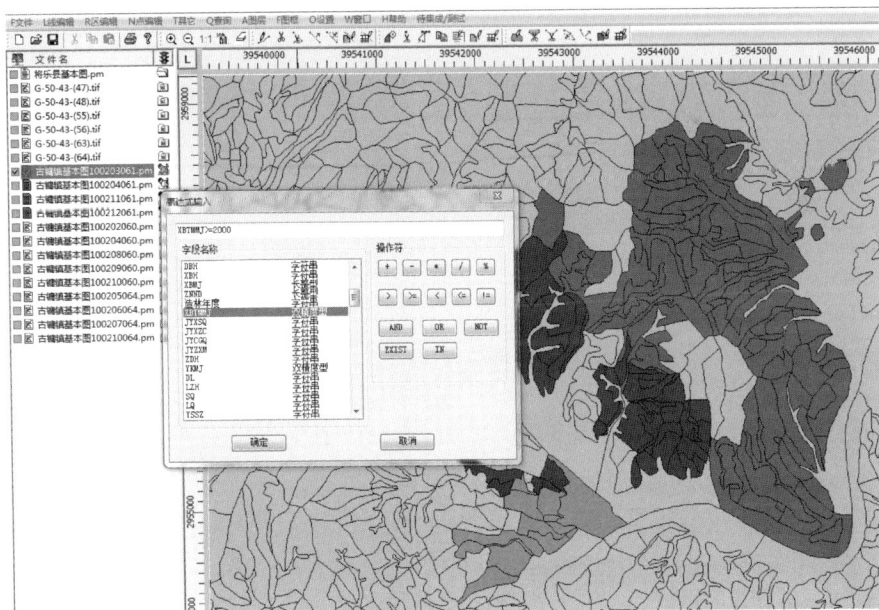

图 5-50 条件查询

5.8.4.3 森林资源数据的更新

采用某种方法获取的空间数据常因数据源类型的不同和数据表达方式的差异出现格式不统一、投影不一致等多种问题，因此，在使用之前首先要对数据本身进行相关的处理，使其符合系统数据管理标准，满足用户需求。

通常，主要对采集的数据进行空间数据的编辑，拓扑关系的自动建立，图形的幅面处理，空间数据的坐标变换、结构变换、格式转换，以及数据插值、数据压缩与光滑等处理。对获取的空间数据进行合适的处理操作，解决数据中存在的多种问题，则可以使系统数据更加规范、一致，满足多种用途。其中拓扑处理的主要步骤如下：

（1）数据准备。根据地理要素的特征，在数据输入时，将不同的要素按文件存放，并用工程管理。一个文件中根据地理要素的特征分了许多层，这样可以利用图层的操作将与拓扑处理有关的数据提取出来保存为一个线文件，然后进行预处理。可以充分利用改当前层、存当前层功能，把与拓扑处理有关的数据提取出来。

（2）自动剪断线。自动剪断线的目的：在数字化或矢量化时，难免会出现一些失误，在该断开的地方线没有断开，这给自动生成面带来了很大障碍。

（3）清除微短弧段。清除自动剪断线后，得到一些无用的微短线，还有在数据输入时不经意生成的无用的微短线，这些无用短线头会影响拓扑处理和空间分析。

（4）清除重叠坐标及自相交。该功能分为清除线重叠坐标及自相交和清除弧段重叠坐标及自相交。利用此功能可清除线或弧段上重叠在一起的多余坐标点并剪断自相交的线或弧段。

（5）检查重叠弧线。检查线或弧段是否有重叠现象。

（6）结点平差。在此利用结点平差可以使区封闭。

（7）线拓扑错误检查。拓扑错误检查是拓扑处理的关键步骤，只有数据规范，没有错误后，才能建立正确的拓扑关系。利用此功能可以很方便地找到错误，并指出错误类型及出错位置。查错可以检查重叠坐标、悬挂弧段、弧段相交、重叠弧段、结点不封闭等严重影响拓扑关系建立的错误：①重叠坐标：若出现坐标重叠现象，执行清除弧段重叠坐标或清除所有弧段重叠坐标即可。②悬挂弧段：若该弧段较长且是多余的，删除弧段或删除所有弧段功能将该弧段删除；若较短，也可以执行弧段移动点功能移动伸出去的点。若该弧段是有用的弧段，则执行弧段结点平差。③弧段相交：弧段相交，则不能正确的建立结点，出现这种现象，若是两条弧段相交，只要剪断弧段即可。若是弧段自相交，则需执行剪断自相交弧段或剪断所有自相交弧段。④重叠弧段：按鼠标右键，执行清除重叠弧段或清除所有重叠弧段。⑤结点不封闭：利用结点平差或弧段移点功能使其封闭。

（8）线转弧段。将工作区中的线转换成弧段，并存入文件中，这个文件只有弧段而没有区；在拓扑处理过程中需要这样的文件。

（9）拓扑重建。系统自动建立结点和弧段间的拓扑关系以及弧段所构成的区域之间的拓扑关系，同时给每个区域赋予属性，并自动为区域填色。拓扑关系建立好后，可修改区域参数及属性，若发现数据有问题，利用相应的编辑功能，重新修改数据后，再重建拓扑，原来的参数及属性不变。

5.8.4.4 案例小结

本案例使用 GeoGIS 平台管理福建将乐县的森林资源数据。GeoGIS 包括 PC 端的桌面平台和 Android 或 Mobile 端的掌上平台。桌面平台主要负责完成内业工作，包括空间数据的分析和处理工作，如地图的显示、编辑、处理、投影变换、图框的自动生成，影像、图像配准和数字高程模型的生成等；掌上平台主要负责完成外业工作，包括 GPS 定位、空间数据的转换、显示、采集和编辑等。两类终端通过资源数据更新方法进行数据的同步和更新，以此保证数据的完整性。GeoGIS 平台可以在满足森林资源数据管理需求的同时，提高林场工作人员的工作效率，表现出较好的应用效果。

第 **6** 章

面向监测的空间信息服务技术及其实证

　　森林资源监测是在一定时间和空间范围内，对森林资源及其环境的状态与运动方式，进行量测、分析、评价和协调、控制的管理活动。随着需求增强、科技发展，面向监测的信息服务，要求越来越高，促进了方法与技术的提升。空间信息服务已经成为监测中不可缺少的手段，它是基于由空间信息技术获取的信息，在各个领域实现信息传播、交流以及在使用中增值，支持监测的过程。我国自20世纪50年代航空摄影、测量、调查开始，长期的探索与实践，空间信息服务逐渐发展，产生了许多新方法、技术，积累了许多经验。本章在简述空间信息服务沿革基础上，对应用中的技术进行梳理，探讨可应用的技术，并以实际应用求证。

6.1 森林资源监测概述

6.1.1 应用与发展简要

　　森林资源调查监测是一项为制定林业方针政策、编制林业规划、评价林业建设成效的重要基础工作，它对事物及时连续的追踪，即以时间为单位收集数据，最终得到足够的信息以了解监测对象的状态，合理管理监测的对象，控制事物发展。它以调查为基础，进行多次连续的森林资源清查的活动。按调查区域范围可分为地方性的资源调查、全国性的森林调查和全球性的监测3种类型，其相应的监测内容，主要围绕可持续发展指标来定，包括土地利用、土地覆盖、土地衰减、立地类型、土壤类型、地形、权属、可及度、生物量、森林蓄积、其他林产品、生物多样性、森林健康、野生动物、人为活动和水文等。当前，在森林调查监测中，除监测传统的森林生长指标外，还新增加了森林健康状况和重要的生态环境因子，逐渐向森林生态系统的各个方面扩展。

　　森林资源监测技术主要包括三方面：传统的野外调查记录技术、数据分析技术以及数据库管理技术、在航空航天科技基础上发展起来的"3S"技术。森林资源监测指标的多样性导致了监测技术手段的多元化，如今，随着高新技术在各个行业领域的普遍应用，遥感、地理信息系统、全球定位系统等技术在林业上的应用也越来越普遍，且受到重视；野外数据采集仪的应用也比较广泛，应用高新技术的仪器来提高森林资源监测效率和精度已成为非常普遍的现象。不管是在监测的仪器使用方面，还是在技术分析手段的不断革新方面，高新技术都占据着重要地位。

6.1.1.1 国外森林资源监测的发展特点

国外森林资源监测稳步发展，基本特点是根据需要与国情，建立相应的监测体系；从实用出发，地面、航空、航天遥感与抽样方法结合，综合应用采集信息；立足森林资源管理需要与实际，不断探索信息提取技术，有选择地应用发展。

国际上森林资源调查监测方式可以归纳为 3 类，一即国家森林资源调查与监测方法（Continuous Forest Inventory，CFI），如法国和北欧各国；二是利用各省（州）的森林资源调查信息统计全国森林资源的方法，如美国、加拿大、德国、奥地利等国；三是根据森林经理调查（森林簿）结果累计全国森林资源的方法，如日本、俄罗斯及东欧各国。

各国适应需要，采用不同的方法，见表 6-1。

表 6-1 主要各国国家森林资源监测体系方法比较表

国家	调查监测方法	调查周期	抽样间隔
德国	双重抽样	不同内容不同调查周期	4km×4km
瑞典	双重分层抽样	3 年	1km×1km
加拿大	分层抽样	10 年	20km×20km
美国	三阶抽样	5 年	一阶：林地和非林地；二阶：1 个样地约 2428hm²；三阶：每 16 个样地中抽取一个三阶样地
中国	系统抽样	5 年	2km×2km 至 8km×8km

各国在森林资源监测共同特点是业务需要，研究与发展方法、技术，又根据条件，实施着不同方法与技术。典型的如：

德国：在 18 世纪，初期是通过询问作为纳税的基础，随后逐步发展成比较系统的森林经理调查，主要在国有林、集体林和大的公司林中定期进行。由于小林主的森林一般不进行正规调查，因此，常造成整体森林资源不清的问题。二战后形成两个德国，1961～1974 年在东德采用大范围数据统计方法抽样调查。西德 1971 年对巴伐利亚进行全州森林资源清查。从 1976 年开始讨论全国森林清查问题，直至 1984 年修改联邦森林法，明确规定用抽样调查方法，并全联邦按统一方法、标准、程序进行清查，必要时进行定期复查。现德国森林资源环境监测体系由 3 个部分组成，即全国性的森林资源清查、全国森林健康调查及全国森林土壤与树木营养调查。监测工作由粮食农林部和各州林务局共同协商，制定统一的技术方案和标准，各州具体负责实施，然后由联邦森林与木材研究院统一汇总，并进行数据分析、评价，最后由联邦粮食农林部进行公布。建立基本网络，根据样地布设进行双重抽样，一重抽样的方阵是样线估测层面积，二重样本是角规和同心圆样地的各估测层的特征值。在森林资源调查中德国利用航片和卫片进行森林类型、土地利用分层和多重回归分析，最后利用 GIS 统计和解析联邦森林资源。

瑞典：瑞典的森林资源清查始于 1923 年，经历了 90 多年的发展，在监测方法和监测手段上不断完善，成为世界上较为先进的监测体系之一。早在 1923 ~ 1929 年就建立了覆盖全国的森林资源清查体系（第一次全国清查）。在第七次全国森林资源清查（1993 ~ 2002 年）时，增加了环境和生物多样性保护的内容，同时开始引进 GIS 和遥感判读，为各地域提供最新的森林资源信息，作为地域森林资源经营管理的基础数据。增加了与森林功能变化相关的项目调查，如生物多样性、环境条件等 200 项调查因子。森林资源清查体系的组织管理工作，全部由国家委托给瑞典农业大学。由瑞典农业大学完成数据的汇总、分析和评价工作，并写出全国报告，由官方统一公布。

加拿大：加拿大的森林资源监测由各省、市、大学、森林经营企业和公司具体负责。国家林务局对各省的森林资源管理与监测进行宏观指导。根据各省提供的森林资源调查、统计数据，每 5 年开展 1 次全国性的森林资源汇总。1999 年成立的加拿大森林资源清查委员会，主持加拿大森林资源监测及抽样体系框架，即全国采用统一的抽样格网，根据生态区进行分层，每层采用不同的抽样强度，使用航空和航天遥感影像进行遥感样地布设，建立多阶样地判读机制，提高样地的判读精度。在遥感样地中选取 1 个或多个多边形进行地面调查，构成两阶成团抽样设计。在地面调查样地中，调查蓄积等各项调查因子，同时每 10 年对样地变化明显的地区进行动态变化调查，变化缓慢的地区每 20 年进行 1 次动态调查。林业部门在 2000 年开始建立国家林业信息系统（National Forestry Information System，NFIS），提出了用户能在授权范围获取、集成、分析和森林资源数据的目标，联邦、省和州政府合作，通过 Web 来传送全国森林资源信息，用户可以从分布式数据库中获取授权的信息。它是按照加拿大地理空间数据基础设施（CGDI）和 OGC 相关标准建立，其架构（Architecture）设计以权限控制下的信息共享为核心，以分布式存储仓库为物理结构，逻辑上提供一个公共的数据库，并在 CG-

DI 框架下提供地图服务（WMS）、属性服务（WFS）、目录和元数据注册服务（WRS）、数据和属性发布服务（GDAS）、地形和网格服务（WCS）等，在用户控制上，提供了分布式用户访问控制体系（DACS），允许使用多种认证方法。在空间操作和集成方面，提供了基本地图服务操作（MapServer），包括：WFS，WMS和 GDAS，实现了分布式空间分析架构（DSAA）。

美国：美国的森林资源清查与分析已有 70 多年的历史。自 1928 年以来，至 2002 年美国共公布了 8 次全国的森林资源数据。美国的森林资源清查工作是以州为单位，逐个开展森林资源清查，大致经历了以森林面积和木材蓄积为主的单项监测到多资源监测、再到森林资源、健康监测 3 个阶段。目前全国建立了比较完备的森林资源与监测体系（Forest Inventory and Monitoring，FIM）。森林资源与监测的主要工作由美国林务局负责，其所属的 5 个林业研究站按区域分片具体负责开展全国范围内的森林资源清查，分析和报告调查结果。监测采用统一的核心调查因子、标准和定义，按 3 阶抽样设计布设样地，每个州每年调查 1/5 的固定样地取代原来每年调查若干州的固定样地。调查内容包括土地利用、林分状况和立地、每木调查等 300 余个因子。建立了森林清查和分析数据库（Forest Inventory and Analysis Database，FIADB），主要目的是为用户提供格式一致的各州数据和清查结果，在初期分两个大区数据库，东部各州数据库和西部各州数据库，其中定义了字段级别的标准规范，使得各州的数据格式尽可能保持一致。数据的表结构是从国家信息管理系统（National Information Management System，NIMS）中继承过来的，主要是用来处理和存储年清查数据。具体工作是由各地的分支来执行，主要有四个 FIA 研究站：太平洋西北研究站，北方研究站，落基山脉研究站和南方研究站。清查数据除了用来编写国家、地区和州级别的报告外，公众也可以下载数据做些兴趣研究。

国外新技术不断产生、发展与应用，近几十年来，国际森林资源与环境监测不仅拓宽了监测内容，在监测仪器和分析手段上有了长足的进步。在样地布设上，设立了许多定位或半定位的样地，采用自动和连续观测的设备；在野外观测和室内分析中使用了冠层图像分析系统（SCANOPY）和年轮图像分析系统（DEN-DRO），加大了可视化程度，实现了年轮自动探测；此外，还采用了根系图像分析系统（RHIZO）和激光测树仪（LEDHA-GEO）等。许多观测数据可以被直接输入到计算机中进行数据处理，提高和保证了观测数据的准确性和连续性。

国外值得借鉴的经验是：不同情况不同的选择；自身的业务需要和特点出发，多学科方法、技术的综合；实用为先，持续发展；充分共享成果，服务于全社会。

6.1.1.2 国内森林资源监测的发展状况

(1)发展历程：我国的森林资源监测与森林资源清查息息相关，森林资源清查是监测的基础，森林资源监测是清查的发展和延伸。20世纪50年代初开始，我国为编制经营单位的施业案和作业设计，开展了一系列森林资源调查，它们的成果，以书面文件形式记录。这期间，应用了航空遥感技术，是空间信息服务的开始。到70年代，引进抽样技术，开始了全国性的森林资源清查，逐渐形成国家森林资源连续清查(简称一类清查)、森林资源规划设计调查(简称二类调查)、森林作业设计调查(简称三类调查)组成的调查体系，辅以土壤调查、野生动植物调查、造林年度核查调查等，掌握森林资源状态。

为了加强对森林资源及其管理的监督工作，林业部于1989年2月发文，决定在全国建立森林资源监测体系。要求在每五年提供的森林资源连续清查成果基础上，建立预测的数学模型，并通过信息采集点，收集有关森林采伐、更新、造林、森林资源消耗、更新森林资源数据，进行预测，同时调查人口增长、经济发展等社会、经济数据，进行综合分析，每年提供森林资源现状及变化数据，提供全国与省自治区、直辖市森林资源监测结果。森林资源监测体系建设过程中，根据需要和科技发展，经过研究不断完善。70年代，以数理统计为基础的抽样技术的研究和应用，建立了森林资源连续清查体系；80年代初，计算机系统的引进和应用，改进了数据存储和处理手段；80年代中，开始预测模型技术的研究，使数据更新和预测成为现实；90年代，建设监测体系，根据可持续发展的需要，扩大了调查项目、内容和范围，增加了社会、经济因子和木材消耗量数据的收集，开展遥感和地理信息系统应用研究，同时着力解决由于人为造成的偏差问题。

(2)监测方式：我国森林资源监测方式经历了手工和计算机等信息技术两种方式，20世纪90年代以前，主要是建立在资源档案基础上的手工监测方式，随着80年代计算机技术、航天遥感技术和图像处理技术的应用，整体是由信息技术武装，提高了监测效率和水平。其主流方式有：一是全国森林资源监测系统。它建立在全国森林资源连续清查体系的基础上，根据需要加密固定样地，定期进行量测，提供全国和省级的森林资源状态数据，取得数据进行分析和评价。所有数据是以总体为单位，不能落实到基本监测单元，因此不能满足各级各层管理的需要，限制了它的应用范围。因此，产生第二种方式，一些省与全国森林资源监测系统相适应，研建本省及其以下的地—县—乡(林场)三级的地方森林资源监测系统，开展研究和实践。三种方式，主要是基层单位，为了满足微观管理需要，以森林调查小班数据为基础，建立森林资源基本档案，逐级汇总，进行系统监测。这种方式，把数据落实到小班、地块，充分利用了森林资源调查资料，但是该种方式的数据多局限于林地、林木方面，不能提供森林资源管理所需要的资源、社会、经济综合数据。此外，各个业务部门，也结合计算机管理，建设了面向自身业务的监测系统，例如统计部门的层层统计汇总，独立的野生动植物资源、森林公安、防火、重点公益林监测和重点工程建设效益监测等系统。它们各有各的方式、方法、规范和标准，不能共享、服务。

（3）监测系统中的空间信息服务：虽然各种监测，各有自身的方式、方法、规范和标准，但是一个共同点是普遍使用信息技术，进行空间信息的获取、储存、处理和使用。航空遥感曾经是森林资源调查面积和各种林分因子的主要手段。20 世纪 80 年代以后，引进并应用计算机、航天遥感、图像处理、地理信息系统、全球定位、网络等技术，开展空间信息服务。遥感、地理信息系统、全球定位成为获取、储存数据重要手段，图像处理、网络在数据加工、传输共享上发挥了巨大作用。随之产生的技术培训、系统规划设计、组织实施和维护发展，空间服务融入到各级、各层的各个领域。

6.1.2 国内森林资源监测存在问题

我国森林资源监测虽取得重大进展，也存在许多问题，影响它的水平与发展，归纳起来主要是：

（1）虽有主流的全国森林资源监测系统，但是横向上其他业务部门，研建了各自的资源监测系统，分散独立，数据不能共享，纵向的森林资源管理部门开发实施的监测系统，主要面向宏观管理，中、微观的系统也在分别进行。真正意义上的监测体系没有规划、没有形成。

（2）主要监测因子偏重森林面积和蓄积量等有关的指标，缺少符合形势发展和需求的指标，如可持续发展要求的森林健康、生物多样性等相关因子，森林资源与社会、经济、科技等环境关系的承载力、支持力、贡献度、协调度等指标。

（3）缺少深入分析、评价，历次报告，多是围绕面积和蓄积量描述，没有分析原因、趋势。成果不能分级共享。

（4）按森林资源清查取得数据，周期过长，无法满足现代森林资源动态监测的要求。应用覆盖面窄，数据多服务于宏观管理，不能满足中、微管理需要。

（5）高新技术应用范围不平衡，没有综合应用多种信息技术，例如航空、航天、抽样方法、技术的综合应用，一体化程度较低，不能实现信息及时共享及时应用，不利于森林资源动态监测的进程。

曾伟生等从技术角度，指出在当前新的林业发展形势下，中国现行的一类清查主要存在 5 个问题：一是不能满足新形势林业发展和参与全球资源评价的需要；二是森林资源清查成果时效性差，与林业发展和生态建设的要求不相适应；

三是体系惯性大，抗干扰能力弱；四是经费投入不足，科技进步较慢，新技术应用不充分；五是缺乏专家支持系统。

　　未来，国内森林资源监测发展将呈如下趋势：监测内容多样化、监测周期年度化、监测技术标准化、监测手段一体化以及监测信息共享化。在系统集成思想指导下，综合集成计算机网络技术、数据库技术、3S 技术、模型模拟技术，综合集成资源、灾害和工程，构建统一森林资源综合监测公共服务平台，促进监测信息资源的开发、整合和应用，为林业发展和生态建设提供实时、动态、开放式的信息服务，提高综合评价和预测预警能力。

6.2　现行森林资源监测技术梳理

　　森林资源监测在数据采集、信息提取、数据储存、处理和使用中，广泛应用着信息技术，开发这些资源，服务于森林资源监测，是信息服务的重要使命。在现行空间信息服务中，主要包括基本技术和信息提取技术。

6.2.1　基本技术

　　基本技术指在监测工作中，全程、普遍应用的硬软件技术，是信息服务的基础，对于用户主要是选择、应用。

6.2.1.1　信息和通信技术

　　信息和通信技术主要指管理和处理信息所采用的各种技术的总称，是应用计算机科学、通信技术、管理学等学科，对信息的处理、存储、传递等过程进行管理，以此设计、开发、安装和实施信息系统及应用软件。

　　计算机与网络已进入林业各个领域，也成为空间信息服务的基本手段，移动技术、第三代通信技术的出现，将推动空间信息服务的发展。关键在于根据自身特点，选择、开发与应用。

6.2.1.2　数据库技术

　　数据库技术主要研究如何存储、使用和管理数据，是计算机技术中发展最快、应用最广的技术之一。作为计算机软件的一个重要分支，数据库技术一直是备受信息技术界关注的一个重点。数据库技术也在林业各个领域应用，各种各样的林业数据库管理系统（FRDMS）。该技术的发展，在监测中，重要的是将新一代数据库系统：一是渗入面向对象的方法和技术；二是与多学科技术的有机结合；三是面向应用领域。

6.2.1.3　遥感、地理信息系统、与全球定位系统技术

　　遥感（Remote Sensing，简称 RS）是一种远距离的、非接触性的目标探测技术

和方法；地理信息系统专门管理地理信息的计算机软件系统；全球定位系统技术，具有海、陆、空全方位实时三维导航与定位能力的新一代卫星导航与定位系统，习惯称为"3S"技术。

遥感（RS）、地理信息系统（GIS）与全球定位系统（GPS）在森林资源监测中应用广泛，3 个技术系统各有侧重，互为补充，如图 6-1。RS 是 GIS 重要的数据源和数据更新手段，而 GIS 则是 RS 数据分析评价的有力工具；GPS 为 RS 提供地面或空中控制，它的结果又可直接作为 GIS 的数据源。因此，"3S"技术已经发展为一门综合的技术，世界上许多国家在森林调查、规划、资源动态监测、森林灾害监测和损失估计、森林生态效益评价等诸多方面应用了"3S"技术，已经形成一套成熟的技术体系，可实现对各种空间信息和环境信息的快速、机动、准确、可靠的收集、处理与更新。

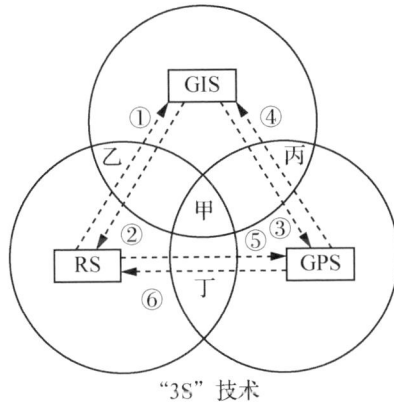

图 6-1 "3S"技术

"3S"技术在林业上的应用，完善和发展了森林资源监测体系的技术手段，对我国森林资源监测体系的完善与改进具有重要的意义。

6.2.2 林业遥感信息提取技术

林业遥感技术是遥感技术的重要分支学科，在森林资源调查和规划、森林资源动态监测、森林火灾监测预报、森林病虫害监测、森林灾害的损失评估等方面的应用前景非常广阔。

随着林业信息化进程的逐步加快，森林资源动态监测、森林资源保护、森林可持续经营、森林灾情监测预报、森林病虫害防治等方面，林业遥感技术都得到深入的应用，技术手段也越来越先进，在遥感信息处理分析方法上的研究也越来越多，并且信息提取方面取得良好效果。它在获得遥感图像以后，通过初步处理、预处理和信息提取，取得结果，提供使用。大部分工作由专业人员完成，用户是这些处理结果的受益者，关键在于能否通过各种处理，取得更多更快更准确的数据。现行常用处理过程和内容有：

6.2.2.1 遥感数据初步处理

6.2.2.1.1 遥感数据

遥感重要结果是利用各种传感器接收地物反射或辐射的电磁波能量，并把它转化为数值记录的图像。主要包括了：反映地物的平均辐射值的光谱信息、具备一定相似性的像元集合的空间信息、特定时间点对特定地表空间的信息成像的时间信息、由空间结构上相互联结的像元组成的对象，反映了地表物体固有尺度的综合信息、不同来源的事物及事态间的相互连结构成的整体的地面信息等5方面信息。

这些信息综合反映了各种地物的三种特性：一是空间域特征：任何地物的空间分布特征，包括：空间位置、大小、形状和空间关系，这些特征随着尺度的变化表现出明显的差异，如全球气候变化、沙漠化等实体及现象；诸如树木分布、城区道路等则集中在小尺度空间；同时空间中的地物还存在尺度层次之间的依存性，如树木形成了森林，森林与环境形成了林区，由多个建筑物组合了城市。二是内在属性特征：地物因为其内在特性的不同以及周围环境的变化，呈现出不同的现象。不同森林类型，具备不同的反射特性和辐射特性。这些特性又随着内在或外在条件的变化而改变，从而呈现出"同物异谱"和"同谱异物"的现象。三是时域特征：地物的状态随时间作连续性变化，这表现为两方面：一是自然变化过程，例如森林的发生、演化过程；另一方面事物的发展在时间序列上表现出某种周期性重复的规律，例如树叶从发芽到变色到落叶的生长过程。

遥感数据是图像识别的基础，深入研究它们的状态和特性，是基础性的工作，林业系统在20世纪80年代，进行过不同树木、林分类型、地物光谱等遥感数据研究，后来慢慢淡化，学习、了解它们是专业技术人员的基本功，研究它们是开发遥感信息资源所必须。

6.2.2.1.2 目视解译

不同地物的光谱特性、其成像的色调、光泽、质感、几何特征、结构纹理、地理位置及相关性，为识别地物，奠定了基础，通过目视判读，提取和分析地物信息，是遥感信息提取最基础的方法，也最常用的方法。在计算机自动提取技术已很成熟之时，但仍以目视判读为基础和标准。遥感影像目视判读的数据来源主要包括航空遥感影像和卫星遥感影像。

（1）航空像片判读：航空像片目视判读是凭借人眼观察或借助简单仪器对航片进行分析和测量，以获取所需要的地面各种信息的过程。航片目视判读的效果取决于航片的质量和判读人员的经验与水平。一般情况下，航片常用的判读标志包括：影像形状、大小、色调与阴影等。航空像片具有时空局限性。任何像片的判读标志都只能适用于特定的时间和地区。航片是地面的瞬时记录，随时间和区域的改变，影像特征必然发生变化，所以对不同时期不同区域的像片都要建立专门的判读标志。开始于20世纪50年代的我国航空像片的判读，总结了一套技术和方法，广泛应用于森林资源调查，80年代以后，航空遥感出现多时相、片种、大比例尺成果，国外林业在航空、航天、抽样技术应用方法与技术探索与应用，取得很好效果，国内几乎停止了航空遥感在林业中的应用，影响了空间信息服务水平与发展。

（2）卫星像片判读：随着卫星技术和传感器的发展，各种多光谱、多分辨率、多波段的遥感数据获取越来越容易，遥感数据的应用也越来越精细，遥感影像分析的工作量也逐渐加大。目视判读是卫星像片应用最基本的方法，即使利用计算机进行自动处理时，诸如训练场地的确定、样本的选择以及自动分类决策的预估等，也都不同程度地需要目视判读作为基础。卫星像片判读具有宏观性、多波段性、动态时相，地物判读可以以光谱特征及波段特征作为依据。

林业系统卫星像片判读，缺少必需的训练区，也没有积累不同特性的典型样片，一般是结合地形图或者其他专业图进行识别，其质量决定于判读人员的经验与水平，因此，长期系统的培训与适时的学习、训练，是提高水平保证质量，可选择的途径之一。

6.2.2.1.3　数据预处理

遥感成像时，受到各种系统和非系统因素的影响，影像存在着一定的几何畸变、大气消光、辐射量失真等问题。这些问题不能很好地被解决，就会对后期的影像质量和应用产生极坏的影响。通过遥感图像预处理，能基本消除各类因素给遥感影像带来的畸变失真等现象，为遥感影像的后期应用奠定坚实的基础。

遥感图像的预处理包括几何校正、辐射校正、图像融合、图像裁剪和图像镶嵌等。几何校正：它是为了消除几何畸变对图像质量产生的影响。几何校正是利用地面控制点和几何校正数据模型来校正非系统因素产生的误差，同时也是将图像投影到平面上，使其符合地图投影系统的过程。辐射校正：它是指消除或改正遥感图像成像过程中附加在传感器输出的辐射能量中的各种噪声的过程，这些噪声是由传感器本身、地形影响、光照条件、大气的散射和吸收等引起的辐射误差。图像融合：是将利用不同遥感数据采集方式得到的同一目标地区的影像数据经过相关的计算机处理技术，根据用户需求，最大限度地提取其中有利的信息量，融合成能满足应用需求的高质量的影像数据。简单来说，影像融合就是把多张不同传感器得到的遥感影像组合到一张图上。高效的影像融合技术能够有效地提高影像信息的利用率以及系统对目标区域探测识别的可靠性。影像镶嵌：由于不同卫星携带的传感器不同，生产出来的遥感数据也具有不同的特性。根据应用需求，当研究目标区域的范围不在单位幅宽覆盖范围内时，就要进行影像的拼接。影像镶嵌就是一种把多幅影像拼接成一幅整体影像的技术过程。影像裁剪：它是去除研究区域以外的部分的过程，常用的方法是按照行政区划边界或者自然区划边界进行影像裁剪。

在应用航天遥感之初，林业系统曾经进行有关预处理，现在由于相关部门有强大的处理设备与技术，林业系统一般从这些部门取得所需要的图像。重要的是根据需要，提出处理的内容、要求和成果，或者参与处理，保证图像质量和应用。

6.2.2.2　森林类型或树种识别技术

森林资源种类分布与森林面积调查是森林资源调查与监测的重要内容，而遥感影像分类正是解决地物类别识别与面积计算相关问题，为研究森林资源种类与分布状况提供了理想的工具。随着遥感影像分类逐渐成为森林资源调查和监测的重要手段，应用遥感影像分类技术辅助实地调查进行森林资源区划与调查，对大幅度缩短调查时间、减少调查成本、降低劳动强度、提高成果质量具有重要的现实意义。

遥感技术的核心问题是根据地物辐射电磁辐射强弱在遥感图像上表现的特征，判读识别地面物体的类属及其分布特征。图像分类是信息提取的重要环节，产生了许多经典的分类方法。林业系统最为常用有监督分类、非监督分类、基于专家知识的决策树分类、面向对象的分类方法。

6.2.2.2.1　监督分类

监督分类是一种最常用的精度较高的统计判决分类，也称"训练分类法"，主要过程是利用已知类别的样本像元去识别其他未知样本像元，直至所有样本像元分类完成。它是在已知类别的训练场地上提取各类训练样本，通过选择特征变量、确定判别函数或判别规则，进而把图像中的各个像元划归到各个给定的类地分类中。

已知类别的训练场地获取主要是通过分类之前的目视判读和野外调查工作确定的，通过前期的调查工作，对遥感图像上某些样区中地物的类别有了一定的先验知识，从而可以通过计算机工具选取已知类别的一定数量的训练样本，并且通过这些样本对判决函数进行训练，然后用训练好的判决函数对未知样本数据进行分类，按照不同的规则将其划分到与其最相似的样本类别中，最终完成整个图像的分类。监督分类的类别划分的规则方法主要包括平行六面体法、最小距离法、马氏距离法、最大似然法、神经网络法、支持向量机等。

平行六面体法(Parallelpiped)根据训练样本的亮度值，形成一个 n 维的平行六面体数据空间，它的尺度是由标准差阈值所确定的，而该标准差阈值则是根据所选类的均值求出。如果像元值位于 n 个被分类波段的低阈值与高阈值之间，则将它归属到这一类。如果像元值位于多个类别中，则将该像元归并到最后一个匹配的类别中，没有落在平行六面体任何一类中的区域被称为无类别。

最小距离法(Minimum Distance)首先要为每个类别确定它的代表模式的特征向量，各类代表特征向量可以根据所研究对象的物理、化学、生物等方面的机理来确定，通常情况下，选择由训练样本数据计算出的均值向量作为该类在特征空间中的中心位置。计算输入图像中每个像元到各类中心的距离，这种距离度量是用来计算识别模式与各类代表模式特征向量之间的距离的，常用距离有欧几里得距离、绝对值距离等。最终到哪一类中心的距离最小，该像元就归入到哪一类。

马氏距离法(Mahalanobis Distance)是一种有效的计算两个未知样本集的相似度的方法，表示数据的协方差距离。计算机输入图像到各个训练样本的马氏距离，最终统计马氏距离最小的，即为此类别。这种方法的优点是，考虑到类型的内部变化，在必须考虑统计指标的场合，比最小距离法更有用。缺点是，在协方差矩阵中使用较大的值易于导致对模板过度分类，如果在聚类组成训练样本中像素的分布离散程度较高，则协方差矩阵中就会出现大值，计算起来比最小距离法慢；马氏距离是参数形式的，意味着每一输入波段的数据必须是正态分布的。

最大似然法(Likelihood Classification)是一种典型的基于统计分析方法的监督分类器，该分类器被认为是一种稳定性、鲁棒性好的分类器。在应用最大似然法进行分类的过程中，假设每个波段的每一类统计都呈正态分布，计算给定像元属于某一训练样本的似然度，像元最终被归并到似然度最大的一类当中。

神经网络分类：神经网络模拟人类大脑采用联通的神经元，来处理接收到信号的思维过程，是一种具有学习、联想、记忆和模式识别等智能信息处理功能的人工系统。神经网络算法不要求数据成正态分布，自适应性强，具有模拟特定拓扑结构复杂模型的能力，对不规则分布的复杂数据具有很强的处理能力，从而得到了广泛的应用，而且有很多实例表明其分类结果优于基于统计模型的参数分类方法。但其神经网络提供的是一种隐式知识表达的方式，学习到的分类规则和解译规则都藏在隐含层的神经元的权重里，对用户来讲难以理解和进行调整，因此是个黑盒模型；此外随着问题复杂度的增加，神经网络方法的学习时间也会大大增加，如何适应信息提取的需要，与知识规则有效结合是该类方法发展中亟待解决的问题。

支持向量机分类(Support Vector Machine Classification)是一种建立在统计学习理论基础上的机器学习方法。支持向量机思想是通过非线性变换将输入空间变换到一个高维空间，然后在这个新的空间中求取一个最优线性分类面，而这种非线性变换是通过定义适当的函数实现的，这些函数称为核函数，选择不同的核函数，就构成不同的支持向量机。

有监督分类的效率与质量，主要取决于训练区和分类方法的选择，已有许多商品化的软件，森林资源遥感分类技术人员重要的是掌握软件的基本功能、处理原理和方法，灵活地应用。

6.2.2.2.2　非监督分类方法

非监督分类不需要先验类别知识，它是以图像本身的统计特征为基础，结合自然点群的分布，划分地物类别的分类处理。常用的非监督分类方法包括 K 均值分类法和 Isodata 法。

K 均值法是一种聚类分析方法，查找聚类簇的聚类相似度相近，是利用各聚类中对象的均值获得一个"中心对象"来进行计算，然后迭代重新配置，完成分类。K 均值方法假定被用来表示样本空间的聚类中心的个数是预先知道的。这种假定本身在某种程度上限制了这一方法的利用。它使聚类域中所有样本到聚类中心的距离平方和最小，这是在误差平方和准则的基础上得来的。聚类中心 K、初始聚类中心的选择、样本输入的次序以及样本的几何特性等均能对 K 均值算法的进行过程产生影响。

Isodata 法是一种重复自组织数据分析技术，计算数据空间汇总均匀分布的类均值，然后用最小距离技术将剩余像元进行迭代聚合，每次迭代都重新计算均值，且根据所得到的新均值，对像元进行再分类。其实质是以初始类别为"种子"施行自动迭代聚类的过程。迭代结束标志着分类所依据的基准类别已经确定，基准类别参数的确定过程，也是对判决函数的不断调整和"训练"过程。通过这种方法，关键在重复次数，只要让其重复足够的次数，其任意给定的初始聚类组平均值对分类结果无关紧要。这种算法重复的次数可能会比较多，比较费时，而且没有解释像素的空间同构型。超空间聚类对维数比较高的超谱遥感数据的聚类效果不理想，许多超谱图像聚类算法从所有波段中选择起主要作用的子集，既减少维数，又保留主要信息，但可能同时又丧失一些关键的分类特征。

非监督分类实际是一个不断迭代过程，关键在于统计特征的体现与应用，而后者又取决于对业务的了解，利用现有软件，多方面模拟试验，得到一个可信方法，是避免盲目分类的解决方法。

6.2.2.2.3　基于专家知识的决策树分类方法

基于知识的决策树分类是基于遥感影像数据及其他空间数据，通过专家经验总结、简单的数学统计和归纳方法等，获得分类规则并进行遥感分类。分类规则易于理解，分类过程也符合人的认知过程。主要过程包括：定义分类规则、构建决策树、执行决策树以及评价分类结果。

分类规则可以来自于经验总结，比如说，坡度小于20°是缓坡，海拔高于某一值是针叶林居多，植被指数小于某一值定义为非植被区等。此外，还可以从样本中利用算法获取，以C4.5算法为例说明。它的5算法获取规则步骤：构建多元文件、提取样本、分类规则挖掘与评价，分类规则适当的调整和筛选。定义完分类规则后，创建决策树，将分类规则输入分类器中。

这些方法原理相对较简单，可以直接在图像处理软件中完成。主要决定于专家的知识、经验，在他的干预下，规则的选择，决策树的建立。

6.2.2.2.4　模糊分类

由于遥感图像有时所具有信息的不确定性，针对不确定的数学方法自然成为遥感影像分析人员所注意的目标。模糊数学方法就是一种针对不确定性事物的分析方法。它以模糊集合论作为基础，有别于普通集合论中事物归属的绝对化。在分析事物的隶属关系时，即分类时，一般需以某数学模型计算它对于所有集合的隶属度，然后根据隶属度的大小，确定归属。

模糊分类方法是基于现实世界不确定、异质的原则建立的，其理论基础是模糊集合论。模糊分类并不是将待分对象分到确定的类别中，而是通过0与1之间的模糊值(表示待分对象属于某一类的概率)来表示，即该对象属于某一特定类的隶属度。模糊分类方法有以下优点：特征值向模糊值的转化，实际上是特征标准化和知识转化的过程；提供了明确的和可调整的特征描述；通过模糊运算和层次类型描述语义知识，结合特征之间的组合，可以进行复杂地物的特征描述，因而对于地表空间信息提取具有较强的实用意义。

6.2.2.2.5　面向对象分类技术

面向对象分类技术是以图像分割获得的图像对象(或基元)作为分类或监测的最小处理单元，从对象层次对遥感图像进行分类，以获取分类结果。其基本原理是通过多尺度分割得到同质对象(或基元)，构建与目标地物相似的层次等级结构，选择影像特征的隶属度函数同时结合专家知识进行遥感影像的模糊分类，以达到对图像进行分类或提取的目的。利用面向对象的方法进行信息提取时，参与提取的因子不仅是单个像元的光谱信息，还有对象的空间、纹理、形状、上下文、紧凑度等特征信息，在不增加外来信息的情况下增加了分类的特征依据，从而有效地提高了分类精度，使结果更加接近目视判别的结果，并且使许多空间形态特征包括形状特征和空间关系的定量化分析成为可能。

面向对象分类包括两个主要过程：影像分割与对象特征提取。首先通过对影像进行分割，将具有相同或相近特征的邻近像元组成一个对象，并将此对象作为影像分析的单元。其次，由分割后的图像构建初始的特征空间，分析初始特征空间，通过合适的特征选择确定对地类分类有用的特征，利用选择的特征参数建立分类规则并进行分类。

以上处理，已有许多实用软件在监测系统中应用，关键在于根据需要，结合业务特点，选择软件和方法，在应用以前进行多方面的考察、试验，是提高处理质量的一个途径。在未来，随着云计算的应用，建立林业专业云以后，对于广大用户需要产生合适的需求，就可以得到满意的结果。对于云上的信息服务专业技术人员，应该在现在基础上的深入，进一步解决适应多种需要的方法与技术，任务更重、责任更大。

6.3   新方法与新技术的开拓

面向监测的空间信息服务，综合利用植被的光谱、纹理、几何特征等信息的面向对象的分类方法，为森林植被信息的进一步研究提供了一个可行的途径。国内外森林植被遥感分类的研究获得不少进展，提出了面向对象的遥感图像分类方法，森林植被遥感分类的精度逐步提高。但是总体而言，森林遥感影像分类的准确度并不理想，仍未达到实际应用的水平。在森林植被信息提取时，如何充分利用遥感影像信息？如何选择合适的面向对象分类算法？如何提高森林植被分类的精度？如何实现森林植被动态监测的遥感图像可视化，以提高监测效率？是遥感信息提取技术需要不断探索、解决的课题，面临着新方法、技术的探索。下面引进几种方法与技术，说明这个思路或者观点。

6.3.1   遥感反演技术

在物理上，反演把空间所有力一向同时反过来，每个坐标可用它自己的负值代替。而遥感上的反演，则是在基于模型知识的基础上，依据可测参数值去反推目标的状态参数，或根据观测信息和前向物理模型，求解或推算描述地面实况的应用参数（或目标参数）。林业上的遥感反演技术是通过数学手段，在遥感、计算机技术和数学物理模型推动下，利用卫星影像特征判读数据，结合少量的地面调查资料或地面临时样地资料，建立调查数据和遥感影像之间的数学模型，对森林蓄积量、叶面积指数等森林调查因子的数量（估计）和分布（反演）给出表达的建模技术，遥感反演也是一种信息提取的手段，是一种现代森林资源调查手段，可以通过这种方法实现对森林资源的实时监测，具有重要的社会意义和经济意义。

遥感的本质是反演，遥感模型是遥感反演研究的对象，定量遥感的反演问题，是根据遥感数据和遥感模型，求解或推算描述地物特征的应用参数。这种方法的困难在于拥有参数往往不是控制遥感信息的主导因子，或者说是非敏感参数，只能为遥感信息提供虚弱信号。而国际上则坚持"定量遥感反演的必要条件是独立观测的个数大于未知数的个数"。地表是一个复杂的开放的系统，未知的参数几乎是无穷的，而遥感数据总是有限的，并且这几个参数往往不包括应用所需的时空多变要素，导致了定量遥感与应用需求之间的巨大缺口。

同时，由于地表异质性，由低、中分辨率遥感图像模拟出的因子有很大的不确定性，所以需要对模拟数据的质量和精度进行评估；因此有些反演算法还只是处于理论研究阶段，需要由实测值进行验证。从这些层面来说，遥感反演在森林资源调查中并不是一劳永逸的方法，地面实测方法依旧是必不可少的。但是相比传统的森林调查方法，遥感反演技术为新时期的森林资源监测技术提供了一种新思路，在实际工作过程中也能适当减少野外工作量，降低投入资金，很大程度上提高森林资源调查工作的效率。通过研究与实践，总结一套可操作有效的方法，应该是今后一个课题。

6.3.2 变化检测技术

变化检测是从不同时期的遥感数据中定量分析，确定地表变化的特征与过程；遥感变化检测是一个确定和评价各种地表现象随时间发生变化的过程。我国学者赵英时认为，变化检测就是根据不同时期的对地观测数据，定量地分析和确定地表变化的特征与过程，就本质而言，变化检测涵盖了在使用多时相数据时量化时间影响的能力。

随着社会的发展进步，人类开发改造自然资源的能力不断增强，自然界的变化和人类活动也在不断改变着地表景观及其土地利用形式。这些变化对地球资源和生态环境也产生了深远的影响，近年来，社会对生态环境的保护也越来越重视，为了快速掌握生态环境的现状、发展趋势，人类必须对土地变化，尤其是林地的变化进行全面的监测和分析，搞好林地变化检测和分析工作。林业作为生态环境工程的主体内容，森林资源的变化检测也成为林业生态工程的重点研究内容。随着空间信息技术的发展，遥感技术以其一系列优势成为变化检测不可或缺的工具，变化检测技术也被广泛应用于森林资源监测工作中。

变化检测是一个相对分类来说更复杂的过程，一个完整的变化检测流程。主要包括：数据源的选取、影像的预处理、变化信息发现、变化信息提取以及检测结果评价。常用的变化信息发现方法主要有：差值法、比值法、回归分析法、主成分分析法、变化向量分析法、光谱特征变异法、分类后比较法、基于特征提取的变化检测、面向对象分类后比较法等。常用的变化信息的提取方法主要有人工勾绘和自动提取两种。人工勾绘主要通过人机交互方法，将变化图斑提取出来；

自动提取常用方法主要有阈值法、区域生长法。实际操作中一般采用组合法，即通过阈值法、区域生长法等初步提取变化信息后，采用人机交互方式对变化信息进行综合分析。

现今许多变化检测方法已经比较成熟，有些方法还处于研究阶段，林业系统应该从实际应用出发，结合各种数据的特点（如高分辨率遥感影像、多光谱中等分辨率影像等等）选用合适的变化检测方法，提取和分析变化信息，生成变化分布图。

目前，我国林地变化检测管理手段相对来说仍然比较落后，与国家林业生态建设快速发展的步伐很不相称。主要存在的问题是数据采集方式不规范，数据存储与管理方式不够科学，无法实行科学化的数据处理与预测，没有真正实现林地动态变化信息管理规范化、智能化和自动化；由于缺乏先进合理的管理方法，林地变化监测调查基础数据的存储和管理不合理、不规范，林地数据分析方法的不科学、不系统，数据的综合性分析技术落后。

因此依托于 GIS 和 RS 这样的现代技术手段，实现林地变化检测数据采集的定量化、定位化和可视化管理，有利于加强对监测调查工作的检查指导和监督管理，有利于促进监测数据的规范性和实用性，从而提高监测和预测管理水平与技术水准，对及时有效地对土地利用使用提供科学决策依据，促进森林资源的可持续发展和林业生态建设的良性循环，以及维护森林生态环境的稳定都有着十分重要的现实意义。

6.3.3　基于粗糙集规则提取信息的森林分类技术

面向对象分类的关键技术是影像分割技术。影像对象是由多尺度分割形成的、由若干同质像元组成的集合体，对象的大小由分割尺度所决定，影像分类则是基于对象进行的。影像分割标准为：影像对象的平均异质性应减少到最小；像素的平均异质性应最小化，像素所属的影像对象的异质性应被分配到每个像素中。分割尺度的选择直接决定影像对象的大小、地理信息所处的尺度层次以及信息提取的精度，是影响影像分割结果的关键因素。多尺度分割后的影像对象的各项属性因尺度不同是不相同的，在最优分割尺度下，对象边界能够与地类边界相似，有利于提高地物信息的提取精度。

伴随遥感技术的发展，尤其是面向对象分类方法的成熟，虽然在一定程度上可以明显的提高植被分类精度，但也存在着一些问题。在面向对象分割尺度的选取过程中，缺少定性的算法，人为经验因素较强。在进行规则的选取过程中绝大部分规则集的建立，是基于经验知识或样本定性的特征分析，还没有定量的属性约简算法，如何用定量或者定性的方法进行最优分割尺度的选择，是面向对象影像分类方法中值得进一步探讨的部分。基于隶属度函数法建立分类规则进行分类时，规则集的建立选取还有待进一步研究，相关的算法有待进一步挖掘。

面向对象遥感影像分类详细流程(图 6-2)：首先是图像分割阶段，包括影像分割和对象归并。选择合适的图像分割算法对特征图像进行分割，将影像分割为具有明显空间性多边形的影像对象，使分割后的对象单元的内部一致性及对象单元之间的相异性程度尽可能达到最高。其次，由分割后的图像构建初始的特征空间，分析初始特征空间，通过合适的特征选择确定对地类分类有用的特征，降低特征空间的维数。最后利用选择的特征参数建立分类规则并进行分类。

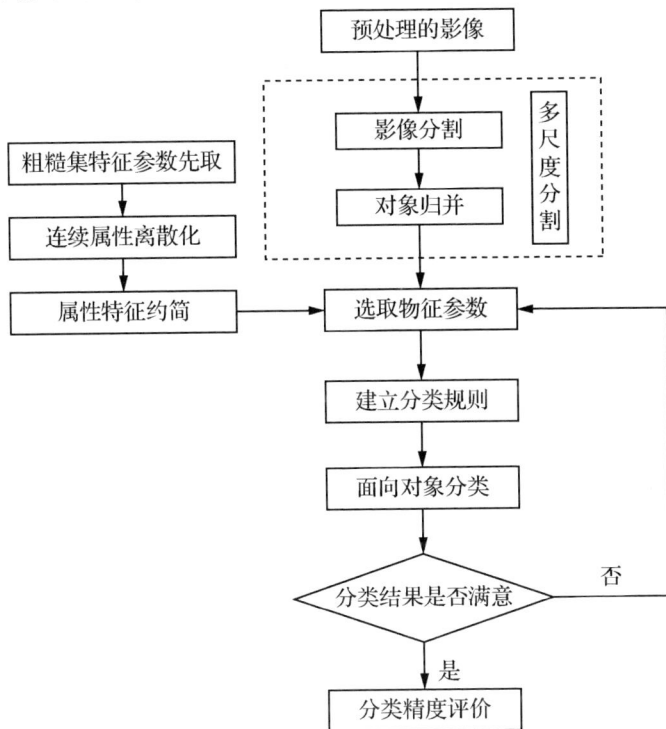

图 6-2 基于粗糙集规则提取的面向对象分类技术流程图

6.3.3.1 多尺度分割

利用面向对象的分类方法进行特征提取、分类前，必须借助影像分割方法来获得对象。影像分割是面向对象信息提取的基础和关键。它是把图像划分为若干大小不等、互不相交的小区域的过程，这些区域具有相似的亮度、色彩、纹理等信息特征。影像分割遵循异质性最小的原则，把特征信息相似的邻近像元合并为一个同质的影像对象，分割后将同一对象的所有像元赋予了同一含义。由于影像分割过程中对影像对象的光谱特征、空间特征、纹理特征同时进行了操作，因此所生成的影像对象不仅包括了光谱同质性，而且也包括了空间特征与纹理特征的同质性。影像分割是一种重要的影像分析技术，在影像处理中占有重要地位。

6.3.3.1.1   基于区域的分割算法

基于区域的分割算法是充分利用区域内部特征的相似性并把影像划分为一系列有意义区域的处理方法。

（1）区域生长法。区域生长法的基本思想是依据地物区域内具有相似性质的像元进行聚集构成区域的方法。先对需要分割的初始区域找一个种子像元作为生长点，然后依据事先确定的生长或相似准则将相邻的具有同样性质的种子像元归并到目前种子像元所在的区域中，再将这些新的像元当作种子像元继续进行上面的步骤，从而逐步归并生长区域，直到再没有可以归并的像元为止，这样就形成了一个区域。区域内的像元相似性度量包括光谱平均值、纹理、形状等信息。

区域生长法作为比较普遍的一种分割方法，可以在没有任何先验知识的情况下，取得较为良好的性能，对于分割比较复杂多样的影像有较好的效果。但是该方法对种子点的选取具有很大的依赖性，并且由于它是一种迭代的方法，因而对时间和空间的需求会比较大。

（2）分裂合并混合法。这种分割方法的核心思想是确定分裂合并准则，先从整幅影像开始，通过不断分割，把影像分割成任意大小且不重叠的区域，然后根据判断相邻区域特征是否一致进行区域的合并。通常利用的是四叉树表达的分裂合并算法。这种算法的优点是不需要预先设定种子点，缺点是分割结果中夹杂着面积极小的区域，使得结果中大区域的边缘比较粗糙，这时应当再建立一个判定准则，将这些极小的面积区域归并到相邻的大区域中。

6.3.3.1.2   基于边缘的分割算法

基于边界的分割算法一般分为两类：一类是先检测目标边缘点，然后组成目标的边界进行分割，如 Hough 变换等；另一类是先确定边界的起始点，然后根据某种策略进行顺序搜索，进而确定目标的边界以实现分割，如曲线拟合等。基于边界的分割算法适合处理区域内部异质性小且边界变化明显的情况，尤其适合对特定目标的提取。

6.3.3.1.3   基于边缘信息的多尺度分割算法

基于边缘信息的多尺度分割算法，能够根据影像邻近像素的亮度、纹理、颜色等信息快速、准确地对影像进行分割。基于边缘算法的分割过程主要分为两步，影像的初始分割和影像对象的归并。

（1）影像的初始分割。初始分割是指通过像素相似的特征值，包括光谱、形状、亮度等，将图像分割成与真实世界的对象相对应的比较细小的对象，更加真实的模拟现实世界。具体的分类规则能够充分运用对象所包含的各种特征信息进行组合，以实现具体地物的提取工作。影像初始分割中关键的任务是合理分割尺度参数的设置，影像分割后，其最小可计算单元不再是单个的像元，而是由一系列同质像元所构成的多边形对象。对象的大小通过分割阈值来确定。阈值范围是 $0 \sim 100$，越接近 0 表示分割的相对面积越小，生成的对象越多；越接近 100 表示分割的面积越大，生成的对象越少。分割阈值的确定可以有效地控制分割对象的大小和复杂度。

（2）影像对象的归并。是对初始分割后的对象进行归并。目的是避免在初始分割过程中产生过度分割的现象。利用 Full Lambda Schedule 算法确定合并尺度参数，依据对象间特征的相对一致性归并部分初始分割对象，保证每一对象大小调整后，合并对象的异质性小于给定的阈值，完成对象特征边界的修正。合并过程同样通过 $0 \sim 100$ 的阈值范围来控制。0 表示不再归并，100 表示将所有的分割对象合并为一个对象。

6.3.3.2　基于粗糙集的特征参数选择

特征选择的目的是选用尽可能少的特征组成规则集，尽可能多地提供关于类别的信息。如何选择最优特征参数、确定有效参数组合、实现最佳分类是本研究的关键。本研究选择特征约简的方法是粗糙集。在保持分类能力不变的前提下，通过利用粗糙集理论中的知识约简方法，删除不相关的知识，从而进行属性值的约简。

6.3.3.2.1　粗糙集理论

粗糙集理论是由波兰科学家 Z. Pawlak 于 1982 年提出的一种处理模糊和不确定性知识的数学工具，它是一个强大的数据分析工具，已经成功应用于机器学习、决策分析、数据挖掘、模式识别等领域。粗糙集的主要思想是在保持知识库分类能力不变的前提下，通过知识约简，剔除其中不相关或者不重要的冗余知识，从而导出问题的决策或分类规则。在粗糙集理论中，属性约简是其重要的研究内容。下面介绍一下粗糙集基本知识。

（1）上下近似集。设任意对象集合 $X \subset U$，属性集合 $B \subseteq A$，则 X 关于 B 的下近似 $\underline{B}X$，定义为所有真包含于 X 的 B 基本集的并，即 $\underline{B}X$ 是由那些根据知识 B 判断确定属于 X 的论域 U 中元素组成的集合，表示为：$\underline{B}X = \{X_i \in U \mid [X_i]_{Ind(B)} \subseteq X\}$；$X$ 关于 B 的上近似 $\overline{B}X$，定义为所有与 X 的交不为空的 B 基本集的并，是由那些根据知识 B 判断确定属于 X 或者可能属于 X 的元素所组成的集合。表示为：$\overline{B}X = \{X_i \in U \mid [X_i]_{Ind(B)} \cap X \neq \varphi\}$。

定义集合 $BND(X) = \overline{B}X - \underline{B}X$ 称为 X 的 B 边界域。边界域是根据据知识 B 判断既不能确定属于 X 又不能确定不属于 X 的元素组成的集合。一般情况下，$\overline{B}X$

$\subseteq \overline{BX}$，当 $\overline{BX} = \underline{BX}$ 时，称 X 是 B 精确集；当 $\overline{BX} \neq \underline{BX}$ 时，称 X 是 B 粗糙集。

（2）近似精度与分类质量。粗糙集理论引入集合的概念之后，也给出了近似的度量。粗糙集通过近似精度这一概念来衡量集合的精确程度。

给定一个论域 U，令 $X \subset U$，$B \subseteq A$，则 X 在空间 B 上的近似精度 $\mu_B(X)$ 定义为：

$$\mu_B(X) = \frac{card(\underline{BX})}{card(\overline{BX})} \tag{6-1}$$

式中，$card(X)$ 表示集合 X 中的元素个数。近似精度 $\mu_B(X)$ 反映了在知识 B 下对于集合 X 表达的范畴的了解程度，用以刻画某一集合的精确程度。当 $\mu_B(X) < 1$ 时，表示相对于属性集合 B，对象集合 X 是粗糙的；当 $\mu_B(X) = 1$ 时，表示相对于属性集合 B，对象集合 X 是精确的。

在上式公式的基础上，令 $\Psi = \{X_1, X_2, \cdots, X_n\}$ 是论域 U 上的一个分类，其中 $X_i \subseteq U$，则由属性子集 $B \subseteq A$ 确定的分类质量为：

$$\gamma_p(\Psi) = \frac{\sum_{i=1}^{n} card(BX_i)}{card(U)} \tag{6-2}$$

分类质量表示通过属性子集 B 正确分类的对象数与所有对象数的比值。当使用知识 B 进行对象分类时，正确决策在所有可能决策中所占的百分比用近似分类精度表示；而近分类对象能确切地划入 Ψ 中的百分比则用近似分类质量表示。

（3）属性约简与核。知识约简是粗糙集在数据挖掘中的主要应用，也是粗糙集理论的研究重点。

给定信息系统 $S = (U, A, V, f)$，设 $B \subseteq A$，如果 B 是独立的，且 $\mathrm{Ind}(B) \subseteq \mathrm{Ind}(A)$，则 B 是 A 的一个约简。

显然，知识的任何一个约简同其本身对任意一个范畴的表达都是相同的，即它们对论域的分类能力相同。一般而言，知识的约简并不唯一，也就是说，A 可能存在多个约简。

属性的核是信息系统的属性集合 A 的所有必要属性构成的集合，记为 $\mathrm{core}(A)$。记 $\mathrm{red}(A)$ 为 A 的所有约简的集合，则存在关系：$\mathrm{core}(A) = \cap \mathrm{red}(A)$。即 A 的所有约简的交集构成 A 的核。有定义可以得出，知识的核有且仅有一个。

约简与核是粗糙集理论两个基本的概念。知识的核是该知识每个约简的其中某一部分，可以通过将所有的约简求交集运算得出。约简是一个信息系统的本质部分，核是所有约简的共同部分。

6.3.3.2.2 基于粗糙集的连续属性离散化

粗糙集只能处理离散的数据问题，然而实际应用中获得的数据大多是连续的，必须将所获得的数据进行离散化处理后才能进一步利用粗糙集的方法。因此，连续属性的离散化问题成为粗糙集研究中一个非常重要的方向。连续属性的离散化是将已知的特定属性值划分为若干区间，以区间范围代替原有的数值，从而实现决策表的泛化。简单地说，就是选择合适的断点(特定的符号或整数值)对条件属性空间进行划分进而缩小搜索的空间。离散化的本质是，在保证知识系统不可分辨关系和相容性的前提下，优化最少断点数目的问题。典型的离散化算法有 NaiveScaler 算法、布尔推理算法、Semi-NaiveScaler 算法等。

(1)NaiveScaler 算法。按属性值从小到大的顺序对每个属性排序，分别判断两相邻实例的属性值和决策值，若两者的属性值与决策值均不相同，则将两者属性值取平均作为断点值。由此可见，NaiveScaler 算法在选择断点值时，充分考虑条件属性和决策属性值，并不是盲目的进行选取，其缺点是没有把信息系统的不可辨识关系考虑在内，得到的断点数目比较多。

(2)布尔推理算法。其基本思想是在考虑信息系统不可辨识关系不变的前提下，尽可能用最小数的断点将所有实例间的分辨关系区分开来。

(3)Semi-NaiveScaler 算法。该算法是在 NaiveScaler 算法的基础之上，进一步筛选由 NaiveScaler 算法得到的断点集，分别判断断点集中相邻两个属性值的等价类和决策类，若两者的等价类与决策类均不相同，则保留此断点；反之，则删除此断点。运用 Semi-NaiveScaler 算法得到的断点是 NaiveScaler 算法的子集，断点数目相对较少，但也不能保证信息系统的不可辨识关系。

6.3.3.2.3 属性约简

它是粗糙集知识发现中的核心内容，其目的在于维持决策表的分类和决策能力不变的情况下，约去过剩的属性，最大限度地减少系统的冗余属性。

6.3.4 基于多层次分割规则提取信息的森林分类

6.3.4.1 多层次影像分割

影像分割是对面向对象影像信息提取的一个关键步骤，影像分割结果直接关系到后面特征信息提取的精度，由于分割后影像转化为许多个紧凑、具有同质性的影像区域，分割以后的影像分析与提取就是基于这些影像对象来进行的，因此分割对象与地物的边界吻合度越高，特征信息提取结果越准确。影像分割所遵循的基本原则是：影像分割对象内部所的属性和特征具有较高的同质性，而与相邻对象及其他对象之间则具有较高的异质性。

影像分割技术大体上可分为基于边缘检测的分割技术和基于区域生长的分割

技术，每种方法在不同条件下都有其不同的适合对象。基于边缘的分割方法往往难以形成图像分割所需要的闭合且连通的边界，基于区域生长的分割方法尽管计算开销大、速度慢，但由于具有原理简单、无需预知类别数目、容易扩展到多波段等优点，作为常用的一种影像分割方法显示出其最佳性能，因而得到了广泛的应用。在基于区域生长合并的分割方法中，由 eCognition 软件提供的多尺度影像分割（Multiresolution Segmentation）算法，可充分利用对象特征和类间关系等信息，在面向对象分类中被广为应用。

6.3.4.1.1　影像分割算法

多尺度影像分割算法是采用基于异质性最小的一种区域合并算法，其目标是实现分割后影像对象的异质性最小化。在分割过程中，如果仅仅考虑光谱异质性最小的话将会导致分割后影像对象的形状比较破碎，因而需要将光谱异质性和空间异质性二者结合考虑，以实现分割对象形状紧凑以及边界光滑的效果。在多尺度分割算法中需要考虑影响影像异质性的两种因子即光谱因子以及形状因子，而形状因子又包括光滑度异质性与紧致度异质性两个因子。只有影像的光谱异质性、光滑度异质性和紧密度异质性都最小，才能保证整幅影像所有对象的平均异质性最小。控制多尺度分割算法的主要参数包括"分割尺度"和"同质性标准"，分割尺度在"同质性标准"的辅助作用下控制可接受的分割结果的异质，同质性标准则通过"形状因子"和"颜色因子"两项参数来控制。形状因子是对象"紧致度"（Compactness）与"平滑度"（Smoothness）的组合。

关于影像总异质性、光谱异质性和形状异质性的各种度量公式如下所示：

（1）影像对象区域总异质性 f：

$$f = W_{color} \cdot h_{color} + W_{shape} \cdot h_{shape} \qquad (6\text{-}3)$$

式中：W_{color} 为光谱信息权重；h_{color} 为光谱异质性值；W_{shape} 为形状信息权重；h_{shape} 为形状异质性值。这些权重是通过用户自定义来进行的，取值为 $0 \sim 1$ 之间，且 $W_{color} + W_{shape} = 1$。

（2）光谱异质性 h_{color}：

$$h_{color} = \sum_c W_c \times \sigma_c \qquad (6\text{-}4)$$

式中：c 为波段总数；W_c 权重值；σ_c 为由 c 个波段灰度值组成对象的标准差。

（3）形状异质性 h_{shape}：

$$h_{shape} = W_{smooth} \cdot h_{smooth} + W_{compct} \cdot h_{compct} \qquad (6\text{-}5)$$

$$h_{compct} = \frac{l}{b} \qquad (6\text{-}6)$$

$$h_{smotth} = \frac{l}{\sqrt{n}} \tag{6-7}$$

式中：h_{smotth} 为平滑度异质性指标；h_{compct} 为紧致度异质性指标；W_{smooth} 和 W_{compct} 为相应的权重值，二者和为 1；l 为对象的边长；b 为对象在水平方向上外接矩形的最短边长；n 为对象所包含像元总个数。

（4）合并准则：

$$h_{color} = \sum_c W_c \left[n_{merge} \cdot \sigma_c^{merge} \left(n_{objl} \cdot \sigma_c^{obj1} + n_{objl} \cdot \sigma_c^{obj2} \right) \right] \tag{6-8}$$

$$h_{compct} = n_{merge} \cdot \frac{n_{merge}}{\sqrt{n_{merge}}} - \left(n_{obj1} \cdot \frac{l_{obj1}}{\sqrt{n_{obj1}}} + n_{obj2} \cdot \frac{l_{obj2}}{\sqrt{n_{obj2}}} \right) \tag{6-9}$$

$$h_{smooth} = n_{merge} \cdot \frac{l_{merge}}{b_{merge}} - \left(n_1 \cdot \frac{l_{obj1}}{b_{obj1}} + n_2 \cdot \frac{l_{obj2}}{b_{obj2}} \right) \tag{6-10}$$

式中：$obj1$、$obj2$ 分别表示两个小的影像对象；$merge$ 表示合并后生成的新对象；W，n，l，b，σ 的含义同上。

分割过程中通过调整分割尺度阈值 s 的大小，可以直接影响生成分割对象的大小（$f \leqslant s$）。f 定义分割对象合并生长的准则，s 则是控制分割对象停止进行合并生长的条件。

在实际应用多尺度分割算法的操作中分割参数的设定主要包含以下几个因子：

（1）波段权重 W_c 的设置：在影像分割中由于涉及光谱异质性计算需要对波段权重进行设置，某个波段权重设置越大，则该波段被利用的信息越多。在实际分割中用户可以根据不同波段的特性及目标地物的大小，按需要调整波段之间的权重，eCognition 软件中默认的每个波段权重均为 1。

（2）异质性 f 相关因子设置：异质性 f 计算光滑度、紧致度两个属性，eCognition 中主要通过形状因子 shape 以及紧致度因子 compactness 来实现，二者的设定范围都在 0 ~ 1 之间。由于颜色因子影响的是对象的光谱特征差异，形状因子影响的是对象几何特征的差异。形状因子越小，颜色因子就会越大，分割对象越细碎；而紧致度因子越大，对象边缘的平滑度越小，对象的边界形状越不规则。反之，设置的光滑度因子越大，生成对象的边界就越平滑。异质性相关因子的关系如图 6-3。

（3）分割尺度参数（Scale Parameter）的设置：分割尺度参数（Scale Parameter）是一个抽象的阈值，它决定影像分割结果对象允许的最大异质性，是由用户的设定来控制多尺度分割是否继续进行。一般来说，分割尺度参数设置得越小，分割生成的对象面积越小，对象个数越多。

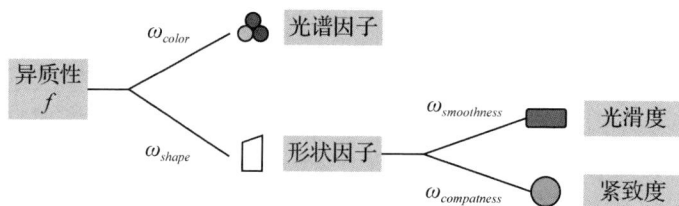

图 6-3 异质性相关因子之间的关系

6.3.4.1.2 多层次的最优分割尺度参数

影像中不同地物异质性存在较大差异，很难通过单一分割尺度来实现所有不同地物之间的良好分割效果，这与影像的分辨率、位深等因素有较大关系。采用同一尺度对影像不同地物进行分割，在满足某种地物分割效果的情况下，会直接影响到其他地物分割的效果，这在高分辨率影像中体现尤为明显。由于研究区域地物分布复杂：林地之间存在诸多刚刚采伐以及更新过的未成林造林地、采伐迹地，林地周边也存在耕地等，这些围绕在林地内部以及周边的地物形状不一，边界较为复杂，这使得影像分割很难以一种尺度实现所有地物之间的有效分割。

为了满足不同地物的最优分割效果，需要寻找各自的最适合分割尺度对影像进行分割，以获得不同类型的影像对象。因此，本文考虑在选取不同尺度实现不同地物的分割，同时保证影像分割在满足足够精细的条件下尽可能使用较大分割尺度来获得影像对象的最优分割尺度。

最优分割尺度并不一定指某一个分割尺度值，可以是一个范围。对于面向对象影像分割来说，最优分割尺度的分割效果应该表现为：对象大小与地物目标大小尽量接近，特定地物类型能用一个或几个对象来表达，对象边界的形状不能太过于破碎，具有相同类的对象的光谱差异性较小，地物的边界轮廓不能太模糊。理论上的最优分割尺度效果如图 6-4。

在对不同地物选择其最优分割尺度时，要结合地物的特性与其相邻地物特性来对尺度值进行选择。针对任一种地物，如果分割尺度过小，对象破碎性会比较明显，对象之间差异会明显加大，就属于"过分割"；如果分割尺度过大，生成的对象大于实际地物边界的话，属于"欠分割"，这相当于人为将一些非同类的对象划分到相同的类别中去，之后无论采取何种分类方法，这个已经被分割好的对象，无论被分为哪种类别，都有较大的误判性，对分类结果造成直接影响。本文认为，在实际分割过程中由于很多地物较为相似，在不能满足对象大小与地物大小相近的情况下，应尽量满足地物的边界与分割对象边界的吻合。即便分割对象较小的情况下，若能保证分割边界与地物边界较为吻合的情况下，对后面分类

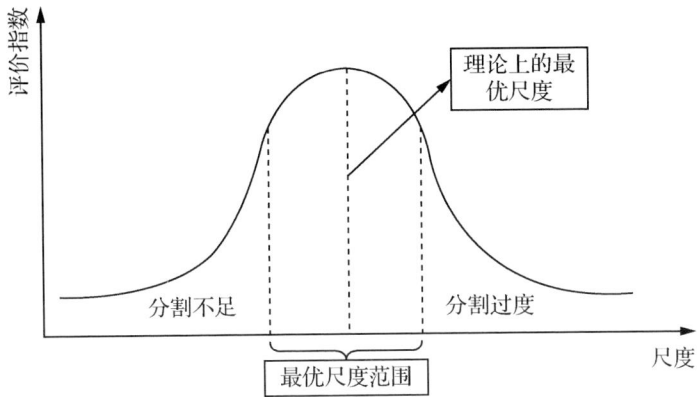

图 6-4 最优分割尺度示意图

也是有益的。

6.3.4.2 面向对象的多层次分类

高分辨率影像中不同地物异质性存在较大差异，很难通过单一分割尺度来实现所有不同地物之间的良好分割效果，这与影像的分辨率、位深等因素有较大关系。采用同一尺度对影像不同地物进行分割，在满足某种地物分割效果的情况下，会直接影响到其他地物分割的效果，这在高分辨率影像中体现尤为明显。因此为了满足不同地物的最优分割效果，需要寻找各自的最适合分割尺度对影像进行分割，以获得不同层次的影像对象。采用不同分割尺度参数对影像进行多层次分割之后，影像就依据尺度由大到小形成了不同的对象层，这些对象层之间形成了一种继承的层次结构，如图 6-5。

由于不同层次的地物类别不同，需要结合每种地物的实际特点和影像特征选择合适的组合特征来描述对象类别，通过提取地物对象的光谱信息、HIS 颜色变换信息、纹理信息等对地物类别相关特征进行提取，构建不同层次的分类规则，实现不同层次下相应地物的区分。

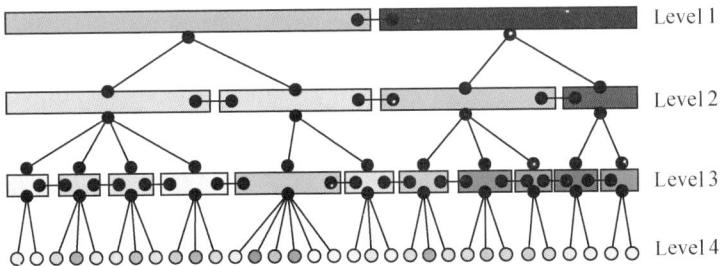

图 6-5 影像对象层次网络图

（1）光谱特征分析。光谱特征是描述影像对象的光谱信息的一种特征，与对象内像元的灰度值有关，它是由实际地物组成成分和影像成像状态所决定的固有的光学物理属性。常用的描述影像对象的光谱特征有均值、亮度、方差、波段灰度比值等特征。光谱特征是遥感影像数据分析的基础。

（2）HIS变换值分析。HIS（Hue，Intensity，Saturation）分别表示色调（H）、亮度（I）和饱和度（S），H、I、S特征可通过影像RGB模型转换而来。色调（H）用于彩色的彼此区分，如区分红、蓝、绿等；亮度（I）指影像上地物的明亮程度，与地物的反射率呈正比；饱和度（S）是彩色的纯洁度，S值越大，彩色越纯。影像经过HIS变换得到的H、I、S可作为颜色差异明显的地物之间分类的重要依据。

（3）纹理特征分析。影像纹理是描述影像光谱特性的一个重要特征，反映影像中像元灰度的空间关系。纹理特征无法通过单个像元来体现，它反映的是一个区域的特征，是由某个像元与其周围的像元的组成分布情况来决定，所以对影像纹理特征的描述通常是基于一个区域或对象来进行。纹理特征能够充分反映高分辨率影像的特征，对影像的分析和特征提取有十分重要的意义。

描述影像纹理特征的方法有许多种，在这些方法中灰度共生矩阵（Gray Level Co-occurrence Matrix，GLCM）法是目前应用效果较好的一种纹理统计分析方法。它通过描述灰度的空间相关特性来描述纹理，是统计影像中局部区域或整个区域相邻象元或一定间距内两象元灰度关系的一种矩阵，该矩阵中的元素值代表灰度级之间联合条件概率密度P$(i,j/d,\theta)$，表示在给定空间距离d和方向时，灰度以i为始点，出现灰度级为j的概率（也即频数）。灰度共生矩阵可以提供影像灰度值的方向、变化幅度和间隔等信息，但灰度共生矩阵并不能直接区别纹理之间差异，因此需要对灰度共生矩阵提取一些能够定量描述纹理特征的相关统计属性。常用于描述影像中纹理信息的灰度共生矩阵的统计属性主要有：

①均值（Mean）：

$$Mean = \sum_{i=0}^{quant_k} \sum_{j=0}^{quant_k} p(i,j) * i \qquad (6-11)$$

均值反映影像纹理的规则程度，纹理杂乱无章且难以描述的，均值较小；规律性强、易于描述的，均值较大。

②标准差（StdDev）：

$$StdDev = \sqrt{\sum_{i=0}^{quant_k} \sum_{j=0}^{quant_k} p(i,j) * (i - Mean)^2} \qquad (6-12)$$

方差、标准差是反映像元值与均值偏差的一种度量，当影像中灰度值变化较大时，方差与标准差值较大。

③同质性(*Homogeneity*)：

$$Homogeneity = \sum_{i=0}^{quant_k} \sum_{j=0}^{quant_k} p(i,j) * \frac{1}{1+(i-j)^2}$$　　(6-13)

同质性是反映影像局部灰度均匀性的一种度量，如果影像局部的灰度分布较为均匀，同质性的取值就会较大。

④对比度(*Contrast*)：

$$Contrast = \sum_{i=0}^{quant_k} \sum_{j=0}^{quant_k} p(i-j)^2$$　　(6-14)

对比度反映影像中局部灰度变化总量。在影像中局部灰度的差别越大，影像的对比度越大，影像呈现的视觉效果越清晰。

⑤非相似性(*Dissimilarity*)：

$$Dissimilarity = \sum_{i=0}^{quant_k} \sum_{j=0}^{quant_k} p(i-j) * |i-j|$$　　(6-15)

非相似性与对比度较为类似，但是非相似性是线性增加。局部的对比度越高，那么非相似度也越高。

⑥熵(*Entropy*)：

$$Entropy = \sum_{i=0}^{quant_k} \sum_{j=0}^{quant_k} [p(i,j)]^2$$　　(6-16)

熵是反映影像灰度级分布随机性的特征参数，反映了影像纹理的复杂程度。影像的纹理越复杂，熵值越大。

⑦角二阶矩(*Angular Second Moment*)：

$$ASM = \sum_{i=0}^{quant_k} \sum_{j=0}^{quant_k} [p(i,j)]^2$$　　(6-17)

角二阶矩是反映影像灰度分布均匀性的度量。当元素分布较集中于主对角线附近时，说明局部区域内图像灰度分布较均匀，ASM 取值相应较大；相反，如果矩阵的所有值呈现相等，则 *ASM* 值较小。

⑧相关性(*Correlation*)：

$$Correlation = \sum_{i=0}^{quant_k} \sum_{j=0}^{quant_k} \frac{(i-Mean)*(j-Mean)*p(i,j)^2}{Variance}$$　　(6-18)

相关性描述影像 GLCM 中行或列元素之间的相似程度。它反映某种灰度值沿某方向的延伸长度，延伸的越长，则相关性越大。

6.3.5　可视化技术

随着遥感技术的发展，特别是海量影像资料的出现，结合计算机在处理影像中的应用，可视化技术可以有效地帮助研究者理解数据、提高计算处理的效率和质量。简单来说，可视化技术就是利用计算机图形图像技术和方法，对大量数据进行处理，并用图形图像的形式，形象而具体地显示出来。

可视化技术要求有可视化的软件来实现，根据发展和出现的不同时间可以将可视化软件分为三类：图形库和图形软件包，指图形库直接基于图形硬件或由软件来提供图形功能，为了开发应用程序，用户需给出几乎所有的成分；Turnkey可视化系统，指用户只需给出数据和指挥系统主程序如何操作的命令，系统提供主程序并负责绘制，这类系统通常有一个友好的用户界面；可视化应用建造器，指提供一系列模块，模块间的连接关系由用户指定，模块在运行时实现连接。在现代可视化技术设计中，为克服软件质量和软件生产效率低下而采用面向对象的设计技术，同时随着用户的要求越来越高，可视化技术越来越向高效、方便、美观等方面发展。

与传统的遥感图像处理系统相比，可视化遥感图像处理系统具有较强的透明性和定量分析能力，其内部往往包含多种图像算法可以帮助用户更好的分析数据；友好的人机交互界面、多种参数的选择设置既满足初学者的快速掌握，又使有经验的人发挥其专业知识；面向对象的开放性满足用户根据自身需求可以自主开发特定应用任务的需要。

总的来说，可视化技术将大量遥感专业知识与专家经验融于遥感图像处理系统中，大大提高了系统的实用性、可移植性并拓宽了遥感图像处理的应用领域。

6.4　实证——基于遥感技术的森林资源信息处理与应用研究

项目组成员多次对福建省三明市将乐县林业局及将乐国有林场等单位进行了走访和调研。调研目标为"基于林改的信息服务体系及综合信息服务平台建设"，具体研究目标包括当地林政部门，在林改新形势下所面对的管理信息化的内容及模式，研究如何开发面向该部门的综合服务平台（如各类林业证件的发放、审核、管理系统；林地流转监控系统；资产核算及评价系统；资源动态监测与生态预警系统等），并研究如何为各经营主体在森林经营的过程中提供相应的技术支持与咨询服务。其中，项目应用空间信息服务技术的整个过程框架如图 6-6。

```
                    ┌──────────────┐        ╭────────────────╮
                    │  研究区遥感影像  │        │ 研究区地形图、    │
                    └──────┬───────┘        │ DEM 图及相关     │
                           │         ◄──────│ 调查数据         │
                    ┌──────┴───────┐        ╰────────────────╯
                    │ 目视判读及预处理 │
                    └──────┬───────┘
          ┌────────────────┼────────────────────────┐
┌─────┐ ┌┴─────────────┐           ┌──────────────┐
│选   │ │ 多尺度影像分割  │           │ 多层次影像分割  │
│取   │ └──────┬───────┘           └──────┬───────┘
│特   │ ┌──────┴───────┐           ┌──────┴───────┐
│征   │ │ 粗糙集特征参数  │           │ ESP 工具确定最优 │
│参   │ └──────┬───────┘           │ 分割尺度参数     │
│数   │ ┌──────┴───────┐           └──────┬───────┘
│     │ │ 连续属性离散化  │                   │
│     │ └──────┬───────┘           ┌──────┴───────┐
│     │ ┌──────┴───────┐           │ 选取特征参数    │
│     │ │ 属性特征约简    │           └──────┬───────┘
└─────┘ └──────┬───────┘                   │
               └──────────────┬────────────┘
                       ┌──────┴───────┐
                       │ 建立分类规则    │
                       └──────┬───────┘
                       ┌──────┴───────┐
                       │ 面向对象分类及精度评价 │
                       └──────┬───────┘
                       ┌──────┴───────┐
                       │ 模块可视化     │
                       └──────┬───────┘
```

各类林业证件的发放、审核、管理系统	资源动态监测与生态预警系统	林地流转监控系统	资产核算及评价系统

基于林改的信息服务体系及综合平台

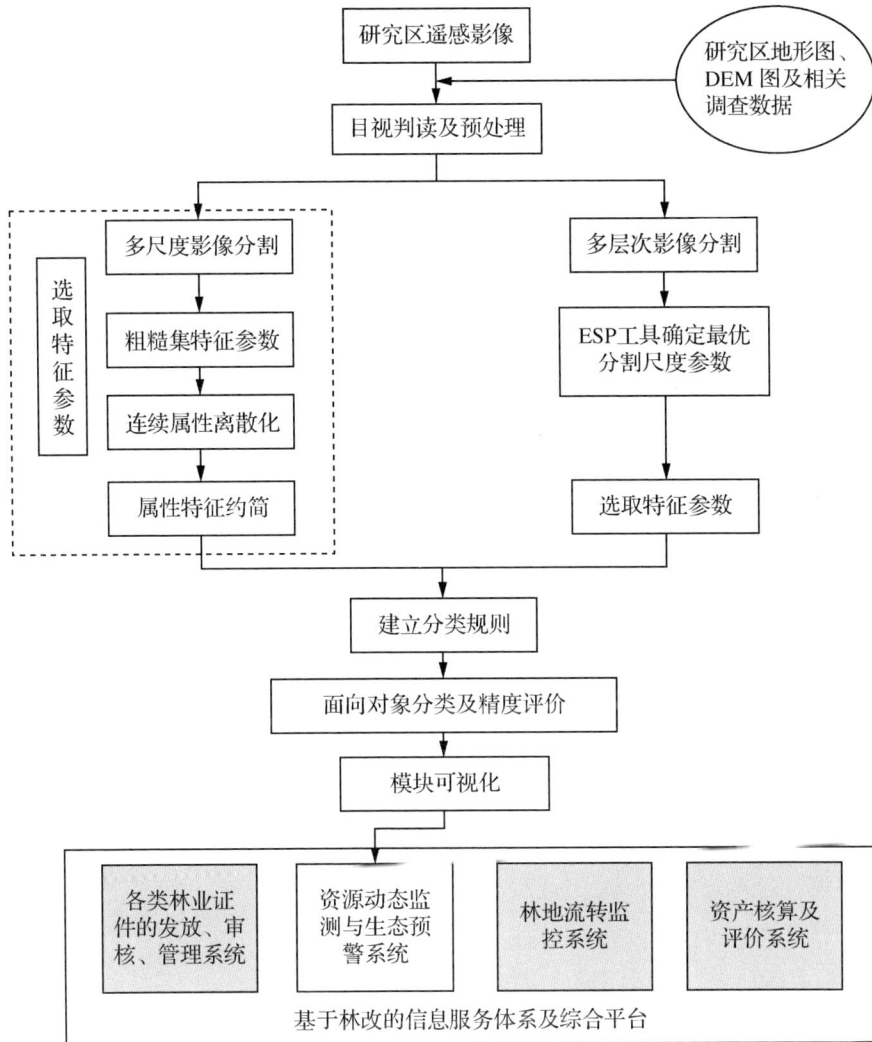

图 6-6　空间信息服务技术过程框架图

6.4.1　研究区基本状况

　　林业信息化建设是现代林业建设的重要组成部分，是促进林业科学发展的重要手段。2003 年以来，福建省林业厅认真贯彻国家林业局关于林业信息化建设的方针政策，紧密结合实际，大力推行电子政务，着力推动林业信息化建设，取得了明显成效，先后被国家林业局授予"全国林业电子政务工作十佳单位""全国林业信息化工作先进单位"。

6.4.1.1　资源现状

　　三明市地处福建省西北部，是福建省乃至全国的重点林区，而且是我国唯一的海峡两岸现代林业合作实验区，连续举办多届海峡两岸林业博览会。同时，三明也是全国集体林区改革实验区，林权改革始终走在全国前列。将乐县位于三明地区西北部，金溪中游，境内多山，森林资源丰富，森林覆盖率达83.1%，全县土地总面积336.19万亩，总人口17.25万，其中农业人口12.61万，林业是该县重点扶持产业之一。

　　将乐国有林场建于1958年，经营区分布在9个乡镇，23个行政村，其林地主要分布在金溪河两岸和省道延泰公路两侧，经营区内林区公路和林区便道分布密集，道路密度达到46m/hm²，林木可及度达100%。林场现有职工76人，其中干部25人(高级工程技术人员3人，中级14人)，设有综合科、计财科、生产经营科、营林科技科、资源管理科、科研室等6个职能科室及1个森林公园管理办公室，辖水南、明头山、黄潭、万全等4个森林保护站并有25个护林点。"十五"期间，造林13297亩，抚育间伐6000亩，木材产销年均在16000m³左右，平均每年实现木材收入845万元。实现年产值397万元，职工年人均收入2万多元。2005年被评为"三明市国有林场综合管理先进单位"，2007年获得"全国绿色小康村""省级模范绿化单位"等称号，2009年获"全国绿化模范单位""森林防火先进单位"称号等各种荣誉。

6.4.1.2　资源监测的信息服务体系

　　通过实地调研，我们了解到，在林业信息技术应用方面，目前林业调查基本还是采用人工操作的方式，对于如何把握调查的精确度，人员品质和调查技术均成为其中的关键因素，因此希望在这一方面将来能够用更先进的调查技术和采集仪器来实现。在信息系统建设方面，目前县林业局使用的林政信息平台是由福建农林大学主持研发的，涵盖了林权证颁发、林木采伐申请和木材运输，与此同时，福建省林业厅也在当地推行了一套林政系统，主要用于木材检疫和林权证办理，对于两个系统之间数据如何衔接、融合，成为一个难点。资源办的张主任谈到，对于当前林业信息系统的建设与应用，存在着规划不明确，应用混乱的情况，由于林业的信息化水平相对落后，因此对于林业信息系统的开发、推行，可谓是百家争鸣，以将乐为例，除了之前提到的两个系统，2003年时还推行过中国林科院主持研发的地理信息系统，而目前在林权办应用的信息系统则由中南林学院开发。这些系统相互之间无法有效衔接，缺乏技术升级，因此，需要在未来的发展中实施科学有效的规划，避免混乱建设和重复建设。

　　将乐国有林场在信息系统应用方面主要集中于森林资源的采伐设计与申请、资源管理和财务决算三个方面。其中财务决算系统属于财政部门推行的独立系统。

　　福建省各级林政部门的林业信息系统，主要依托于"福建省林政管理业务应用系统"（俗称"金林网"），该系统运行于林业系统的专线网络以确保数据的安全性。对于林场层面的业务应用而言，其涉及的林木采伐设计、采伐申请都可以通过金林网实现与上级部门（省林业厅）的数据交换。

　　在资源管理方面，将乐国有林场与福建其他地区一样，统一使用了由省林业厅推广应用的"福建森林资源监测管理系统"，该系统也同样运行于林政部门的专线网络，主要系统功能包括：连续清查子系统、年度变化子系统、生态公益林子系统、空间数据处理子系统、林业站子系统、共享与发布子系统、历史数据查询子系统、用户授权子系统等，该系统可应用于省、市、县三级，根据不同的行政级别和用户职能，设定不同的用户权限。国有林场拥有的主要权限在于年度变化子系统，通过年度变化子系统，各基层单位可以及时将当年的小班资源变化情况，通过变化卡片数据的形式，传输给上级单位，实现资源变化的年度更新。

　　当前国有林场的信息系统应用还处于较为初级的阶段，信息化手段还没有全面覆盖林业生产的所有业务，采伐申请、资源管理等系统，是配合于上级林政主管部门所运行的系统，但对于林场自身业务而言，仍然缺少信息系统的有效支持。

6.4.2　研究成果

6.4.2.1　图像预处理

6.4.2.1.1　数据获取

　　本研究针对森林资源监测的研究目的和研究区域的覆盖范围，获取一景ALOS 影像，包含多光谱 4 个波段和全色波段，成像时间为 2009 年 10 月 7 日，ALOS 多光谱和全色影像如图 6-7 和图 6-8。此外还包括一景 QuickBird 影像，为RGB 3 波段影像，分辨率为 0.6m，成像时间 2012 年 7 月 2 日，如图 6-9。ALOS与 QuickBird 影像波段的具体信息见表 6-2 和表 6-3。

表 6-2　ALOS 遥感影像波段影像

波段序号	波段名称	波长范围（μm）	地面分辨率（m）
1	蓝色	0.42～0.50	10
2	绿色	0.52～0.60	10
3	红色	0.61～0.69	10
4	近红外	0.76～0.89	10
5	全色	0.52～0.77	2.5

表 6-3　QuickBird 卫星基本参数

传感器	全色波段	多光谱
分辨率	0.61m	2.44m
波长	450～900nm	蓝：450～520nm 绿：520～600nm 红：630～690nm 近红外：760～900nm

除了遥感影像之外，研究还采用了相关的辅助数据及资料，包括将乐县境内的 1∶10000 地形图、2012 年将乐国有林场森林资源二类调查小班矢量图以及小班调查资料，包含林班、小班、优势树种、树种组成、坡度、坡向、面积、蓄积等森林资源相关调查因子，可作为研究区域范围确定以及树种类别确定的辅助资料。

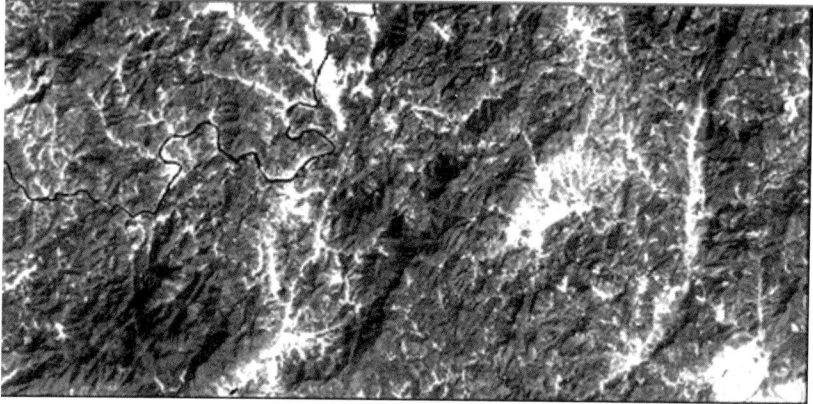

图 6-7　ALOS 全色影像(分辨率为 2.5m，成像时间 2009 年 10 月 7 日)

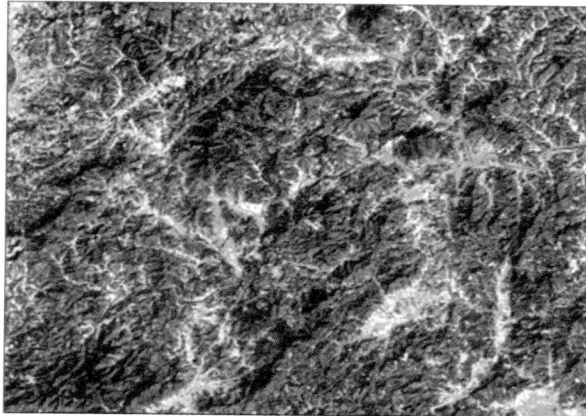

图 6-8　ALOS 多光谱影像(分辨率为 10m，成像时间 2009 年 10 月 7 日，显示波段为 432)

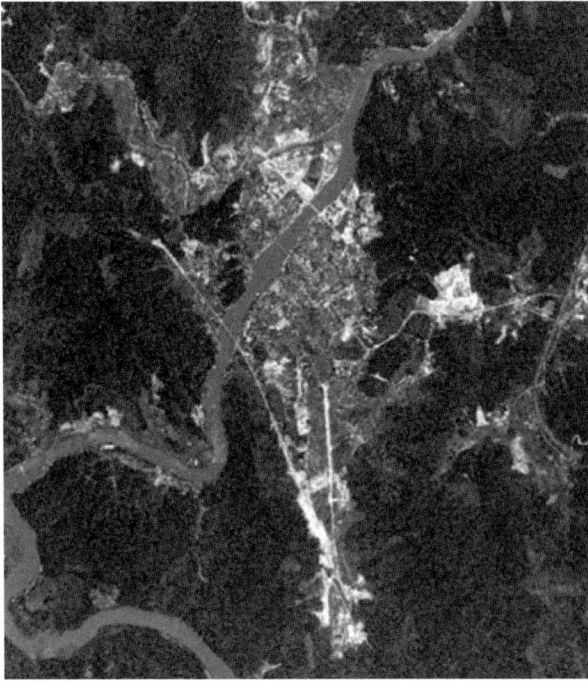

图 6-9　QuickBird RGB 真彩色影像(分辨率为 0.6m，成像时间 2012 年 7 月 2 日)

6.4.2.1.2　几何校正

为了便于研究顺利进行，需要分别以研究区域地形图为基准图，对 ALOS 影像和 QuickBird 影像进行几何校正，使研究区域的遥感影像与小班矢量数据良好叠加。由于 ALOS 影像和 QuickBird 影像覆盖范围大小不一致，因此分别进行几何校正。选择控制点时，尽量选择道路交叉点、河流交叉口、山顶等明显标志作为地面控制点，并保证控制点尽可能在遥感影像上满幅均匀。

ALOS 影像和 QuickBird 影像基于地形图选取控制点的效果如图 6-10 和图 6-11。

为了使重采样后得到的影像有较好的效果与细节，两种影像均选择三次卷积内插法进行重采样。

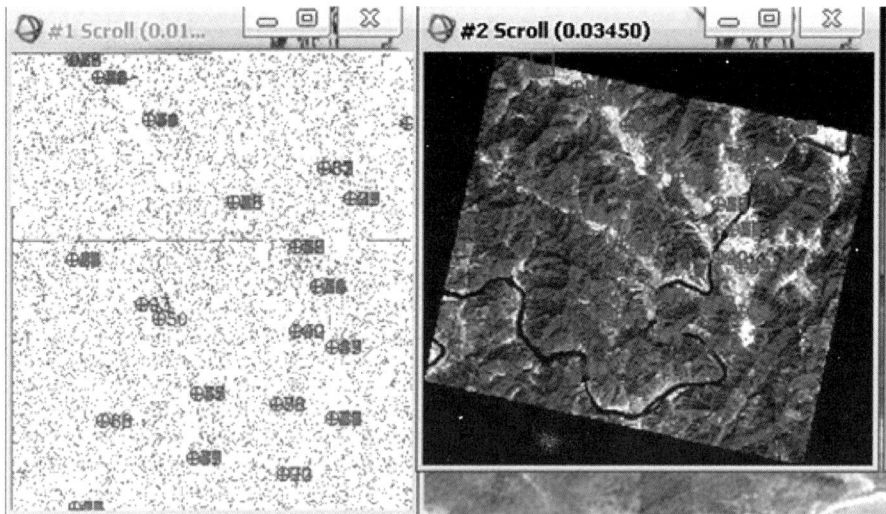

图 6-10　ALOS 影像与地形图地面控制点分布图

图 6-11　QuickBird 影像与地形图地面控制点分布图

6.4.2.1.3　ALOS 波段选择与影像融合

由于研究采用的 ALOS 影像数据源包含多光谱波段影像与全色波段影像，需要对二者进行融合，融合之前就要对多光谱的 4 个波段进行选择，选择出影像融合最佳效果的 3 个波段。

ALOS 影像各多光谱波段直方图如图 6-12。

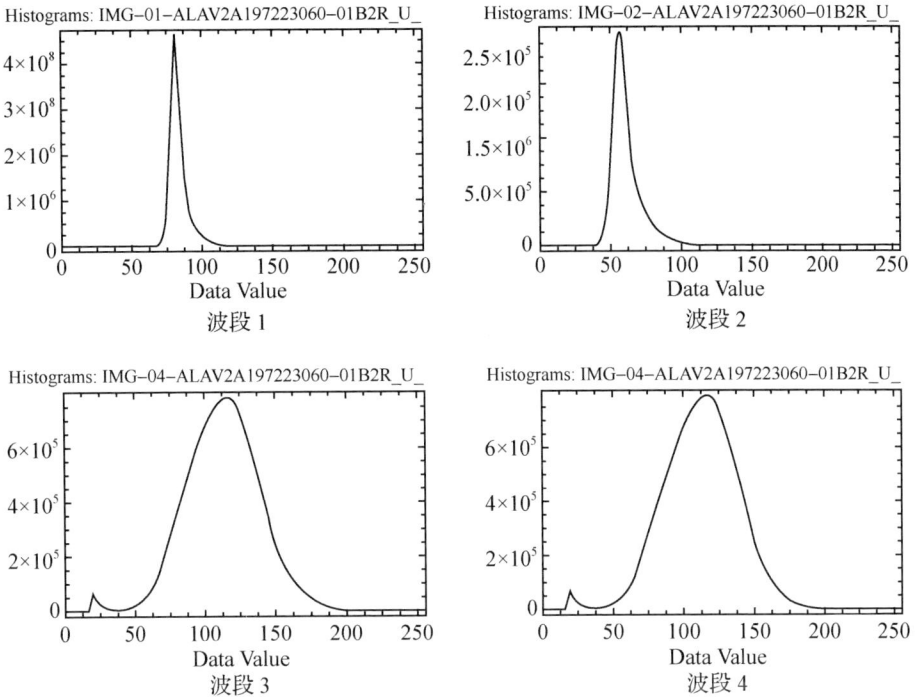

图 6-12　ALOS 影像各多光谱波段直方图

标准差作为衡量图像信息量的重要指标，反映了灰度偏离灰度均值的程度，标准差越大，则灰度级分布越分散，包含的信息量越大。ALOS 各多光谱波段的最小值、最大值、平均值、标准差如图 6-12、表 6-4 所示，可以看出标准差大小顺序为：波段 4 > 波段 3 > 波段 2 > 波段 1。

ALOS 影像基本信息统计表见表 6-4。

表 6-4　ALOS 影像基本信息统计表

	波段 1	波段 2	波段 3	波段 4
最小值	0	0	0	0
最大值	255	255	255	255
平均值	83.394292	61.583108	41.981336	112.468845
标准差	7.803969	11.914577	15.509973	25.712215

研究区域 ALOS 影像各波段之间的协方差矩阵和相关系数矩阵见表 6-5、表 6-6。从表 6-6 可以看出，波段 4 与其他波段的相关系数值最小，即与其他三个

波段相关性最小，表明波段 4 的信息有很大的独立性，在进行波段选择时，波段 4 应作为是必选波段。

表 6-5 ALOS 协方差矩阵统计表

	波段 1	波段 2	波段 3	波段 4
波段 1	60.901935			
波段 2	85.312307	141.957138		
波段 3	108.323927	177.023729	240.559255	
波段 4	30.919376	108.880665	87.990231	661.117998

表 6-6 ALOS 相关系数统计表

	波段 1	波段 2	波段 3	波段 4
波段 1	1.000000			
波段 2	0.917524	1.000000		
波段 3	0.894948	0.957948	1.000000	
波段 4	0.154090	0.355412	0.220640	1.000000

为了定量分析最佳波段的组合，本研究采用最佳指数因子法对不同波段组合进行评价。美国查维茨等提出最佳指数 OIF 的概念，即用各波段的标准差及两两之间的相关系数计算一个最佳指数因子，计算公式如下：

$$OIF = \sum_{i=1}^{3} S_i / \sum_{i=1}^{3} S_i \mid R_V \mid \tag{6-19}$$

公式中 S_i 为第 i 个波段的标准差，$\mid R_V \mid$ 为 i，j 两个波段的相关系数。公式是在数据统计分析基础上，选择标准差大、相关性小的数据。因此，OIF 值越大，相应组合图像信息量越大，组合方案越优。

ALOS 多光谱波段各种组合的最佳指数 OIF 值计算结果为 1，3，4 波段组合 OIF 值为 38.613；2，3，4 波段组合 OIF 值为 34.639；1，2，4 波段组合 OIF 值为 31.836；1，2，3 波段组合 OIF 值为 12.716。由 OIF 值可以看出，波段 1，3，4 信息量最大，2，3，4 次之。

曹敏等对 ALOS 影像各波段组合进行光谱特征分析，表明 432 波段组合而成的假彩色影像比较自然，能较好地保持原有的纹理信息和光谱信息，而 1，3，4 波段组合因色彩的过度饱和造成建筑物旁的蓝色偏色现象，不利于进行光谱特征分析。综合波段信息量、相关性、光谱特征等因素，本研究选择 ALOS 4，3，2

波段最为最优的组合方案，用于后续的融合及图像分类。

利用 IHS 融合方法，主成分融合方法，Brovey 融合方法和 Gram-Schmidt 融合方法，以 ALOS 遥感图像为数据源对实验区进行了融合实验。图 6-13 为 ALOS 原始的全色图像，分辨率为 2.5m；图 6-14 为 ALOS 原始的多光谱图像，分辨率为 10m。图 6-15 是采用 IHS 融合方法处理后的图像，图 6-16 是采用主成分融合方法处理后的图像，图 6-17 是用 Brovey 融合方法处理后的图像，图 6-18 是采用 Gram-Schmidt 融合方法处理后的图像。

图 6-13　ALOS 全色图像

图 6-14　ALOS 多光谱图像

图 6-15　IHS 融合图像

图 6-16　PCA 融合图像

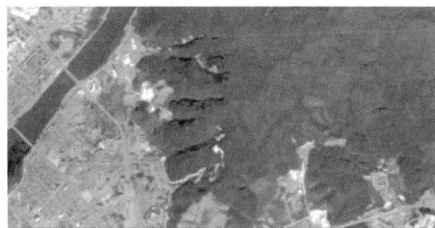

图 6-17　Brovey 融合图像

图 6-18　Gram-Schmidt 融合

从图 6-17 可以看出，图像上某些地方明显失真，所以先排除图 6-17 作为最后分类的图像。观察图 6-15、图 6-16、图 6-17 可以发现，融合后的图像在光谱分辨率上较原始高空间分辨率影像都有很大提升，达到了增强光谱信息的目的；融合后图像的空间分辨率都有了明显改善，与融合前的多光谱影像比较更为清晰，更容易判读。因此，三种方法都很好地融合了全色图像和多光谱图像的特性，提高了遥感图像的光谱信息含量。但从图像的色调方面来看，Gram-Schmidt 融合影像的色调与原始多光谱图像基本一致，没有出现失真现象，光谱特性与原始多光谱影像最为接近，最大限度地保留了原始多光谱影像的光谱信息，而且很好地继承了高分辨率影像的空间分辨率，图像清晰。采用 IHS 融合和主成分融合后图像色调与原始多光谱图像的色调发生了较大变化，影像偏暗，空间分辨率较原始高分辨率影像相比有所降低。

6.4.2.1.4　影像裁剪

由于 ALOS 影像经过融合后数据量较大，同时高分辨率的 QuickBird 影像数据量也很大，一般计算机的运算效率低下，不利于进行分类结果的试验与比较，因此需要对图像进行裁剪。图像裁剪的目的是将研究之外的区域去除，而将研究区予以保留。

通过选用手动描绘区域边界的方法分别在 ALOS 影像和 QuickBird 影像上绘出研究区域，然后分别进行裁剪。由于 ALOS 影像和 QuickBird 影像覆盖范围大小不一致，且二者在后文中用于的研究目的有些不同，分别对二者进行裁剪后影像如图 6-19 和图 6-20。

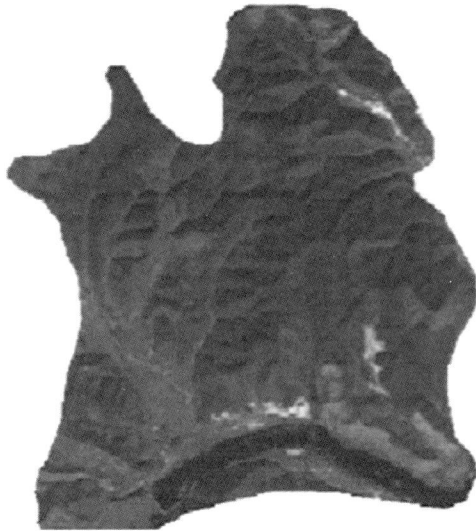

图 6-19　ALOS 研究区域裁剪影像

图 6-20 QuickBird 研究区域裁剪影像

6.4.2.2 分类过程及结果

6.4.2.2.1 基于粗糙集的规则提取分类

基于粗糙集的规则提取分类主要以 ALOS 影像为研究对象来进行。

首先是影像分割，影像分割方法采用 ENVI 软件中基于边缘信息的多尺度分割算法。经反复试验，设置不同的分割尺度，比较各类地物类型尺度与破碎面积比值指数、像元值范围比值指数的关系，确定各类地物最佳的分割尺度。研究发现分割阈值选为 23 时，合并阈值为 85 时，不仅能尽可能保持地物的边界的特征，同时也能避免地物分割过于破碎。

本研究在二类调查资料上本文通过实地调查并结合将乐林场相关的水热条件数据，确定二调中的其他硬阔叶树种主要以火力楠、油桐居多数，故在本文的分类中将研究区树种主要分为六类，即：杉木、马尾松、建柏、木荷、火力楠、油桐。在对遥感图像进行多尺度分割之后，根据研究区的林相图以及实地调查数据，结合目视判读，进行训练样本的选取。在六类树种中，每类样本选取的数量不等，样本力求选择典型地物，且在影像中呈现均匀分布。其中立地条件差异较少、内部同质性强且在空间中分布较为集中的树种所选取的样本对象较少，如建柏、木荷等；立地条件差异较大、空间异质性强的树种所选取的样本对象较多，如杉木、马尾松等。本研究选取样本共 208 个，样本统计情况见表 6-7。

表6-7 样本统计表

林种	建柏	杉木	马尾松	火力楠	木荷	油桐
样本数	19	45	44	44	28	28

提取各个样本图像斑块的属性值，本研究共选取4类属性共34种特征值：

空间属性（14个）：面积（area）、外边框周长（length）、紧密性（compact）、凸出的状态（convexity）、坚固性（solidity）、圆特征（roundness）、形状要素（form factor）、延伸性（elongation）、矩形形状的度量（rect_fit）、主方向（maindir）、围绕多边形的有向包围盒对应长轴的长度（majaxislen）、围绕多边形的有向包围盒对应短轴的长度（minaxislen）、多边形内洞的个数（numholes）、多边形面积和外轮廓面积的比值（holesolrat）；

光谱属性（12个）：波段4、3、2的最小灰度值（minband）、波段4、3、2的最大灰度值（max band）、波段4、3、2的平均灰度值（avgband）、波段4、3、2的标准差（stdband）；

纹理属性（4个）：卷积核范围内的平均灰度值范围（tx_range）、卷积核范围内的平均灰度值（tx_mean）、卷积核范围内的平均灰度变化值（txjvariance）、卷积核范围内的平均灰度信息熵（tx_entropy）；

颜色和波段属性（4个）：波段比值（bandratio），这里选用的是归一化植被指数NDVI、色调（hue）、饱和度（saturation）、亮度（intensity）。

部分特征参数提取情况见表6-8（每个树种2个样本）。

表6-8 部分特征参数

样本	AREA	LENGTH	⋯	INTENSITY	TX_RANGE	⋯	AVGBAND_3	STDBAND_3	树种
1	171.000000	53.854598	⋯	0.796875	24.444444	⋯	51.000000	18.920888	杉木
2	81.000000	42.000000	⋯	0.969444	17.222222	⋯	60.000000	1.732051	杉木
48	121.500000	53.096726	⋯	0.817734	39.642857	⋯	47.428571	20.209344	马尾松
49	369.000000	101.043019	⋯	0.920741	29.911111	⋯	55.244444	2.046678	马尾松
101	522.000000	114.096167	⋯	0.881651	48.796610	⋯	100.966102	8.119721	建柏
102	459.000000	104.420983	⋯	0.941969	8.196078	⋯	94.823529	3.077050	建柏
115	103.500000	49.805443	⋯	0.963959	86.615385	⋯	61.384615	2.599310	火力楠
116	301.500000	76.290724	⋯	0.883721	44.250000	⋯	52.843750	5.162579	火力楠
162	6709.50000	369.744052	⋯	0.023784	14.843792	⋯	1.664887	10.344267	木荷
163	157.500000	61.388522	⋯	0.642473	65.777778	⋯	39.833333	22.345548	木荷
187	6507.00000	441.093936	⋯	0.021179	10.249653	⋯	1.334258	8.381067	油桐
188	373.500000	89.438751	⋯	0.832123	27.476190	⋯	49.095238	16.264295	油桐

特征提取过程主要如下：

（1）离散化。本研究中综合考虑各种离散化的方法，决定采用 Semi-NaiveS-caler 算法将提取出的连续特征参数值进行离散化。在决策表 $S = (U, A, V, f)$ 中，对于任意的条件属性 c，若以 x_i 和 x_j 表示任意两个相邻的对象，在 $c(x)$ 值的大小排列中，若属性值不相同且决策值也不等，即 $c(x_i) \neq c(x_j)$，$d(x_i) \neq d(x_j)$，那么就认为在 x_i 和 x_j 之间存在一个断点。具体的离散化步骤为：

①根据对象在属性 c_i 的取值特点定义，根据系统需要定义属性 c_i 的相似度阈值；

②以实例在属性 c_i 上的取值按从小到大的顺序重新排列对象；

③从上到下对实例进行，以 x_i 和 x_j 作为任意两个相邻的对象：若 $S(x_i, x_j) \varphi \mu_i$，则继续扫描；若 $S(x_i, x_j) \leqslant \mu_i$，且 $d(x_i) = d(x_j)$，则表明两个对象的决策值相同，应继续扫描；若 $S(x_i, x_j) \leqslant \mu_i$，且 $d(x_i) \neq d(x_j)$，则取 x_i 和 x_j 的最小值作为一个断点 a；

④按照从小到大的顺序将得到的断点值进行排列，对数据进行离散化。

本研究得到的部分离散化结果见表 6-9。

表 6-9　连续区间属性部分离散化

样本	AREA	LENGTH	⋯	AVGBAND_3	STDBAND_3	树种
1	[164.3, 177.8)	[53.84600, 53.92490)	⋯	[50.95500, 51.02990)	[18.87050, 19.07850)	杉木
2	[60.8, 159.8)	[41.95820, 42.02400)	⋯	[59.99640, 60.00610)	[1.73020, 1.73448)	杉木
48	[60.8, 159.8)	[52.88950, 53.14430)	⋯	[47.40580, 47.45800)	[20.05580, 20.22870)	马尾松
49	[366.8, 411.8)	[101.01800, 101.05400)	⋯	[55.24180, 55.25510)	[2.04569, 2.04736)	马尾松
101	[515.3, 524.3)	[114.07500, 114.18900)	⋯	[100.9100, 100.98300)	[8.11433, 8.12188)	建柏
102	[456.8, 461.3)	[104.32500, 104.50800)	⋯	[94.81180, 94.83040)	[3.07693, 3.07790)	建柏
115	[60.8, 159.8)	[49.79710, 49.89950)	⋯	[61.37840, 61.38680)	[2.59870, 2.59969)	火力楠
116	[272.3, 339.8)	[76.25000, 76.31320)	⋯	[52.84290, 52.84460)	[5.16145, 5.16328)	火力楠
162	[6657.8, 6714.0)	[369.65900, 370.25800)	⋯	[1.49958, 1.87618)	[10.34420, 10.35790)	木荷
163	[60.8, 159.8)	[61.34950, 61.39680)	⋯	[39.23250, 40.41670)	[22.30380, 22.60260)	木荷
187	[6491.3, 6529.5)	[440.47299, 442.30200)	⋯	[1.14323, 1.49958)	[8.38009, 8.39206)	油桐
188	[366.8, 411.8)	[89.43040, 89.43980)	⋯	[49.09000, 49.11430)	[16.00360, 16.27030)	油桐

（2）用 RS 理论进行属性约简。本研究利用区分矩阵进行属性约简，该算法是利用斯科龙（Skowron）提出的区分矩阵概念来求最小约简，根据区分矩阵原理获取核属性，该核属性只含一个属性元素。接下来依次对其他属性进行判断，依

据构造的区分函数进行简化，约简结果是由核属性和析取范式中合取式表示的属性组成的。利用区分矩阵来表达知识有很多优点，特别是它能容易的计算约简和核。具体的约简方法是：

①计算属性表的可辨识矩阵。令 $S = (U, A, V, f)$ 是一个信息系统，则 S 的可辨识矩阵是 $n \times n$ 矩阵，其任意元素 $\alpha(x, y) = \{\alpha \in A \mid f(x, a) \neq f(y, a)\}$。其中 $\alpha(x, y)$ 是区别对象 x 和 y 的所有属性的集合；

②在可辨识矩阵中找出所有非空集合元素 $C_{ij}(C_{ij} \neq \varphi, C_{ij} \neq 0)$，建立相应的属性组合 L_{ij}，其中 $L_{ij} = \bigvee_{c_i \in c_{ij}} C_i$；

③将②中得到的属性组合进行运算，表示为合取范式的形式 L，其中 $L = \bigwedge_{C_{ij} \neq \varphi, C_{ij} \neq 0} L_{ij}$；

④将合取范式 L 转化成析取范式形式 L'，即 $L' = \bigvee_i L_i$；

⑤输出属性约简的结果。析取范式中的每个合取项包含的属性构成了约简后的条件属性集合。

在本次研究数据中，论域 U 为 208 个样本集，即 U = {Y1，Y2，Y3，…，Y208}，S 为面向对象分类的各特征值，即 S = {T1，T2，…，T34}。经过属性约简后，得到的所有约简的核为：

CORE(R) = T1，T6，T11，T15，T18，T21，T22，T24，T25，T29，T33

进而确定的其中的一个约简为：

RED(R) = T1，T6，T9，T11，T15，T18，T20，T21，T22，T24，T25，T29，T33

可见，属性约简后特征向量由 34 个缩减到 13 个，分别为面积(area)、多边形的圆特征(roundness)、矩形形状的度量(rect_fit)、围绕多边形的有向包围盒对应长轴的长度(majaxislen)、波段比值(band ratio)、亮度值(intensity)、平均灰度值(tx_mean)、平均灰度变化值(tx_variance)、平均灰度信息熵(tx_entropy)、第一波段最大灰度值(max band_1)、第一波段平均灰度值(std band_1)、第二波段平均灰度值(std band_2)、第三波段平均灰度值(avg band_3)。

经知识约简后的条件属性数量得到了很大的精简，这对于信息含量大、条件属性维数多的遥感影像来说，无疑提高了计算效率。

(3)分类规则提取。在明确描述地物类型所需的特征参数之后，确定区域各特征的最佳隶属度函数及其阈值，最终建立了各个地类的分类规则集，完成了目标地物的信息提取，下面分别列举每类树种的两种判定规则集进行说明。

①马尾松。面积：118.33～837522，圆特征：0.14～0.54，矩形形状度量：0.35～0.70，最大直径长度：20.71～3505.58，平均灰度值：77.27～112.11，平

均灰度变化值：10.85～33.58，平均灰度信息熵：0.17～0.18，波段比值：-0.52～0.34，亮度值：0.68～0.99，第一波段最大灰度值：4.94～10.31，第一波段平均灰度值：90.11～139.06，第二波段平均灰度值：1.47～5.72，第三波段平均灰度值：40.5～74.84；

面积：1184.16～837522，圆特征：0.23～0.55，矩形形状度量：0.12～0.66，最大直径长度：76.81～387.66，平均灰度值：88.05～127.06，平均灰度变化值：7.22～34.65，平均灰度信息熵：0.18～0.19，波段比值：-0.54～-0.40，亮度值：0.83～0.89，第一波段最大灰度值：108.14～158.81，第一波段平均灰度值：3.22～10.31，第二波段平均灰度值：0～4.25，第三波段平均灰度值：56.81～68.76。

②杉木。面积：118.33～837522，圆特征：0.18～0.70，矩形形状度量：0.33～0.62，最大直径长度：96.79～3505.58，平均灰度值：82.25～129.54，平均灰度变化值：7.22～86.10，平均灰度信息熵：0.17～0.18，波段比值：-0.53～-0.38，亮度值：0.80～0.91，第一波段最大灰度值：102.13～153.66，第一波段平均灰度值：3.87～7.52，第二波段平均灰度值：2.61～11.76，第三波段平均灰度值：56.01～65.90；

面积：3102.62～837522，圆特征：0.19～0.37，矩形形状度量：0.34～0.73，最大直径长度：15.61～3505.58，平均灰度值：77.27～148.63，平均灰度变化值：9.28～86.10，平均灰度信息熵：0.18～0.19，波段比值：-0.64～-0.35，亮度值：0.43～0.89，第一波段最大灰度值：102.13～175.99，第一波段平均灰度值：4.30～9.35，第二波段平均灰度值：1.96～3.92，第三波段平均灰度值：54.45～59.27。

③火力楠。面积：716.40～11364.51，圆特征：0.23～1.27，矩形形状度量：0.42～0.78，最大直径长度：9.10～584.80，平均灰度值：129.54～166.06，平均灰度变化值：10.85～32.55，平均灰度信息熵：0.17～0.18，波段比值：-0.61～-0.44，亮度值：0.87～0.96，第一波段最大灰度值：157.09～194.88，第一波段平均灰度值：5.16～9.24，第二波段平均灰度值：1.80～6.37，第三波段平均灰度值：56.01～99.22；

面积：285.12～7169.43，圆特征：0.08～0.51，矩形形状度量：0.42～0.68，最大直径长度：39.38～214.68，平均灰度值：78.10～124.57，平均灰度变化值：22.33～171.72，平均灰度信息熵：0.18～0.19，波段比值：-0.49～-0.15，亮度值：0.73～0.91，第一波段最大灰度值：105.56～181.14，第一波段平均灰度值：5.80～13.96，第二波段平均灰度值：2.45～43.72，第三波段平均灰度值：58.44～91.22。

④建柏。面积：631.82～19588.09，圆特征：0.11～0.54，矩形形状度量：0.36～0.62，最大直径长度：21.81～220.27，平均灰度值：105.48～141.16，平均灰度变化值：29.62～515.02，平均灰度信息熵：0.18～0.19，波段比值：-0.45～0.08，亮度值：0.63～0.89，第一波段最大灰度值：115.01～206.05，第一波段平均灰度值：6.87～15.88，第二波段平均灰度值：4.57～15.20，第三波段平均灰度值：68.27～115.19；

面积：1216.28～11228.64，圆特征：0.45～1.27，矩形形状度量：0.47～1，最大直径长度：20.78～3505.58，平均灰度值：27.52～87.85，平均灰度变化值：25.56～33.29，平均灰度信息熵：0.18～0.19，波段比值：-0.64～-0.30,亮度值：0.74～0.80，第一波段最大灰度值：109～139.06，第一波段平均灰度值：4.31～10.61，第二波段平均灰度值：2.69～3.62，第三波段平均灰度值：40.50～63.49。

⑤木荷。面积：415.64～23160.25，圆特征：0.18～0.44，矩形形状度量：0.21～0.57，最大直径长度：18.22～340.92，平均灰度值：124.57～148.63，平均灰度变化值：22.33～97.61，平均灰度信息熵：0.18～0.19，波段比值：-0.51～-0.25，亮度值：0.82～0.92，第一波段最大灰度值：151.08～169.12，第一波段平均灰度值：4.30～9.67，第二波段平均灰度值：3.23～7.19，第三波段平均灰度值：61.84～78.09；

面积：3593.40～134471.77，圆特征：0.19～0.37，矩形形状度量：0.36～0.46，最大直径长度：69.31～859.81，平均灰度值：96.35～112.12，平均灰度变化值：20.33～48.94，平均灰度信息熵：0.18～0.19，波段比值：-0.50～-0.39,亮度值：0.65～0.98，第一波段最大灰度值：115.01～139.92，第一波段平均灰度值：4.08～12.03，第二波段平均灰度值：2.61～8.49，第三波段平均灰度值：51.82～59.27。

⑥油桐。面积：3517.97～837522，圆特征：0.27～0.62，矩形形状度量：0.46～0.65，最大直径长度：96.79～3505.58，平均灰度值：93.03～122.91，平均灰度变化值：16.84～71.32，平均灰度信息熵：0.18～0.19，波段比值：-0.54～-0.36，亮度值：0.77～0.83，第一波段最大灰度值：121.02～151.94，第一波段平均灰度值：6.44～12.03，第二波段平均灰度值：3.27～6.86，第三波段平均灰度值：3.27～6.86；

面积：100.08～24150.78，圆特征：0.18～0.72，矩形形状度量：0.35～0.78，最大直径长度：16.02～358.90，平均灰度值：121.25～130.37，平均灰度变化值：0.18～26.13，平均灰度信息熵：0.17～0.18，波段比值：-0.18～-0.10，亮度值：0.75～1，第一波段最大灰度值：139.06～174.27，第一波段

平均灰度值：3.65～10.74，第二波段平均灰度值：2.94～9.47，第三波段平均灰度值：83.80～120.18。

（4）分类后优化。由于在规则提取过程中，会出现与规则无法完全匹配的影像对象而导致局部区域无法判定，所以在分类结束后，需要进行优化处理。其思路是根据对象离散化后的特征参数与提取规则相对应的参数进行匹配来判定，统计匹配度最高的规则，以此对应的决策属性作为该对象最终的分类属性。图6-21为进行优化后最终的分类结果。

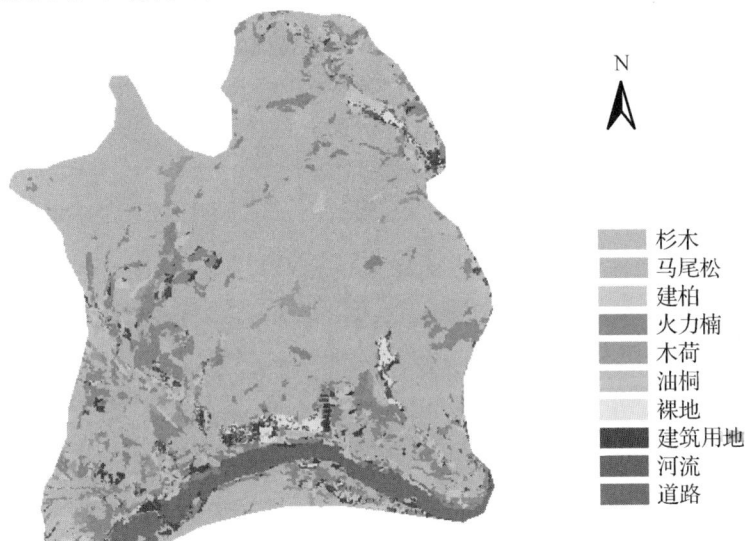

图6-21 基于规则提取的植被分类图

6.4.2.2.2 基于多层次分割的规则提取分类

基于多层次分割的规则提取分类主要是针对高分辨率的 QuickBird 影像来进行，根据研究区域的 QuickBird 影像覆盖地物状况，结合森林资源规划设计调查分类系统以及将乐县林场明头山工区森林资源二类调查资料，同时基于便于地物类型提取的原则，将研究区域地物类型分为植被、采伐迹地、耕地、建筑用地以及水体几个一级类别，在植被基础上又分为有林地、未成林造林地、耕地几个二级分类类别。由于本研究重点提取有林地类别下的树种信息，因此又对有林地细分为杉木、马尾松、建柏、硬阔叶树种和软阔叶树种五个细类别。分类系统见表6-10。

表 6-10　QuickBird 影像研究区域地物分类体系

Ⅰ级分类	Ⅱ级分类	Ⅲ级分类
植被	有林地	杉木
		马尾松
		建柏
		硬阔叶树种
		软阔叶树种
	未成林造林地	
	耕地	
采伐迹地		
建筑用地		
水体		

（1）多层次分割：影像分割采用 eCogniton 软件中的多尺度分割算法（Multi-resolution Segmentation）对 QuickBird 影像的研究区域进行分割处理实验。

由于研究区域地物分布复杂：林地之间存在诸多刚刚采伐以及更新过的未成林造林地、采伐迹地，林地周边也存在耕地等，这些围绕在林地内部以及周边的地物形状不一，边界较为复杂，这使得影像分割很难以一种尺度实现所有地物之间的有效分割。通过对 QuickBird 影像在 80 ~ 240 尺度参数下的分割进行试验，效果进行目视判别和对比发现，任何一个单一尺度均不能实现所有地物同时实现分割边界良好的效果。因此为了满足不同地物的最优分割效果，需要寻找各自的最适合分割尺度对影像进行分割，以获得不同类型的影像对象。因此，本文考虑在选取不同尺度实现不同地物的分割，同时保证影像分割在满足足够精细的条件下尽可能使用较大分割尺度来获得影像对象的最优分割尺度。

在对不同地物选择其最佳分割尺度时，要结合地物的特性与其相邻地物特性来对尺度值进行选择。针对任一种地物，如果分割尺度过小，对象破碎性会比较明显，对象之间差异会明显加大，就属于"过分割"；如果分割尺度过大，生成的对象大于实际地物边界的话，属于"欠分割"这相当于人为将一些非同类的对象划分到相同的类别中去，之后无论采取何种分类方法，这个已经被分割好的对象，无论被分为哪种类别，都有较大的误判性，对分类结果造成直接影响。本文认为，在实际分割过程中由于很多地物较为相似，在不能满足对象大小与地物大小相近的情况下，应尽量满足地物的边界与分割对象边界的吻合。即便分割对象较小的情况下，若能保证分割边界与地物边界较为吻合的情况下，对后面分类也是有益的。

　　本研究借助 ESP 尺度评价工具来获取不同地物的最优分割尺度参数，通过采用 ESP 尺度评价工具获取适宜分割参数，并通过目视判别分割效果并与小班矢量图匹配效果来选择地物的最优分割尺度参数。

　　ESP 工具是 Dragut 针对 eCogniton 软件中的的多尺度分割算法提出的一种自动获得最佳分割效果尺度参数的工具，该工具通过计算不同分割尺度参数下影像对象同质性的局部变化（local variance，LV）作为分割对象层的平均标准差（standard deviation），以此来判别分割效果是否最佳。并用 LV 的变化率值 ROC-LV（rates of change of LV）来指示对象分割最佳尺度参数，当 LV 的变化率值最大即呈现峰值时，该点对应的分割尺度值即为最佳分割尺度。一般来说，ESP 计算得到的最优分割尺度并非只有一个，这是由于几个最优分割尺度是针对影像内不同地物得出的。LV 的变化率值 ROC-LV 的计算公式为：

$$ROC = \left[\frac{LV_{(L)} - LV_{L-1}}{LV_{L-1}}\right] \times 100 \qquad (6\text{-}20)$$

　　其中，$LV_{(L)}$ 为目标层次即 L 层对象层的平均标准差，而 $LV_{(L-1)}$ 则为目标层 L 层的下一层 $L-1$ 层中对象层的平均标准差。

　　在 eCogniton 软件中 LV 的变化率值（ROC-LV）的参数设置界面如图 6-22。

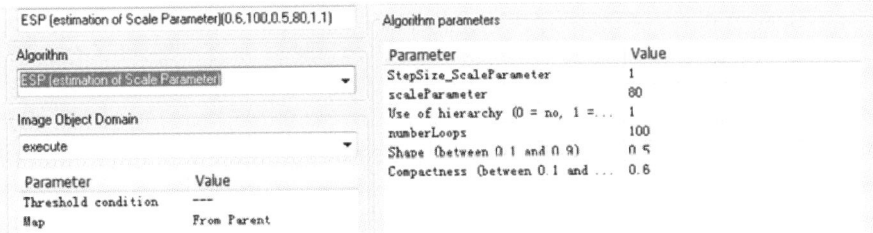

图 6-22　ESP 参数设置界面

ESP 工具需要设置的参数包括：

①尺度计算步长（Step size scale parameter）：即计算分割尺度的单位，每间隔几步计算一次。

②开始尺度参数（Starting scale parameter）：即从尺度参数多少开始计算。

③使用层次与否（Use of hierarchy）：0 代表每个尺度参数都是基于像素分别独立生成的；1 则代表尺度参数是基于层次生成的，且较高层次基于较低层次进行分割。

④循环范围（Number of loops）：即从开始计算尺度参数后要计算的尺度范围。

⑤形状因子和紧致度因子（Shape and compactness）：同分割中的形状因子和

紧致度因子一样，也是控制分割计算过程中的重要参数。

在每种固定形状因子和紧致度因子下 ESP 工具计算出的最优分割尺度不止一个，有可能是得出几个尺度分别适合几种地物，因而要根据地物的大概适合尺度范围以及分割的效果来判别哪一个尺度为最优分割尺度。因而在使用 ESP 工具计算之前，先通过在尺度 80 ～ 240 范围内分别试验对比分割效果，目视判别出每种地物的适合分割范围，以便后面在不同因子下确定每种地物的最适分割尺度参数。

由于使用 ESP 工具需要设置形状因子和紧致度因子，而由通过试验得出相较于 0.5 时，当形状因子较小或紧致度因子较大时，分割结果更为符合研究区域的边界特征。因此本研究考虑将形状因子和紧致度因子设置为三种情况：形状因子 0.4，紧致度因子 0.5；形状因子 0.5，紧致度因子 0.6；形状因子 0.4，紧致度因子 0.6。对这三组参数分别进行试验，分别用 ESP 工具计算最优分割尺度，通过对比分割结果得出最终不同地物的最优分割尺度。

图 6-23、图 6-24 及图 6-25 中使用 ESP 工具三组形状和紧致度因子下分别获取的适宜分割参数值，ROC 呈现波峰状态的值对应的尺度值即属于该因子参数下的适宜分割尺度，其中橙色竖线是人为在所有尺度参数中标注的符合相应地物分割范围中的适宜分割尺度参数值。

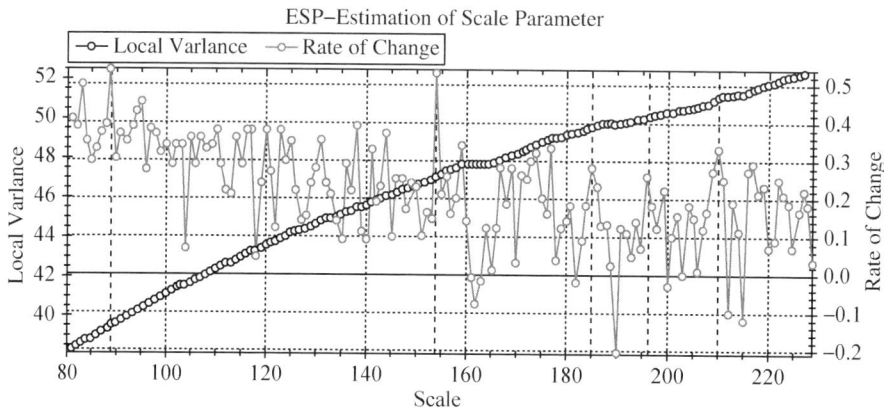

图 6-23　形状因子 0.4，紧致度因子 0.5 时 ESP 得到的适宜分割尺度

在第一组因子中获得的适宜分割尺度值包括 89、154、185、196、210。第二组中由于只有尺度在 100 之后 ROC 逐渐呈现降低趋势，因此只取对应适宜树种分割范围 80 ～ 100 内的三个参数：85、88、95。第三组取 95、166、186、199。结合前文得出的不同地物的大体适合分割范围，确定要分割的地物范围：树种在 80 ～ 100；其他地物的适合范围都在 150 以上。结合 ESP 工具获得的适宜分割尺

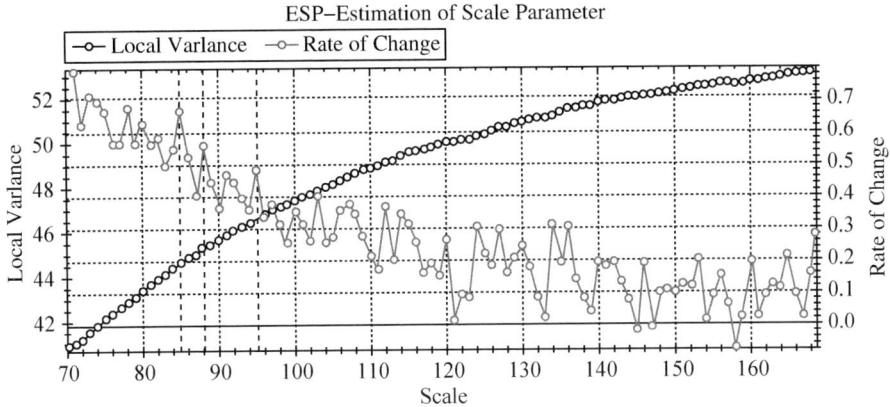

图 6-24　形状因子 0.5，紧致度因子 0.6 时 ESP 得到的适宜分割尺度

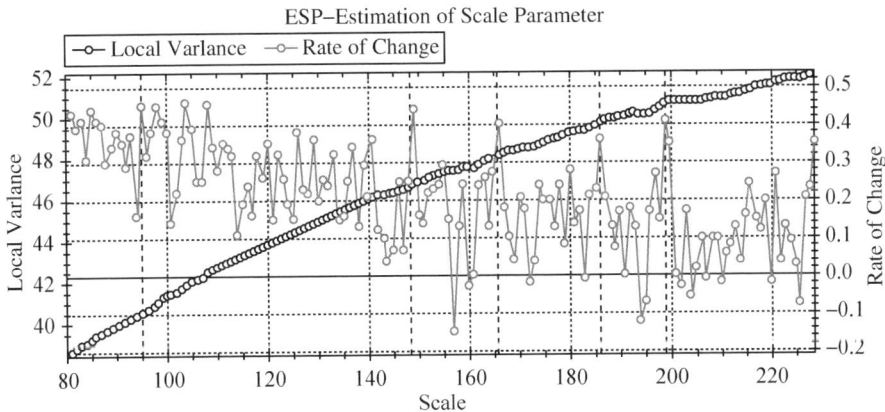

图 6-25　形状因子 0.4，紧致度因子 0.6 时 ESP 得到的适宜分割尺度

度，在尺度上由小到大获取不同地物的最优分割尺度。

通过对比几种最优分割尺度的分割效果，得出建筑用地和采伐迹地的最优分割参数为：196；0.4；0.5，未成林造林地和耕地的最优分割参数为 166；0.4；0.6，树种水平的最优分割参数为：88；0.5；0.6。

通过采用 0.6m 分辨率 QuickBird 影像显示水体的分割效果并不理想。原则上为了实现水体与河岸界限的分割，需要将形状因子（Shape）和紧致度因子（Compactness）设置较小时，二者才能较好区分，而当形状因子与紧致度因子设置较小时，河流会被细分割为多个对象，内部的一些浅滩会被单独分割出来，这种影响在尺度参数值设置得较大时也不例外。而由于浅滩的与建筑用地特征性质相似，这将会对建筑用地等地物的区分造成很大的困扰。

由于单一分辨率下影像的光谱信息与空间信息是固定的，因此在分割过程中计算的影像异质性也是固定的。由于河流中存在部分浅滩，高分辨率影像反而会因为高异质性将其单独分割开来。为了不影响河流分割效果，考虑将高分辨率的影像重采样为低分辨率的影像重新对其分割，避免高分辨率影像高异质性造成水体的分割破碎现象，获取低分辨率影像适合河流分割的尺度参数。通过对 Quick-Bird 0.6m 影像进行重采样，得到 1.2m、1.8m、2.4m、3.0m 分辨率的影像。借助 ESP 分割尺度评价工具分别获取几种重采样分辨率下水体的最佳分割尺度，然后对比分割结果得出最适合河流的分割尺度。图 6-26、图 6-27、图 6-28、图 6-29 是在形状因子 0.4 和紧致度因子为 0.6 时对几种不同分辨率下影像借助 ESP 分割尺度评价工具获得的适宜分割尺度参数。

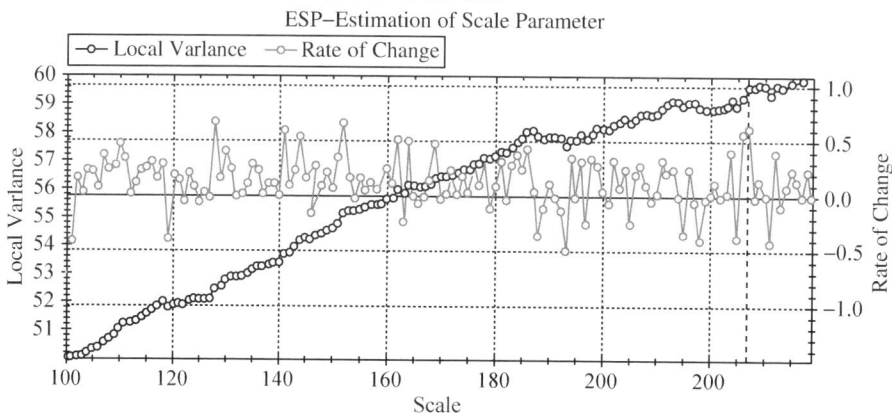

图 6-26   1.2m 分辨率下 ESP 得到的适宜分割尺度

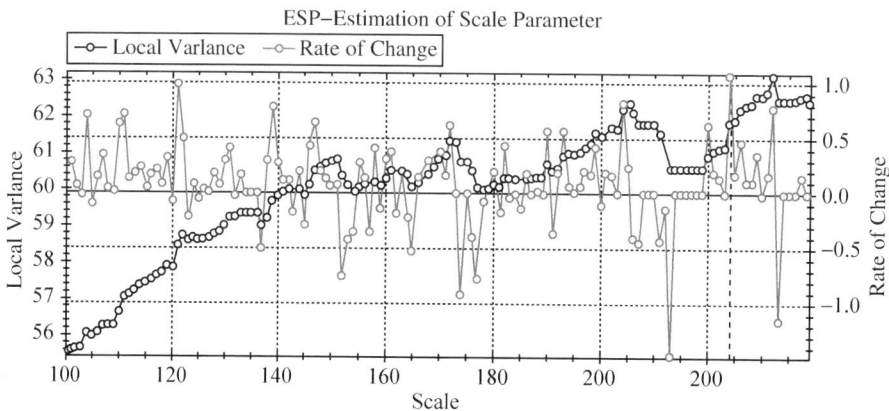

图 6-27   1.8m 分辨率下 ESP 得到的适宜分割尺度

ESP–Estimation of Scale Parameter

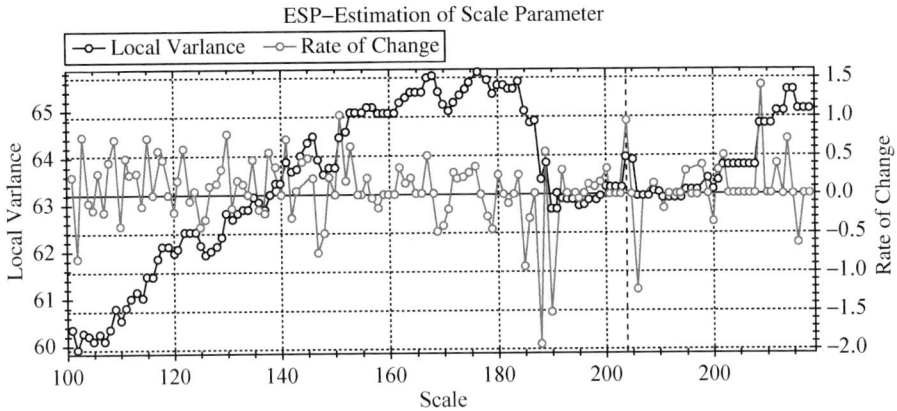

图 6-28 **2.4m 分辨率下 ESP 得到适宜分割尺度**

ESP–Estimation of Scale Parameter

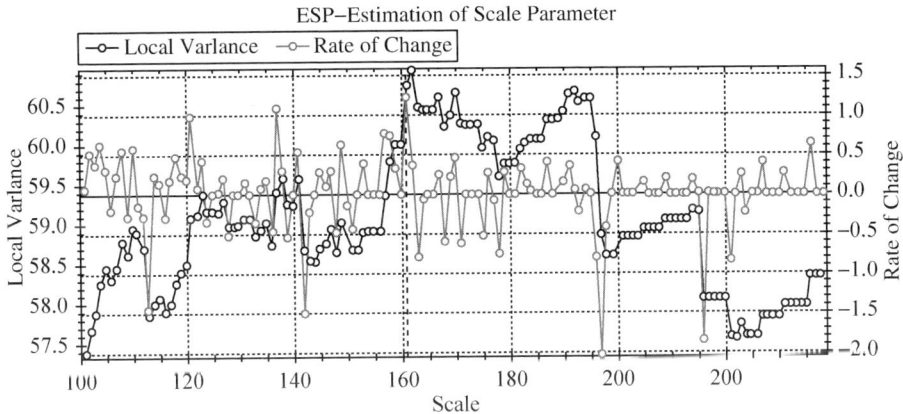

图 6-29 **3.0m 分辨率下 ESP 得到适宜分割尺度**

然后再选择每种分辨率下的最优分割尺度进行分割，在 1.2m、1.8m、2.4m、3.0m 这几种分辨率下选出的分割尺度参数分别为 227、224、204、161。对几种水体的分割效果进行对比发现：2.4m 分辨率下当分割尺度为 204、形状因子为0.4、紧致度因子为 0.6 时水体的分割状态最佳。最终确定研究区域内不同层次下地物的最优分割尺度参数见表 6-11。

表 6-11 **Quickbird 影像多层次分割参数**

等级	提取信息	影像分辨率	分割尺度	形状因子	紧致度因子
层1	水体	2.4m	204	0.4	0.6
层2	建筑用地采伐迹地	0.6m	196	0.4	0.5
层3	耕地未成林造林地	0.6m	166	0.4	0.6
层4	杉木马尾松建柏硬阔叶树种软阔叶树种	0.6m	88	0.5	0.6

（2）面向对象的多层次特征提取：首先在尺度 1 分割效果下的 Level 1 中主要提取目标为水体，即区分出水体与非水体。由于水体在影像上面与其他地物呈现的颜色不同，而 HIS 分量特征是体现颜色差异特点的特征，水体的 HIS 值与其他地物呈现明显的不同；由于水体与建筑物都具备较高的反射性，而研究区域的建筑物有多种颜色，部分与水体颜色接近的建筑易与水体发生混淆。可利用层 1 下分割尺度较大，水体的均质性较高的特性，水体面积呈现出明显大于与异质性较高的建筑物的面积，因而可通过 H、I 两个特征以及面积 Area 就可以将水体与非水体区分开来。当 $H > 0.383$ 且 $0.159 < I < 0.18$ 以及 $Area > 11850$ pxl 时，就可提取出水体部分，而非水体部分则可利用 not similirity to 算法实现与水体的区分（图 6-30）。

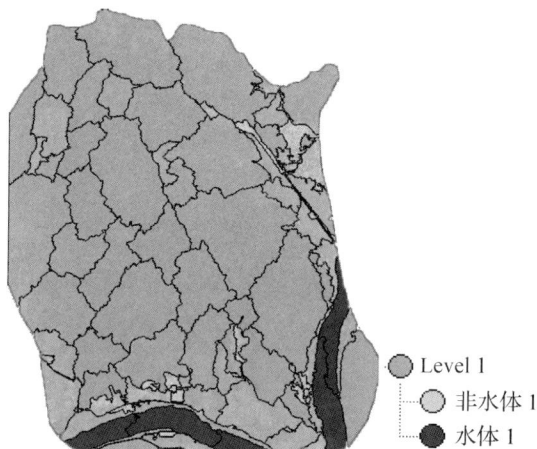

图 6-30　Level 1 层分类结果

在 Level 2 上主要实现采伐迹地、建筑用地和植被的提取。在 Level 2 上对 Level 1 中的非水体 1 进行继承，采用层关系中的 Exsistence of super objects 算法，令 Exsistence of super objects 非水体 1(1) = 1，之后 Level 2 上的分类就在由非水体 1 继承后的非水体 2 上进行，在采用尺度 2 进行分割前，应对之前非水体 1 的分割结果进行合并，以便进行 Level 2 层次的分割与分类。在 Level 2 上主要区分目标为采伐迹地、建筑用地和植被。采伐迹地与建筑用地二者与植被之间比较能够很好地区分，由于采伐迹地的性质接近于建筑用地，但仍带有少量的植被，相比之下两者之间稍难区分区分。由于建筑用地表面一般为水泥或者土壤性质，因此具有较高的反射性，因而 Brightness 值会更大一些，此外，建筑用地由于具有较高的异质性，因此在分割后呈现得十分细碎，这与采伐迹地在面积 Area 特征上面又有所区分，此外，相较于建筑用地，采伐迹地的颜色呈现较为均一，而建筑用地由于包含各种颜色的楼房，颜色不如采伐迹地统一，利用 HIS 分量可将采伐迹地区分出来。利用这些特征建立规则之后，由于还存在少量对象不能区分，因此还需要波段值以及波段比值 Mean_layer、Std 等对两者进行区分。将两者区分之后，植被就可以根据 not similirity to 算法与二者进行区分。具体区分效果如图 6-31。

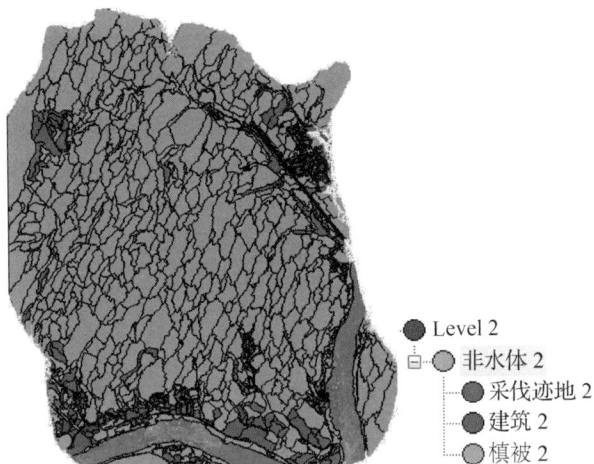

○ Level 2
□○ 非水体 2
├─● 采伐迹地 2
├─● 建筑 2
└─○ 植被 2

图 6-31 Level 2 层分类结果

Level 3 上主要区分目标为耕地、未成林造林地与有林地。

通过对 Level 2 中植被 2 的继承与合并，在植被 3 上面进行尺度 3 分割后在 Level 3 上进行三个目标的区分，本文中的有林地理解为林木正常生长的林地，因此有林地与耕地和未成林造林地在结构和外观上都呈现出明显不同，颜色差异较为明显，有林地在 QuickBird 影像上呈现出很深的绿色，而耕地和未成林造林地颜色呈现为较浅的绿色，通过特征 I 可将有林地与耕地和未成林造林地区分开，即当 I≤0.119 时就能提取出有林地。而未成林地是由采伐迹地生长起来的，因此植被相对耕地仍比较稀薄，不像耕地一样呈现灌丛状，二者的区分主要通过亮度值 Brightness 和 I、对象波段均值 Mean_layer1 和 Mean_layer2 来区分。三者区分效果如图 6-32。

通过对 Level 3 中的有林地 3 进行继承与合并后，在 Level 4 上进行树种的区分，将树种区分为杉木、马尾松、建柏、硬阔叶树种和软阔叶树种。本研究的主要对象是森林中的树种类别的区分，研究区域内 90% 分布的都是杉木与马尾松，因此二者之间的区分以及与其他树种之间的区分显得十分重要。由前文的光谱特征统计结果看出，波段的光谱相关特征较难区别出几种树种类别，故纹理与颜色特征等就成为区分树种的关键。研究区域的有林地覆盖度较高，成片的森林外观

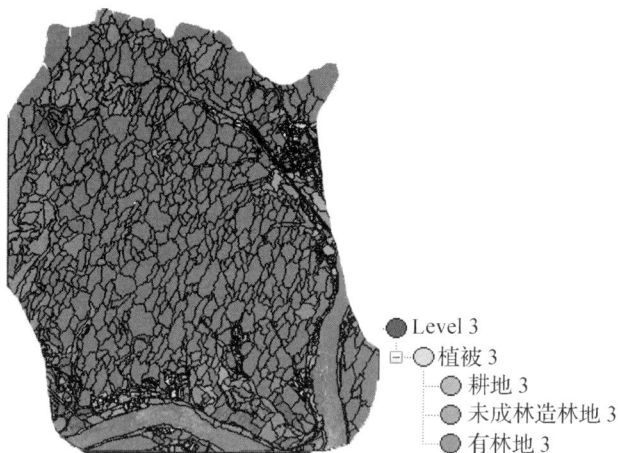

图 6-32   Level 3 层分类结果

在不同树种间仍具有一定的纹理差异，参考杉木林和马尾松林的实际生长状况中的差异，结合研究区域高分辨率影像中目视解译，发现马尾松在影像上面呈现为毛绒状，颜色较其他树种深，杉木在影像上的纹理较为粗糙，阔叶树种纹理偏向于团状。二者实际生长形状如图 6-33。因此可通过纹理特征 GLCM 的相关分量以及 HIS 分量等作为区分树种的重要特征，同时结合亮度、波段比值以及波段均值等作为区分的辅助特征。

图 6-33   杉木、马尾松实际生长形状

（3）分类规则与分类结果：通过在不同层次上对不同地物进行提取，最终确定几层地物的分类规则见表 6-12。

表 6-12 QuickBird 多层次不同地物的分类规则

层次	类别	规则	备注
层 1	水体	Area $>$ 11850 pxl H $>$ 0.383 0.159 $<$ I $<$ 0.18	Area 为对象的像素个数； Mean_layer 为对象的波段均值； Std 为对象的波段标准差； Ratio Red、Ratio Green 和 Ratio Blue 分别为三波段之和分别与红、绿、蓝波段的比值； Green/Bri 为绿波段与亮度值的比值； Blue/Green 为蓝波段与绿波段比值； Blue/Red 为蓝波段与红波段比值； GLCM_Std、GLCM_Homo、GLCM_Contr、GLCM_Diss、GLCM_Entr、GLCM_ASM、GLCM_Corr 分别为灰度共生矩阵的统计标准差、同质性、对比度、非相似性、熵、角一阶矩、相关性
	非水体	Not 水体	
层 2	建筑用地	Area $\leq$ 23433 pxl Brightness $\geq$ 200 I $>$ 0.11 Mean layer3 $>$ 190 Green/Bri $\leq$ 1.3	
	采伐迹地	0.3 $<$ H $<$ 0.4 0.125 $<$ I $<$ 0.171 0.33 $<$ S $<$ 0.473 Brightness $>$ 186 Mean_layer1 $>$ 150 Ratio Red $<$ 4.09 185 $<$ Mean_layer3 $<$ 230 Std_2 $<$ 55 Std_3 $<$ 27.5	
	植被	Not 采伐迹地 Not 建筑用地	
层 3	未成林造林地	Brightness $<$ 224 0.111 $<$ I $<$ 0.15 Mean_layer1 $<$ 171 Mean_layer3 $<$ 198	
	有林地	I $\leq$ 0.119	
	耕地	Not 未成林造林地 Not 有林地	
层 4	建柏	GLCM_Corr $<$ 0.77 GLCM_Hom $>$ 0.03 40.98 $<$ GLCM_Std $<$ 41.6 H $<$ 0.427 I $>$ 0.108 Green/Bri $>$ 1.35 Ratio Red $<$ 4.93 Ratio Blue $>$ 2.9 Std_1 $>$ 47.64 Std_2 $>$ 55 Std_3 $>$ 28.16	
	软阔叶树种	40.6 $<$ GLCM_Std $<$ 42 0.117 $<$ I $<$ 0.11 Ratio Red $<$ 4.95 Ratio Blue $>$ 2.87 41 $<$ Std_1 $<$ 47 Std_2 $>$ 47 24.7 $<$ Std_3 $<$ 27.5 Not 建柏	
	硬阔叶树种	Brightness $>$ 160 Blue/Green $<$ 1.78 Blue/Red $<$ 1.753 GLCM_Entr $<$ 9.87 GLCM_Corr $<$ 0.812 GLCM_Diss $>$ 26 GLCM_Homo $<$ 0.037 GLCM_Std $>$ 40.4 Green/Bri $>$ 1.34 H $<$ 0.43 I $>$ 0.105 S $<$ 0.554 Std_1 $>$ 34 Std_2 $>$ 35 Std_3 $>$ 20 Ratio Blue $>$ 2.82 Ratio Green $<$ 2.26 4.46 $<$ Ratio Red $<$ 4.94 Not 建柏 Not 软阔叶树种	
	马尾松	Brightness $>$ 152 Blue/Green $>$ 0.713 Blue/Red $>$ 1.63 GLCM_Contr $<$ 1760 GLCM_Corr $>$ 0.7 GLCM_Diss $<$ 31 GLCM_Entr $>$ 9.1 GLCM_Homo $>$ 0.029 GLCM_Std $<$ 41.48 0.527 $<$ S $<$ 0.562 2.15 $<$ Ratio Green $<$ 2.27 2.78 $<$ Ratio Blue $<$ 3.15 H $>$ 0.416 I $<$ 0.111 Ratio Red $>$ 4.7 Std_1 $<$ 52.8 Std_2 $<$ 58.7 Std_3 $<$ 28 Mean_layer3 $<$ 174 Not 建柏 Not 硬阔叶树种 Not 软阔叶树种	
	杉木	GLCM_Diss $>$ 25 Std_2 $>$ 27 Not 建柏 Not 硬阔叶树种 Not 软阔叶树种 Not 马尾松	

　　在前面 3 个层中提取出相应的地物后，在 Level 4 层中完成树种类别的区分以后，通过层次对象语义关系实现对 Level 1、2、3 层地物类别信息的继承，最终形成完整的分类结果如图 6-34。

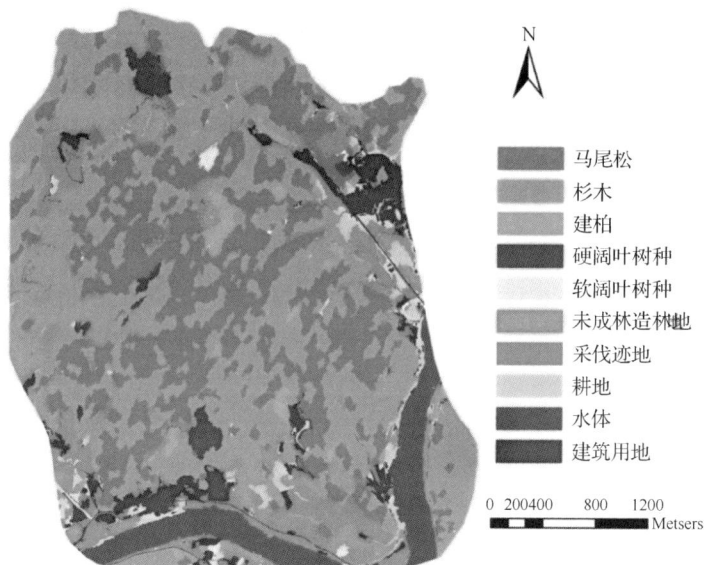

图例：
- 马尾松
- 杉木
- 建柏
- 硬阔叶树种
- 软阔叶树种
- 未成林造林地
- 采伐迹地
- 耕地
- 水体
- 建筑用地

0 200 400   800   1200
Metsers

图 6-34　面向对象 Quickbird 影像多层次分类结果图

6.4.2.3　面向植被动态监测的遥感图像可视化模块（图 6-35）

　　在以上遥感影像分类成果基础上，利用 IDL 结合 ENVI 二次开发完成了国有

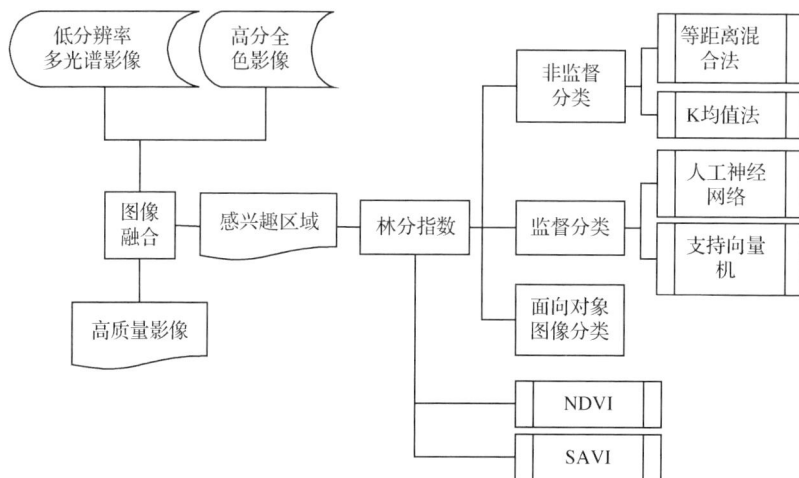

图 6-35　系统可视化架构

林场多时相遥感监测系统的设计及开发工作。系统针对本项目中主要的研究方法、关键技术及重要成果进行了可视化展示。可以直观、快捷地浏览项目成果。

6.4.2.3.1 图像融合

图像融合中，首先调用 ENVI_OPEN_FILE 函数获取指向待处理影像文件的指针，通过该指针调用 ENVI_FILE_QUERY 函数获取文件头信息，通过 STRT-RIM 函数为融合后的波段重命名，最后通过 ENVI_DOIT 函数调用 ENVI_PC_SHARPEN_DOIT 方法实现基于 Gram-Schmidt 正交化矩阵算法的融合结果(图 6-36)。

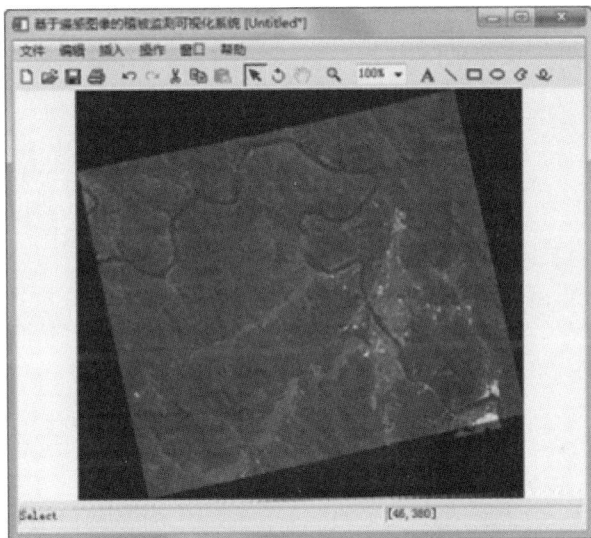

图 6-36 Gram-Schmidt 融合结果展示图

6.4.2.3.2 植被指数计算

植被指数是根据卫星不同波段探测数据组合而成的，能反应植物生长状况的指数。植物叶面在可见光红光波段有很强的吸收特性，在近红外波段有很强的反射特性，通过这两个波段测值的不同组合可得到不同的植被指数。本文选取的是归一化植被指数 NDVI 与土壤调节植被指数 SAVI，后者引入了土壤调节指数以减小土壤背景的影像，计算方法如下(其中 NIR 表示近红外波段，R 表示红外波段，L 为土壤调节因子，取值范围从 0 ~ 1)：

$$NDVI = \frac{NIR - R}{NIR + R} \tag{6-21}$$

$$SAVI = \frac{NIR - R}{NIR + R + L} \times (1 + L) \tag{6-22}$$

　　植被指数计算中,调用 ENVI_OPEN_FILE 与 ENVI_FILE_QUERY 函数获取文件头信息,调用 OPENW 函数读入数据,按分块读取策略读取波段信息,分块计算后,通过 WRITEU 函数将计算结果写入新的文件中,最后释放影像文件指针,植被指数计算结果如图 6-37(*NDVI* 左 *SAVI* 右,土壤调节因子 *L* 取值 0.5)。

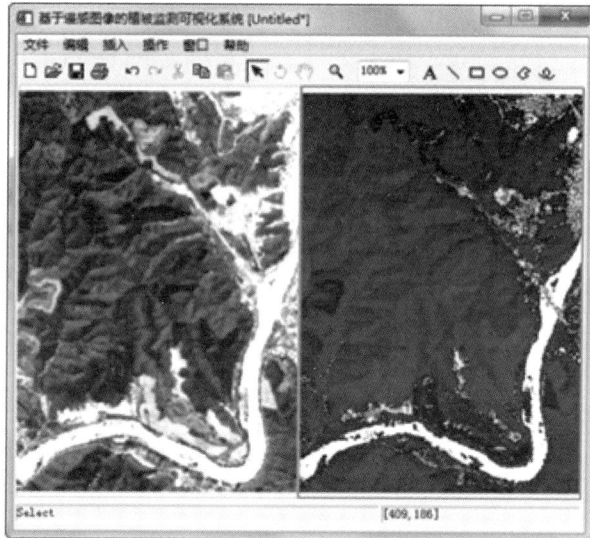

图 6-37　植被指数计算结果展示图

6.4.2.3.3　非监督分类与监督分类

　　在非监督分类与监督分类中,首先调用 ENVI_OPEN_FILE 与 ENVI_FILE_QUERY 函数获取文件头信息,利用 CASE 条件语句实现对多种分类方法的选择,并对指定分类算法关键字赋缺省值,通过 ENVI_DOIT 函数调用 class_doit 方法实现基于 IsoData 法与 K-means 法的非监督分类,调用 envi_svm_doit 与 envi_neural_net_doit 分别实现基于 SVM 与 ANN 的监督分类。分类结果如图 6-38(自左至右、自上至下依次为 IsoData、K-means、SVM、ANN 法分类结果)。

6.4.2.3.4　面向对象分类

　　经用户设置完分割尺度以及合并尺度,并导入感兴趣区域配置规则 XML 文件后,调用 ENVI_OPEN_FILE 与 ENVI_FILE_QUERY 函数获取文件头信息,通过 ENVI_DOIT 函数调用 ENVI_FX_DOIT 方法实现基于粗糙集的面向对象图像分类。分类结果如图 6-39(下图应用了用于区分林地与非林地的 XML 配置规则,其中红色为林地,黑色为非林地)。

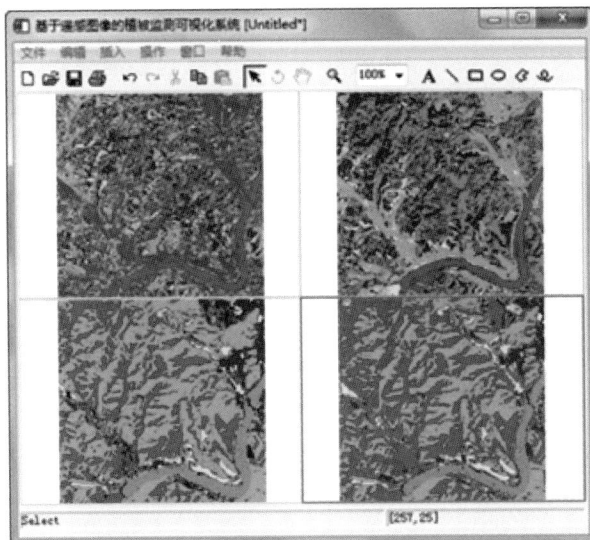

图 6-38 非监督分类与监督分类结果展示图

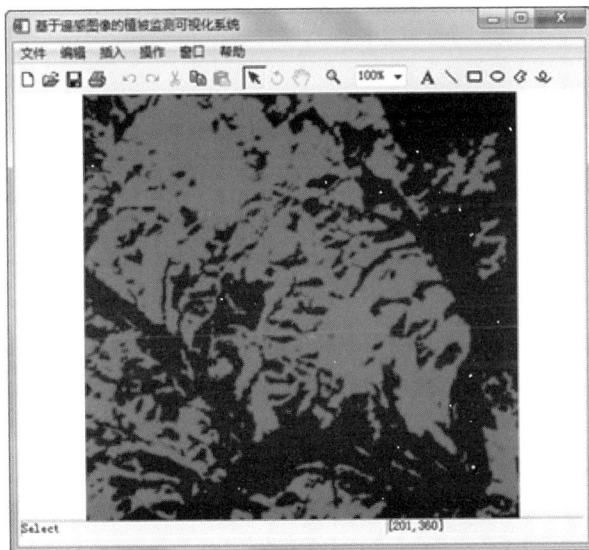

图 6-39 面向对象分类结果展示图

6.5 本章小结

如今，由于林业遥感技术的广泛应用，针对森林资源监测的空间信息服务技术也层出不穷，本章通过学习总结前人的研究方法及成果，针对项目实例，提出了两种基于面向对象技术的分类方法，对研究区森林资源信息进行提取分析。基于粗糙集规则提取信息的分类技术主要是针对面向对象分类技术中特征参数提取方法的研究，基于多层次分割规则提取信息的分类技术主要针对分割方法展开研究。通过实例验证，两种方法的信息提取效果都较好，为项目研究区的森林资源监测提供了可行的技术手段，也为森林资源监测的空间信息服务技术提供了一种新思路。

总之，空间信息服务技术的应用，对森林资源监测技术体系的完善具有极其重大的意义。无论是在遥感影像数据分析和处理中，还是在数据分析结果的应用中，空间信息服务技术的深入应用都能起到事半功倍的效果。

参考文献

[1]白玉琪. 空间信息搜索引擎研究[D]. 北京：中国科学院研究生院（遥感应用研究所），2003.

[2]卜健，张琦. 基于 LBS 应用的分布式移动 GIS 技术实现[J]. 重庆邮电学院学报(自然科学版)，2004(01)：105~107.

[3]曹宝，等. 面向对象方法在 SPOT5 遥感图像分类中的应用——以北京市海淀区为例[J]. 地理与地理信息科学，2006(02)：46~49，54.

[4]曾安全，等. 3S 系统在安徽省林业上的应用现状及发展前景[J]. 安徽农业科学，2000(05)：683~685.

[5]曾如珠. 遥感图像分类识别的探讨[J]. 泉州师范学院学报，2000(04)：36~39.

[6]曾伟生，周佑明. 森林资源一类和二类调查存在的主要问题与对策[J]. 中南林业调查规划，2003(04)：8~11.

[7]柴恒忠，张树青. 试论森林资产及其管理[J]. 林业经济，1990(04)：6~10.

[8]柴渊，李万东. 土地利用动态遥感监测技术与方法[M]. 北京：地质出版社，2011.

[9]常菲，李明禄，李鲁群. 物流配送中移动定位技术研究[J]. 微型电脑应用，2004(01)：2，22~24.

[10]陈炳浩. 我国林业持续发展的原则、内容和途径[J]. 世界林业研究，1994(02)：19~25.

[11]陈春雷，武刚. 面向对象的遥感影像最优分割尺度评价[J]. 遥感技术与应用，2011(01)：96~102.

[12]陈尔学，李增元. ALOS PALSAR 影像地球椭球地理编码方法[J]. 遥感信息，2008(01)：37~42，95.

[13]陈飞翔. 移动空间信息服务关键技术研究[D]. 北京：中国科学院遥感应用研究所，2006.

[14]陈浩，王延杰. 基于小波变换的图像融合技术研究[J]. 微电子学与计算机，2010(05)：39~41.

[15]陈名腾. 基于 PDA 的立木资产价值评估工具的研建[D]. 北京：北京林业大学，2012.

[16]陈谋询. 论森林资源区域时空差异协同持续发展——森林资源宏观管理的基本原则[J]. 林业资源管理，1993(06)：28~31.

[17]陈谋询. 林业信息化——实现林业跨越式发展必由之路[A]. //森林经营管理研究[M]. 北京：中国林业出版社，2003.

[18]陈谋询. 林业信息化方略——内涵与发展、战略重点与规划方法[A]. //森林可持续研究[M]. 北京：中国林业出版社，2012.

[19]陈谋询. 强强融合创新——推进林业信息化的新理念[A]. //森林可持续研究[M]. 北京：中国林业出版社，2012.

[20]陈谋询. 为应用"云计算"做好准备[A]// 南方林业发展问题研究——第九次南方森林经理理论与实践座谈会暨南方林业发展论坛论文集[C]. 北京：中国林业出版社，2013.

[21]仇江啸，王效科. 基于高分辨率遥感影像的面向对象城市土地覆被分类比较研究[J]. 遥感技术与应用，2010(05)：653～661.

[22]邓书斌. ENVI 遥感图像处理方法[M]. 北京：科学出版社，2010.

[23]丁晓英. eCognition 在土地利用项目中的应用[J]. 测绘与空间地理信息，2005(06)：116～117，120.

[24]董振宁. 无线移动位置服务平台的构架与应用[J]. 地理信息世界，2003(03)：19～23.

[25]方亮，夏英，葛君伟. 移动网络的混合定位技术及其实现[J]. 重庆邮电学院学报(自然科学版)，2005(01)：68～70.

[26]方陆明. 基于网络的森林资源信息管理技术方案的研究与实践[D]. 北京：北京林业大学，2002.

[27]方陆明，陈谋询. 信息时代的森林资源信息管理[M]. 北京：中国水利水电出版社，2003.

[28]傅伯杰. 区域生态环境预警的原理与方法[J]. 资源开发与保护，1991(03)：138～141.

[29]高宝. 森林资源管理信息化中网络及网络安全技术的研究[D]. 北京：北京林业大学，2002.

[30]高伟. 基于特征知识库的遥感信息提取技术研究[D]. 北京：中国地质大学，2010.

[31]高兆蔚. 福建集体林权制度改革整体性评价[A]// 南方林业发展问题研究——第九次南方森林经理理论与实践座谈会暨南方林业发展论坛论文集[C]. 北京：中国林业出版社，2013.

[32]龚健雅. 当代地理信息系统进展综述[J]. 测绘与空间地理信息，2004(01)：5～11.

[33]谷树忠. 持续发展思想及其对自然资源问题的含义[J]. 中国人口·资源与环境，1993(01)：59～62.

[34]郭浩. 面向数字地质调查的移动 GIS 平台关键技术研究[D]. 北京：北京林业大学，2013.

[35]国家林业局. 中国林业统计年鉴[M]. 北京：中国林业出版社，2005.

[36]国家林业局林业改革领导小组办公室. 中国集体林权制度改革培训教材[M]. 北京：化学工业出版社，2009.

[37]韩崇昭，朱红艳，段战胜. 多源信息融合[M]. 北京：清华大学出版社，2006.

[38]何平洪. 现代森林资源信息管理工作系统集成的研究[D]. 北京：北京林业大学，2000.

[39]侯群群. 面向对象的遥感影像水土保持措施信息提取研究[D]. 杨凌：西北农林科技大学，2013.

[40]胡启韬，袁志平，周忠海. 基于粗糙集和遗传算法的数据挖掘方法[J]. 江西蓝天学院学报，2008(S1)：17～19.

[41]黄慧萍. 面向对象影像分析中的尺度问题研究[D]. 北京：中国科学院遥感应用研究所，2003.

[42]黄慧萍，吴炳方. 地物提取的多尺度特征遥感应用分析[J]. 遥感技术与应用，2003(05)：276～281.

[43]贾治邦. 集体林权制度改革给我们的几点启示[J]. 林业经济，2006(06)：5～8.

[44]贾治邦. 集体林权制度改革是农村生产力又一次大解放——国家林业局局长贾治邦在福建调研集体林权制度改革工作时的讲话[J]. 中国林业，2006(03)：4～5.

[45]江泽民. 新时期我国信息技术产业的发展[J]. 上海交通大学学报，2008(10)：1589～1607.

[46]江振蓝,林爱平. 基于 HIS 变换的城镇用地信息快速提取新方法[J]. 闽江学院学报, 2011(02):131~136.

[47]景林,林宇洪. 基于 GSM 短消息的木材运输码单稽查系统[J]. 交通运输工程与信息学报,2008(02):1~5,78.

[48]景林,等. 基于移动通信的木材检尺码单信息处理系统[J]. 福建农林大学学报(自然科学版),2007(05):476~480.

[49]景林,钟一文. 基于 IC 卡技术的林木采伐限额管理计算机系统研究[J]. 森林工程,2002(05):4~5,62.

[50]孔庆云. 生态脆弱区森林资源及其管理综合分析的研究[D]. 北京:北京林业大学,2005.

[51]雷加富. 中国森林资源[M]. 北京:中国林业出版社,2005.

[52]李彬,杨春,张功国. LBS 定位技术分析比较及其系统设计[J]. 广东通信技术,2005(03):47~50.

[53]李崇贵,陈华安,李春干. 星源通掌上森林调查仪面积测量精度研究[J]. 林业科学,2005(03):174~178.

[54]李崇贵,赵宪文. 以遥感和地理信息系统为基础的森林蓄积 LS 估计自变量选择研究[J]. 遥感学报,2001(04):277~281.

[55]李德仁,李清泉. 论地球空间信息技术与通信技术的集成[J]. 武汉大学学报(信息科学版),2001(01):1~7.

[56]李德仁,等. 论空间信息与移动通信的集成应用[J]. 武汉大学学报(信息科学版),2002(01):1~8.

[57]李东亮. 高分辨率影像最佳分割尺度研究[D]. 阜新:辽宁工程技术大学,2011.

[58]李红梅,周桂红,王克俭. 基于粗糙集和遗传算法的知识发现方法[J]. 现代电子技术,2007(08):76~78.

[59]李敏,等. 面向对象的高分辨率遥感影像信息提取——以耕地提取为例[J]. 遥感信息,2008(06):63~66,89.

[60]李明诗,等. 结合光谱、纹理及地形特征的森林生物量建模研究[J]. 遥感信息,2006(06):6~9,66.

[61]李石华,等. 遥感图像分类方法研究综述[J]. 国土资源遥感,2005(02):1~6.

[62]李文华. 持续发展与资源对策[J]. 自然资源学报,1994(02):97~106.

[63]李昀. 森林资源时空差异规律的研究[D]. 北京:北京林业大学,1999.

[64]李芝喜. 21 世纪的森林调查监测技术[J]. 云南林业调查规划设计,1998(04):1~6.

[65]林辉,等. "3S"技术在森林资源监测体系中的应用进展[J]. 湖南林业科技,2008(06):7~10.

[66]林宇洪,等. 木材运输 IC 卡读写器的开发[J]. 福建农林大学学报(自然科学版),2010(04):435~438.

[67]刘安兴. 森林资源监测技术发展趋势[J]. 浙江林业科技,2005(04):70~76.

[68]刘璨,李维长. 林业持续发展政策设计[J]. 世界林业研究,1994(05):11~18.

[69]刘丹. 森林可持续经营的标准与指标:加拿大的观点[J]. 世界林业研究,1995(05):64~66.

[70]刘凤媛，蓝海洋，李昀. 基于云计算木材采伐运输物联网管理系统的设计开发[J]. 中南林业科技大学学报，2014(06)：129～133.

[71]刘金铜. 精准农业理论与技术体系研究——区域农业信息化与精准农业示范探索[D]. 北京：北京林业大学，2000.

[72]刘学斌，程朋根，徐云和. 基于位置服务的关键技术与应用[J]. 江西科学，2005(01)：43～48.

[73]刘于鹤. 中国森林经营研究[M]. 北京：中国林业出版社，2014.

[74]刘于鹤，林进. 一场伟大的变革——集体林权制度改革调研报告[J]. 林业经济，2007(11)：8～14.

[75]刘于鹤，林进. 森林经营人才短缺问题已成为制约现代林业建设的瓶颈[J]. 林业资源管理，2012(01)：1～5，32.

[76]刘长征，等. 多种定位技术融合构建 LBS 体系[J]. 地理信息世界，2003(03)：24～27，38.

[77]芦咏梅. 区域持续发展的理论研究[J]. 经济地理，1994(01)：7～10.

[78]鲁德. 中国集体林权改革与森林可持续经营[D]. 北京：中国林业科学研究院，2011.

[79]鲁恒，李永树，唐敏. 面向对象的山地区域多源遥感影像分割尺度选择及评价[J]. 山地学报，2011(06)：688～694.

[80]陆美蓉. 面向对象的高分辨率遥感影像分类及应用研究[D]. 南京：南京林业大学，2010.

[81]罗仙仙，亢新刚. 森林资源综合监测研究综述[J]. 浙江林学院学报，2008(06)：803～809.

[82]吕永龙. 国外持续发展研究概况[J]. 生态经济，1993(01)：14～18.

[83]吕志平，等. 位置服务系统(LBS)的构建[J]. 测绘科学，2005(02)：92～94，7.

[84]毛文永，等. 中国持续发展战略[M]. 北京：中国科学技术出版社，1994.

[85]毛炎新. 全国林业资源信息服务体系结构研究[D]. 北京：中国林业科学研究院，2010.

[86]梅安新，彭望琭，秦其明. 遥感导论[M]. 北京：高等教育出版社，2001.

[87]孟令奎. 网络地理信息系统原理与技术[M]. 北京：科学出版社，2005.

[88]莫利江，等. 面向对象的湿地景观遥感分类——以杭州湾南岸地区为例[J]. 湿地科学，2012(02)：206～213.

[89]穆海军，等. 一种区间型数据的离散化方法[J]. 计算机工程与应用，2012(09)：134～137.

[90]倪韶亮. 基于 Android 的空间数据管理研究[D]. 北京：北京林业大学，2013.

[91]聂倩，叶晓婷. 基于对象和特征组合的高分辨率遥感影像分类研究[J]. 城市勘测，2012(01)：45～47.

[92]聂盈. 一种综合的林木资产价值评估应用软件的研建[D]. 北京：北京林业大学，2014.

[93]牛文元，康晓光，王毅. 中国式持续发展战略的初步构想[J]. 管理世界，1994(01)：195～203.

[94]潘存德. 实践可持续发展的哲学观基础[J]. 北京林业大学学报，1994(S1)：15～21.

[95]潘存德. 可持续发展的概念界定[J]. 北京林业大学学报，1994(S1)：3～9.

[96]潘存德. 实践可持续发展的空间系统途径[J]. 北京林业大学学报，1994(S1)：22~28.

[97]潘存德. 可持续发展研究概述[J]. 北京林业大学学报，1994(S1)：42~78.

[98]潘存德. 可持续林业的概念界定[J]. 北京林业大学学报，1994(S1)：29~33.

[99]潘存德. 中国林业的现状与抉择[J]. 北京林业大学学报，1994(S1)：34~41.

[100]逢瀛. 现代森林资源及其环境信息管理基本模型与实施技术的研究[D]. 北京林业大学，1998.

[101]彭俊杰. 基于GeoGIS的数字高程模型研究[D]. 北京：北京林业大学，2014.

[102]钱茹茹. 遥感影像分类方法比较研究[D]. 西安：长安大学，2007.

[103]钱贞国. 面向互操作的分布式网络地理信息系统研究[D]. 北京：中国科学院遥感应用研究所，2004.

[104]全志杰，等. 淳化县森林资源动态遥感监测及演变趋势预估[J]. 林业资源管理，1996(03)：18~22.

[105]饶际源. 我国集体林权制度改革初探[D]. 厦门：厦门大学，2009.

[106]沙琢. 森林和林业的持续发展[J]. 世界林业研究，1993(05)：1~7.

[107]施拥军，王珂. 3S技术在林业中的应用[J]. 浙江林业科技，2002(06)：47~51.

[108]舒清态，唐守正. 国际森林资源监测的现状与发展趋势[J]. 世界林业研究，2005(03)：33~37.

[109]帅宗和. 实行森林资源有偿使用 强化国有资产管理[J]. 林业经济，1990(06)：26~29.

[110]苏春雨. 中国森林资源经营管理机制的研究[D]. 北京：北京林业大学，2005.

[111]苏喜友. 森林承载力研究[D]. 北京：北京林业大学，2002.

[112]苏喜友，等. 森林资源可持续发展评价指标体系[A]// 94全国森林经理年会论文集[C]. 1995.

[113]苏喜友，等. 森林资源可持续发展的概念、原则和指标体系[A]// 94全国森林经理年会论文集[C]. 1995.

[114]苏喜友，土悦. 森林资源可持续发展综述[J]. 林业资源管理，1994(02)：1~9.

[115]苏喜友，王悦. 可持续发展指标体系[J]. 林业资源管理，1994(02)：9~16.

[116]孙家抦. 遥感原理与应用[M]. 武汉：武汉大学出版社，2002.

[117]孙述涛，陆兆苏. 论"三高"林业与持续林业[J]. 华东森林经理，1994(01)：4~8.

[118]孙玉军. 资源环境监测与评价[M]. 北京：高等教育出版社，2007.

[119]谭世明，张俊飚. 集体林权制度改革研究述评[J]. 湖北社会科学，2008(06)：76~78.

[120]唐守正. 林地"一张图"建设将带来林地监管方式重大变革[N]. 中国绿色时报，2011~06~09.

[121]唐小平. 生物类自然保护区适应性管理关键问题的研究[D]. 北京：北京林业大学，2012.

[122]田根，张锦，童小华. 基于移动的嵌入式GIS[J]. 遥感信息，2004(01)：49~52.

[123]汪丽，崔彤. 角规点抽样在林分蓄积量调查中的应用[J]. 内蒙古林业调查设计，1997(04)：11~13.

[124]王飞雪. 从北斗一号到北斗二号[J]. 国土资源导刊，2014(04)：31.

[125]王洪波. 中国林地现代管理模式关键问题研究与实践探索[D]. 北京：北京林业大学，2012.

[126]王继周，李成名. 嵌入式移动 GIS 研究[J]. 测绘科学，2005(04)：5，48~50.

[127]王荣. 高分辨率遥感影像信息提取方法的研究[D]. 兰州：兰州交通大学，2013.

[128]王卫红，何敏. 面向对象土地利用信息提取的多尺度分割[J]. 测绘科学，2011(04)：160~161.

[129]王兴玲. 基于 XML 的地理信息 Web 服务研究[D]. 北京：中国科学院遥感应用研究所，2002.

[130]王学平. 遥感图像几何校正原理及效果分析[J]. 计算机应用与软件，2008(09)：102~105.

[131]王雪，等. 深圳城市绿地空间分布遥感分析[J]. 林业资源管理，2009(03)：110~112，116.

[132]王一达，沈熙玲，谢炯. 遥感图像分类方法综述[J]. 遥感信息，2006(05)：67~71.

[133]王永韬. 遥感数据标准和应用标准研究初探[D]. 武汉：武汉大学，2005.

[134]王正平. 环境哲学——环境伦理的跨学科研究[M]. 上海：上海人民出版社，2004.

[135]文彦，桂来庭. 国外用两阶抽样估计森林蓄积[J]. 中南林业调查规划，1995(01)：63.

[136]邬焜. 信息哲学——理论、体系、方法[M]. 北京：商务印书馆，2005.

[137]吴君. TM 影像的目视判读在森林资源调查中的应用[J]. 热带林业，2004(02)：31~33.

[138]吴学明，张怀清，林辉. 基于物联网的县级木材运输管理系统研究[J]. 安徽农业科学，2012(07)：4108~4110.

[139]吴延熊. 区域森林资源预警系统的研究[D]. 北京：北京林业大学，1998.

[140]武刚. 区域森林资源管理决策问题的理论研究[D]. 北京：北京林业大学，2002.

[141]夏忠胜. 集体林区森林善治的理论及其组成要素的研究[D]. 北京：北京林业大学，2008.

[142]向海华. 数据库技术发展综述[J]. 现代情报，2003(12)：31~33.

[143]肖红新，沈嵘枫. 短信码单在森林采伐限额监管中的应用[J]. 林业经济问题，2008(05)：457~460.

[144]肖厚国，等. 基于遗传算法的粗糙集属性约简及其应用[J]. 计算机工程与应用，2008(15)：228~230.

[145]肖兴威. 中国森林资源与生态状况综合监测体系建设的战略思考[J]. 林业资源管理，2004(03)：1~5.

[146]肖兴威，袁少青，蒋成乡. 坚持和完善森林资源管理制度 保障和促进林业持续快速发展[J]. 林业资源管理，2004(04)：1~4.

[147]肖永兴. 网络技术在环境监测领域中的应用[J]. 引进与咨询，2006(06)：22，27.

[148]谢红标，吴吉义. 省级林政管理业务系统的研究与开发[J]. 电脑知识与技术(学术交流)，2007(14)：341~343.

[149]谢守鑫. 我国森林资源分类经营管理的哲学思考与实践剖析[D]. 北京：北京林业大学，2006.

[150]徐冠华. 遥感图像判读的专家系统及其应用——再生资源遥感研究[M]. 北京：科学出版社，1988.

[151]徐国桢. 对当前林业发展形势与对策的探讨[A]// 94 全国森林经理年会论文集[C]. 1995.

[152]徐萍. 森林资源动态监测技术研究[D]. 昆明：西南林学院，2008.

[153]徐巍. 跨平台移动开发框架的比较分析与实例开发[D]. 吉林大学，2014.

[154]颜文希，虞依娜. 集体林权制度改革刍议[A]// 南方林业发展问题研究——第九次南方森林经理理论与实践座谈会暨南方林业发展论坛论文集[C]. 北京：中国林业出版社，2013.

[155]颜文希，虞依娜. 集体林在逐步林改后森林经营问题探讨[A]// 南方林业发展问题研究——第九次南方森林经理理论与实践座谈会暨南方林业发展论坛论文集[C]. 北京：中国林业出版社，2013.

[156]杨大起，黎聪. 建立和发展森林市场着重研究的几个问题[J]. 林业经济，1993(02)：46～47，51.

[157]杨建宇. 基于组件的分布式地理信息服务研究[D]. 北京：中国科学院遥感应用研究所，2005.

[158]杨元喜. 北斗卫星导航系统的进展、贡献与挑战[J]. 测绘学报，2010(01)：1～6.

[159]于政中. 森林永续利用与持续林业经营[J]. 北京林业大学学报，1994(S1)：95～100.

[160]袁闯. 管理哲学[M]. 上海：复旦大学出版社，2004.

[161]张博. 高分辨率遥感影像多尺度分类方法研究[D]. 成都：电子科技大学，2013.

[162]张春霞. 乡村林业股份合作经济的误区与出路——林业产权制度研究之二[J]. 林业经济问题，1994(03)：8～14.

[163]张春霞，郑晶. 林权改革30年回顾——集体林权改革研究之二[J]. 林业经济，2009(01)：55～58.

[164]张方利，杜世宏，郭舟. 应用高分辨率影像的城市固体废弃物提取[J]. 光谱学与光谱分析，2013(08)：2024～2030.

[165]张光海. 移动通信技术的发展[J]. 电信建设，2002(02)：34～42.

[166]张蕾. 集体林权制度改革[A]// 南方林业发展问题研究——第九次南方森林经理理论与实践座谈会暨南方林业发展论坛论文集[C]. 北京：中国林业出版社，2013.

[167]张时煌，方裕. 微型嵌入式GIS软件平台的重要意义及发展动态[J]. 中国图象图形学报，2001(09)：88～94.

[168]张腾飞. 基于eCognition分类的森林蓄积量估测研究[D]. 西安：西安科技大学，2012.

[169]张瑛山. 试论我国的可持续林业[J]. 北京林业大学学报，1994(S1)：79～87.

[170]赵景柱. 持续发展的理论分析[J]. 生态经济，1991(02)：12～15.

[171]赵莉莉，王引斌. 浅谈数据库系统的发展[J]. 科技情报开发与经济，2005(14)：221～223.

[172]赵天忠. 区域森林资源战略规划几个关键环节的研究[D]. 北京：北京林业大学，2002.

[173]赵文斌，张登荣. 移动计算环境中的地理信息系统[J]. 地理与地理信息科学，2003(02)：19～23.

[174]赵文斌，张登荣. 基于移动计算的地理信息系统的发展研究及应用前景[J]. 遥感信息，2003(01)：31～35.

[175]赵宪文. 森林火灾遥感监测评价——理论及技术应用[M]. 北京：中国林业出版社，1995.

[176]赵宪文. 中国林业遥感发展中应该关注的几个问题[J]. 林业科学，2009(08)：135～140.

[177]赵英. 移动互联网技术及移动电子商务[J]. 情报科学，2002(06)：635~639.

[178]赵英时. 遥感应用分析原理与方法[M]. 北京：科学出版社，2003.

[179]郑小贤. 德国、奥地利和法国的多目的森林资源监测述评[J]. 北京林业大学学报，1997(03)：80~85.

[180]中国可持续发展林业战略研究项目组. 中国可持续发展林业战略研究总论[M]. 北京：中国林业出版社，2002.

[181]中国卫星导航系统管理办公室. "北斗"卫星导航系统发展报告[J]. 国际太空，2012(04)：6~11.

[182]周春艳. 面向对象的高分辨率遥感影像信息提取技术[D]. 山东科技大学，2006.

[183]周术诚，周明全，景林. 基于 Client/Server 的森林资源林政管理系统模型[J]. 福建林学院学报，2005(01)：18~21.

[184]朱超洪，刘勇. 基于影像认知和地学理解的面向对象分类研究[J]. 遥感技术与应用，2012(04)：536~541.

[185]朱胜利. 国外森林资源调查监测的现状和未来发展特点[J]. 林业资源管理，2001(02)：21~26.

[186]朱维凡，韦希勤. PR 抽样在森林蓄积量调查中的应用[J]. 内蒙古林业调查设计，1999(01)：28~29.

[187]Dragut, L, D Tiede, S R Levick. ESP：a tool to estimate scale parameter for multiresolution image segmentation of remotely sensed data[J]. International Journal Of Geographical Information Science, 2010. 24(6)：859~871.

[188]Franco-Lopez, H, A R Ek, M E Bauer. Estimation and mapping of forest stand density, volume, and cover type using the k-nearest neighbors method[J]. Remote Sensing of Environment, 2001. 77(3)：251~274.

[189]Halme, M, E Tomppo. Improving the accuracy of multisource forest inventory estimates to reducing plot location error — a multicriteria approach[J]. Remote Sensing of Environment, 2001. 78(3)：321~327.

[190]Linders, J. Comparison of three different methods to select feature for discriminating forest cover types using SAR imagery[J]. International Journal of Remote Sensing, 2000. 21(10)：2089~2099.

[191]Liu, J G. Smoothing filter-based intensity modulation：a spectral preserve image fusion technique for improving spatial details[J]. International Journal of Remote Sensing, 2000. 21(18)：3461~3472.

[192]Martin, M E, et al. Determining Forest Species Composition Using High Spectral Resolution Remote Sensing Data[J]. Remote Sensing of Environment, 1998. 65(3)：249~254.

[193]McRoberts, R E, et al. Using a land cover classification based on satellite imagery to improve the precision of forest inventory area estimates[J]. Remote Sensing of Environment, 2002. 81(1)：36~44.

[194]Pawlak, Z. Rough sets[J]. International Journal of Computer & Information Sciences, 1982. 11(5)：341~356.